나도 할 수 있다!

전자캐드기능사 완벽대비

PCB 설계

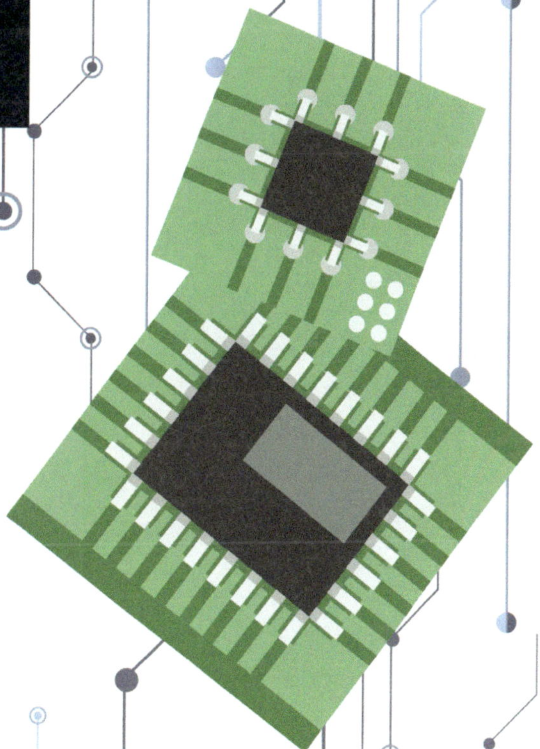

홍 춘 선 저

B.C.Info

머리말 Preface

최근 우리는 정보화 시대, 4차 산업혁명 시대, AI 시대 등 시대의 변화에 따라 우리 주변에 일상화되어 있는 용어들을 쉽게 접할 수 있다. 이렇게 시대적으로 요구되는 것들을 실현하기 위한 방법으로 여러 가지가 있겠지만, 그 중에서 반도체 설계기술과 우수한 반도체 설계인력을 양성할 필요성이 커지면서 많은 사람들이 이 분야로 진로를 선택하고 있다. 이러한 반도체 관련 산업의 발전과 더불어 발전해 가고 있는 분야 중 하나가 바로 PCB 설계 분야인데, 이 분야는 예전부터 지금까지 꾸준히 산업사회의 중요한 부분을 차지하며 인간 중심의 생활환경을 구축하는 데 약방의 감초와 같은 역할을 하고 있다.

필자가 이전에 집필한 《실무와 예제로 배우는 PCB 설계》에서는 PADS 9.5 Version을 사용하고, 또 회로도에 사용된 부품들은 모두 Through Hole Type의 부품을 사용하여 회로도 설계 및 양면 기판과 4_Layer 기판의 PCB를 설계할 수 있도록 구성하였다. 이번에 집필한 본 교재에서는 시대의 요청에 맞게 Through Hole Type의 부품은 물론, SMD Type의 부품을 주로 사용한 회로도 설계 및 부품 생성 능력을 갖도록 하여 기본적인 PCB 설계와 그 이상의 수준의 실력을 갖추어 현업에 활용할 수 있을 정도의 내용으로 구성하였다.

본 교재의 특징은 소프트웨어 메뉴 자체의 사용법 등에 역점을 두지 않고 PCB 설계에 사용되는 해당 부품에 대한 Data Sheet 등을 활용하여 PCB Decal이나 CAE Decal을 생성하는 이유를 자세하게 설명하고, 초보자도 쉽게 따라 할 수 있게 설계 순서를 가능한 한 자세하게 기술하였다는 점이다. 교재에서 언급되고 있는 내용들을 순서에 따라 끈기를 가지고 차분하게 진행한다면 충분히 원하는 바를 이룰 수 있을 것이라고 확신하며, 다른 종류의 소프트웨어를 사용하고 있는 분들께도 도움이 될 수 있으리라 본다. 또한 부록에서는 Data Sheet나 부품 등의 정보를 알 수 있는 사이트를 적어 놓았다.

본 교재보다 먼저 집필된 《실무와 예제로 배우는 PCB 설계》를 먼저 본다면 더욱 효율적일 것이라고 생각한다. 학교나 산업현장에서 PCB 설계용 Tool, 특히 PADS를 처음으로 접한 초보설계자는 물론, 현장의 실무자 그리고 전자캐드기능사를 준비하고 있는 수험생에게도 본 교재가 정말 소중하게 사용되기를 기대하며, 이 교재로 학습한 후 산업 현장에서 시대의 요구에 맞는 역할을 할 수 있기를 바란다.

마지막으로 이 교재가 나오기까지 수고해주신 복두출판사, 교재 집필에 도움을 주신 ED&C의 관계자 여러분들께 감사드리며, 강의시간마다 교재의 내용 구성에 응원을 보내며 잘 따라와 준 제자들과 늘 곁에서 묵묵히 내조를 하고 있는 아내에게도 고마움을 전한다.

2024년 1월

Hong Choon Seon

목차 Contents

Chapter 1

일반적인 PCB 설계 절차

일반적으로 PCB를 설계할 때는 우선 어떤 제품에 사용되는지 알아야 하기 때문에 기구를 담당하는 부서의 구성원과 협의하여 기판의 크기 및 재질 등 여러 가지 부분을 결정한다. 그 이후 회로설계 부서에서 회로도가 오면 본격적으로 PCB 설계 단계에 접어들게 된다.

CAD 소프트웨어를 사용하여 검증된 회로도를 정확하게 그린다. 물론 회로도를 그리는 과정이 그렇게 간단한 것은 아니다. 완성된 회로도를 이용하여 레이아웃을 위한 Netlist를 추출하고 그 Netlist를 이용하여 레이아웃을 완성한다. 레이아웃 과정은 회로도를 그리는 과정보다 더욱 복잡하기 때문에 세심하게 작업을 해야 한다. 레이아웃이 완성되면 PCB 제작을 위한 CAM Data를 추출하여 검토한 후에 이상이 없으면 PCB 제작업체에 의뢰하여 샘플 PCB를 제작한다.

회로도를 그리는 과정이나 레이아웃을 하는 과정에 여러 절차가 있어 어려움을 느낄 수 있지만, 본 교재는 초보자라도 순서에 맞게 따라하다 보면 어느덧 CAM Data를 확인해 볼 수 있는 능력을 갖출 수 있게 구성되어 있다. 다만 PCB 설계를 위해 매우 중요하게 다루어야 할 전자파 문제 등은 본 교재의 집필의도와는 거리가 있으므로 기회가 되면 나중에 다루도록 하겠다.

일반적으로 회로도를 그리기 위해 회로도용 심벌(PADS에서는 CAE Decal)을 직접 만들거나 또는 해당 소프트웨어에서 제공해 주는 심벌을 이용하기도 하지만, 본 교재에서는 전자의 경우를 선택하여 직접 회로도용 심벌을 그린 후 불러와서 작업하도록 하였다.

현장에서는 일반적으로 회로도용 심벌의 경우 해당 소프트에어에서 제공해 주는 심벌을 대부분 사용하고 예외의 심벌 등만 직접 그려서 사용한다. 레이아웃도 회로도의 경우와 마찬가지이긴 하지만 일반적으로 사용하는 부품(PADS에서는 PCB Decal)보다 고유한 부품 등을 사용하는 경우가 많기 때문에 직접 부품을 그려서 사용하는 경우가 많다. 따라서 본 교재에서는 주어진 회로도를 바탕으로 해당 부품에 대한 Data Sheet 등을 참조하여 우선 PCB Decal과 CAE Decal을 만든 후 Part Type을 지정하여 생성된 Decal을 바탕으로 회로도를 그리고 또한 Netlist를 추출하여 PCB Artwork를 함으로써 궁극적으로 CAM Data를 추출하는 것을 순서로 진행하고 있음에 유의하기 바란다.

Chapter 2

프로그램 시작 및 종료

2.1 PADS Logic 9.5의 시작 및 종료하기

01 컴퓨터를 기동한 후 프로그램을 시작하기 위해 바탕화면에서 다음 그림과 같은 Icon을 Double Click한다. 만일 바탕화면에 해당 Icon이 없을 경우에는 윈도우 탐색기에 들어가 프로그램이 설치된 경로(C:₩MentorGraphics₩9.5PADS₩SDD_HOME₩Programs₩Powerlogic.exe)에서 프로그램을 실행하거나 또는 바탕화면에 바로가기 Icon을 만들어 실행할 수 있다.

PADS Logic 9.5 Icon

02 프로그램을 시작하면 다음 그림과 같이 새로운 창이 나타나는데, 이 창에서 처음에 **Start a new design** 이라고 되어 있는 곳을 Click한다.

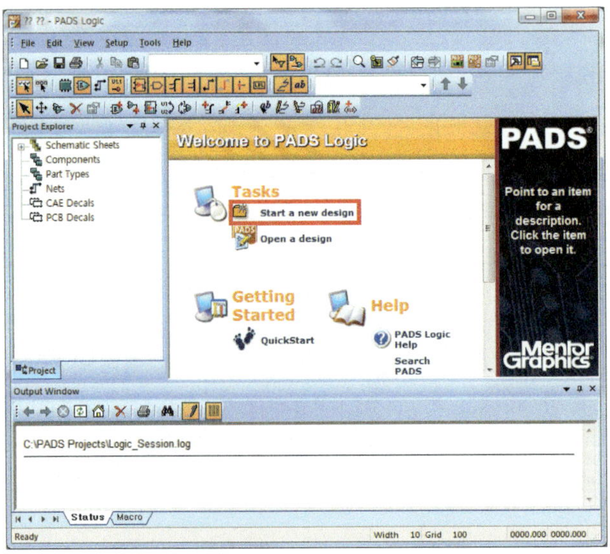

03 Start a new design을 Click하면 다음 그림과 같이 Font Replacement 팝업 창이 나타나는데 여기서 OK Button을 Click한다. 그러면 프로그램 작업 창이 나타나고 창 상단부분에는 작업하는 File의 경로와 이름이 나타난다. 이 창에서 PCB Logic Schematic을 그리는데 Sheet 설정, 부품 불러 오기 및 배선 등을 한 후 Netlist를 생성할 수 있다.

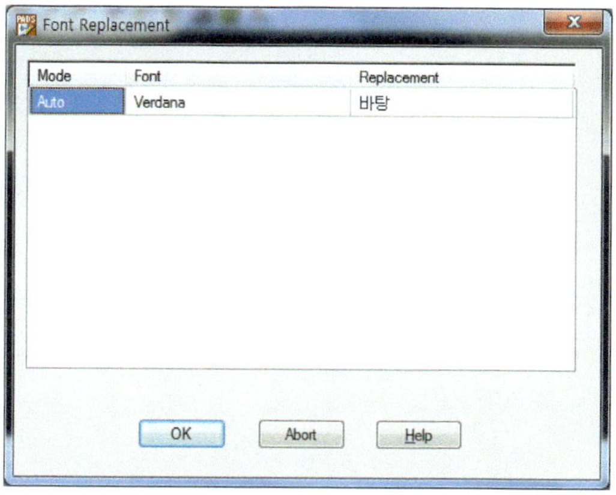

04 프로그램을 종료하기 위하여 작업 화면의 메뉴에서 File〉Exit를 선택하거나 오른쪽 맨 위의 닫기( )를 Click하면 다음 그림과 같이 프로그램 종료 전에 저장 여부를 묻는 팝업 창이 나타난다. 지금은 아니오(N) Button을 Click한다.

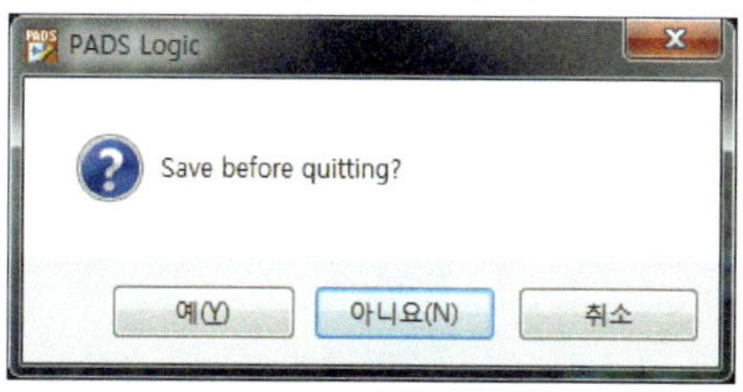

2.2 PADS Logic 9.5의 화면 구성 살펴보기

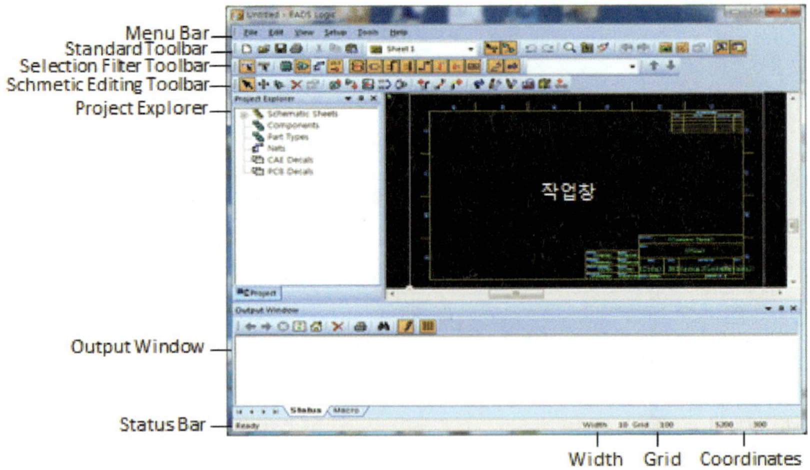

2.3 PADS Layout 9.5의 시작 및 종료하기

01 컴퓨터를 기동한 후 프로그램을 시작하기 위해 바탕화면에서 다음 그림과 같은 Icon을 Double Click한다. 바탕화면에 해당 Icon이 없을 경우 윈도우 탐색기에 들어가 프로그램이 설치된 다음 그림의 경로 탐색기를 열고 다음 경로(C:₩MentorGraphics₩9.5PADS₩SDD_HOME₩Programs₩Powerpcb.exe)에서 프로그램을 실행하거나 바탕화면에 바로가기 Icon을 만들어 실행할 수 있다.

PADS Layout 9.5 Icon

02 프로그램을 시작하면 다음 그림과 같이 새로운 창이 나타나는데, 이 창에서 처음에는 **Start a new design**이라고 되어 있는 곳을 Click한다.

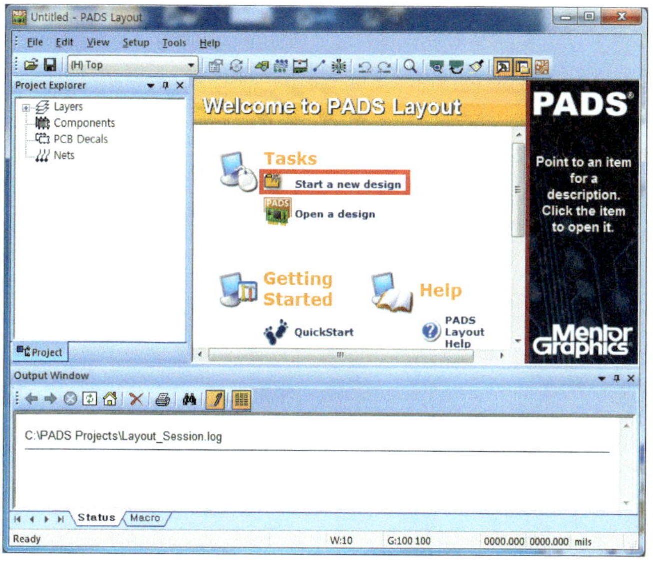

03 Start a new design을 Click하면 다음 그림과 같이 Set Start-up File 팝업 창이 나타나는데 여기서는 그냥 OK Button을 Click한다. 그러면 프로그램 작업 창이 나타나고 창 상단부분에는 작업하는 File의 경로와 이름이 나타난다. 이 창에서 PCB Layout을 하는데 Board 만들기, 부품 불러오기, Routing 등을 한 후 CAM File도 생성할 수 있다.

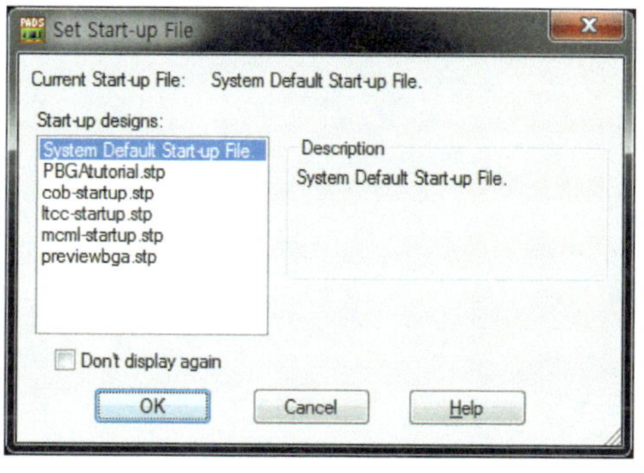

04 프로그램을 종료하기 위하여 작업 화면의 메뉴에서 File〉Exit를 선택하거나 오른쪽 맨 위의 닫기( )를 Click한다.

2.4 PADS Layout 9.5의 화면 구성 살펴보기

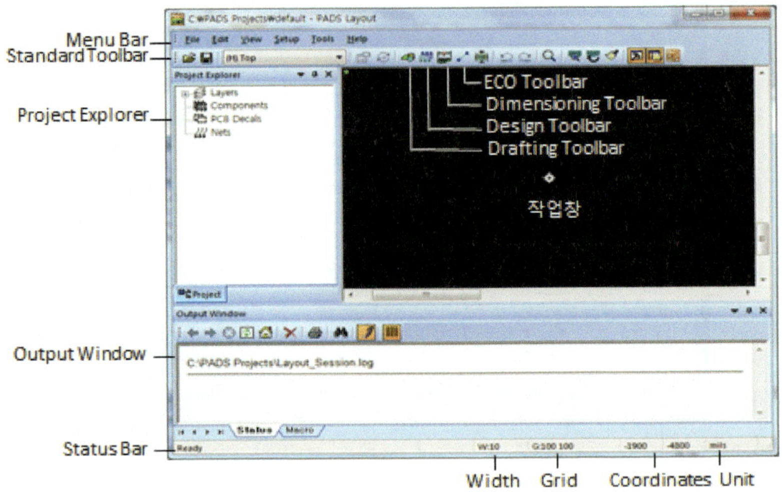

Chapter 3

양면 기판 설계

이 장에서는 PCB설계 프로그램을 처음 접한 사용자의 입장에서 양면 기판의 PCB가 어떠한 과정을 거쳐 설계되는지 쉽게 이해할 수 있도록 해당 프로그램에서 제공하는 기본적인 Library를 사용한 간단한 TR형 비안정 멀티바이브레이터 회로를 이용하여 진행하도록 하겠다.

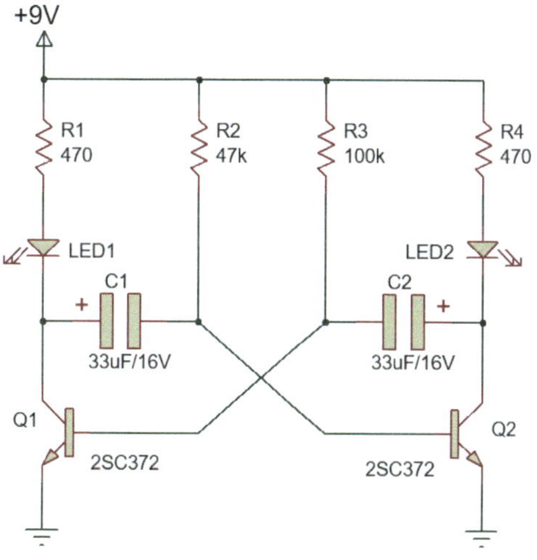

TR형 비안정 멀티바이브레이터 회로

3.1 회로도에 사용된 부품

회로도에 사용된 부품은 다음과 같다.

순번	품명	규격	수량	비 고
1	저항	470, 1/4W	2	카본 색저항
2	저항	47K, 1/4W	1	카본 색저항
3	저항	100K, 1/4W	1	카본 색저항
4	LED	적색, φ 5	2	카본 색저항
5	전해콘덴서	33uF/16V	2	
6	트랜지스터	2SC372	2	

회로도에 사용된 부품별 CAE Decal, PCB Decal 및 Part Type은 다음과 같다.

CAE Decal	PCB Decal	Part Type	비고
RESZ-V	R1/8W	R1/8W	R1~R4
LED	LED	LED	LED1,2
CAP+	CX12-B	ECAP	C1,2
NPN	TO-92	2SC372	Q1,2(NPN_1)

- CAE Decal : Logic에서 생성되는 심벌(부품 기호)
- PCB Decal : Layout에서 생성되는 심벌(실제 부품 모양)
- Part Type : CAE Decal과 PCB Decal 간의 정보를 연동시킨 심벌

3.2 Library 생성 및 Decal 복사하기

프로그램에서 제공되는 CAE Decal과 PCB Decal을 특정 Library를 만들어 그곳에 복사한 후 Part Type을 지정하고 필요시 각 Decal 간 핀 정보를 수정하여 사용할 수 있다. 특정 Library(astabe_mv)를 만들기 위해 다음 순서에 따라 진행한다.

01 PADS Logic 9.5 프로그램을 실행하고 Start a new design을 Click한다.

02 다음 그림과 같이 File>Library...를 선택한다.

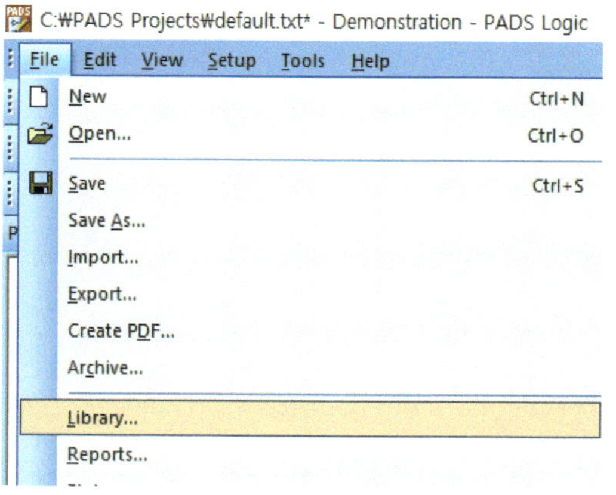

03 다음 그림과 같이 Library Manager 창이 나타나면 Create New Lib... Button을 Click한다.

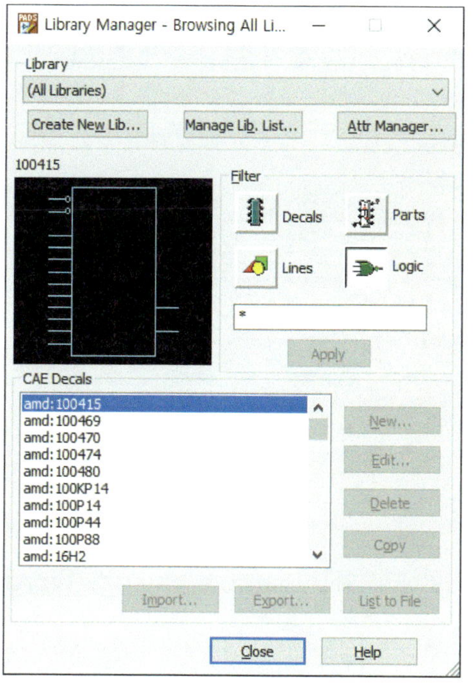

04 다음 그림과 같이 File 이름에 astable_mv(확장자는 pt9)를 입력하고 경로를 확인한 후 저장(S) Button을 Click한다.

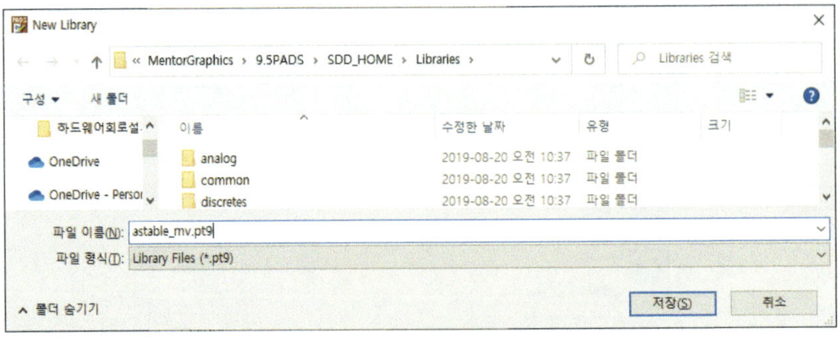

※ Library를 만들면 기본적으로 확장자가 ld9, ln9, pd9, pt9로 된 4개의 File이 생성된다. 다른 컴퓨터 등에서 이것을 사용하려면 4개의 File 모두를 복사하여 사용하여야 한다.

05 다시 Library Manager 창으로 와서 Create New Lib... Button 오른쪽의 Manage Lib. List... Button을 Click한다.

06 다음 그림과 같이 Library List 창이 나타나면 Add... Button을 Click한다.

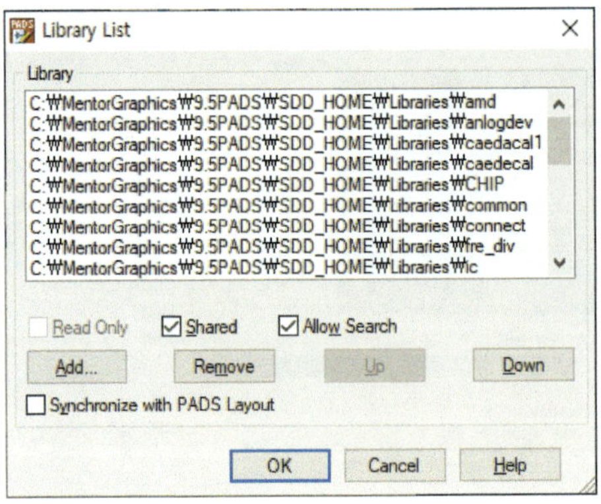

07 Add Library 창에서 위에서 만든 astable_mv.pt9 Library를 선택한 후 열기(O) Button을 Click한다.

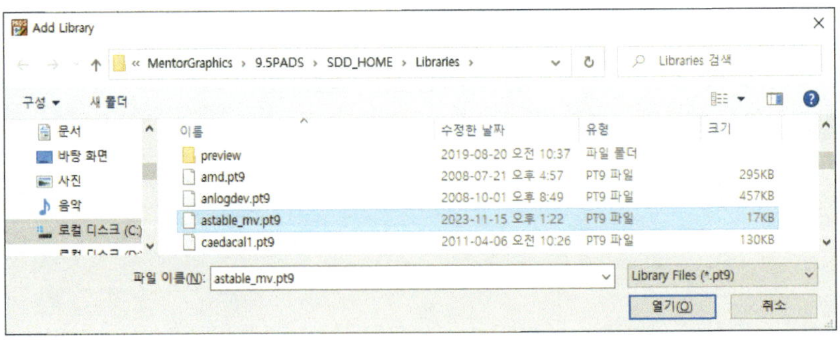

08 Library List 창에서 astable_mv Library를 선택한 후 Up Button을 계속 Click하여 맨 위쪽에 위치하면 OK Button을 Click한다.

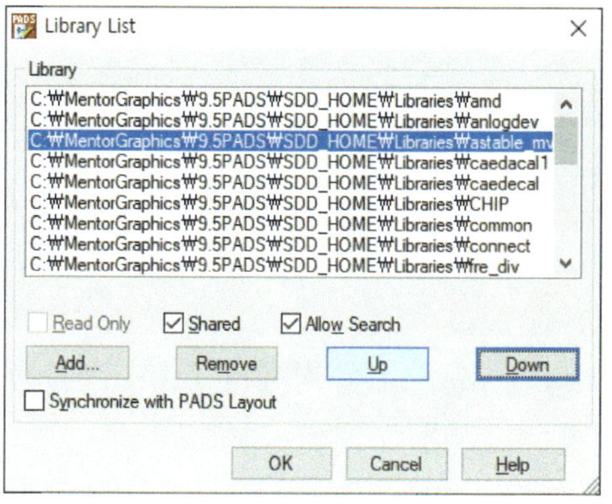

09 다음 그림과 같이 Library Manager 창에서 Library misc를 선택하고 Filter에서는 Logic을 선택하고, 입력 창에는 RESZ-V*를 입력한다. Apply Button을 Click하여 나타나는 CAE Decals에서 해당 Decal을 선택한 후 Copy Button을 Click한다.

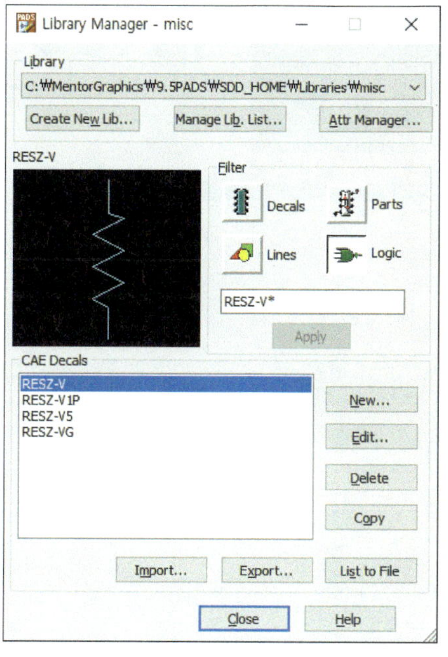

10 다음 그림과 같이 창이 나타나면 Library를 astable_mv로 선택한 후 OK Button을 Click한다.

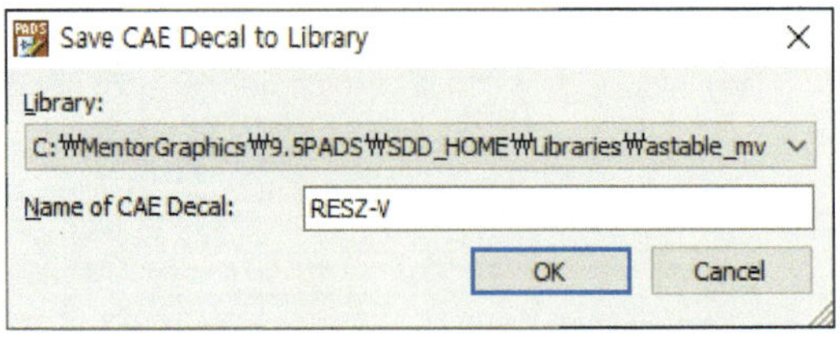

11 다음 그림과 같이 Library Manager 창에서 Library를 astable_mv로 선택하면 복사한 Decal을 확인할 수 있다.

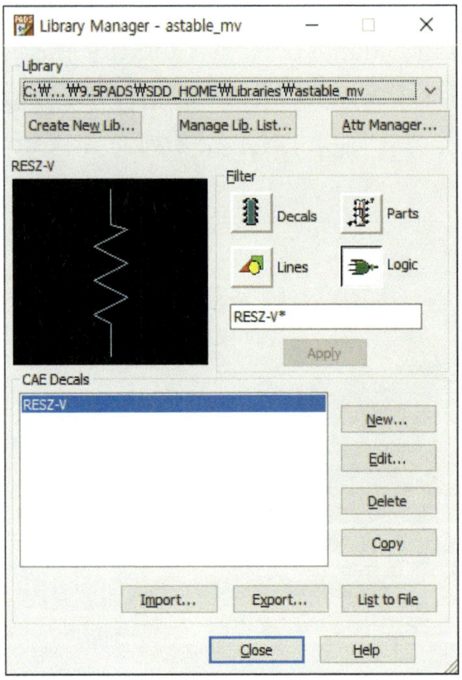

12 순서 9번을 참고하여 Library Manager 창에서 Library misc를, Filter에서는 Logic을 선택하고, 입력 창에는 CAP+*를 입력한다. Apply Button을 Click하여 나타나는 CAE Decals에서 해당 Decal을 선택한 다음, Copy Button을 Click한다.

13 다음 그림과 같이 창이 나타나면 Library를 astable_mv로 선택한 후 OK Button을 Click한다.

14 Library Manager 창에서 Library를 astable_mv로 선택하여 복사한 Decal을 확인할 수 있다.

15 순서 9번을 참고하여 Library Manager 창에서 Library common을, Filter에서는 Logic을 선택하고 입력 창에는 LED*를 입력한다. Apply Button을 Click하여 나타나는 CAE Decals에서 해당 Decal을 선택한 다음, Copy Button을 Click한다.

16 다음 그림과 같이 창이 나타나면 Library를 astable_mv로 선택한 후 OK Button을 Click한다.

17 Library Manager 창에서 Library를 astable_mv로 선택하여 복사한 Decal을 확인할 수 있다.

18 순서 9번을 참고하여 Library Manager 창에서 Library common을 선택, Filter에서는 Logic을 선택하고 입력 창에는 NPN*를 입력한다. Apply Button을 Click하여 나타나는 CAE Decals에서 해당 Decal을 선택한 다음 Copy Button을 Click한다.

19 다음 그림과 같이 창이 나타나면 Library를 astable_mv로 선택한 후 OK Button을 Click한다.

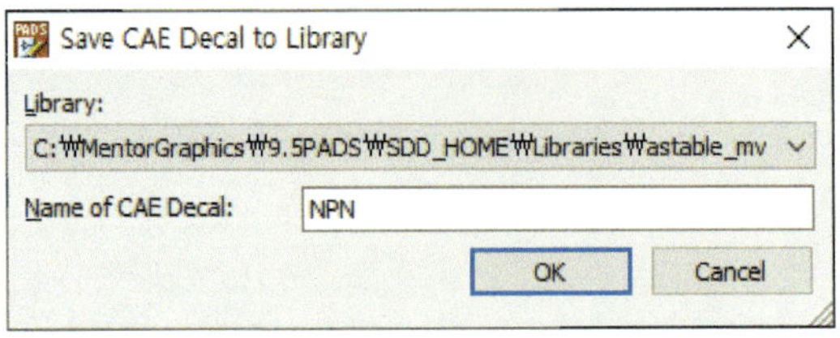

20 Library Manager 창에서 Library를 astable_mv로 선택하여 복사한 Decal을 확인할 수 있다.

지금까지는 CAE Decal을 복사하였다. 이제 PCB Decal을 복사하기 위해 다음 순서에 따라 진행한다.

01 PADS Layout 9.5 프로그램을 실행하고 **Start a new design**을 Click한다.

02 작업화면의 메뉴 바에서 File〉Library...를 선택한다.

03 Library Manager 창이 나타나면 Create New Lib... Button 오른쪽의 Manage Lib. List... Button을 Click한다.

04 다음 그림과 같이 Library List 창이 나타나면 Add... Button을 Click한다.

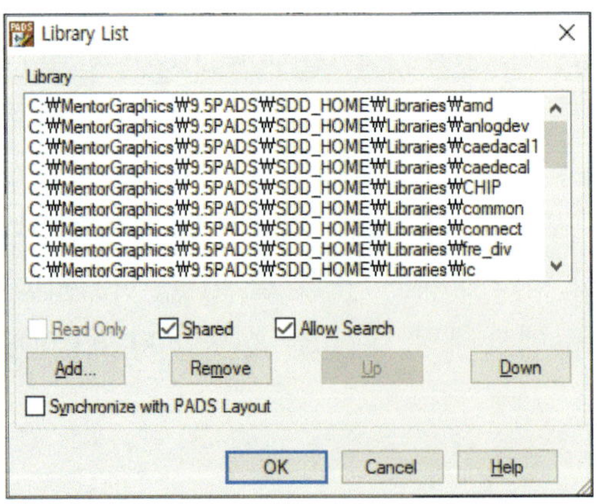

05 다음 그림과 같이 Add Library 창에서 위에서 만든 astable_mv.pt9 Library를 선택한 후 열기(O) Button을 Click한다.

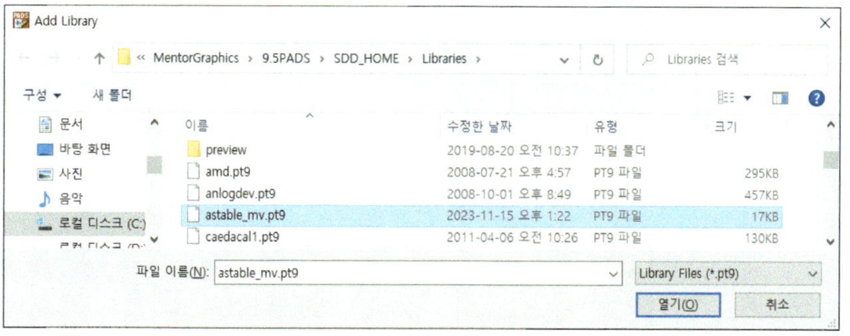

06 Library List 창에서 astable_mv Library를 선택한 후 Up Button을 계속 Click하여 맨 위쪽에 위치하면 OK Button을 Click한다.

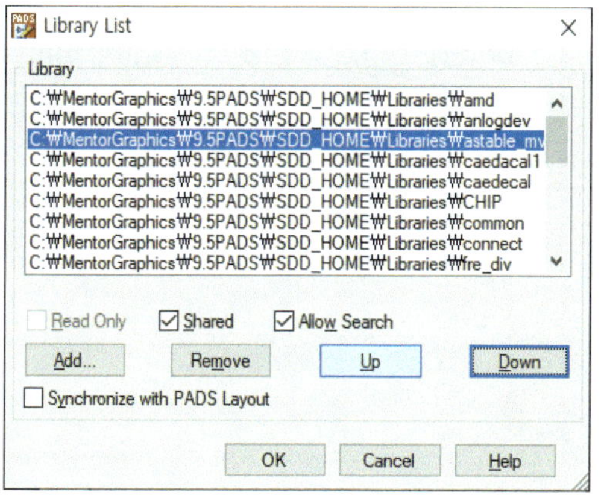

07 다음 그림과 같이 Library Manager 창에서 Library common을 선택, Filter에서는 Decals를 선택하고 입력 창에는 R1/8W*를 입력한다. Apply Button을 Click하여 나타나는 PCB Decals에서 해당 Decal을 선택한 다음 Copy Button을 Click한다.

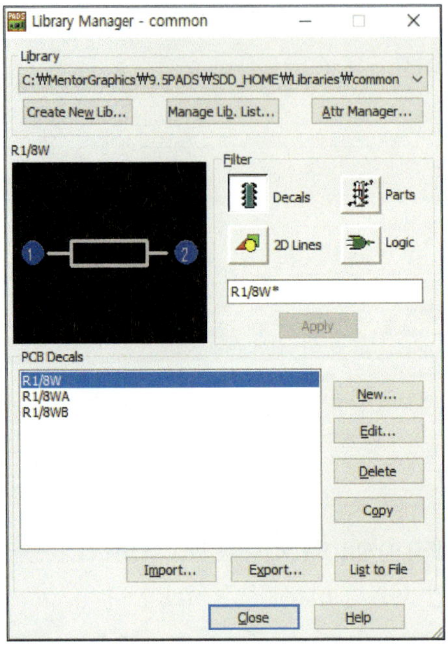

※ 카본 색저항 1/4W의 경우 PCB에 실장하기 위한 핀 사이의 거리는 일반적으로 400mils로 하는데 프로그램에서 제공되는 Decal의 경우 R1/8W의 핀 사이의 거리가 400mils로 만들어져 있어 수정하지 않고 그냥 사용하는 것으로 하였다.

08 다음 그림과 같이 창이 나타나면 Library를 astable_mv로 선택한 후 OK Button을 Click한다.

09 다음 그림과 같이 Library Manager 창에서 Library를 astable_mv로 선택하면 복사한 Decal을 확인할 수 있다.

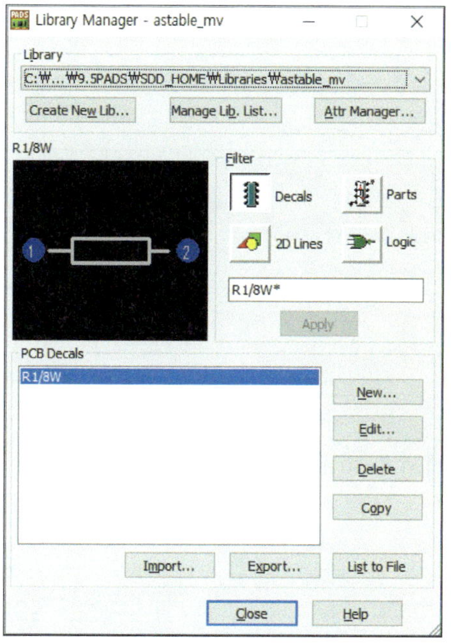

10 순서 7번을 참고하여 Library Manager 창에서 Library common을 선택하고 Filter에서는 Decal을 선택, 입력 창에는 CX12-B*를 입력한 후 Apply Button을 Click한다. 나타나는 PCB Decals에서 해당 Decal을 선택한 후 Copy Button을 Click한다.

11 다음 그림과 같이 창이 나타나면 Library를 astable_mv로 선택한 후 OK Button을 Click한다.

12 Library Manager 창에서 Library를 astable_mv로 선택하여 복사한 Decal을 확인할 수 있다.

13 순서 7번을 참고하여 Library Manager 창에서 Library common을 선택하고 Filter에서는 Decal을 선택, 입력 창에는 LED*를 입력한다. Apply Button을 Click하여 나타나는 PCB Decals에서 해당 Decal을 선택한 다음, Copy Button을 Click한다.

14 다음 그림과 같이 창이 나타나면 Library를 astable_mv로 선택한 후 OK Button을 Click한다.

15 Library Manager 창에서 Library를 astable_mv로 선택하여 복사한 Decal을 확인할 수 있다.

16 순서 7번을 참고하여 Library Manager 창에서 Library common을 선택, Filter에서는 Decal을 선택하고 입력 창에는 TO-92*를 입력한 후 Apply Button을 Click한다. 나타나는 PCB Decals에서 해당 Decal을 선택한 후 Copy Button을 Click한다.

17 다음 그림과 같이 창이 나타나면 Library를 astable_mv로 선택한 후 OK Button을 Click한다.

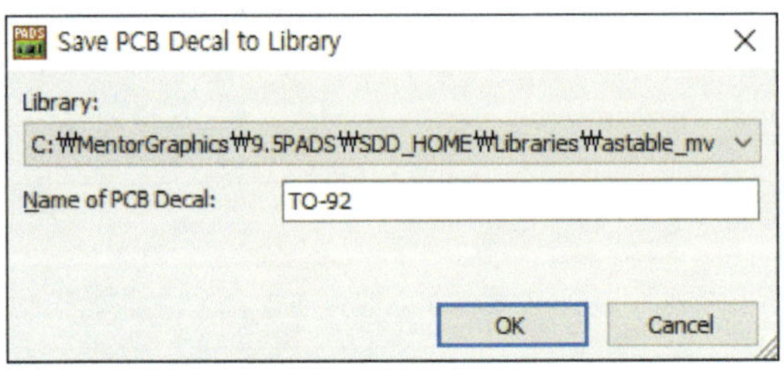

18 PCB 고정용 Hole을 만들기 위한 부품을 복사하기 위하여 Library Manager 창에서 Library common을 선택, Filter에서는 Parts를 선택, 입력 창에는 MT*를 입력한 후 Apply Button을 Click하여 나타나는 Part Types에서 MTHOLE1 Part를 선택한 후 Copy Button을 Click한다.

19 다음 그림과 같이 창이 나타나면 Library를 astable_mv로 선택한 후 OK Button을 Click한다.

20 Library Manager 창에서 Library를 astable_mv로 선택하여 복사한 Decal들을 확인할 수 있다.

3.3 부품 수정하기

위에서 사용한 부품 중에서 트랜지스터의 경우 CAE Decal과 PCB Decal의 핀 구성이 사용하는 실제 부품의 Data Sheet와 맞지 않아 수정해서 사용해야 한다. 2SC372의 Data Sheet는 다음 그림과 같다.

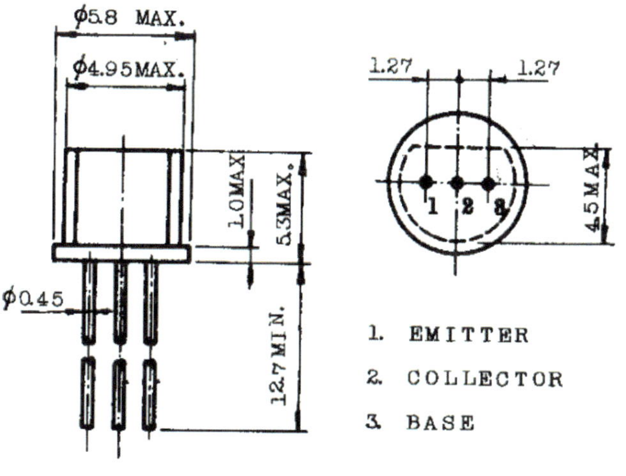

2SC372 Data sheet

프로그램에서 제공되는 CAE Decal과 PCB Decal은 다음 그림과 같다.

CAE Decal

PCB Decal

이 부분은 매우 중요한데, Data Sheet에서 트랜지스터의 핀 구조를 보면 1, 2, 3번 핀의 순서로 E(MITTER), C(OLLECTOR), B(ASE)로 되어있는 것을 확인할 수 있다. 그런데 CAE Decal에서는 1, 2, 3번 핀이 E, B, C의 순서로 되어 있기 때문에 CAE Decal의 2번 핀과 3번 핀의 위치를 서로 바꾸어서 Data Sheet의 상태와 같게 해 주어야만 한다. Data Sheet의 상태와 같지 않게 진행을 하게 되면 PCB를 만드는 것까지는 문제없지만 그 이후 부품 조립을 하였을 때 정상적인 동작을 하지 않게 되는 것이다.

특히 극성이 있는 부품들의 경우 CAE Decal과 PCB Decal의 핀 맵핑을 해 주는 것이 중요하다. 이 회로도에서는 트랜지스터, 전해콘덴서, LED가 그런 부품에 해당된다. 다음 순서에 따라 진행한다.

01 PADS Logic 9.5 프로그램을 실행하고 **Start a new design**을 Click한다.

02 다음 그림과 같이 File〉Library...를 선택한다.

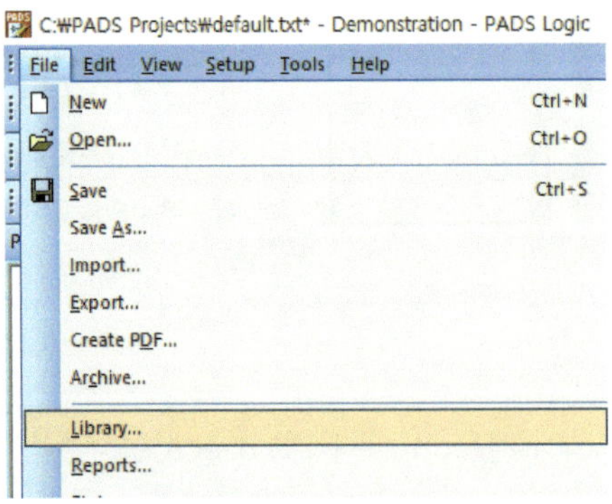

03 Library Manager 창이 나타나면 다음 그림과 같이 설정한 후 Edit Button을 Click한다.

- Library : astable_mv 선택
- Filter : Logic 선택
- 빈칸에 *을 입력 후 Apply Button Click

• CAE Decals의 NPN 선택 후 Edit... Button Click

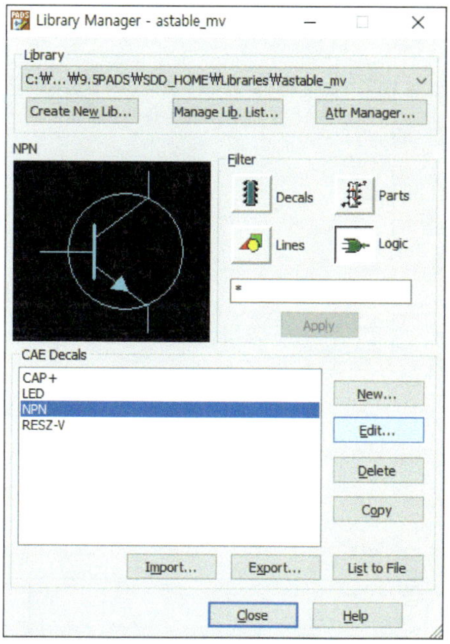

04 작업 창에서 마우스 오른쪽 Button(MRB)을 Click하여 다음 그림과 같이 Select Terminals를 선택한다.

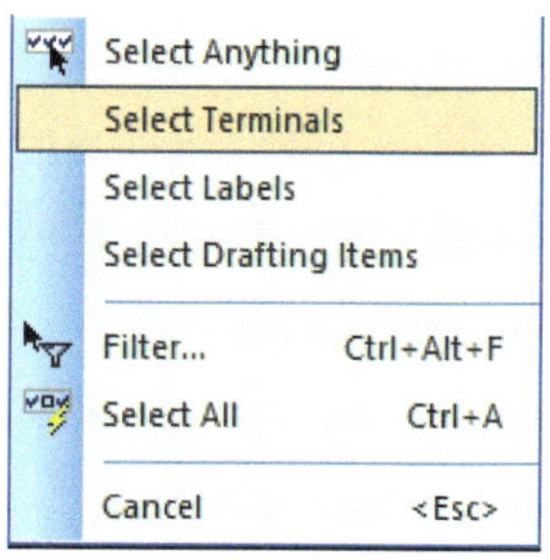

05 2번 핀(Base)을 Click, Drag하여 MRB〉Rotate 90, MRB〉Y Mirror를 한 후 3번 핀 옆에 배치한다.

06 3번 핀(Collector)을 Click, Drag하여 MRB〉Rotate 90을 하여 이전 2핀 핀 위치에 배치한다.

07 옮겨진 2번 핀을 원래 3번 핀 위치로 배치한 후 선택된 상태에서 MRB〉Properties를

선택한 후 다음 그림처럼 Terminal Properties 창에서 Change Decal Button을 Click한다.

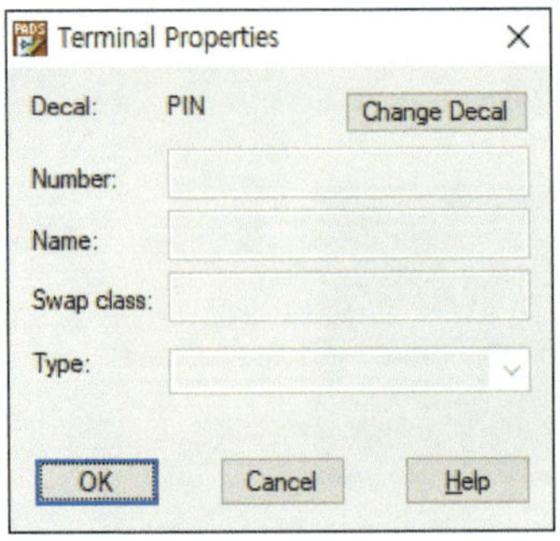

08 다음 그림처럼 Pin Decal Browse 창에서 PINSHORT를 선택한 후 OK Button을 Click한다.

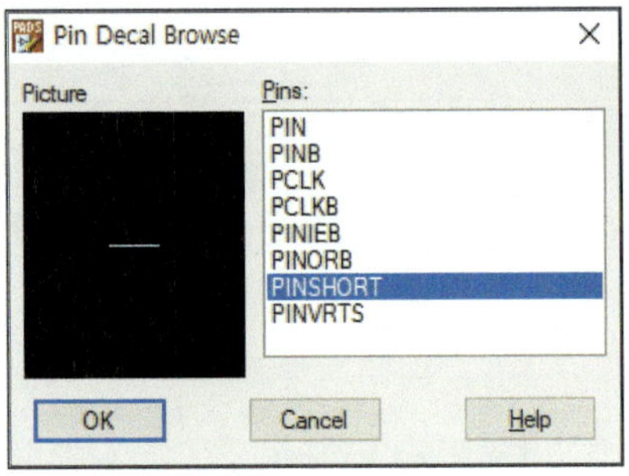

09 Terminal Properties 창에서 OK Button을 Click한 후 작업 창에서 핀을 1번 핀과 같이 원 가장자리에 정위치시킨다.

10 작업화면의 메뉴 바에서 File〉Save, File〉Exit를 선택한다.

3.4 Part Type 설정하기

PCB 설계에 필요한 CAE Decal과 PCB Decal이 준비되었으므로 이제 두 Decal 간의 연결을 위해 Part Type을 설정해주어야 하는데 다음 순서에 따라 진행한다.

3.4.1 카본 색 저항 Part Type 설정하기

01 PADS Logic 9.5 프로그램을 실행하고 **Start a new design**을 Click한다.

02 작업화면의 메뉴 바에서 File>Library...를 선택한다.

03 Library Manager 창에서 Library를 astable_mv로 설정한다.

04 Filter에서 Parts를 선택하고, Part Types 오른쪽의 New Button을 Click한다.

05 Part Editor가 실행되면 Library Manager 창을 닫는다.

※ Part Editor는 작업 창의 메뉴 바에서 Tools>Part Editor를 선택해도 실행할 수 있지만 여기서는 해당 Library를 먼저 설정해 주고 그 상태에서 Part Editor를 실행하는 방법으로 진행하고 있으니 사용자의 취향에 따라 선택해서 사용하면 된다.

06 다음 그림과 같이 작업화면의 메뉴 바 View와 Setup 사이의 아래에 있는 Edit Electrical Icon을 Click한다.

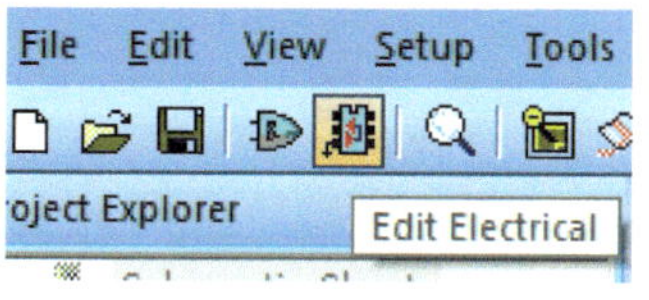

07 다음 그림과 같이 Part Information for Part 창의 General Tap에 있는 Logic Family를 RES로 선택하여 Ref Prefix를 R(저항의 부품참조 기호)이 되게 한 후 PCB Decals Tab을 Click한다.

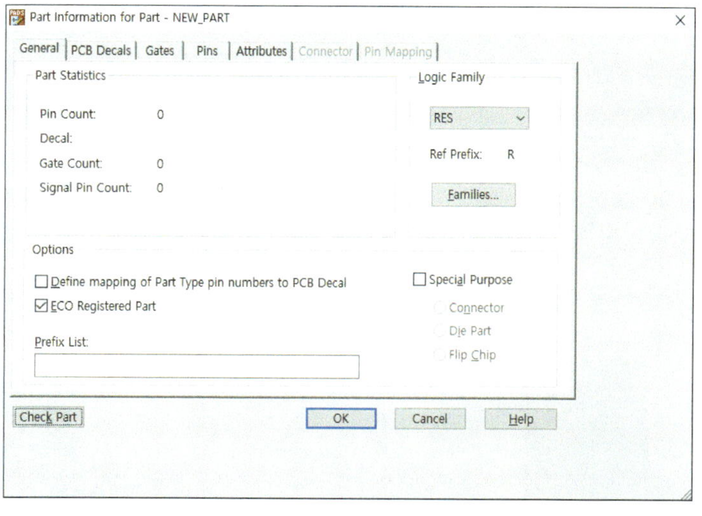

08 다음 그림과 같이 Library 경로를 확인한 후 Unassigned Decals 항목에서 R1/8W를 선택하고, 오른쪽의 Assign>> Button을 Click하고 Gates Tab을 Click한 다음 Add Button을 Click한다.

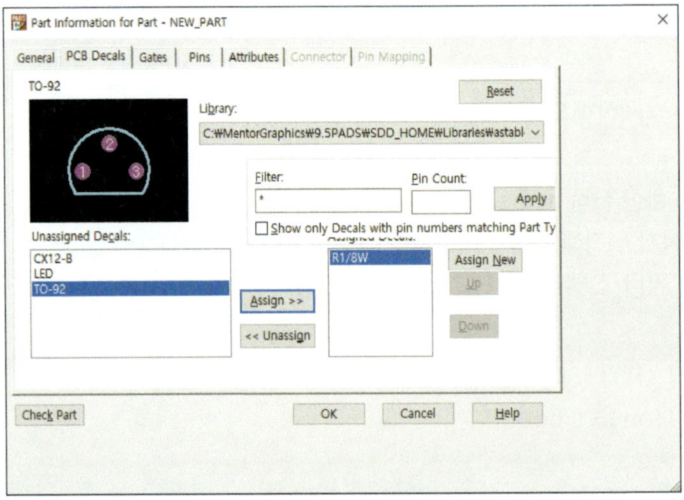

09 다음 그림과 같이 CAE Decal 1 아래의 빈 칸을 Double Click한 후 오른쪽의 Button을 Click한다.

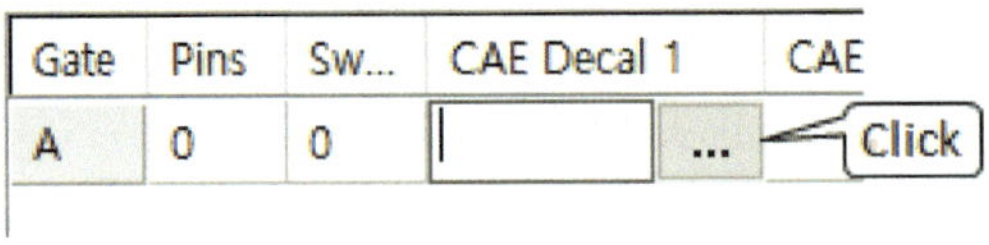

10 다음 그림과 같이 Library 경로를 확인한 후 Unassigned Decals 항목에서 RESZ-V를 선택하고, 오른쪽의 Assign Button을 Click한 다음, OK Button을 Click한다.

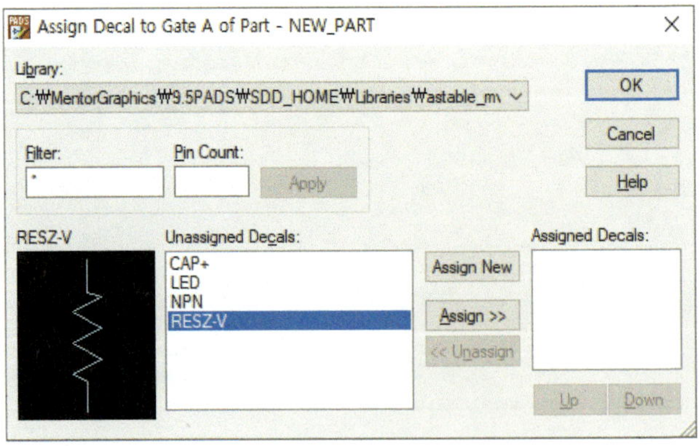

11 Pins Tab을 Click하고, Pin Group 항목 아래를 Click 및 오픈하여 다음 그림과 같이 1, 2번 핀을 모두 Gate-A로 설정한다.

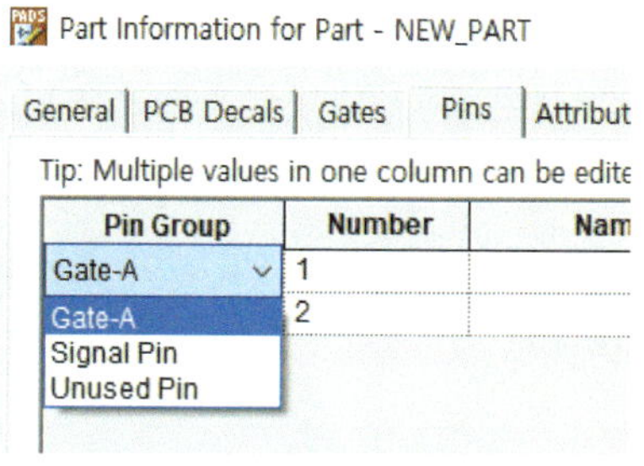

12 저항의 경우 필요한 작업을 마쳤으므로 OK Button을 Click한다.

※ Attributes Tab은 부품에 여러 정보를 부여할 필요가 있을 때 그 Tab을 선택, Add Button을 Click하여 필요한 정보 등을 처리할 수 있다.

13 작업화면의 메뉴 바에서 File〉Save를 선택하여 Library 경로를 확인한 후 다음 그림과 같이 이름을 입력하고 OK Button을 눌러 저장한다.

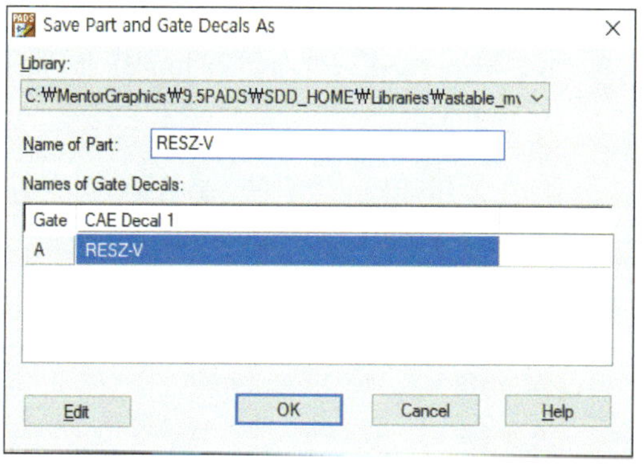

14 작업화면의 메뉴 바에서 File〉Exit Part Editor를 선택한다.

3.4.2 트랜지스터 Part Type 설정하기

01 PADS Logic 9.5 프로그램을 실행하고 Start a new design을 Click한다.

02 작업화면의 메뉴 바에서 File〉Library...를 선택한다.

03 Library Manager 창에서 Library를 astable_mv로 설정한다.

04 Filter에서 Parts를 선택하고, Part Types 오른쪽의 New Button을 Click한다.

05 Part Editor가 실행되면 Library Manager 창을 닫는다.

06 다음 그림과 같이 작업화면의 메뉴 바의 View와 Setup 사이의 아래에 있는 Edit Electrical Icon을 Click한다.

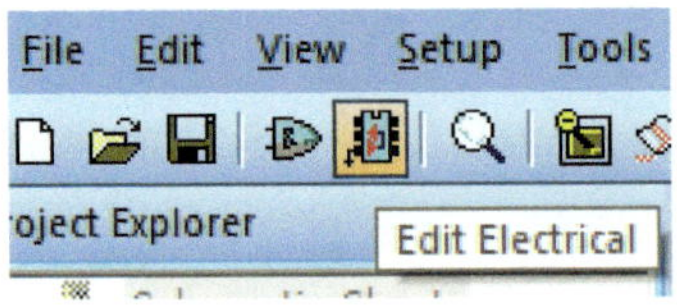

07 Part Information for Part 창의 General Tap에 있는 Logic Family를 TRX로 선택하여 Ref Prefix를 Q(트랜지스터의 부품참조 기호)가 되게 한 후 PCB Decals Tab을 Click한다.

08 Library 경로를 확인한 후 Unassigned Decals 항목에서 TO-92를 선택한 다음, 오른쪽의 Assign〉〉 Button을 Click하고 Gates Tab을 Click한 후 Add Button을 Click한다.

09 다음 그림과 같이 CAE Decal 1 아래의 빈 칸을 Double Click한 후 오른쪽의 Button을 Click한다.

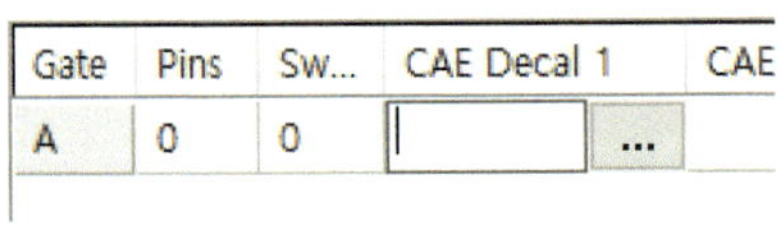

10 Library 경로를 확인한 후 Unassigned Decals 항목에서 NPN을 선택한 다음, 오른쪽의 Assign Button을 Click하고 OK Button을 Click한다.

11 Pins Tab을 Click하고 Pin Group 항목 아래를 Click하여 오픈한다. 다음 그림과 같이 1번, 2번, 3번을 모두 Gate-A로 설정하고 Name 항목에는 핀 이름을 입력한다.

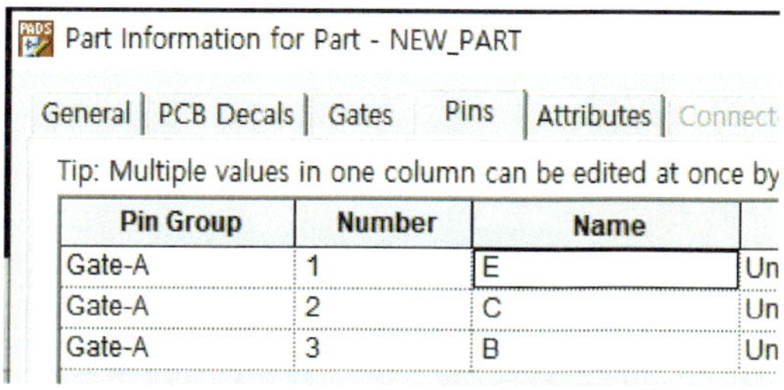

12 트랜지스터의 경우 필요한 작업을 마쳤으므로 OK Button을 Click한다.

13 작업화면의 메뉴 바에서 File〉Save를 선택하여 Library 경로를 확인한 후 다음 그림과 같이 이름을 입력하고 OK Button을 눌러 저장한다.

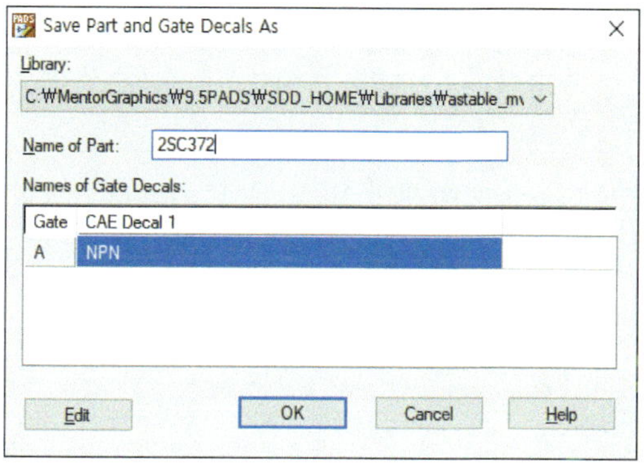

14 작업화면의 메뉴 바에서 File〉Exit Part Editor를 선택한다.

3.4.3 전해콘덴서 Part Type 설정하기

01 PADS Logic 9.5 프로그램을 실행하고 **Start a new design**을 Click한다.

02 작업화면의 메뉴 바에서 File〉Library...를 선택한다.

03 Library Manager 창에서 Library를 astable_mv로 설정한다.

04 Filter에서 Parts를 선택하고 Part Types 오른쪽의 New Button을 Click한다.

05 Part Editor가 실행되면 Library Manager 창을 닫는다.

06 다음 그림과 같이 작업화면의 메뉴 바 View와 Setup 사이의 아래에 있는 Edit Electrical Icon을 Click한다.

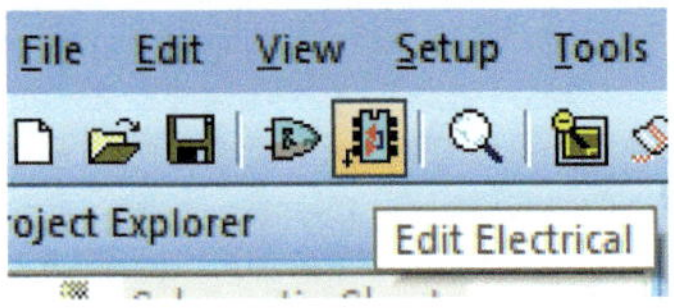

07 Part Information for Part 창의 General Tal에 있는 Logic Family를 CAP로 선택하여 Ref Prefix를 C(콘덴서의 부품참조 기호)가 되게 한 후 PCB Decals Tab을 Click한다.

08 Library 경로를 확인한 후 Unassigned Decals 항목에서 CX12-B를 선택하고 오른쪽의 Assign>> Button을 Click하고 Gates Tab을 Click한 후 Add Button을 Click한다.

09 다음 그림과 같이 CAE Decal 1 아래의 빈 칸을 Double Click한 후 오른쪽의 Button을 Click한다.

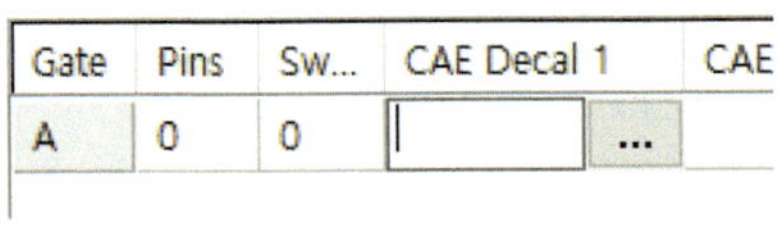

10 Library 경로를 확인한 후 Unassigned Decals 항목에서 CAP+를 선택하고, 오른쪽의 Assign Button을 Click하고 OK Button을 Click한다.

11 Pins Tab과 Pin Group 항목 아래를 Click하여 오픈한 후, 다음 그림과 같이 1, 2번 핀을 모두 Gate-A로 설정한다(Name 항목은 필요시 입력할 수 있다).

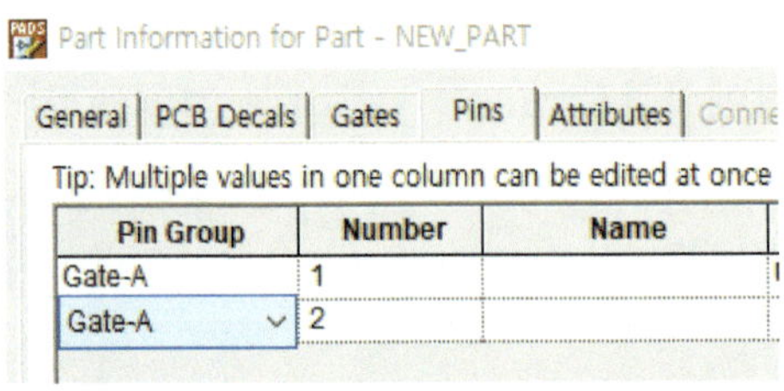

12 전해콘덴서의 경우 필요한 작업을 마쳤으므로 OK Button을 Click한다.

13 작업화면의 메뉴 바에서 File〉Save를 선택하여 Library 경로를 확인한 후 다음 그림과 같이 이름을 입력하고 OK Button을 눌러 저장한다.

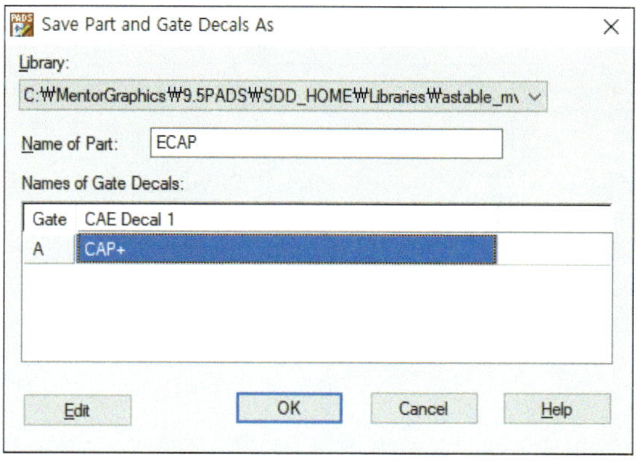

14 작업화면의 메뉴 바에서 File〉Exit Part Editor를 선택한다.

3.4.4 LED Part Type 설정하기

01 PADS Logic 9.5 프로그램을 실행하고 **Start a new design**을 Click한다.

02 작업화면의 메뉴 바에서 File〉Library...를 선택한다.

03 Library Manager 창에서 Library를 astable_mv로 설정한다.

04 Filter에서 Parts를 선택하고, Part Types 오른쪽의 New Button을 Click한다.

05 Part Editor가 실행되면 Library Manager 창을 닫는다.

06 다음 그림과 같이 작업화면의 메뉴 바의 View와 Setup 사이의 아래에 있는 Edit Electrical Icon을 Click한다.

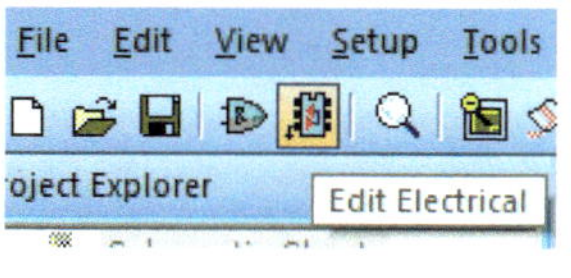

07 Part Information for Part 창의 General Tap에 있는 Logic Family의 콤보상자를

열어봐도 LED가 보이지 않는다. 이 경우에는 그 아래 Families... Button을 Click한 후 다음 그림과 같이 Logic Families 창에서 Add Button을 Click하고 Family와 Prefix값을 LED로 입력한 다음, OK Button을 Click한다.

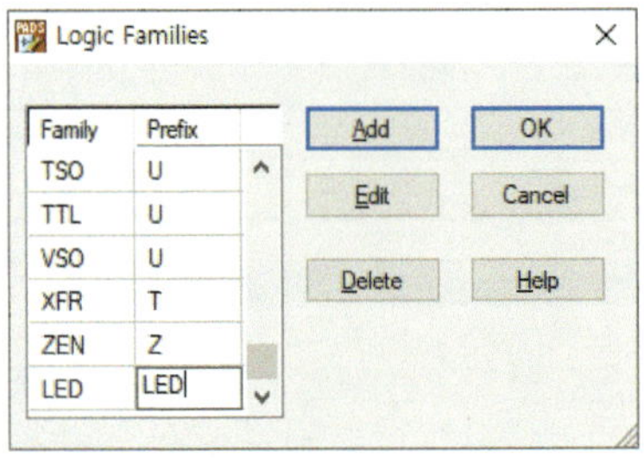

08 다시 이전 창으로 와서 Logic Family를 LED로 선택하여 Ref Prefix를 LED(LED의 부품참조기호)가 되게 한 후 PCB Decals Tab을 Click한다.

09 Library 경로를 확인한 후 Unassigned Decals 항목에서 LED를 선택하고 오른쪽의 Assign>> Button과 Gates Tab을 Click한 후 Add Button을 Click한다.

10 다음 그림과 같이 CAE Decal 1 아래의 빈 칸을 Double Click한 후 오른쪽 Button을 Click한다.

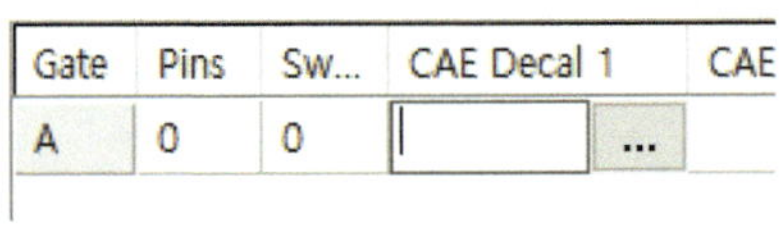

11 Library 경로를 확인한 후 Unassigned Decals 항목에서 LED를 선택하고, 오른쪽의 Assign Button을 Click한 다음, OK Button을 Click한다.

12 Pins Tab과 Pin Group 항목 아래를 Click하고 오픈하여 다음 그림과 같이 1, 2번 핀을 모두 Gate-A로 설정한다(Name 항목은 필요시 A, K 등으로 입력할 수 있다).

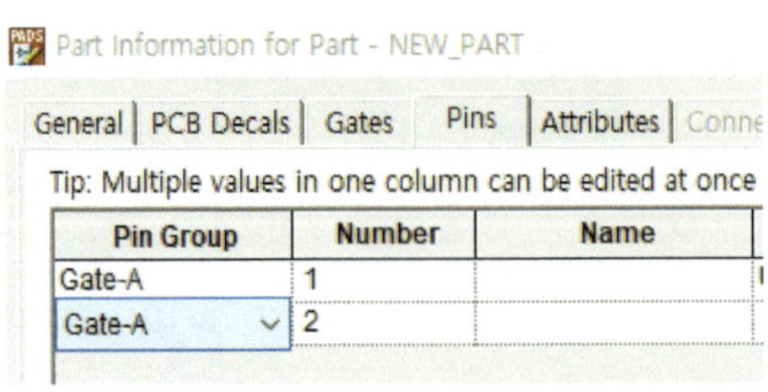

13 LED의 경우 필요한 작업을 마쳤으므로 OK Button을 Click한다.

14 작업화면의 메뉴 바에서 File〉Save를 선택하여 Library 경로를 확인한 후 다음 그림과 같이 이름을 입력하고 OK Button을 눌러 저장한다.

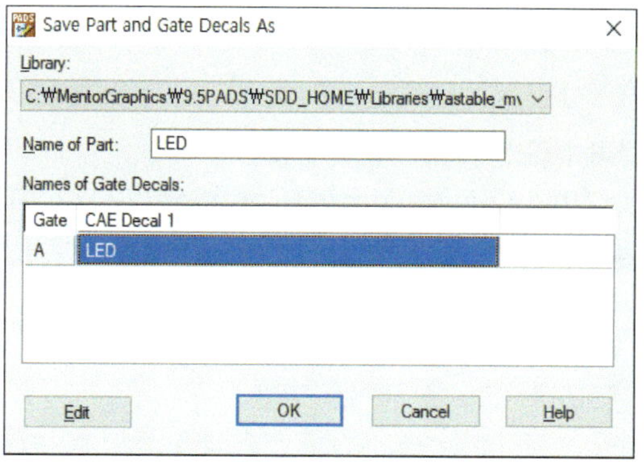

15 작업화면의 메뉴 바에서 File〉Exit Part Editor를 선택한다.

3.5 단위 체계

PCB 설계에 사용되는 단위는 Inch, mm, mils 등이 있으며, 단위 상호 간의 관계는 다음과 같다.

$$1 \text{ inch} = 25.4 \text{ mm} = 1{,}000 \text{ mils}$$

일반적으로는 사용자나 회사에 따라 선호하는 단위를 선택한다. 본 교재의 전반부에서는 mils 단위를, 후반부에서는 mm 단위를 사용하여 진행한다. 중요한 점은 단위 상호 간의 Data 변환을 통해 정확한 작업을 해야 하기 때문에 단위 간의 관계를 반드시 알고 있어야 한다는 것이다.

3.6 회로도 작성하기

3.6.1 PADS Logic 9.5 시작하기

01 PADS Logic 9.5 프로그램을 실행하고 **Start a new design**을 Click한다.

02 작업화면의 메뉴 바에서 File〉Library...를 선택한다.

03 Library Manager 창에서 Library를 astable_mv로 설정하고 창을 닫는다.

3.6.2 Options 설정하기

01 작업화면의 메뉴 바에서 Tools〉Options...를 선택하면 Options 팝업 창이 나타난다.

※ Options 팝업 창이 잘려 나오는 경우 해결 방법

- **인터넷 주소창에 https://blog.naver.com/designhope/221447923895를 입력한다.**
- **해당 사이트에서 powerlogicres.dll File을 다운로드한다(Logic).**
- **해당 사이트에서 powerpcbres.dll File을 다운로드한다(Layout).**
- **윈도우 탐색기에서 C:₩MentorGraphics₩9.5PADS₩SDD_HOME₩Programs₩enu 경로로 들어가 위에서 다운로드한 File을 덮어쓰기한다.**

02 기본적으로 General Option은 다음 그림과 같으며 Display, Cursor Type, Grids 등의 설정을 할 수 있는 창이다.

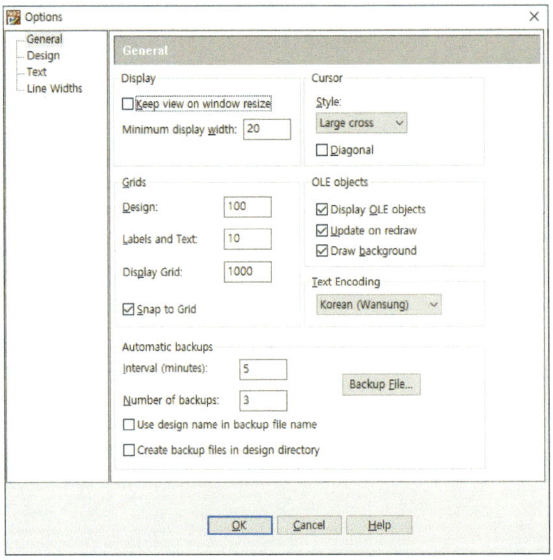

03 Design Option은 다음 그림과 같이 Parameter, Sheet Size 등을 설정하는 창이다. 여기서는 Parameters 항목의 Tie Dot Diameter를 50으로 바꾸어 회로도의 선 연결 시 교차되는 점 크기를 크게 설정한다. 회로도에 부품의 수가 많지 않으므로 Sheet 항목의 Size는 A4로, Sheet border는 SIZEA4로 설정하고 Off-Sheet Labels 항목의 Show Off-page Sheet Numbers Check Box를 Click하여 활성화한다.

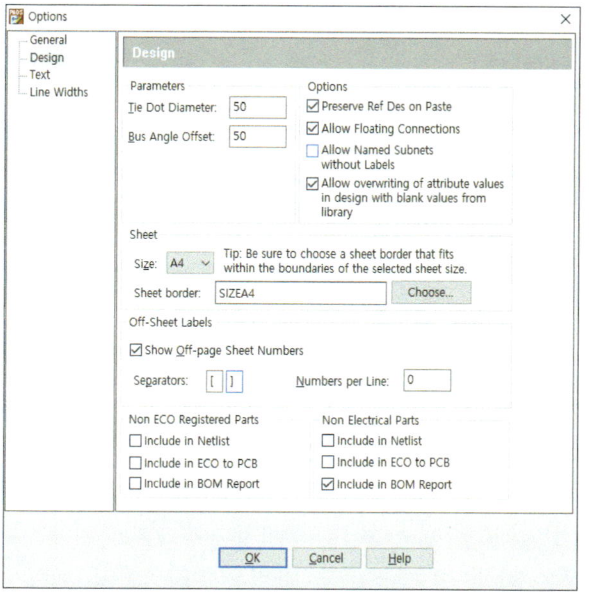

04 Text나 Line Width Option은 필요에 따라 변경해서 사용하면 되므로 OK Button을 눌러 빠져나온다.

05 작업 창의 메뉴 바에서 File〉Save를 선택한 후 다음 그림과 같이 저장할 폴더를 생성하여 astable_mv.sch로 저장한다.

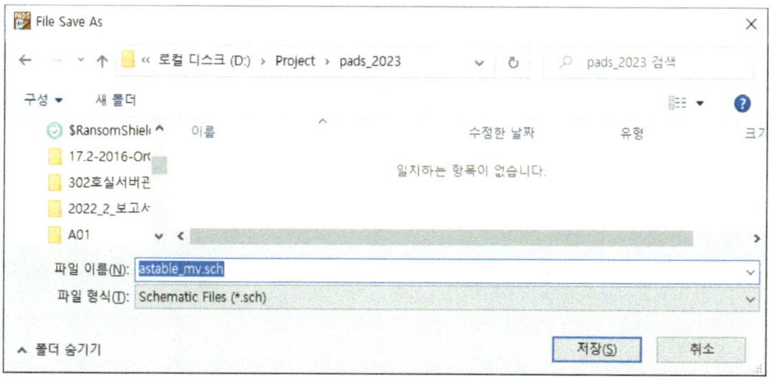

3.6.3 부품 불러오기 및 배치하기

이 작업을 시작하기 전에 작업 창의 메뉴 바에서 다음 그림과 같이 View〉Toolbars를 선택하여 Toolbar들이 선택되어 있는지 확인하고, 그렇지 않은 경우에는 옵션을 선택하여 원활한 작업이 되도록 한다. 각 Toolbar에 해당되는 Icon들을 확인하기 위해 각각의 Toolbar를 1개씩 신댁하여 실행해본다.

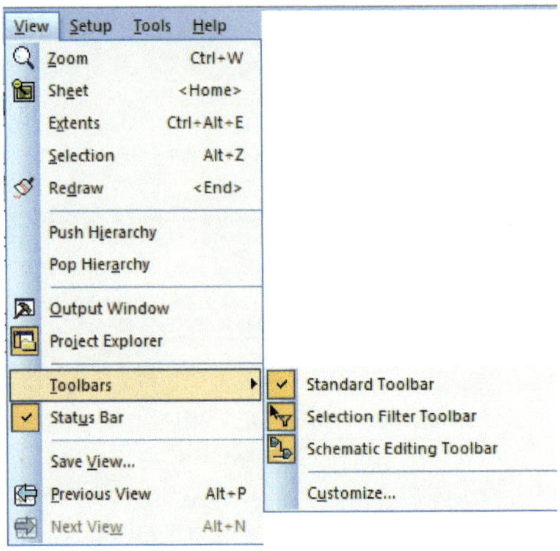

위의 과정이 진행되었으면 부품을 불러와 배치해야 한다. 이에 앞서 효율적인 작업을 하기 위하여 작업 창을 확대 및 축소하는 방법을 먼저 익혀 본다.

01 키보드의 Home Key를 눌러본다(전체 화면 표시).

02 마우스 포인터를 작업 창 임의의 곳에 두고 마우스 가운데 휠 Button을 누른 채 작업 창의 위쪽 방향으로 스크롤해 본다(영역 확대).

03 마우스 포인터를 작업 창 임의의 곳에 두고 마우스 가운데 휠 Button을 누른 채 작업 창의 아래쪽 방향으로 스크롤해 본다(영역 축소).

이와 같이 작업 상황에 따라 전체 화면, 영역 확대 그리고 영역 축소를 해 가면서 작업할 수 있도록 하자. 본격적인 부품 배치를 위해 다음 순서에 따라 진행한다.

01 Schematic Editing Toolbar에서 Add Part Icon( )을 Click한다.

02 다음 그림과 같이 Add Part... 팝업 창이 나타나면 팝업 창의 위쪽을 마우스로 Click, Drag하여 작업화면의 오른쪽이나 왼쪽의 빈 곳으로 옮겨 놓은 다음 Library 경로를 확인하고 Items에서 RESZ-V를 선택한 후 Add Button을 Click한다.

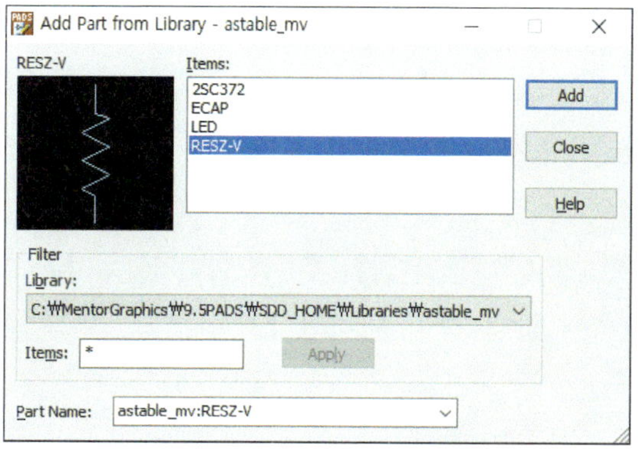

03 마우스에 저항이 붙어져 나오면 화면의 오른쪽 아래에 있는 좌표를 확인하여 좌표(2400,6400)의 위치에 Click하여 R1을 배치한다.

04 R2는 좌표(3500,6400)에, R3는 좌표(4700,6400)에, R4는 좌표(5800,6400)에 차례로 배치하고 Esc Key를 누른다.

05 팝업 창의 Items에서 LED를 선택한 후 Add Button을 Click한다.

06 MRB〉Rotate90, MRB〉Y Mirror를 한 후 LED1은 좌표(2400,5400)에, LED2는 좌표(5800,5400)에 배치한 다음, Esc Key를 누른다.

07 팝업 창의 Items에서 ECAP을 선택한 후 Add Button을 Click한다.

08 MRB〉Rotate90, MRB〉Y Mirror를 한 후 C1은 좌표(2700,4500)에, MRB〉X Mirror를 하고 C2는 좌표(5600,4500)에 배치한 후 Esc Key를 누른다.

09 팝업 창의 Items에서 2SC372를 선택한 후 Add Button을 Click한다.

10 MRB〉X Mirror를 한 후 Q1은 좌표(2800,3900)에, MRB〉X Mirror를 한 후 Q2는 좌표(5400,3900)에 배치한 후 Esc Key를 누른다.

11 회로도의 모든 부품이 배치되었는지 확인한 후 Add Part... 팝업 창을 닫는다.

12 작업 창의 File〉Save나 저장 Icon(Ctrl+S)을 눌러 작업한 내용을 저장한다.

3.6.4 부품의 속성 설정하기

부품 배치를 한 후 각 부품에는 주어진 회로도와 다르게 불필요한 정보가 포함되어 있으므로 이러한 속성과 값 등에 대한 정보를 수정해 주어야 하며 다음 순서에 따라 진행한다.

01 Toolbar에서 Select Icon(↖)을 선택한 후 R1 심벌을 Double Click하면 다음 그림과 같이 Part Properties 팝업 창이 나타난다.

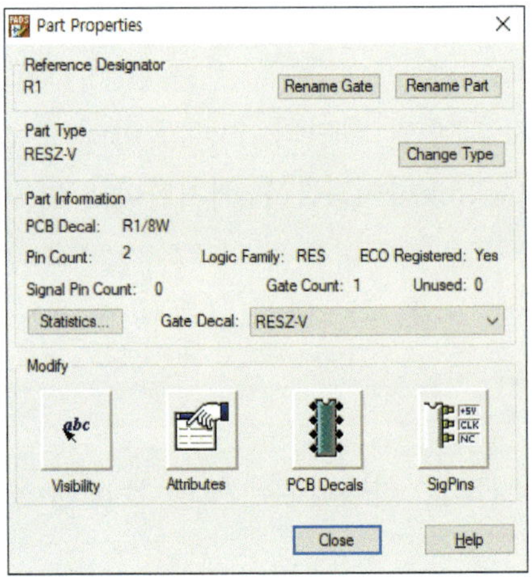

02 위의 팝업 창에서 Attributes Button을 Click한다.

03 다음 그림과 같이 Part Attributes 팝업 창이 나타나면 Add Button을 Click한다.

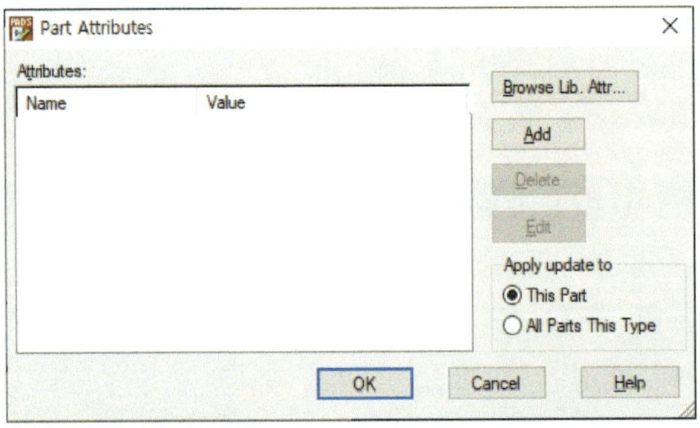

04 다음 그림과 같이 Name 아래에는 Value를 입력하고 Value 아래는 Double Click한 후 470을 입력한 다음 All Part This Type 옵션을 선택하고 OK Button을 Click한다.

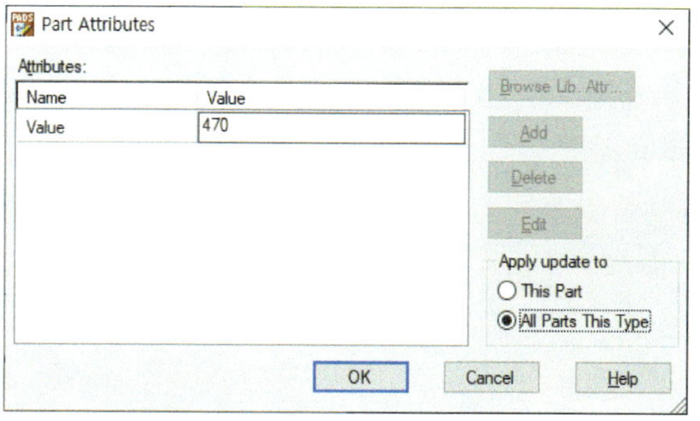

05 다시 Part Properties 팝업 창에서 Visibility Button을 Click한다.

06 Part Text Visibility 팝업 창이 나타나면 다음 그림과 같이 옵션을 설정하고 OK Button을 Click한다.

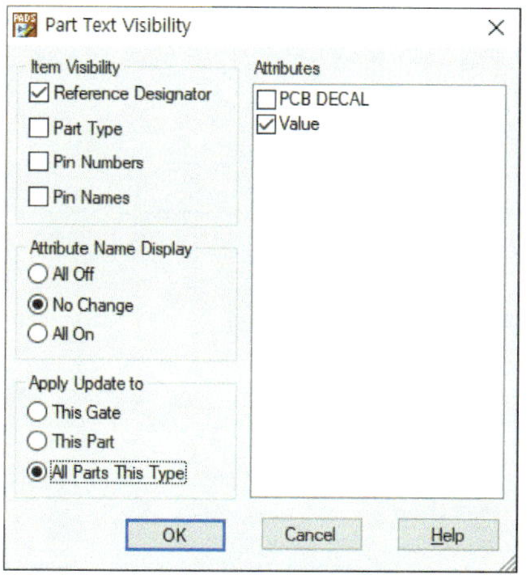

07 위의 과정을 진행한 후 다음 그림과 같이 각각의 저항들에 옵션이 적용되어 있는 것을 확인한 후 Part Properties 팝업 창을 닫고 Esc Key를 누른다.

08 C1 심벌을 Double Click하여 위에서와 같이 Part Properties 팝업 창이 나타나면 Attributes Button을 Click하고 Part Attributes 팝업 창에서 Add Button을 Click

한다. 그리고 다음 그림과 같이 Name 아래에는 Value를 선택하고 Value 아래는 Double Click한 후 33uF/16V를 입력한 다음 All Part This Type 옵션을 선택하고 OK Button을 Click한다.

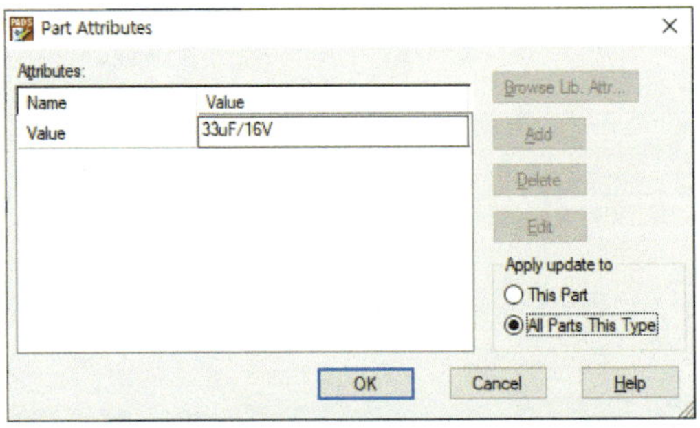

09 다시 Part Properties 팝업 창에서 Visibility Button을 Click한다.

10 Part Text Visibility 팝업 창이 나타나면 다음 그림과 같이 옵션을 설정하고 OK Button을 Click한다.

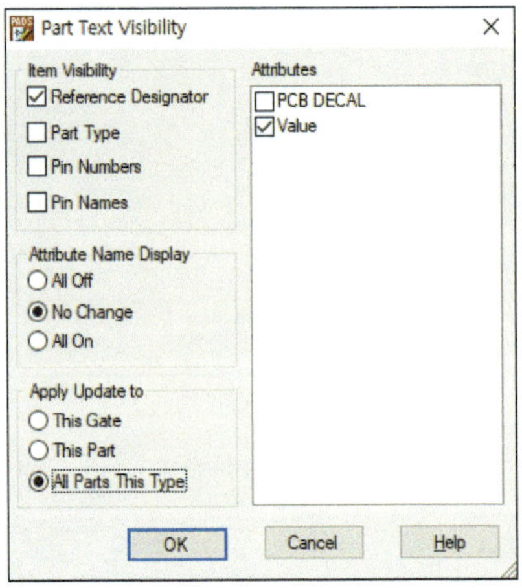

11 위의 과정을 진행한 후 다음 그림과 같이 각각의 콘덴서들에 옵션이 적용되어 있는 것을 확인한 후 Part Properties 팝업 창을 닫고 Esc Key를 누른다.

12 LED1 심벌을 Double Click하여 위에서와 같이 Part Properties 팝업 창이 나타나면 Visibility Button을 Click한다.

13 Part Text Visibility 팝업 창이 나타나면 다음 그림과 같이 옵션을 설정하고 OK Button을 Click한다.

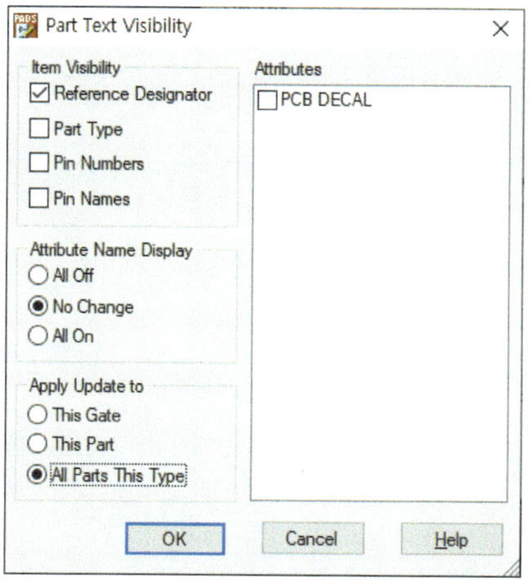

14 위의 과정을 진행하여 다음 그림과 같이 각각의 LED들에 옵션이 적용되어 있는 것을 확인한 후 Part Properties 팝업 창을 닫고 Esc Key를 누른다.

15 Q1 심벌을 Double Click하여 위에서와 같이 Part Properties 팝업 창이 나타나면 Attributes Button을 Click하고 Part Attributes 팝업 창에서 Add Button을 Click 한다. 다음 그림과 같이 Name 아래에는 Value를 선택하고 Value 아래는 Double Click한 후 2SC372를 입력한 다음, All Part This Type 옵션을 선택하고 OK Button을 Click한다.

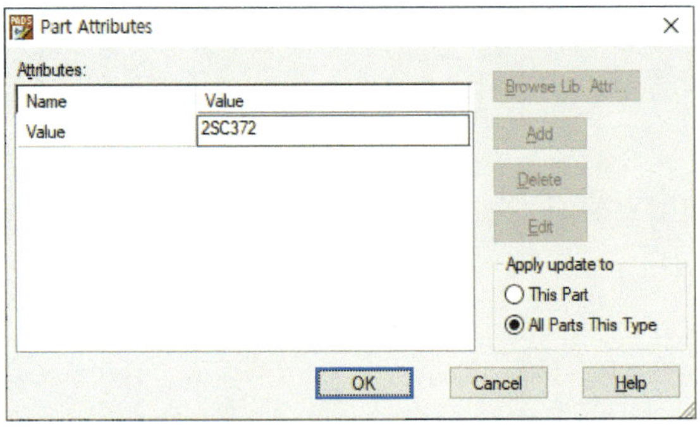

16 다시 Part Properties 팝업 창에서 Visibility Button을 Click한다.

17 Part Text Visibility 팝업 창이 나타나면 다음 그림과 같이 옵션을 설정하고 OK Button을 Click한다.

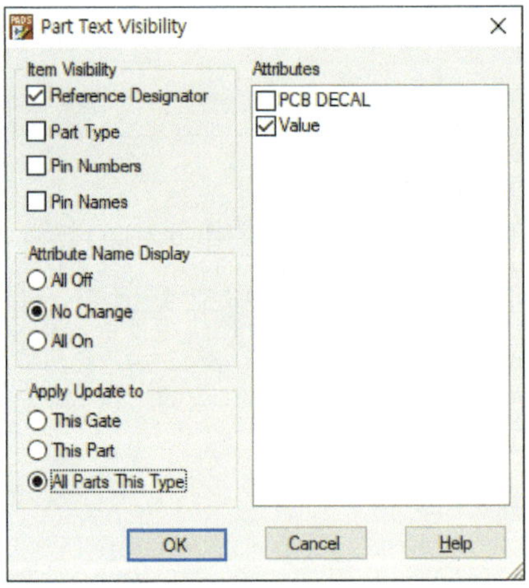

18 위의 과정을 진행하여 다음 그림과 같이 각각의 트랜지스터들에 옵션이 적용되어 있는 것을 확인한 후 Part Properties 팝업 창을 닫고 Esc Key를 누른다.

3.6.5 부품 값 수정 및 Reference 정렬하기

부품 배치 후 각 부품에 대한 속성 설정이 완료되었으면 각 부품별로 회로도와 같이 부품 값을 수정하고 Reference(부품 참조번호) 등도 정 방향으로 정렬하기 위하여 다음 순서에 따라 진행한다.

01 우선 Home Key를 눌러 부품 배치된 부분을 전체적으로 확인한다.

02 마우스 포인터를 부품이 배치된 중앙부분의 좌표(4000,5000)에 놓고 마우스 가운데 휠을 Click, 작업 창 위쪽 부분의 좌표(4000,6600) 근처로 부품들이 포함되도록 Drag 한다.

03 회로도를 보며 수정이 필요한 부분을 진행하는데 우선 R2 아래 470 숫자 위에서 Double Click한다.

04 Attribute Properties 팝업 창이 나타나면 다음 그림과 같이 Value: 아래 빈칸에 47K를 입력, Size(pts): 아래는 9로, 나머지 사항들은 Default 값을 확인하고 OK Button을 Click한다.

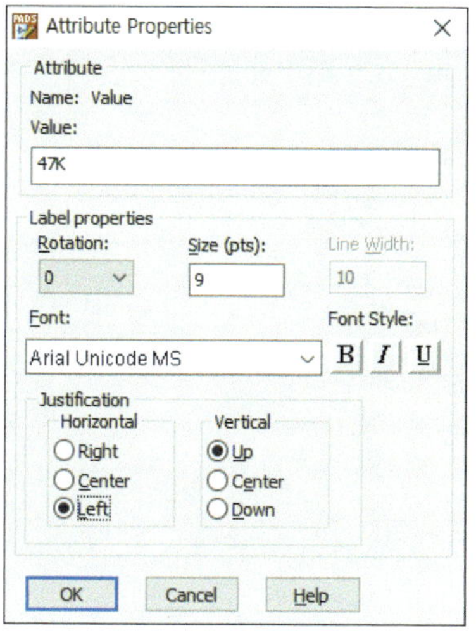

05 R3 아래 470 숫자 위에서 Double Click한다.

06 Attribute Properties 팝업 창이 나타나면 Value : 아래 빈칸에 100K를 입력하고 Size(pts): 아래는 9로 입력한 다음, 나머지 사항들은 Default 값을 확인하고 OK Button을 Click한다.

07 LED1 글자 위에서 Double Click한다.

08 Reference Designator Properties 팝업 창이 나타나면 다음 그림과 같이 Rotation: 아래에 90을 선택하고 Size(pts): 아래는 9로 입력하고, 나머지 사항들은 Default 값을 확인한 다음 OK Button을 Click한다.

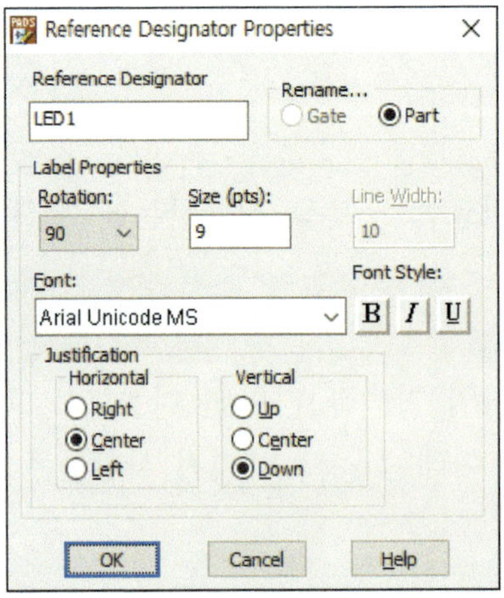

09 LED2 글자 위에서 Double Click하여 순서 8번과 같이 진행한다.

10 C1 글자 위에서 Double Click한다.

11 Reference Designator Properties 팝업 창이 나타나면 Rotation: 아래에 90을 선택하고 Size(pts): 아래는 9로 입력하고, 나머지 사항들은 Default 값을 확인한 다음 OK Button을 Click한다.

12 C2 글자 위에서 Double Click한다.

13 Reference Designator Properties 팝업 창이 나타나면 Rotation: 아래에 90을 선택하고 Size(pts): 아래는 9로 입력하고, 나머지 사항들은 Default 값을 확인한 다음 OK Button을 Click한다.

14 C1의 33uF/16V 글자 위에서 Double Click한다.

15 Attribute Properties 팝업 창이 나타나면 Rotation: 아래에 90을 선택하고 Size(pts): 아래는 9로 입력하고, 나머지 사항들은 Default 값을 확인한 다음 OK Button을 Click한다.

16 C2의 33uF/16V 글자 위에서 Double Click한다.

17 Attribute Properties 팝업 창이 나타나면 Rotation: 아래에 90을 선택, Size(pts): 아래는 9로, 나머지 사항들은 Default 값을 확인하고 OK Button을 Click한다.

18 C2 글자를 Click, Drag하여 좌표(5300,4660)의 위치로 이동하여 Click하고 배치한다.

19 C1 글자를 Click, Drag하여 좌표(2980,4660)의 위치로 이동하여 Click하고 배치한다.

20 C1의 33uF/16V 글자를 Click, Drag하여 좌표(3130,4330)의 위치로 이동하여 Click하고 배치한다.

21 C2의 33uF/16V 글자를 Click, Drag하여 좌표(5160,4330)의 위치로 이동하여 Click하고 배치한다.

22 Esc Key를 누르거나 작업 창의 임의의 빈 곳을 Click한 후 Home Key를 누른다.

23 지금까지 작업한 내용은 다음 그림과 같으며 미완성 부분이 있으면 수정한다.

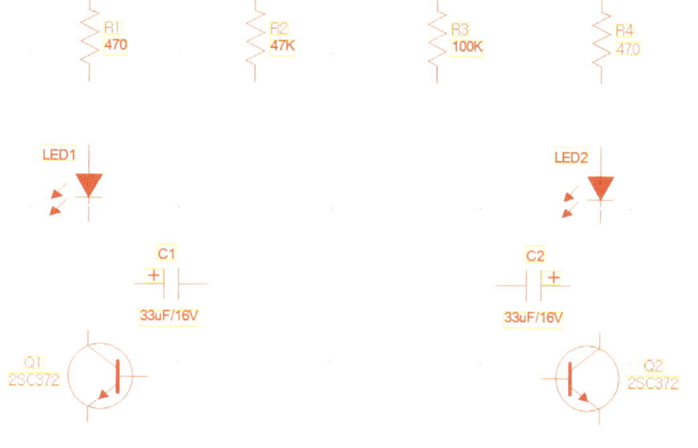

3.6.6 Connection 작업하기

※ 선 연결에 앞서 배선의 좋은 예와 좋지 않은 예를 참조하여 진행하면 부품 간의 선 연결에 대한 실수를 줄일 수 있다. 다음 그림을 보면 저항들의 위쪽 부분은 배선의 좋은 예이며 선 연결의 시작점에서 Click하여 수직(혹은 수평) 방향으로 1개의 Grid 이상 여유를 두고 배선하는 것이다. 그리고 저항들의 아래쪽 배선은 선 연결의 시작점에서 수직(혹은 수평) 방향으로 여유가 없이 바로 다음 부품과 연결되어 좋지 않은 것이다. 이 경우 부품 간 연결을 확실하게 보장할 수 없는 경우도 생기게 된다는 것을 알아야 한다.

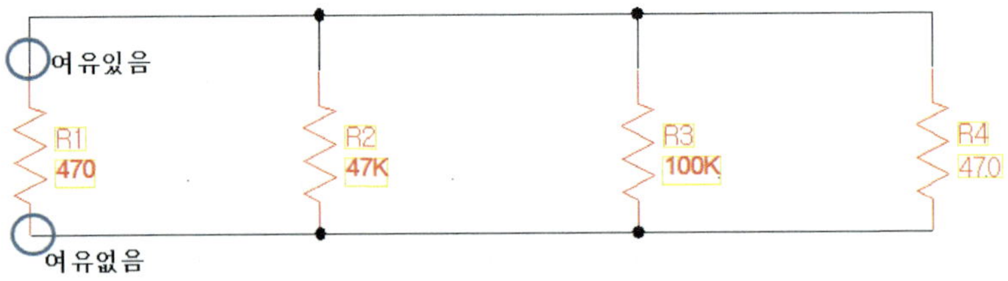

회로도를 작성하기 위하여 필요한 부품들을 모두 불러왔고 각 속성을 설정하였으며 Reference와 값 등의 위치도 알맞게 배치하였다. 이제는 각 부품 간의 연결된 정보를 표시하기 위한 작업을 해야 하므로 다음 순서에 따라 진행한다.

01 작업화면의 Schematic Editing Toolbar에서 Add Connection Icon( )을 Click한 후 다음 그림과 같이 R1의 위쪽 핀에서 Click하여 위쪽 수직 방향으로 2개의 Grid 정도 진행한 후 오른쪽의 R4 위쪽에서 Click, 아래 방향으로 와서 R4의 핀에서 Click하여 연결한다.

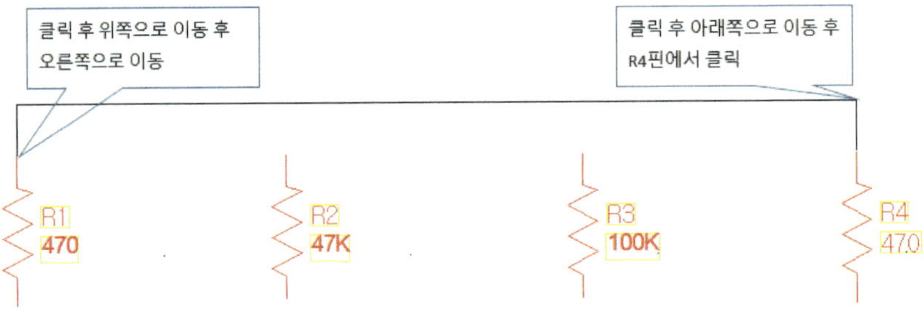

02 R2의 위쪽 핀에서 Click하고 1번에서 연결한 선 위에서 Click하여 배선한다.

03 R3의 위쪽 핀에서 Click하고 1번에서 연결한 선 위에서 Click하여 배선한다.

04 나머지 연결되는 부분도 시작점 핀에서 Click하고 도착점 핀에서 Click하여 배선한다.

05 다음 그림과 같이 대각선으로 연결하기 위하여 해당 지점까지 배선하고 MRB〉Angle을 선택한 다음 도착점에서 Click하여 배선한다.

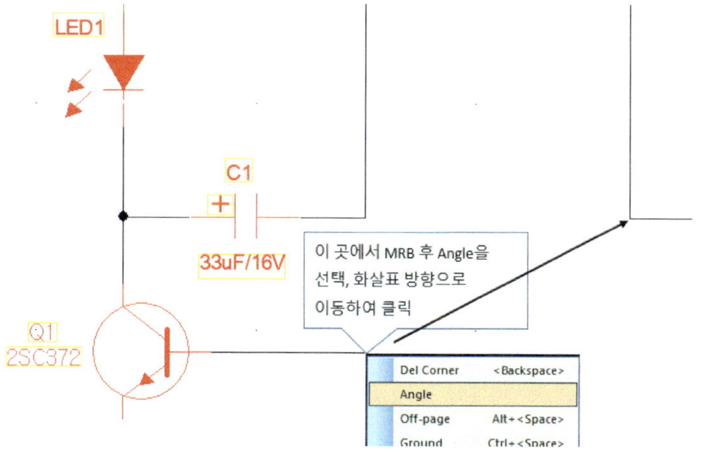

06 다음 그림은 배선을 모두 마친 상태이므로 확인하여 미완성 부분이 있으면 마무리한 후 저장한다.

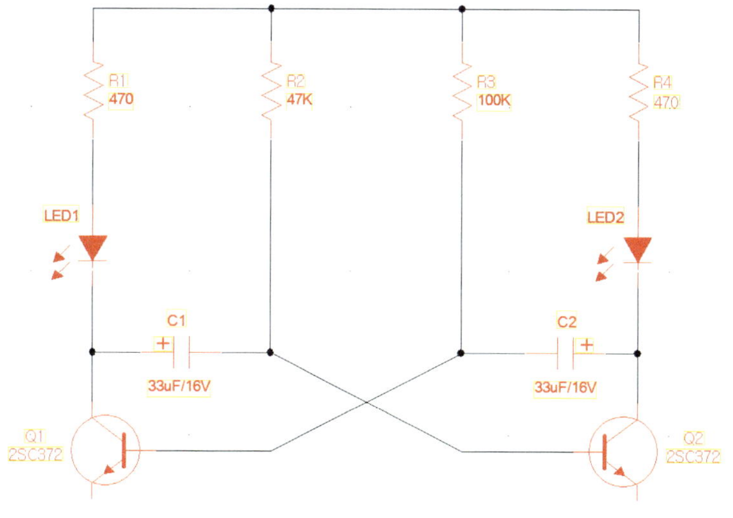

3.6.7 Power/Ground 연결하기

이제 회로도를 완성하기 위하여 회로에 공급되는 전원을 연결해 주어야 하므로 다음 순서에 따라 진행한다.

01 Add Connection 상태에서 +9V 전원을 연결하기 위해 다음 그림과 같이 좌표(2400, 6600)에서 Click하고 MRB〉**Power**를 선택한 다음 위쪽으로 이동하여 배치한다.

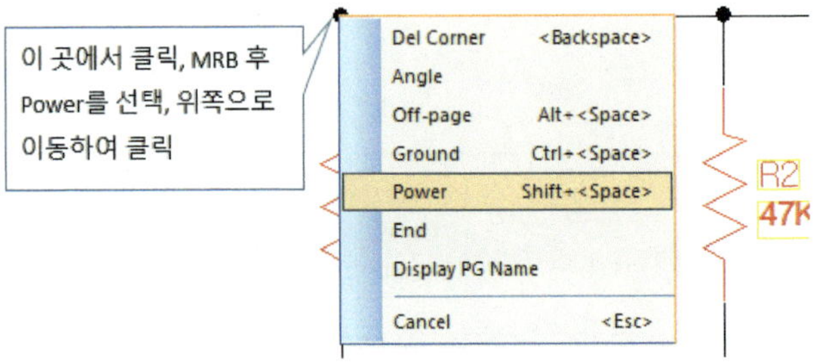

02 Add Connection 상태에서 GND를 연결하기 위하여 좌표(2400, 3600)에서 Click한 후 MRB〉**Ground**를 선택하고 아래쪽으로 이동하여 배치한다.

03 Add Connection 상태에서 GND를 한 개 더 연결하기 위하여 좌표(5800, 3600)에서 Click한 후 MRB〉**Ground**를 선택하고 아래쪽으로 이동하여 배치한다.

04 Toolbar에서 Select Icon(↖)을 선택하고 순서 1번에서 연결한 Power 위에서 Double Click한 후 Net Properties 팝업 창이 나타나면 Net Name 아래 칸의 내용을 +5V에서 **+9V**로 수정한 다음 **OK** Button을 Click한다.

05 Netname 관련 팝업 창이 나타나면 **확인** Button을 Click하고 **Esc** Key를 누른다.

06 완성된 회로도는 다음 그림과 같으며 미완성 부분이 있으면 보완하여 완성한 후 저장한다.

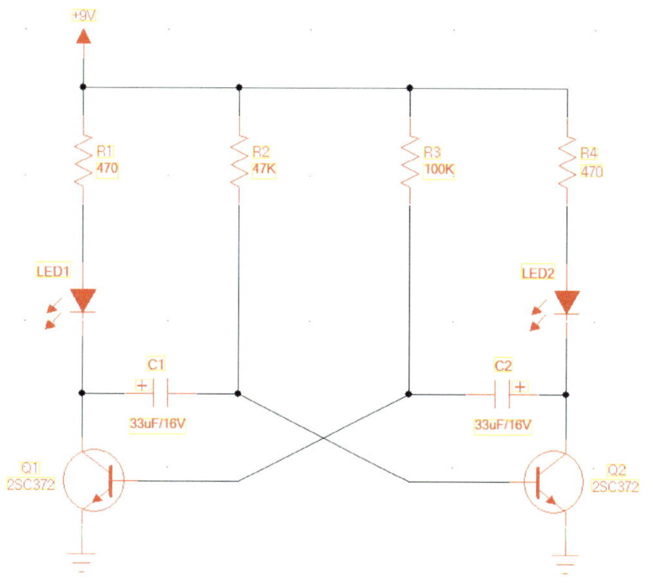

3.6.8 Title Block 작성하기

회로도를 완성한 후 다음 그림과 같이 회사 이름이나 제목 등 Title Block을 작성하게 되는데 다음 2가지 방법 중 설계자가 선택하여 사용할 수 있다.

- 첫 번째 방법 : 각 항목별로 Double Click하여 Field Properties 팝업 창을 열고 작업하는 것으로, 글씨 크기 등 요구사항이 있을 때 사용한다.
- 두 번째 방법 : 작업 창에서 MRB〉Field...를 선택하여 Field-Design 팝업 창에서 작업하는 것으로, Default 값을 사용한다.

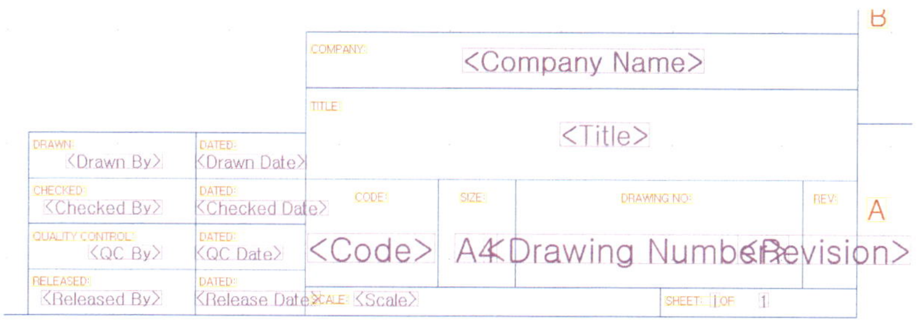

첫 번째 방법은 후반부에서 다루어 보기로 하고 여기에서는 두 번째 방법을 사용할 것이므로 다음 순서에 따라 진행한다.

01 작업 창에서 MRB〉Field...를 선택한다.

02 다음 그림처럼 User 아래쪽 입력란에 필요한 정보들을 입력한 후 OK Button을 Click 하여 완성할 수 있다.

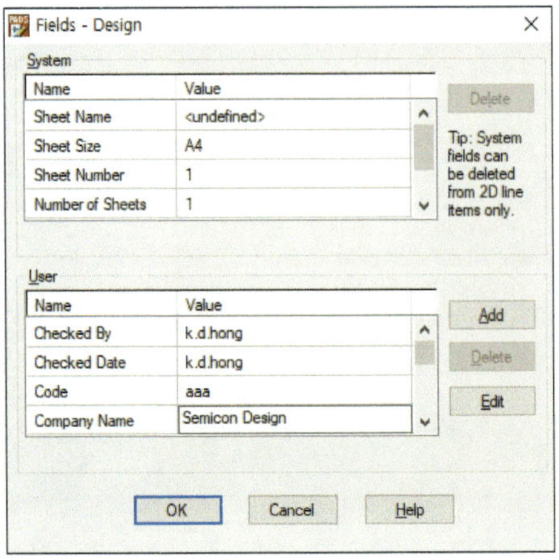

03 위에서 입력한 정보들이 제대로 나타나는지 확인한 후 저장한다.

3.6.9 Netlist 추출하기

Title Block 작성 등 회로도의 완성에 따라 PCB 설계를 위한 Netlist를 추출해야 하는데 다음 순서에 따라 진행한다.

01 작업화면 메뉴 바의 Tools〉Layout Netlist..를 선택하여 다음 그림과 같이 Netlist to PCB 팝업 창이 나타나면 경로와 File Name 등을 확인한 후 OK Button을 Click한다.

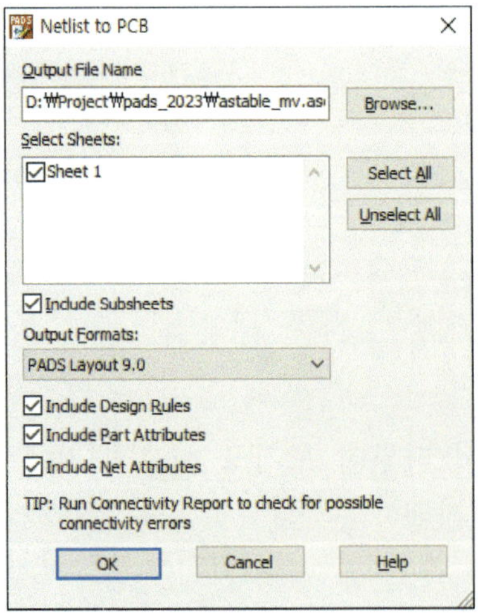

02 위의 과정이 정상적으로 진행되면 다음 그림과 같이 해당 폴더에서 회로도에 있는 여러 정보들이 들어있는 asc File과 Error 등이 있을 때 확인할 수 있는 err File이 생성된 것을 확인할 수 있다.

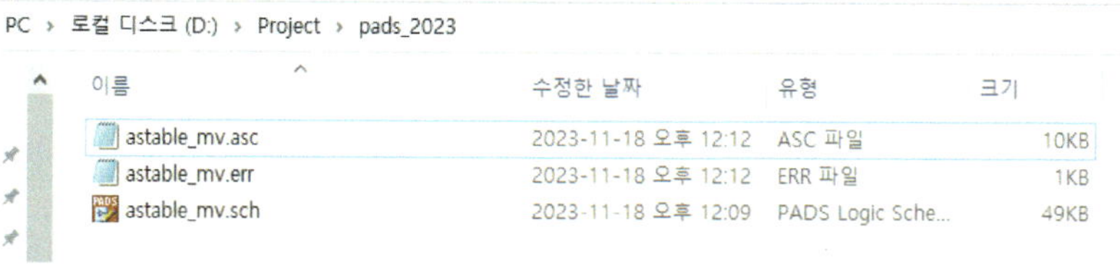

03 이상이 없으면 작업화면의 메뉴 바에서 File>Save, File>Exit하여 프로그램을 종료한다.

3.7 회로도 인쇄하기

완성된 회로도를 프린터로 인쇄하기 위한 프린팅 준비가 되었으면 다음 순서에 따라 진행한다.

01 작업화면의 메뉴 바에서 File>Print Preview...를 선택한다.

02 다음 그림과 같이 Selections Preview 팝업 창이 나타나면 Options Button을 Click 한다.

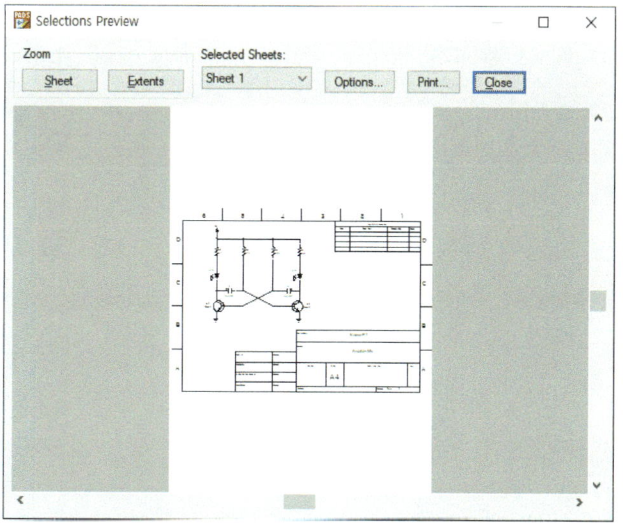

03 Options 팝업 창에서 필요시 옵션들을 적용한 후 OK Button을 Click한다.

04 Selections Preview 팝업 창에서 Print... Button을 Click한다.

05 Print 팝업 창에서 프린터의 정상적인 설치 여부와 인쇄방향 등을 설정한 후 OK Button을 Click하여 인쇄한다.

3.8 PCB 설계하기

3.8.1 PADS Layout 9.5 시작하기

01 PADS Layout 9.5 프로그램을 실행하고 Start a new design을 Click한다.

02 Set Start-up File 팝업 창이 나타나면 System Default Start-up File 옵션이 선택되어 있는지 확인한 후 OK Button을 Click한다.

※ Start-up File 관련 사항은 후반부에서 다룬다.

03 작업화면의 메뉴 바에서 File〉Library...를 선택한다.

04 Library Manager 창에서 Library를 astable_mv로 설정하고 창을 닫는다.

3.8.2 환경설정하기

PCB 설계를 하기 위하여 기본적으로 사용하는 단위와 어떤 종류의 PCB로 설계할 것인가 등을 설정해야 하는데 본 장에서는 Mils 단위를 사용하고 양면 기판 설계를 할 것이므로 다음 순서에 따라 진행한다.

01 작업화면의 메뉴 바에서 Tools〉Options...를 선택하고 Options 팝업 창이 나타나면 Global/General Part에 다음 그림과 같이 Design units가 Mils로 설정되어 있음을 확인한다. 다른 단위로 설정되어 있으면 수정하여 설정한다.

02 화면 오른쪽 맨 아래 부분에서 mils로 설정된 것을 확인한다.

03 다른 Option들은 각각 Click하여 내용을 살펴본 후 지금은 그냥 OK Button을 Click 하여 Options 팝업 창을 닫는다.

04 작업화면의 메뉴 바에서 Setup〉Layer Definition...을 선택하면 Layers Setup 팝업 창이 나타나는데 다음 그림과 같이 Electrical layers 항목이 아래와 같이 Count: 2 of 20으로 되어 있음을 확인하고 OK Button을 Click한다. 다르게 나타나 있다면 Modify... Button을 Click하여 빈칸의 숫자를 2로 바꿔주고 OK Button을 Click한다.

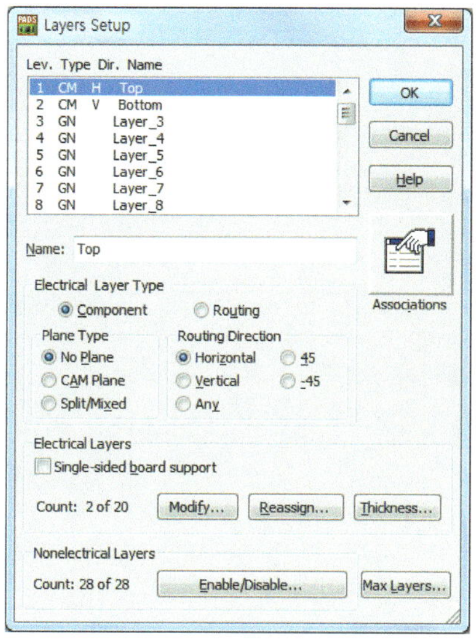

3.8.3 Board Outline 그리기

Board Outline은 일반적으로 부품 배치에 필요한 면적을 최소화하여 그리는데, 여기서는 실습의 목적이므로 Board 크기를 1600mils × 1600mils(≒41mm × ≒41mm)로 약간 여유 있게 설정하여 작업하기로 한다.

01 작업화면에서 다음 그림과 같이 Drafting Toolbar Icon( )을 Click한 후 Board Outline and Cut Out Icon( )을 Click한다.

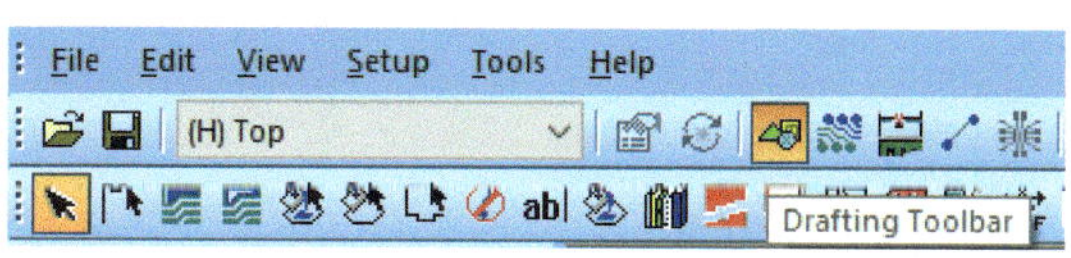

02 작업 창에서 MRB〉Rectangle을 선택한 후 화면 오른쪽 아래 부분에 표시되는 좌표 (0,0)에서 Click하고 Drag하여 좌표(1600, 1600)에서 Click한다.

※ Board Outline을 그리는 다른 방법 : 키보드의 s를 눌러 다음 그림과 같이 Modeless Command 창이 나타나면 0 0[0 space bar 0]을 입력한다. 그리고 Enter Key와 Space Key를 차례로 누르고 다시 s1600 1600을 입력한 후 Enter Key와 Space Key를 차례로 눌러 완성할 수 있다.

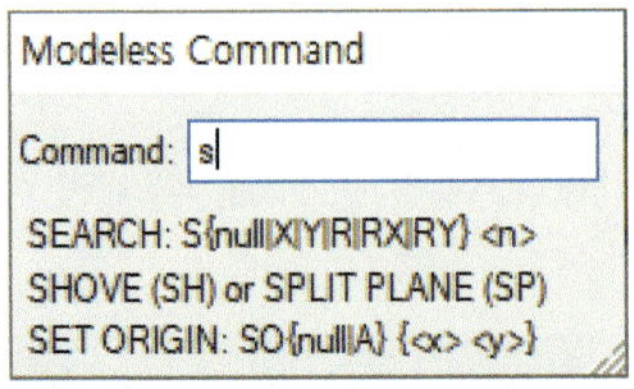

03 Home Key를 눌러 다음 그림과 같이 전체 Board 크기로 나타내어 마우스를 움직여 각각의 좌표를 확인한다.

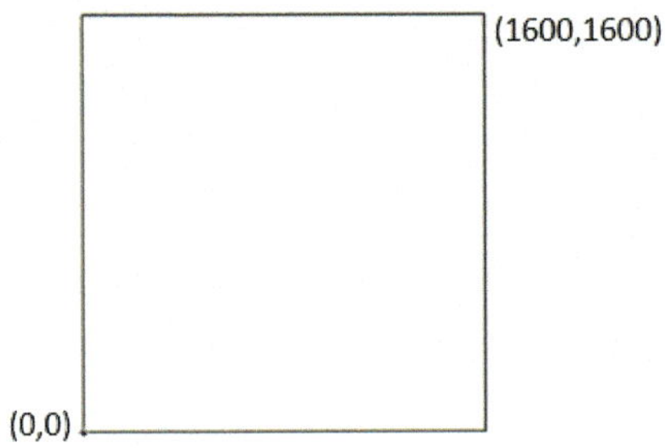

04 작업화면의 메뉴 바에서 File〉Save를 선택하여 다음 그림과 같이 경로를 확인한 후 저장한다.

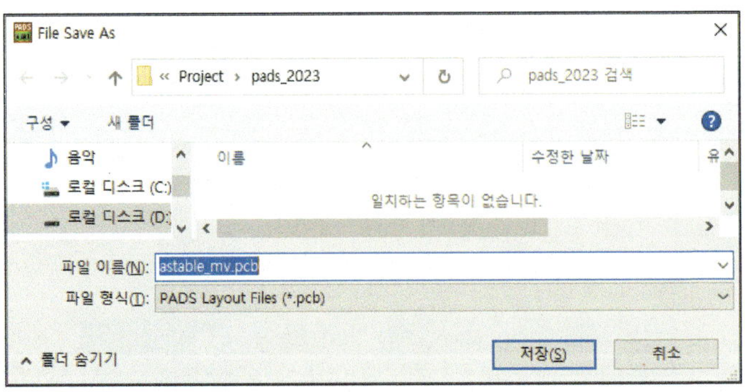

3.8.4 부품 불러오기

Board Outline을 그렸으니 회로도를 그린 후 추출한 Netlist를 불러와야 하므로 다음 순서에 따라 진행한다.

01 작업화면의 메뉴 바에서 File〉**Import...**를 선택하여 다음 그림과 같이 Netlist 추출로 만들어진 File의 위치를 확인한 후 해당 File을 선택하고 **열기(O)** Button을 Click하여 불러 온다.

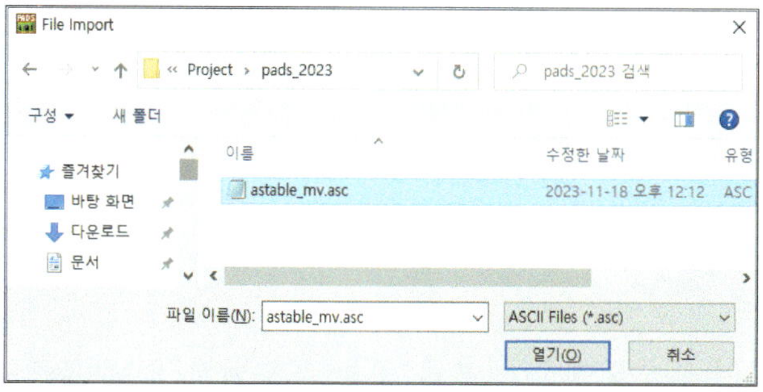

02 순서 1번을 진행하여 Save old file before loading?의 메시지가 나오면 **아니오(N)** Button을 Click한다.

03 text encoding 관련 메시지 창이 나타나면 **확인** Button을 Click한다.

04 File이 정상적으로 Import 되면 다음 그림과 같이 원점을 기준으로 하여 PCB Decal이 나타난다.

3.8.5 부품 배치하기

부품 배치는 특정한 부품을 특정 위치에 배치하도록 요구할 수도 있고 특정 부품에 대하여 이동하지 못하게 고정할 수도 있는 등 여러 가지 요구사항이 따를 수 있다. 여기에서는 그러한 요구사항을 적용하는 것 없이 정상적으로 부품 불러오기가 진행되었다면 부품을 배치할 것이므로 다음 순서에 따라 진행한다.

01 작업화면의 메뉴 바에서 다음 그림과 같이 Tools〉Disperse Components를 선택한다.

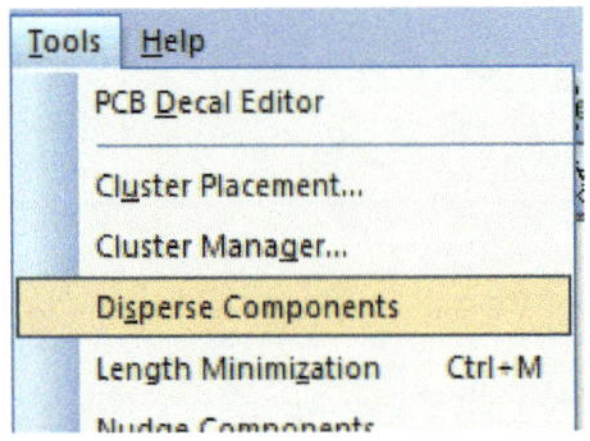

02 OK to start dispersion? 메시지 창이 나타나면 예(Y) Button을 Click한다.

03 다음 그림과 같이 회로도에서 사용된 부품들이 펼쳐져 나타나는 것을 확인한다.

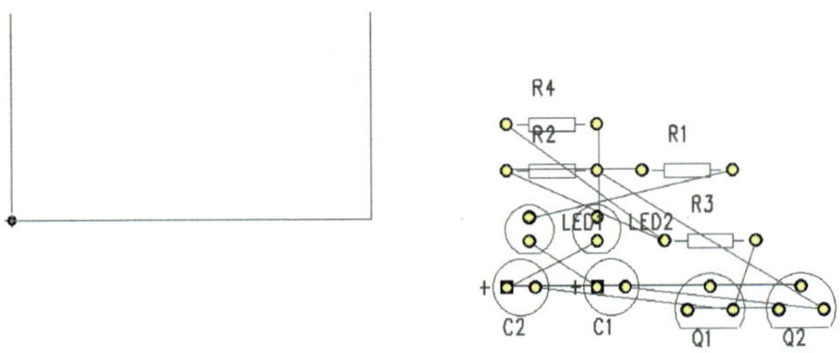

04 작업화면 왼쪽 아래의 Status를 Click하여 해당 Window에 다음 그림과 같이 NO ERROR FOUND** 메시지를 확인한다. 메시지가 보이지 않으면 View〉Output Window를 선택하여 확인한다.

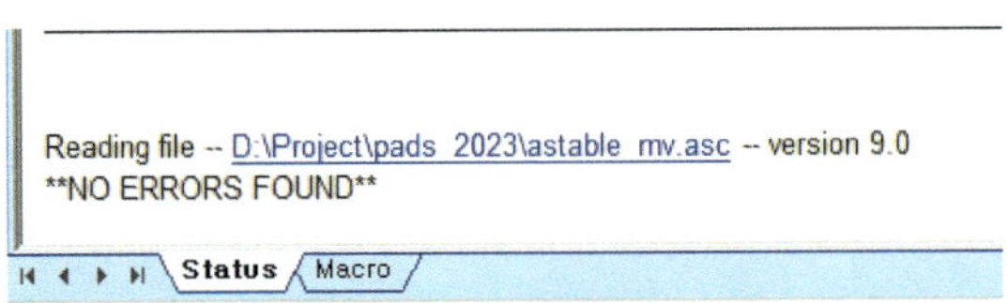

05 작업화면 왼쪽 위의 Project Explorer 아래 Component 항목에서 왼쪽의 +를 Click하면 다음 그림과 같이 회로도에 사용한 부품 이름이 모두 나타나는지 확인한다.

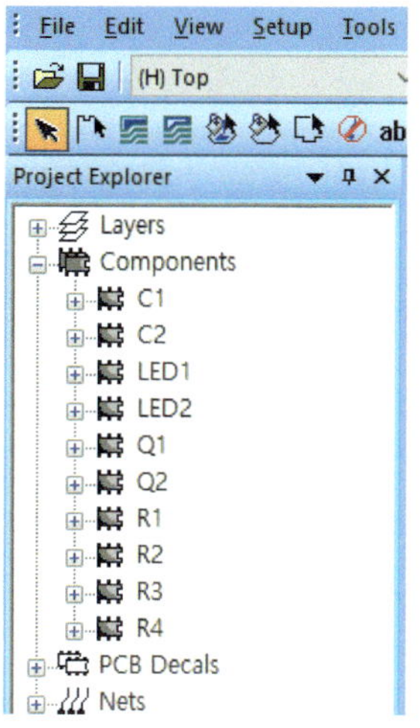

이제 필요한 부품들이 모두 나타나는 것을 확인하였으면 각각의 부품을 배치해야 한다. 이때 Project Explorer에서 해당 부품을 Click하여 배치하는 방법과 Toolbar에서 Select Icon(↖)을 Click하고 MRB〉Components를 선택하여 해당 부품을 Click한 후 MRB〉Move (또는 Click, Drag)를 하여 배치하는 방법이 있는데, 여기에서는 후자의 방법으로 진행할 것이다. 다음 순서에 따라 진행한다.

01 Grid 조정을 위하여 키보드에서 g를 누른 후 50을 입력하고 Enter Key를 친다.

02 다음 그림과 같이 Board Outline과 순서 3번에서 배치한 부품들이 나타나도록 마우스 가운데 휠을 사용하여 영역지정을 한다.

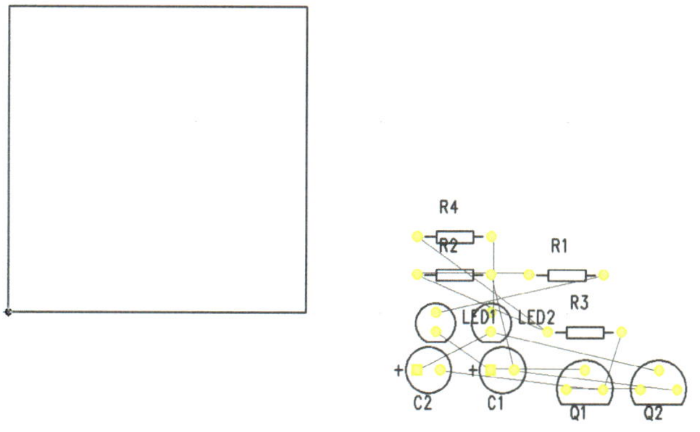

03 Toolbar에서 Select Icon(↖)을 Click하고 MRB〉Components를 선택한다. 그리고 R1 부품을 Click하고, MRB〉Move, MRB〉Spin을 선택한 후 오른쪽 방향으로 회전시

켜 부품을 수직방향으로 한 다음, 좌표(200, 1400)에서 Click하여 배치한다.

04 R2 부품을 Click하고 3번과 같은 방법으로 좌표(600, 1400)에 배치한다.

05 R3 부품을 Click하고 3번과 같은 방법으로 좌표(1000, 1400)에 배치한다.

06 R4 부품을 Click하고 3번과 같이 방법으로 좌표(1400, 1400)에 배치한다.

07 LED1 부품을 Click하고 MRB〉Move를 선택하여 좌표(200, 750)에 배치한다.

08 LED2 부품을 Click하고 MRB〉Move를 선택하여 좌표(1400, 750)에 배치한다.

09 C1 부품을 Click하고 MRB〉Move를 선택하여 좌표(400, 600)에 배치한다.

10 C2 부품을 Click하고 MRB〉Move, MRB〉Spin을 선택한 후 오른쪽 방향으로 회전시켜 +부호가 오른쪽으로 향하도록 한 후 좌표(1200, 600)에 배치한다.

11 Q1 부품을 Click하고 MRB〉Move를 선택하여 좌표(200, 200)에 배치한다.

12 Q2 부품을 Click하고 MRB〉Move를 선택하여 좌표(1200, 200)에 배치한다.

13 다음 그림과 같이 모든 부품의 배치를 확인하고 작업 창 임의의 곳을 Click한다.

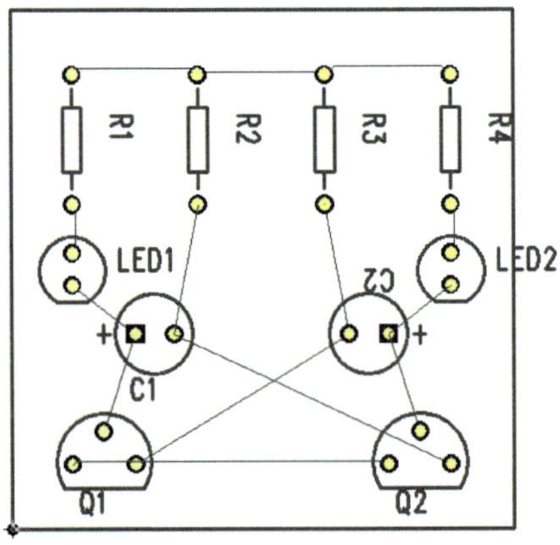

14 작업화면의 메뉴 바에서 File〉Save As...를 선택하여 다른 이름으로 저장한다.

※ 배치가 완료되었으니 File 이름에 추가하여 정보를 알 수 있게 하거나 교재를 사용할 경우 교재 쪽수를 추가하여 저장할 수도 있다(예 : astabe_mv_p57).

3.8.6 설계 규칙 설정하기

모든 부품의 배치가 되었으면 Routing을 해야 하는데 이에 앞서 Pad, Via, Trace 등 여러 항목들 간의 간격(Clearance)을 어떻게 설정할지 결정해야 한다. 이를 위해 다음 순서에 따라 진행한다.

01 작업화면의 메뉴 바에서 Setup〉Design Rules...를 선택하여 다음 그림과 같이 Rules 팝업 창을 나타나게 한다.

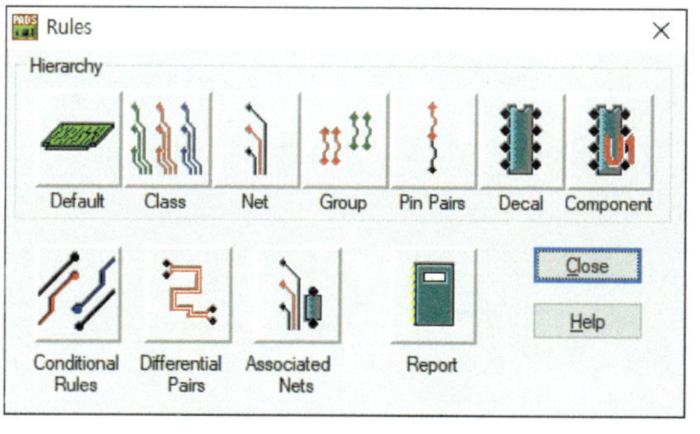

02 순서 1번에서 나타난 Rules 팝업 창에서 Default를 Click한다.

03 다음 그림과 같이 Default Rules 팝업 창이 나타나면 Clearance를 Click한다.

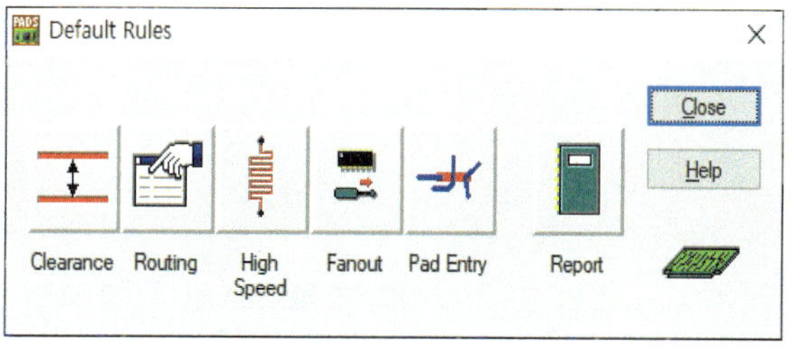

04 다음 그림과 같이 Clearance Rules 팝업 창이 나타나면 각 항목들에 대하여 필요한 Data를 입력한다.

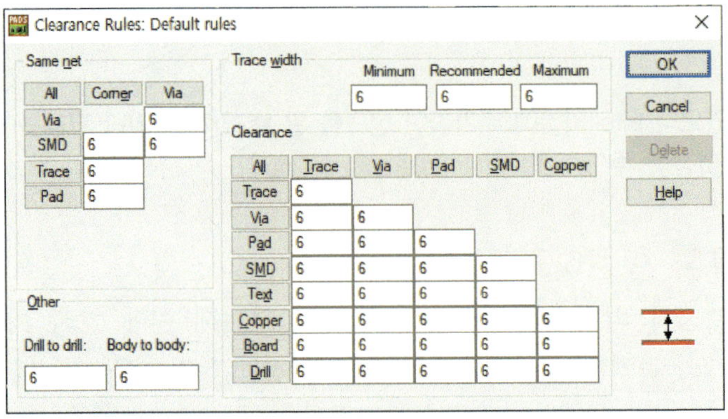

※ Trace width(패턴 두께) : 일반 신호선의 두께를 지정하는 곳이다.

※ Clearance(각 항목 간의 간격) : 일반 신호선과 신호선, 신호선과 패드 간의 간격 등을 설정하는 곳으로, 위의 항목들은 과제의 특성에 따라 설정할 수 있는 것이며 매우 중요한 부분이다.

05 순서 4번에서 각 항목 간의 Data가 6mil로 설정되어 있는 것을 다음 그림과 같이 Same net과 Clearance 항목은 All을 Click하여 12를 입력하고, Other나 Trace width는 직접 빈 칸에 Data를 12로 입력한 후 OK Button을 Click한다.

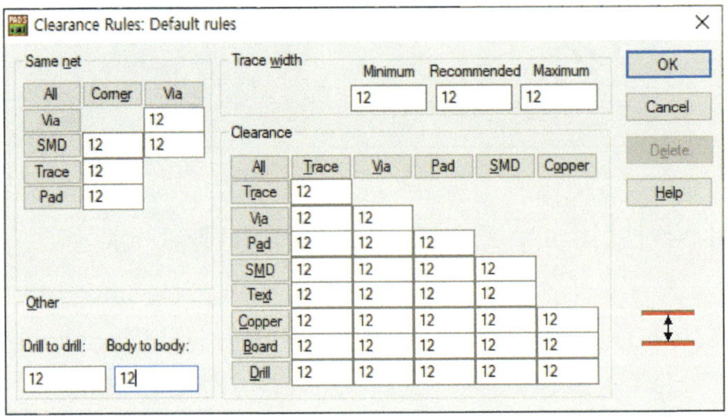

06 Default Rules 팝업 창도 닫는다.

07 Rules 팝업 창에서 Net를 Click한다.

※ 다음 그림과 같이 Net Rules 팝업 창이 나타나면 특정 Net 등에 패턴 두께를 별도로 설정할 수 있는데 여기에서는 전원(+9V와 GND)에 대하여 다른 신호선보다 두껍게 설정하도록 한다. 이를 위해 다음 순서에 따라 진행한다.

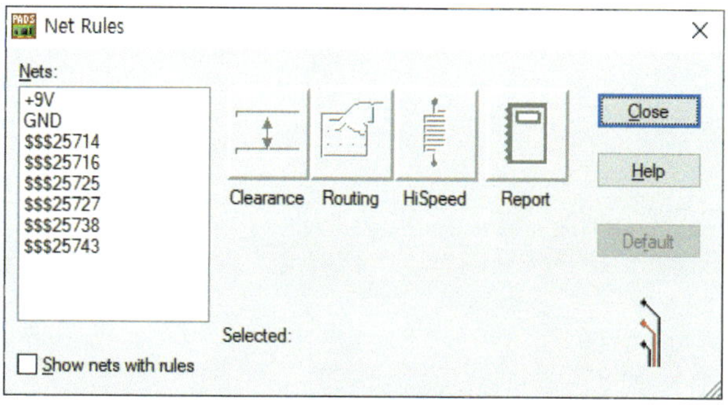

01 위의 팝업 창에서 Nets: 항목 아래 Net 중 +9V와 GND를 Click하고 Drag하여 2개의 Net를 선택한 후 Clearance를 Click한다.

02 다음 그림과 같이 Trace width 항목의 Recommended와 Maximum Data를 40으로 수정한 후 OK Button을 Click한다. 이는 전원 신호에 대하여 패턴의 굵기를 다른 신호선들보다 굵게 설정하고 있는 것이다.

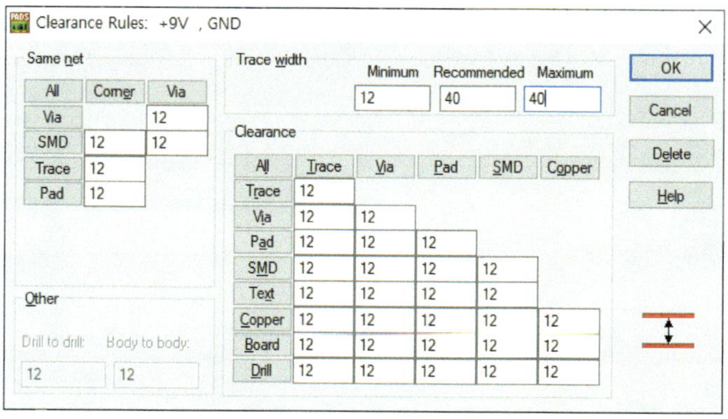

03 화면에 나타나 있는 Net Rules와 Rules 팝업 창을 모두 닫는다.

일반적으로 전원 신호(+9V와 GND)는 다른 신호선과 구별하기 위하여 Net의 색상을 다른 신호선들과 구별할 수 있도록 변경하여 작업하게 되며, 다음 순서에 따라 진행한다.

01 작업화면의 메뉴 바에서 View>Nets...를 선택하여 다음 그림이 나타나는 것을 확인한다.

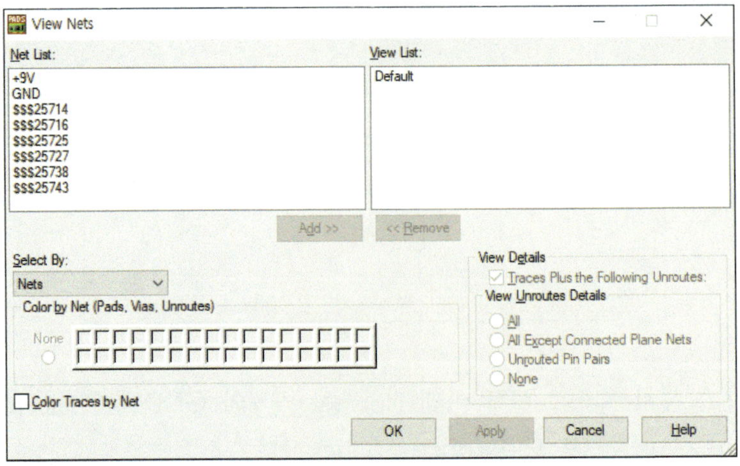

02 위의 View Nets 팝업 창의 항목 중 Net List:에서 +9V와 GND를 Click하고, Drag하여 선택한 후 Add>> Button을 Click하여 오른쪽 View List로 이동시킨다.

03 다음 그림과 같이 View List:에서 GND를 Click한 후 Color by Net 항목에서 청색을 지정하고 Color Traces by Net를 Check한 다음 Apply Button을 Click한다.

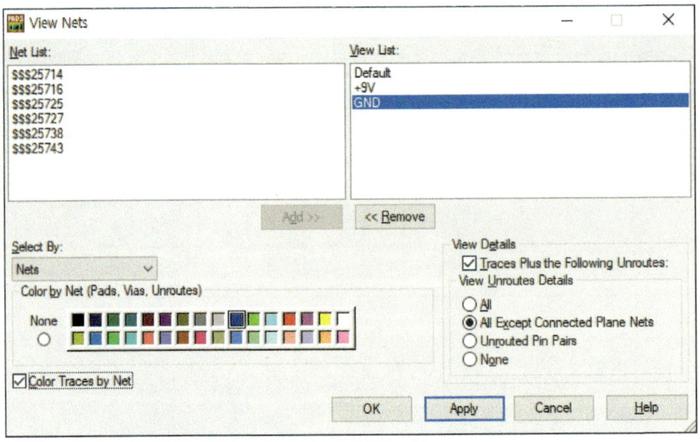

04 View List:에서 +9V를 Click한 후 Color by Net 항목에서 적색을 지정하고 Color Traces by Net를 Check한 다음 Apply Button, OK Button을 차례로 Click한다.

05 전원 신호(+9V와 GND)의 Net들의 색상이 위에서 설정한 것으로 변경되어 있는 것을 확인한다.

3.8.7 Routing하기

위에서 전원 신호 등 필요한 Net에 대한 색상 설정 등의 작업을 하였으므로 이제는 본격적인 Routing을 하게 된다. 이를 위해 다음 순서에 따라 진행한다.

01 작업화면에서 Design Toolbar Icon()과 Add Route Icon()을 차례로 Click한다.

02 작업화면 아래쪽에 있는 Grid 설정이 50으로 되어 있는지 확인한다. 그렇지 않을 경우 키보드로 g50을 입력하여 Grid를 재설정한다.

03 우선 전원 신호 중 +9V의 배선을 위해 R1 부품의 적색 Net를 Click하고 R2 부품의 적색 Net를 Click한다.

04 R2 부품의 적색 Net를 Click하고 R3 부품의 적색 Net를 Click한다.

05 R3 부품의 적색 Net를 Click하고 R4 부품의 적색 Net를 Click하여 다음 그림과 같이 진행한다.

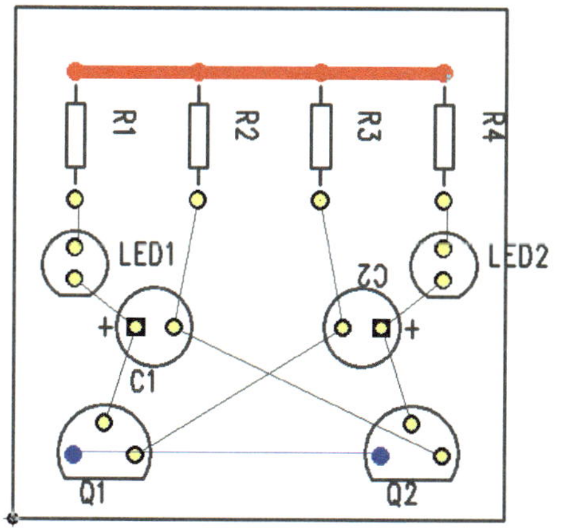

※ 양면 기판의 경우 GND 신호를 Bottom층으로 보내고 회로의 안정화 등을 위해 동판(Copper Pour)을 씌워주기 때문에 별도의 배선을 하지 않고 진행하는 경우도 있는데, 여기에서는 실습을 위해 Bottom층에 GND 배선을 진행한다. 위의 +9V Routing이 마무리된 상태에서 다음 순서에 따라 진행한다.

01 Q1 부품의 GND 신호 선을 Click한 후 키보드로 L2를 입력하여 Botton층에서 배선할 수 있도록 한다(MRB〉Layer Toggle을 선택하여 진행할 수도 있다).

02 다음 그림과 같이 처음 꺾이는 곳의 좌표(200, 150)에서 Click, 좌표(250, 100)에서 Click, 좌표(1150,100)에서 Click, 좌표(1200,150)에서 Click하고 마지막으로 Q2의 GND 신호 선인 좌표(1200, 200)에서 Click하여 완성한다.

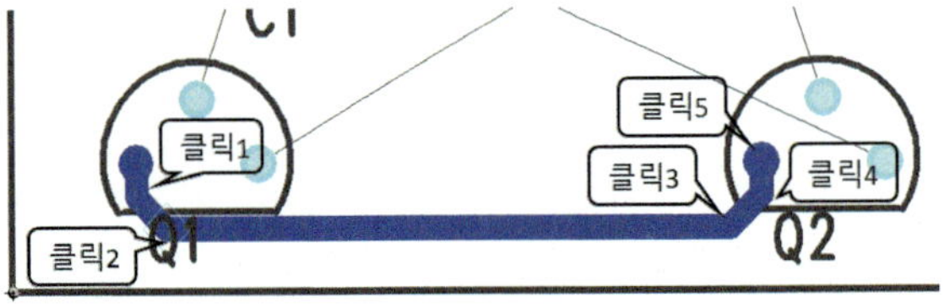

03 원활한 배선 진행을 하기 위하여 키보드로 g25를 입력한 후 나머지 신호 선들에 대하여 Top층 배선은 Click 후 L1을 입력한 다음, 다음 그림을 참조하여 진행한다.

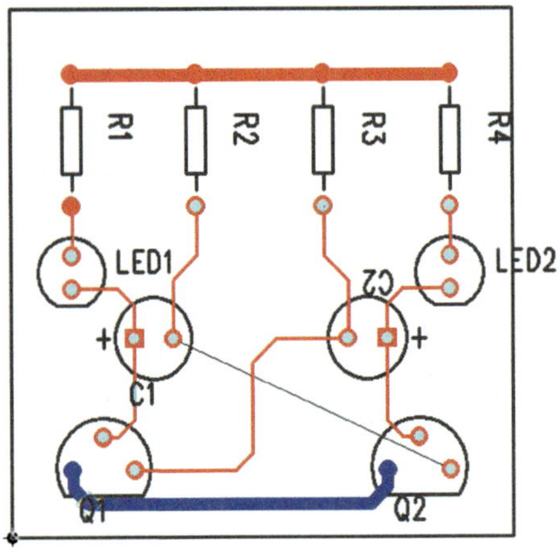

위의 그림에서 C1의 마이너스 핀과 Q2의 Base 핀의 Routing은 다음 그림처럼 R2, R3, R4 부품의 가운데를 지나 오른쪽 방향으로 진행할 수도 있지만 여기에서는 실습의 의미에서 Bottom층으로 보내 진행하는 것으로 한다.

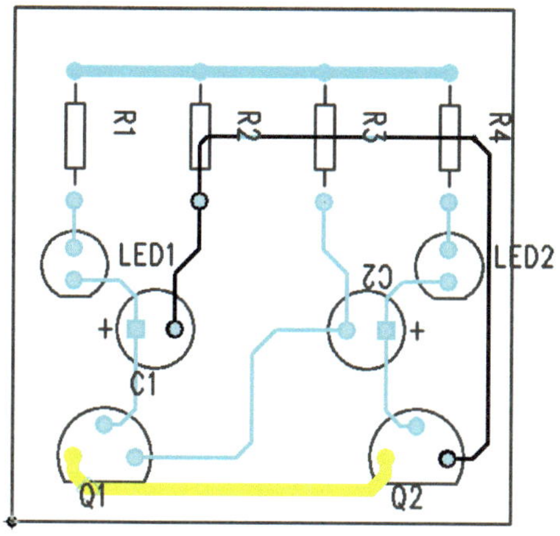

04 C1의 마이너스 핀에서 Click, 키보드로 L2, Enter Key를 누르고 다음 그림과 같이 진행하여 마무리한다.

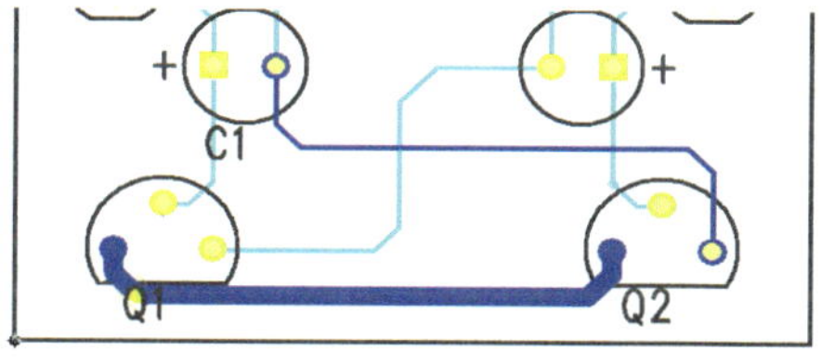

05 다음 그림과 같이 Routing이 완성된 것을 확인하고 미완성 부분은 완성한다.

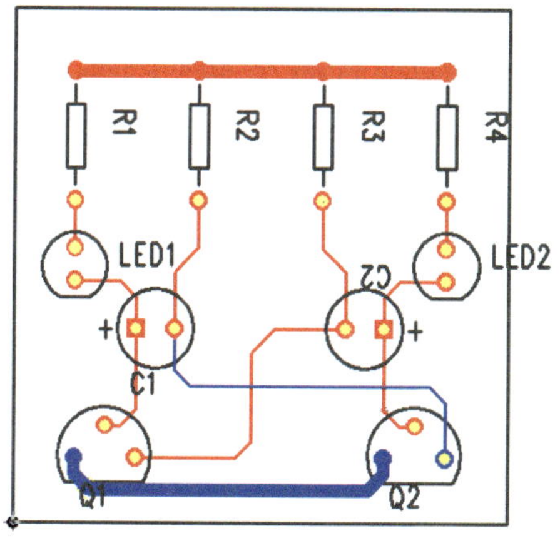

06 작업화면의 메뉴 바에서 File>Save As...를 선택하여 또 다른 이름으로 저장한다.

3.8.8 PCB 고정용 HOLE 배치하기

프로그램에서 제공하고 있는 부품을 이용하여 다음 순서에 따라 진행한다.

01 PCB 고정용 HOLE을 배치하기 위하여 ECO Toolbar Icon( )을 Click한다.

02 ECO Options 팝업 창이 나타나면 File의 경로를 확인하고 OK Button을 Click한다.

03 Add Component Icon( )을 Click한다.

04 다음 그림과 같이 Get Part Type from Library 팝업 창이 나타나면 Part Library 경로를 맞게 설정하고 Items: 아래 빈 칸에는 MT*을 입력하고, Apply Button을 Click하여 Part Types:에서 MTHOLE1을 선택한 후 Add Button을 Click한다.

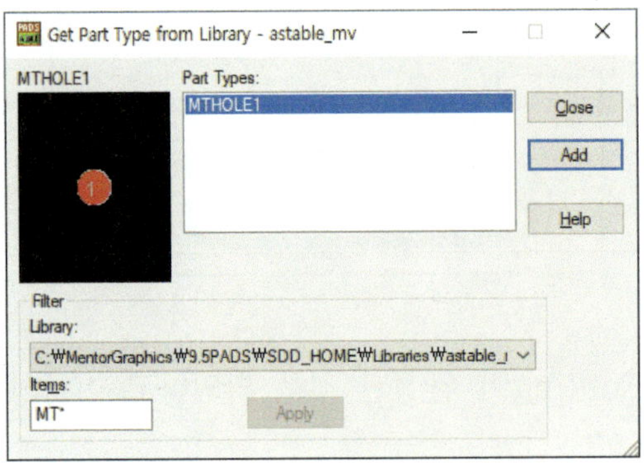

05 g10을 입력한 후 좌표(80, 80)에서 Click하여 배치하고 다시 Add Button을 Click하면 다음 그림과 같은 팝업 창이 나타나는데 그냥 확인 Button을 Click한다.

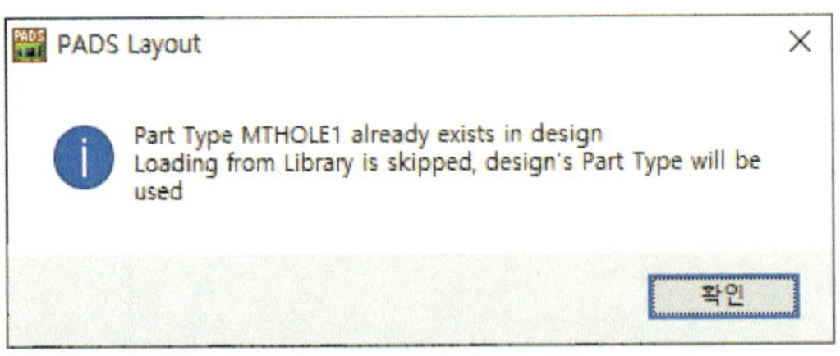

06 좌표(1520, 80)에서 Click하여 배치하고 같은 방법으로 좌표(1520, 1520)에서 Click하여 배치한다. 그리고 좌표(80, 1520)에서 Click하여 배치한다.

07 4개의 Hole을 모두 배치하였으면 Close Button을 Click한다.

08 필요시 다른 이름으로 저장한다.

3.8.9 Reference 위치 조정하기

Routing 등 관련 작업이 완료되었으므로 이제는 각 부품의 참조 번호인 Reference의 위치를 재조정하여 배치하기 위해 다음 순서에 따라 진행한다.

01 Grid가 10으로 설정되어 있는지 확인하여 다르게 설정되어 있을 경우 g10을 입력한 후 Enter Key를 친다.

02 작업화면에서 Design Toolbar Icon( )과 Move Reference Designator Icon( )을 Click한다.

03 R1을 Click한 후 MRB〉Spin을 선택하고 왼쪽으로 회전하여 정 방향으로 한 후 좌표(280, 960)에서 Click한다.

04 R2를 Click한 후 MRB〉Spin을 선택하고 왼쪽으로 회전하여 정 방향으로 한 후 좌표(680, 960)에서 Click한다.

05 R3를 Click한 후 MRB〉Spin을 선택하고 왼쪽으로 회전하여 정 방향으로 한 후 좌표(1080, 960)에서 Click한다.

06 R4를 Click한 후 MRB〉Spin을 선택하고 왼쪽으로 회전하여 정 방향으로 한 후 좌표(1460, 960)에서 Click한다.

07 C1을 Click한 후 좌표(270, 430)에서 Click한다.

08 C2를 Click한 후 MRB〉Spin을 선택하고 왼쪽으로 회전하여 정 방향으로 한 후 좌표(920, 430)에서 Click한다.

09 LED2를 Click한 후 좌표(1070, 790)에서 Click한다.

10 Q1을 Click한 후 좌표(490, 130)에서 Click한다.

11 Q2를 Click한 후 좌표(1020, 130)에서 Click한다.

12 Select Icon(↖)을 Click, MRB〉Anything을 선택한 후 기구 고정용 홀의 X1~X4까지 하나씩 Click하고 Delete Key를 눌러 모두 지운다.

13 Reference 위치 조정 후의 결과는 다음 그림과 같고 미완성시 보완한다.

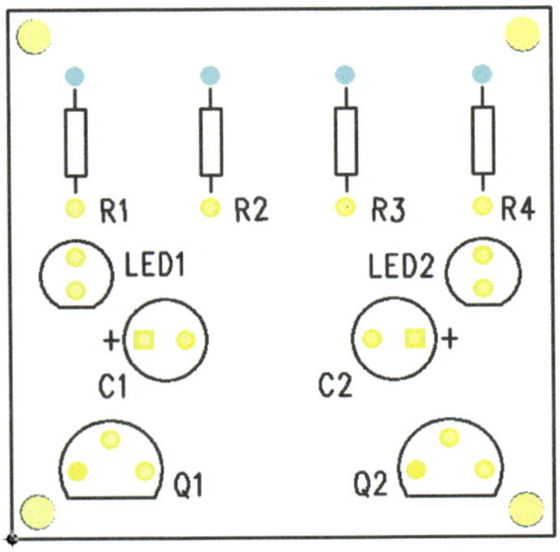

14 g100을 입력하고 Enter Key를 친다. 필요시 다른 이름으로 저장한다.

3.8.10 Copper Pour 작업하기

Bottom면의 GND 신호에 Copper Pour 작업을 수행하기 위하여 다음 순서에 따라 진행한다.

01 작업화면의 메뉴 바에서 Tools〉Options...를 선택한다.

02 Options 팝업 창이 나타나면 Thermals 항목을 Click한 후 오른쪽 부분에 있는 Routed pads thermals 항목의 Check Box를 Click하여 표시한 후 OK Button을 Click하여 창을 닫는다.

03 Drafting Toolbar를 Click한 후 Copper Pour Icon(▣)을 Click한다.

04 작업 창에서 MRB〉Rectangle을 선택한 후 좌표(100, 100)에서 Click, Drag하여 좌표(1500, 1500)에서 Click한다.

05 다음 그림과 같이 Add Drafting 팝업 창이 나타나면 Layer:는 Bottom, To assign a net…은 GND를 선택한 후 OK Button을 Click한다.

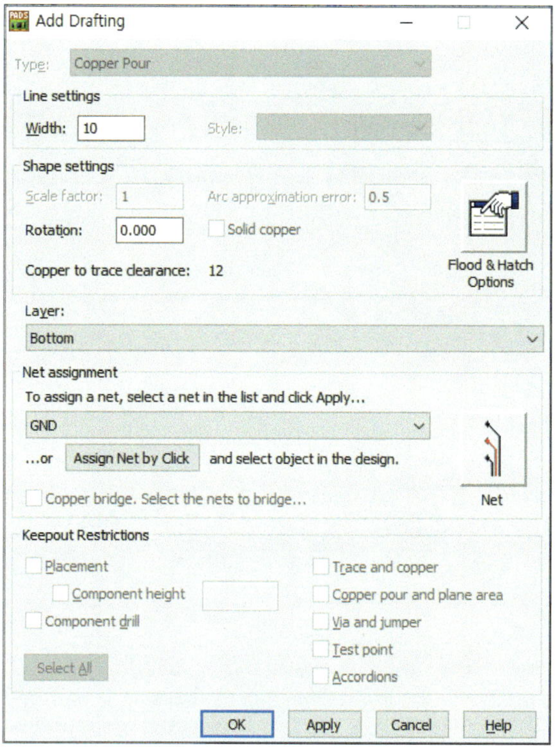

06 Flood Icon( )을 Click하면 Proceed with flood? 메시지 창이 나타나는데 그냥 예(Y) Button을 Click하여 작업을 진행한다.

07 다음 그림과 같이 Bottom면의 GND 신호에 Copper Pour 작업이 된 것을 확인한다.

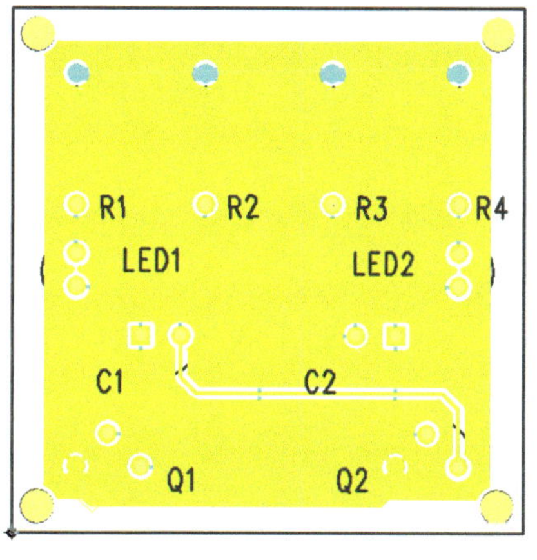

3.8.11 Text 작업하기

이 작업은 PCB 실크스크린 Data를 생성할 때 과제 이름이나 버전 등의 정보를 표현하기 위한 것으로 다음 순서에 따라 진행한다.

01 Drafting Toolbar, Text Icon(abl)을 Click한 후 다음 그림과 같이 Add Free Text 팝업 창이 나타나면 Text: 아래 빈칸에는 Astable_MV, Layer:는 Silkscreen Top, X:에는 600, Y:에는 1500을 입력한 다음, OK Button을 Click하여 배치한다.

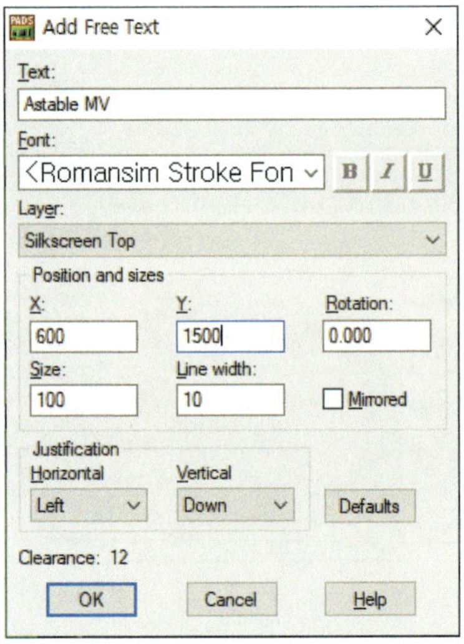

02 위의 팝업 창이 다시 나타나면 Cancel Button을 Click하고, 필요시 File〉Save As... 를 하여 작업 내용에 맞는 이름으로 저장한다.

3.8.12 설계 규칙 점검하기

양면 기판 설계를 위한 PCB 작업이 완성되었으므로 Design Rule 등 설계 규칙에 맞도록 되었는지 반드시 점검을 해야 하므로 다음 순서에 따라 진행한다.

01 작업화면의 메뉴 바에서 Tools〉Verify Design...을 선택한다.

02 다음 그림과 같이 Verify Design 팝업 창이 나타나면 Check 항목 중 Clearance 옵션을 선택한 후 Start Button을 Click한다.

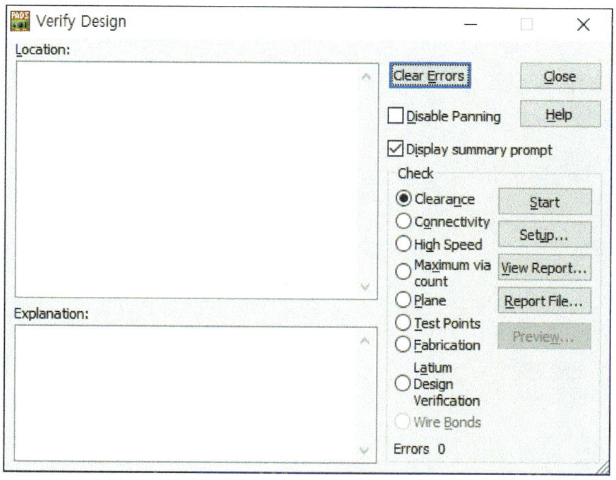

03 Error가 없는 경우에는 다음 그림과 같은 팝업 창이 나타나는 것을 확인한 후 **확인** Button을 Click한다. Error 발생 메시지가 나타나면 필요시 해당 항목들을 수정한 후 다시 진행한다.

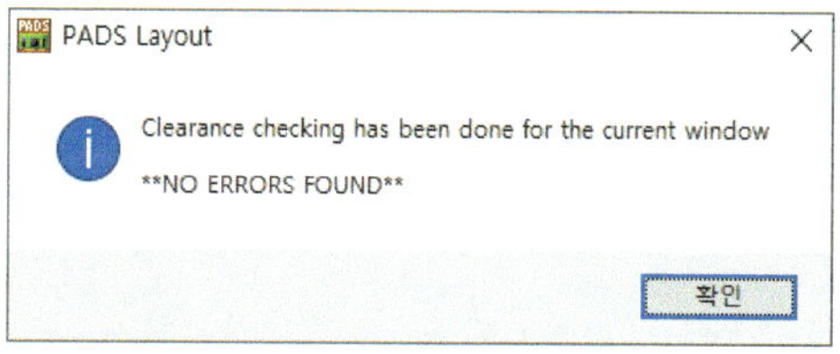

04 다음 그림과 같이 Verify Design 팝업 창이 나타나면 Check 항목 중 **Connectivity** 옵션을 선택한 후 **Start** Button을 Click한다.

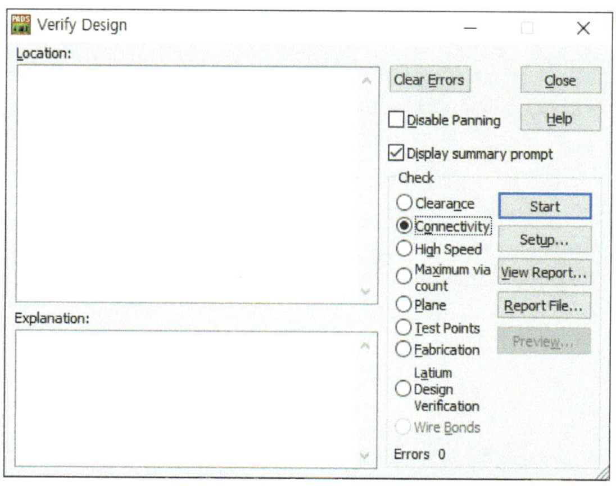

05 Error가 없는 경우 **NO ERROR FOUND** 메시지의 팝업 창이 나타나는 것을 확인한 후 <u>확인</u> Button을 Click한다. Error 발생 메시지가 나타나면 필요시 해당 항목들을 수정한 후 다시 진행한다.

06 Verify Design 팝업 창을 닫고 File을 저장한다.

3.9 CAM File 추출하기

지금까지 설계 규칙 점검 등 PCB Layout 작업이 완성되었으므로 PCB 생산 공정에 필요한 Data를 추출하는 CAM Data를 작성해야 하는데 다음 순서에 따라 진행한다.

01 작업화면의 메뉴 바에서 File〉<u>CAM...</u>을 선택한다.

※ 위에서부터 작업을 계속 진행한 경우 Copper가 나타나는 상태로 CAM File 작업을 하게 되어 문제가 없지만 저장되어 있는 Layout File을 불러와서 작업하는 경우에는 Copper의 테두리만 나타난다. 이 경우 Tools>Pour Manager...를 선택하고 다음 그림과 같이 Pour Manager 팝업 창에서 Flood All 옵션을 선택한 후 Start Button을 Click하여 Copper Pour 작업을 진행한 다음, CAM File 작업을 해야 한다.

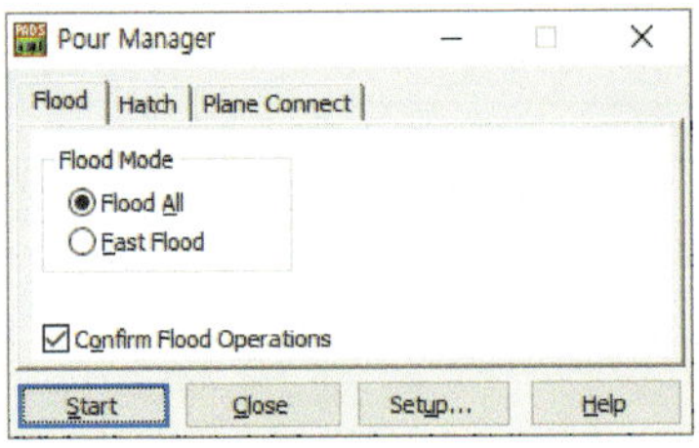

02 Define CAM Documents 팝업 창이 나타나면 다음 그림과 같이 팝업 창 아래 부분의 CAM Directory: 오른쪽의 콤보 상자를 열어 <u><create></u>를 선택한다.

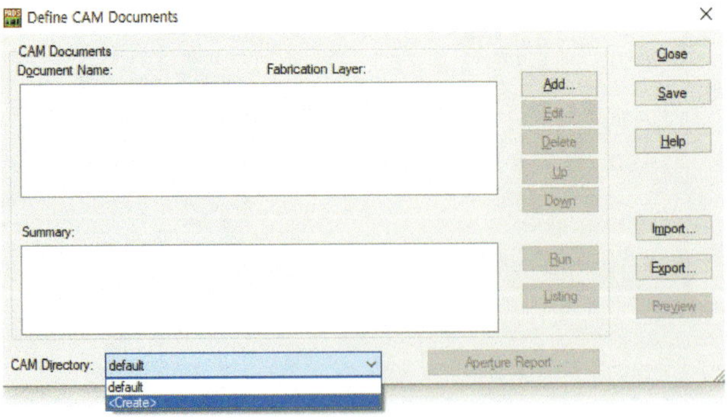

03 다음 그림과 같이 CAM Question 팝업 창이 나타나면 빈 칸에 cam_astable을 입력한 후 OK Button을 Click한다.

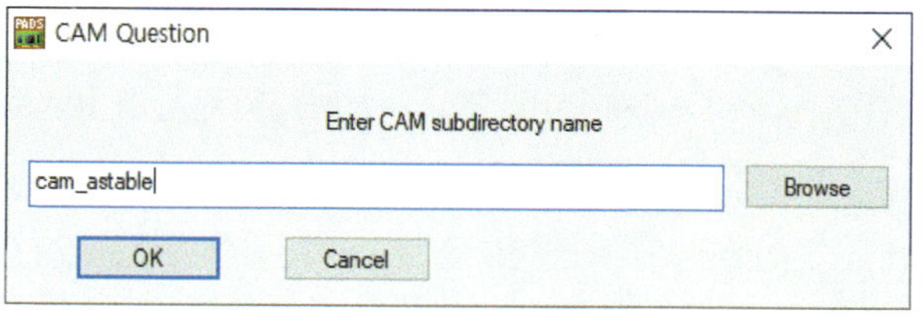

04 Define CAM Documents 팝업 창에서 CAM Directory를 순서 3번에서 만든 것(cam_astable)을 확인한 후 Add Button을 Click한다.

3.9.1 Silkscreen Data 생성하기

이 작업은 Top/Buttom면에 부품의 외형과 부품 참조번호 등이 나타나게 하는 것이다. 모두 2개의 File을 생성하여야 하지만 이번 작업에서는 Top면에만 부품을 배치하였으므로 그 면에 맞는 File을 생성하게 되는데 이러한 과정을 Silkscreen Data를 만든다고 한다.

01 Add Document 팝업 창이 나타나면 Document Name: 아래 빈 칸에 다음 그림과 같이 top_silk를 입력하고, Document Type:은 Silkscreen을 선택하고, Layer Association 팝업 창이 나타나면 Top을 선택한 다음, OK Button을 Click한다.

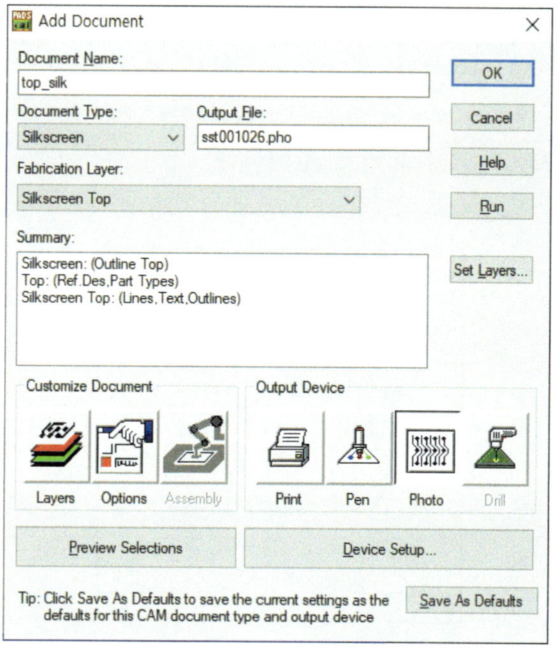

02 Add Document 팝업 창의 Output Device 항목에서 Photo를 선택하고, Customize Document 항목에서 Layers Button을 Click한다.

03 Select Items 팝업 창에서 다음 그림과 같이 Other 항목에서 Board Outline을, Component outlines 항목에서 Top Mounted를 체크하고, Selected: 항목에서 Top과 Silkscreen Top을 각각 Click하고 Items on Primary 항목에서 2D Lines, Ref.Des., Text, Outlines를 체크한 후 Preview Button을 Click한다.

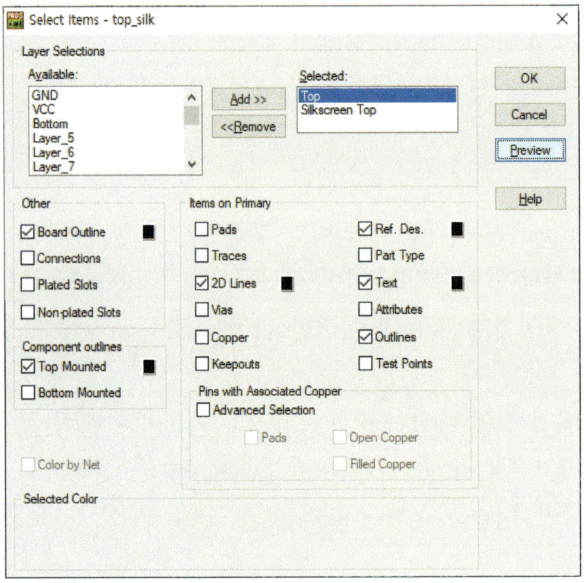

04 CAM Preview 팝업 창이 나타나고 Zoon 항목 아래 Board Button을 Click하여 다음 그림과 같이 위에서 적용한 항목들이 나타나는 것을 확인한다. 필요한 Data들이 나타나지 않을 경우 보완하여 다시 작업한다.

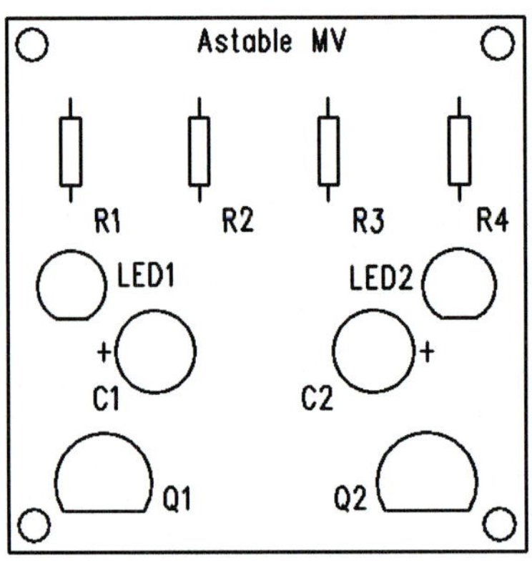

05 원하는 File을 얻었다고 판단되면 Close Button을 Click하고, Select Items 팝업 창과 Add Document 팝업 창의 OK Button을 차례로 Click하여 닫는다.

3.9.2 Soldermask Data 생성하기

이 작업은 Top/Bottom면에 납땜에 도움을 주기 위한 것으로, Pad나 Via 등의 Data가 나타나도록 모두 2개의 File을 생성하는데, 이러한 과정을 Soldermask Data를 만든다고 한다. 우선 Top면의 Soldermask File을 생성하기 위하여 다음 순서에 따라 진행한다.

01 Define CAM Documents 팝업 창에서 Add Button을 Click한다.

02 Add Document 팝업 창이 나타나면 Document Name: 아래 빈 칸에 다음 그림과 같이 top_soldermask를 선택하고, Document Type:은 Solder Mask를 선택한 후, Layer Association 팝업 창이 나타나면 Top을 선택한 다음, OK Button을 Click한다.

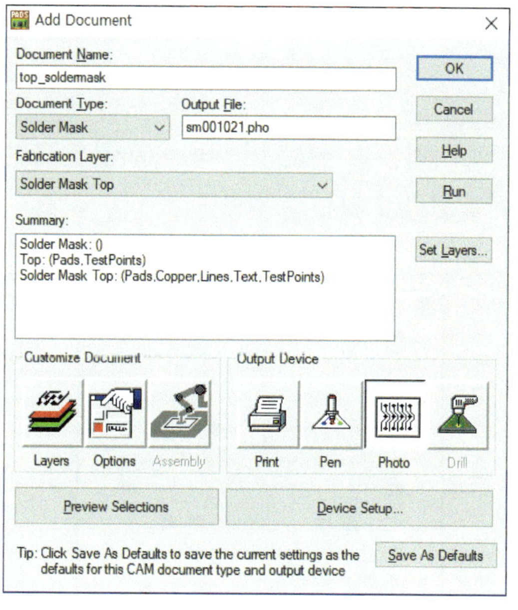

03 Add Document 팝업 창의 Output Device 항목에서 Photo를 선택하고 Customize Document 항목에서 Layers Button을 Click한다.

04 Select Items 팝업 창에서 다음 그림과 같이 Other 항목의 Board Outline을 체크하고, Selected: 항목에서 Top과 Solder Mask Top를 각각 Click하고, Items on Primary 항목에서 Pads, Vias를 체크한 후 Preview Button을 Click한다.

※ 이번 작업에서는 Via가 사용되지 않아서 체크하지 않아도 되지만, 일반적으로 Via를 사용하는 경우가 많기 때문에 습관적으로 체크하고 필요시 Test Point 등 다른 Item을 사용한 경우에는 이것들도 체크해 주어야 한다.

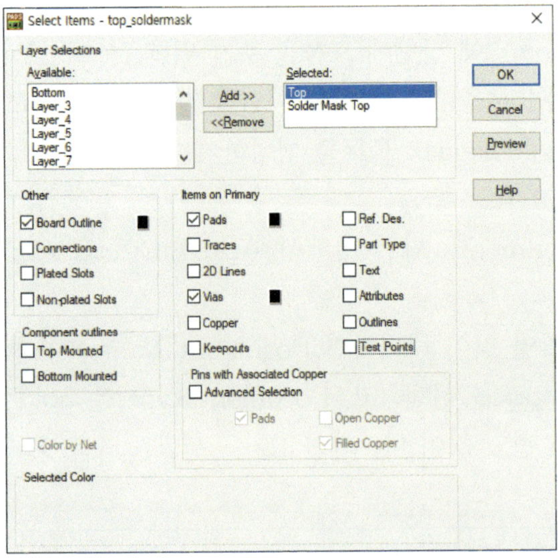

05 CAM Preview 팝업 창이 나타나고 Zoon 항목 아래 Board Button을 Click하여 다음 그림과 같이 위에서 적용한 항목들이 나타나는 것을 확인하고 필요한 Data들이 나타나지 않을 경우 보완하여 다시 작업한다.

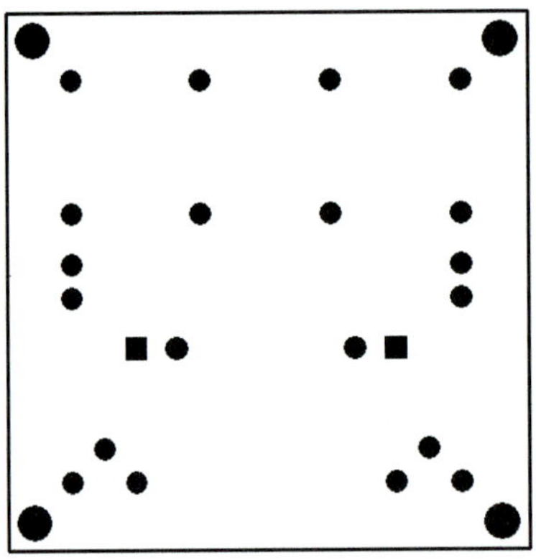

06 원하는 File을 얻었다고 판단되면 Close Button을 Click하고 Select Items 팝업 창과 Add Document 팝업 창의 OK Button을 차례로 Click하여 닫는다.

이번에는 Bottom면의 Soldermask File을 생성하기 위해 다음 순서에 따라 진행한다.

01 Define CAM Documents 팝업 창에서 Add Button을 Click한다.

02 Add Document 팝업 창이 나타나면 Document Name: 아래 빈 칸에 다음 그림과 같이 btm_soldermask를 입력하고, Document Type:은 Solder Mask를 선택한 후, Layer Association 팝업 창이 나타나면 Bottom을 선택한 다음 OK Button을 Click한다.

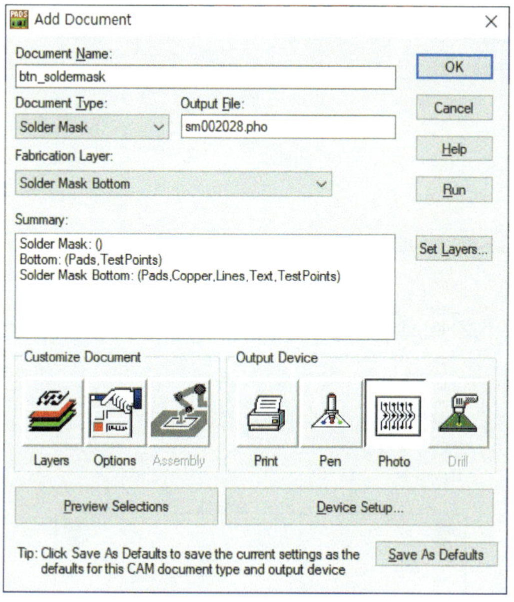

03 Add Document 팝업 창의 Output Device 항목에서 Photo를 선택하고 Customize Document 항목에서 Layers Button을 Click한다.

04 Select Items 팝업 창에서 다음 그림과 같이 Other 항목의 Board Outline을 체크하고 Selected: 항목에서 Bottom과 Solder Mask Bottom을 각각 Click하고 Items on Primary 항목에서 Pads, Vias를 체크한 후 Preview Button을 Click한다.

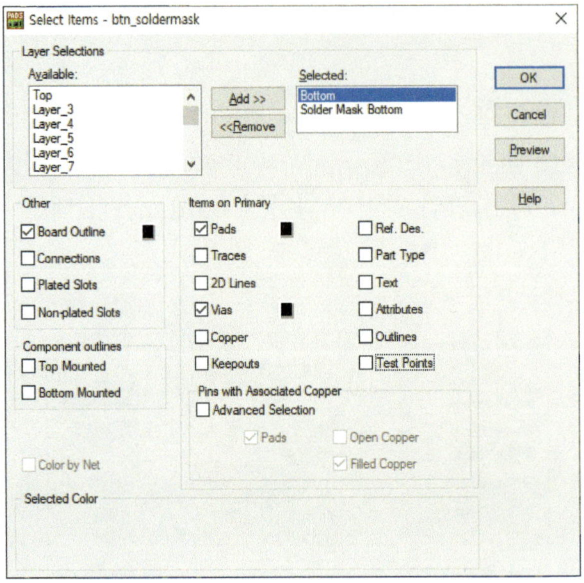

05 CAM Preview 팝업 창이 나타나고 Zoon 항목 아래 **Board** Button을 Click하여 다음 그림과 같이 위에서 적용한 항목들이 나타나는 것을 확인하고 필요한 Data들이 나타나지 않을 경우 보완하여 다시 작업한다.

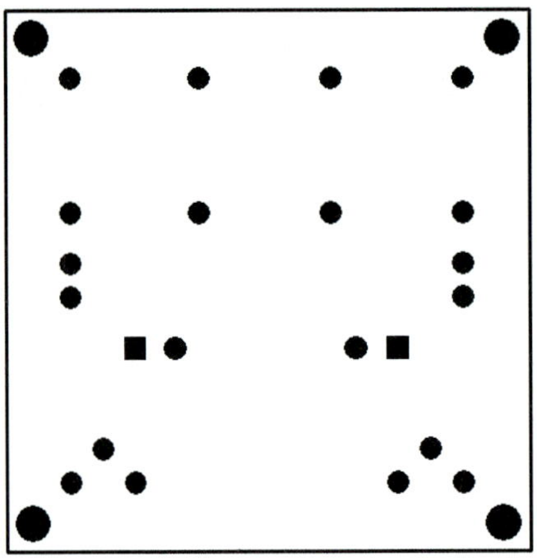

이번 작업에서는 SMD 부품을 사용하지 않고 Through Hole Type의 부품만 사용하였기 때문에 top_soldermask와 btm_soldermask File이 같다는 것을 확인한다.

06 원하는 File을 얻었다고 판단되면 **Close** Button을 Click하고, Select Items 팝업 창과 Add Document 팝업 창의 **OK** Button을 차례로 Click하여 닫는다.

3.9.3 Routing Data 생성하기

이 작업은 Top/Bottom면에 있는 Routing Data, Pad, Via 등의 Data가 나타나도록 모두 2개의 File을 생성하는데, 이러한 과정을 Routing Data를 만든다고 한다. 우선 Top 면의 Routing File을 생성하기 위하여 다음 순서에 따라 진행한다.

01 Define CAM Documents 팝업 창에서 Add Button을 Click한다.

02 Add Document 팝업 창이 나타나면 Document Name: 아래 빈 칸에 다음 그림과 같이 top_routing을 입력하고, Document Type:은 Routing/Split Plane을 선택하고, Layer Association 팝업 창이 나타나면 Top을 선택한 다음, OK Button을 Click한다.

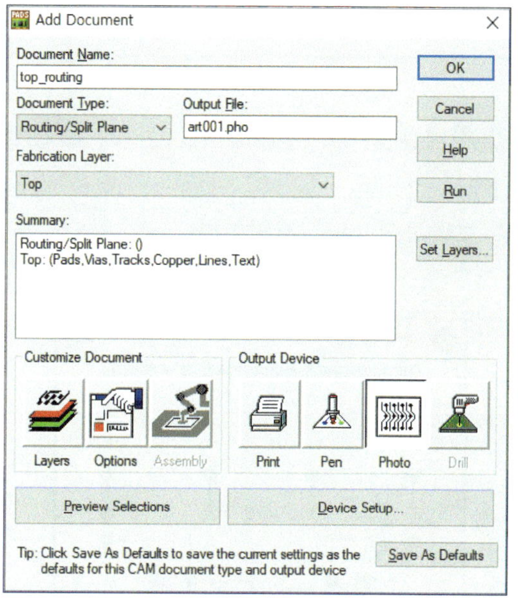

03 Add Document 팝업 창의 Output Device 항목에서 Photo를 선택하고, Customize Document 항목에서 Layers Button을 Click한다.

04 Select Items 팝업 창에서 다음 그림과 같이 Other 항목의 Board Outline을 체크하고, Selected: 항목에서 Top을 Click하고, Items on Primary 항목에서 Pads, Traces, Vias를 체크한 후 Preview Button을 Click한다.

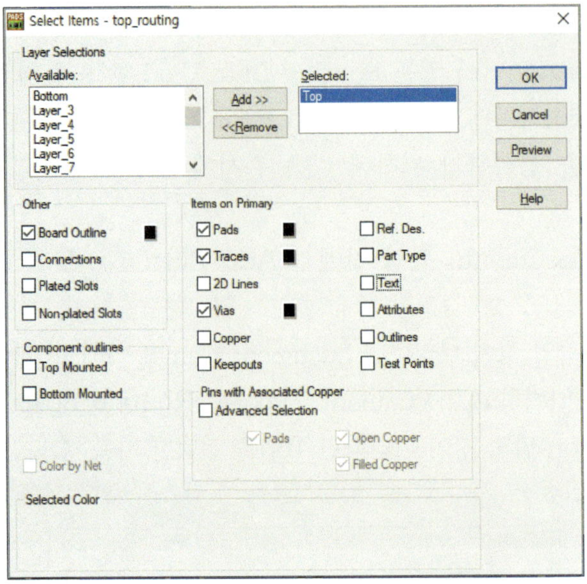

05 CAM Preview 팝업 창이 나타나고 Zoon 항목 아래 Board Button을 Click하여 다음 그림과 같이 위에서 적용한 항목들이 나타나는 것을 확인하고 필요한 Data들이 나타나지 않을 경우 보완하여 다시 작업한다.

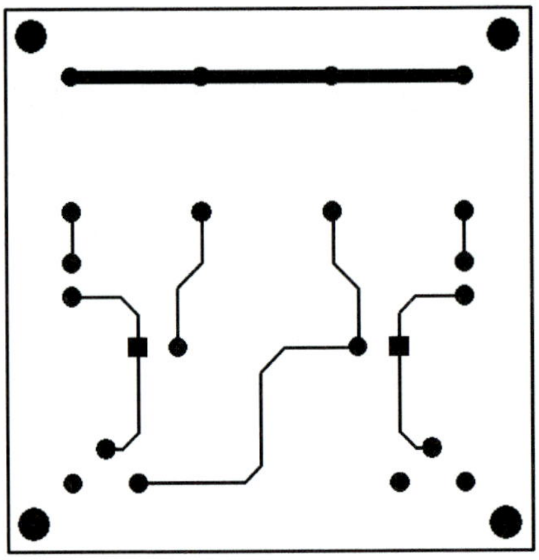

06 원하는 File을 얻었다고 판단되면 Close Button을 Click하고, Select Items 팝업 창과 Add Document 팝업 창의 OK Button을 차례로 Click하여 닫는다.

이번에는 Bottom면의 Routing File을 생성하기 위하여 다음 순서에 따라 진행한다.

01 Define CAM Documents 팝업 창에서 Add Button을 Click한다.

02 Add Document 팝업 창이 나타나면 Document Name: 아래 빈 칸에 다음 그림과 같이 btm_routing을 입력하고, Document Type:은 Routing/Split Plane을 선택하고, Layer Association 팝업 창이 나타나면 Bottom을 선택한 다음, OK Button을 Click한다.

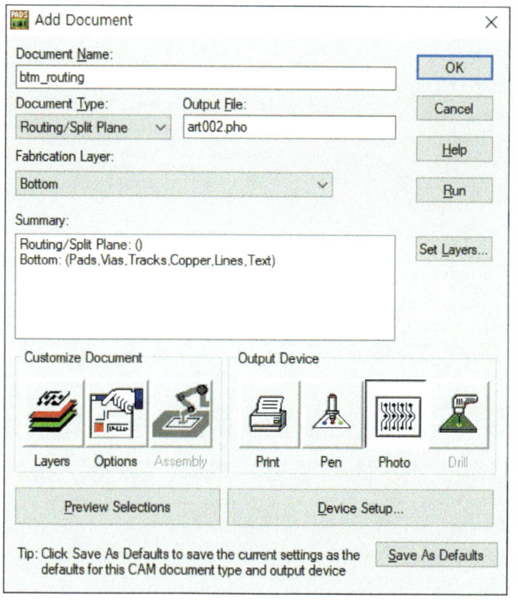

03 Add Document 팝업 창의 Output Device 항목에서 Photo를 선택하고, Customize Document 항목에서 Layers Button을 Click한다.

04 Select Items 팝업 창에서 다음 그림과 같이 Other 항목의 Board Outline을 체크하고 Selected: 항목에서 Bottom을 Click하고, Items on Primary 항목에서 Pads, Traces, Vias, Copper를 체크한 후 Preview Button을 Click한다.

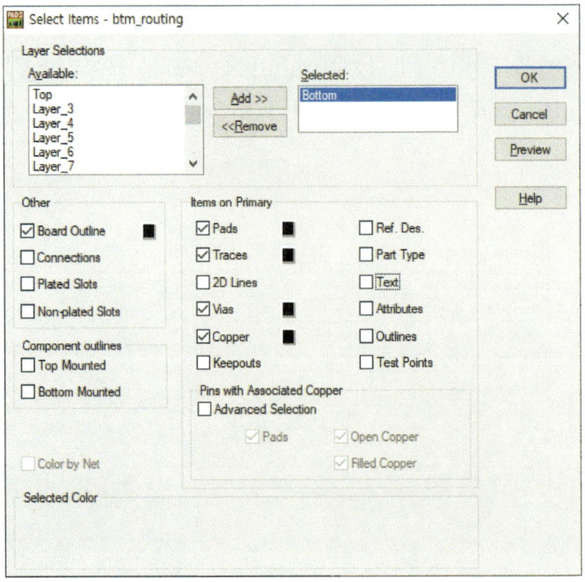

05 CAM Preview 팝업 창이 나타나고 Zoon 항목 아래 Board Button을 Click하여 다음 그림과 같이 위에서 적용한 항목들이 나타나는 것을 확인하고 필요한 Data들이 나타나지 않을 경우 보완하여 다시 작업한다.

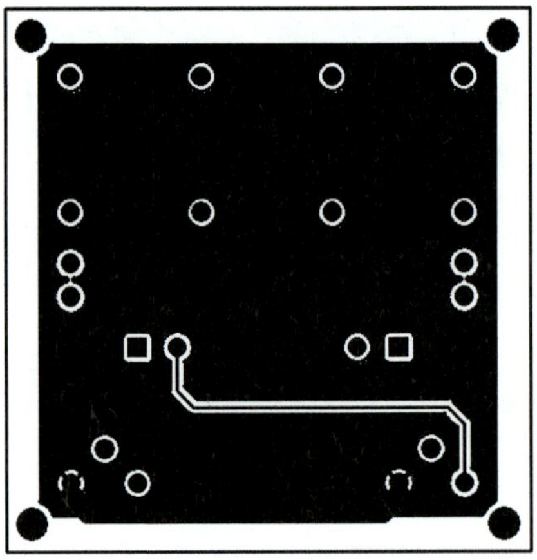

06 원하는 File을 얻었다고 판단되면 Close Button을 Click하고, Select Items 팝업 창과 Add Document 팝업 창의 OK Button을 차례로 Click하여 닫는다.

3.9.4 Drill Drawing Data 생성하기

이 작업은 부품별로 사용된 패드의 종류에 따른 Drill Size Data가 나타나도록 File을 생성하게 되는 과정으로 다음 순서에 따라 진행한다.

01 Define CAM Documents 팝업 창에서 Add Button을 Click한다.

02 Add Document 팝업 창이 나타나면 Document Name: 아래 빈 칸에 다음 그림과 같이 Drill_drawing을 입력하고, Document Type:은 Drill Drawing을 선택하고, Layer Association 팝업 창이 나타나면 Top을 선택한 다음, OK Button을 Click한다.

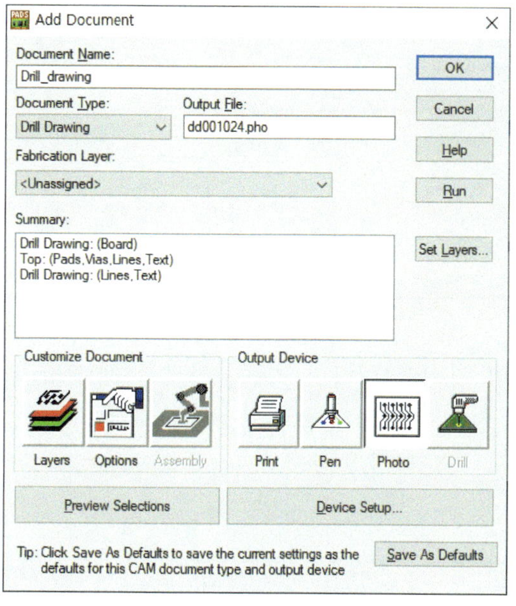

03 Add Document 팝업 창의 Output Device 항목에서 Photo를 선택하고, Layers Icon을 Click한다.

04 Select Items 팝업 창에서 다음 그림과 같이 Other 항목의 Board Outline을 체크하고, Selected: 항목에서 Top과 Drill Drawing을 각각 Click한 후 Items on Primary 항목에서 Pads, Vias를 체크한 다음, Preview Button을 Click한다.

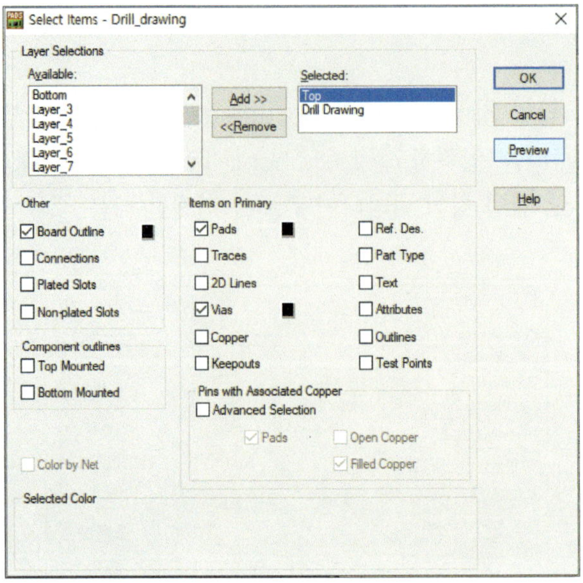

05 CAM Preview 팝업 창이 나타나고 Zoon 항목 아래 Board Button을 Click하여 다음 그림과 같이 위에서 적용한 항목들이 나타나는데 Data가 겹쳐져 있기에 분리시켜야 한다.

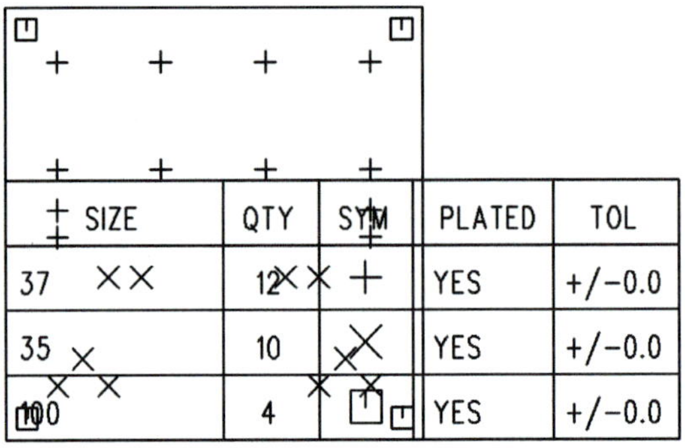

06 Data 분리를 위하여 Close Button을 Click하고, Select Items 팝업 창의 OK Button을 Click하여 닫고 Add Document 팝업 창 상태로 돌아온다.

07 Add Document 팝업 창의 Customize Document 항목에서 Options Button을 Click한다.

08 Plot Options 팝업 창이 나타나면 Drill Symbols... Button을 Click한다.

09 Drill Drawing Options 팝업 창이 나타나면 다음 그림과 같이 Location: X:에 1700을 입력한 후 팝업 창 아래쪽에 있는 Augment Button을 Click하여 Augment sizes table? 메시지 창이 나오면 예(Y) Button을 Click한다.

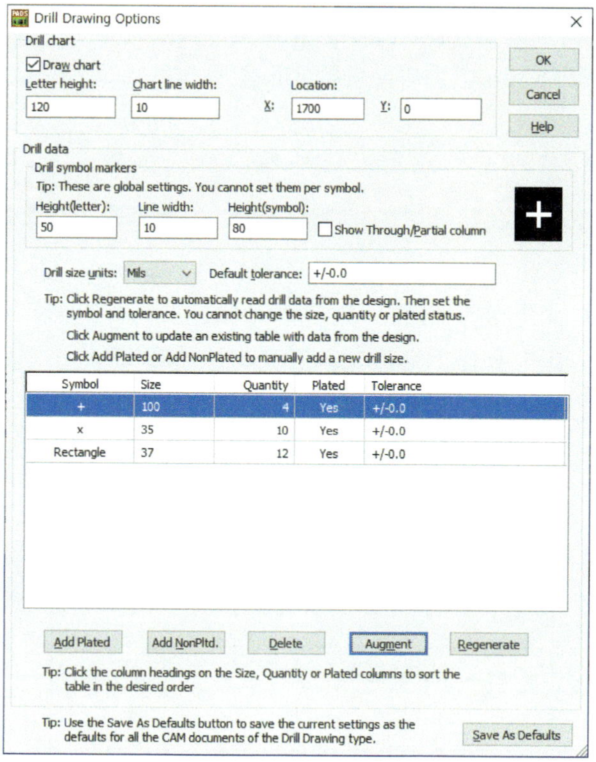

10 Drill Drawing Options 팝업 창과 Plot Options 팝업 창에서 OK Button을 차례로 Click하여 닫는다.

11 Add Document 팝업 창에서 Preview Selections Button을 Click하여 다음 그림과 같이 Data 분리되어 나타나는 것을 확인한다. Drill Size별 모양과 수량 등이 나타나고 있다.

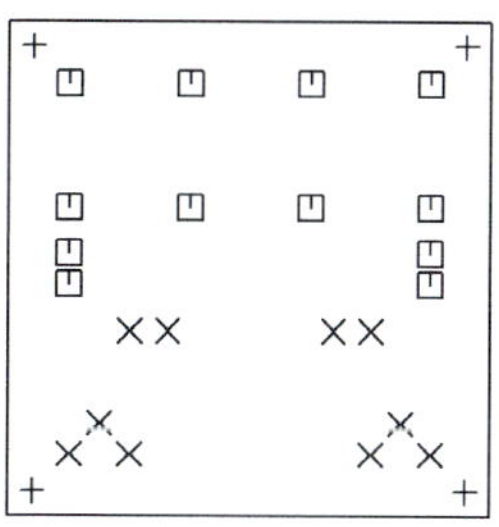

SIZE	QTY	SYM	PLATED	TOL
100	4	+	YES	+/-0.0
35	10	X	YES	+/-0.0
37	12	⊡	YES	+/-0.0

12 원하는 File을 얻었다고 판단되면 Close Button을 Click하고, Add Document 팝업 창의 OK Button을 Click하여 닫는다.

3.9.5 NC Drill Data 생성하기

이 작업은 부품별로 사용된 패드의 위치 등에 따라 PCB 제작 시 Hole 가공에 필요한 Drill Size와 좌표 값의 Data가 나타나도록 File을 생성하는 과정으로, 다음 순서에 따라 진행한다.

01 Define CAM Documents 팝업 창에서 Add Button을 Click한다.

02 Add Document 팝업 창이 나타나면 Document Name: 아래 빈 칸에 다음 그림과 같이 nc_drill을 입력하고, Document Type:은 NC Drill을 선택한다.

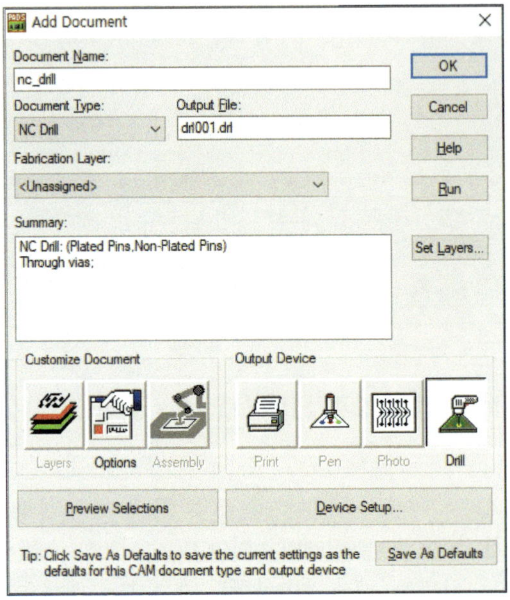

03 Add Document 팝업 창의 Customize Document 항목의 아래쪽에 있는 Preview Selections Button을 Click한다.

04 CAM Preview 팝업 창이 나타나고 Zoon 항목 아래 Board Button을 Click하여 다음 그림과 같이 나타나는지 확인한다.

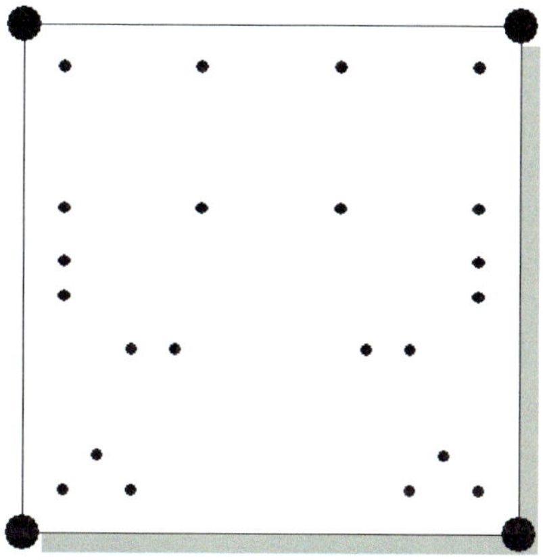

05 원하는 File을 얻었다고 판단되면 Close Button을 Click하고, Add Document 팝업 창의 OK Button을 Click하여 닫는다.

06 Define CAM Documents 팝업 창에서 다음 그림과 같이 지금까지 생성한 7개의 File들을 Click하고, Drag하여 선택한 후 Run Button을 Click한다.

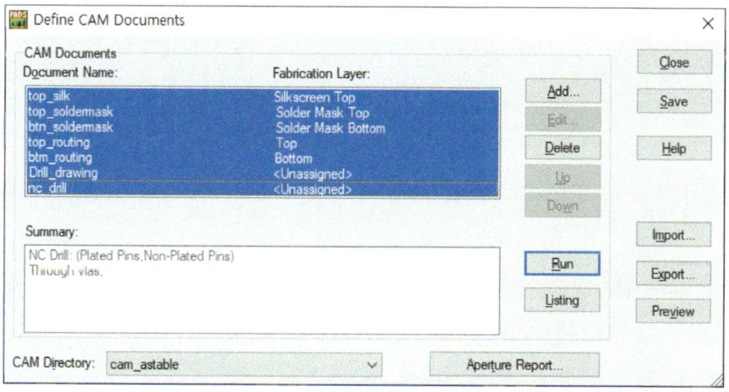

07 다음 그림과 같이 위에서 선택한 File들에 대하여 CAM File을 생성하겠는가? 하는 메시지가 나오는데 예(Y) Button을 Click하여 진행한다.

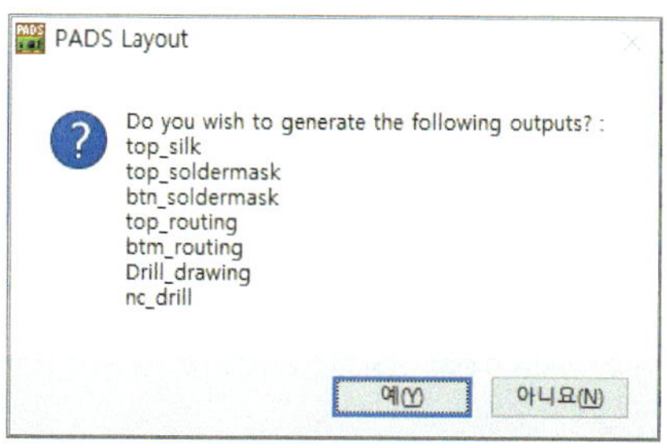

08 Define CAM Documents 팝업 창에서 Save, Close Button을 차례로 Click한다.

09 File을 저장하고 프로그램을 닫는다.

지금까지 양면 기판 PCB 제작에 필요한 CAM File들을 모두 생성하였으므로 윈도우즈 탐색기를 열어 다음 그림과 같이 작성된 File들을 확인한다. PCB 제작을 원할 경우 해당 File을 PCB 제작업체와 연락하여 보내고 업체에서 각각의 파일들에 대한 이상 유무를 확인한 후 이상이 있으면 수정 보완하고 문제가 없으면 바로 제작에 들어가게 된다.

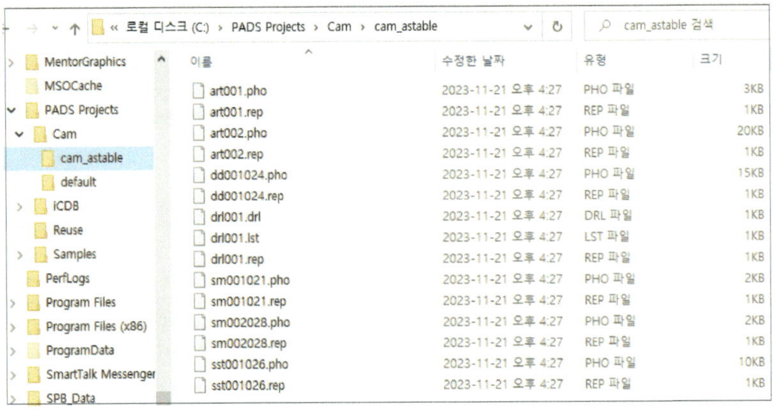

3.10 CAM File 인쇄하기

PCB 설계를 마치고 필요한 CAM File들도 모두 추출하였다. 검정시험 등의 요구사항에 따라 각각의 File을 프린터를 이용하여 인쇄할 필요가 있을 때 위의 astable_mv.pcb File을 불러온 후 다음 순서에 따라 진행한다.

01 작업화면의 메뉴 바에서 File>CAM...을 선택하여 Define CAM Documents 팝업 창을 연다.

02 위의 팝업 창에서 이미 생성된 CAM File 중 하나인 top_silk를 Click하여 선택한 후 Edit Button을 Click한다.

03 Edit Document 팝업 창이 나타나면 Output Device 항목의 아래 부분에 있는 Print Icon을 선택하고, Device Setup... Button을 Click하여 프린터 설정과 용지 크기 및 용지 방향 등을 설정한 후 확인 Button을 Click한다.

04 다시 Edit Document 팝업 창으로 오면 Customize Document 항목 아래의 Options Icon을 Click한다.

05 Plot Options 팝업 창의 Justification: 아래 콤보박스를 열고 Centered를 선택하고, OK Button을 Click한다.

06 Run Button을 Click하여 인쇄한다.

07 위와 같은 방법으로 나머지 필요한 File들도 인쇄한다.

Chapter 4

다층 기판 설계

이번 장에서는 4층 기판 설계에 필요한 File을 별도로 작성하지 않고 위에서 작성한 회로도인 astable_mv.sch File을 활용하여 다층 기판(4-Layer)은 어떤 과정을 거쳐 설계되고 CAM File 생성은 어떻게 진행하는지 등의 기본적인 사항을 이해하여 PCB 설계에 대한 자신감을 가져본다.

4.1 PCB 설계하기

4.1.1 회로도 불러오기 및 Layer 변경하기

01 PADS Logic 9.5 프로그램을 실행한다.

02 실행화면에 이전에 사용했던 File이 표시되면 해당 File을 Click하고, 그렇지 않을 경우 Open a design을 Click하여 astable_mv.sch File을 불러온다.

위에서 불러온 File은 양면 기판 설계를 위한 설정 값 등이 적용되어 있으므로 4층 기판 설계 환경에 맞도록 설정 값 등을 바꾸어 주어야 한다. 이를 위해 다음 순서에 따라 진행한다.

03 작업화면의 메뉴 바에서 Setup〉Layer Definition...을 선택한다.

04 다음 그림과 같이 Layers Setup 팝업 창이 나타나면 Electrical layers 항목에서 Modify Button을 Click한다.

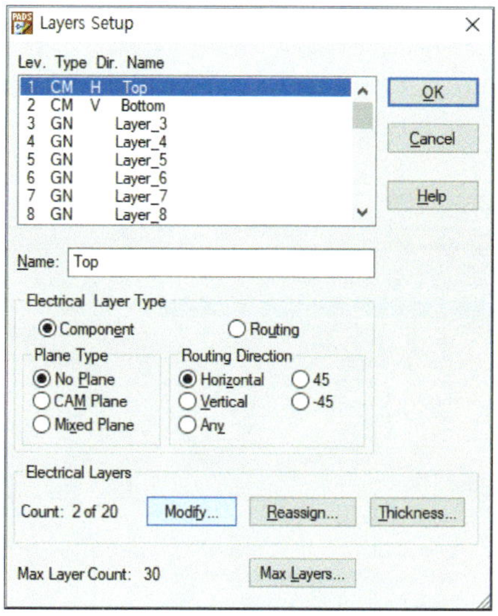

05 다음 그림과 같이 Modify Electrical Layer Count 팝업 창이 나타나면 입력란에 4가 되어 있는 것을 확인한 다음 OK Button을 Click한다.

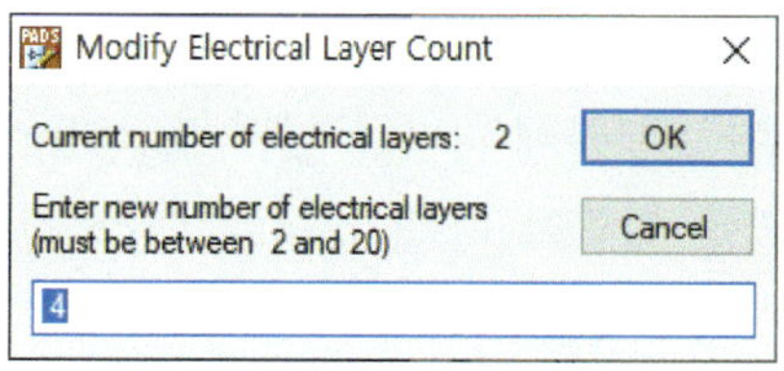

06 다음 그림과 같이 Reassign Electrical Layers 팝업 창이 나타나면 OK Button을 Click한다.

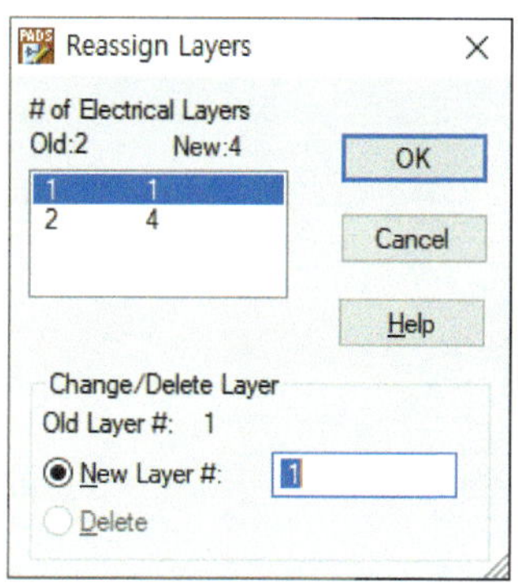

07 다음 그림과 같이 Layers Setup 팝업 창의 Top과 Bottom 사이에 Inner Layer2, Inner Layer3가 추가되었고 Electrical Layers 아래도 Count 4 of 20으로 변경되어 4층 기판 설계를 위한 환경으로 설정되어 있는 것을 확인한다.

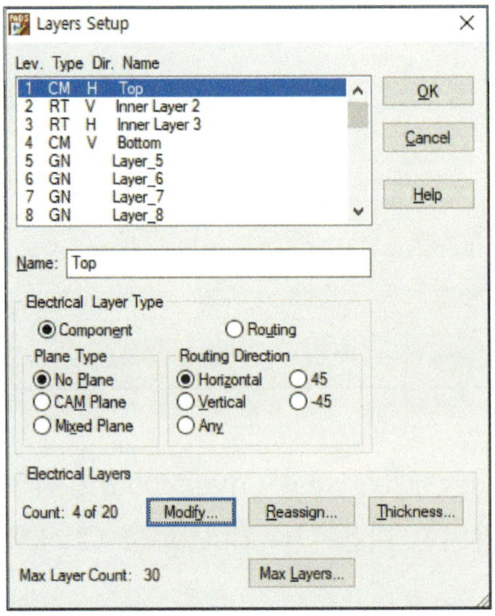

Layers Setup 팝업 창의 위쪽 부분에 나타나 있는 Top, Inner Layer1, Inner Layer2, Bottom Layer에 대한 설정을 위하여 다음 순서에 따라 진행한다.

01 Top Layer 설정을 위해 첫 번째 라인을 선택한 후 다음 그림과 같이 설정되어 있는지 확인하고 필요시 수정한다.

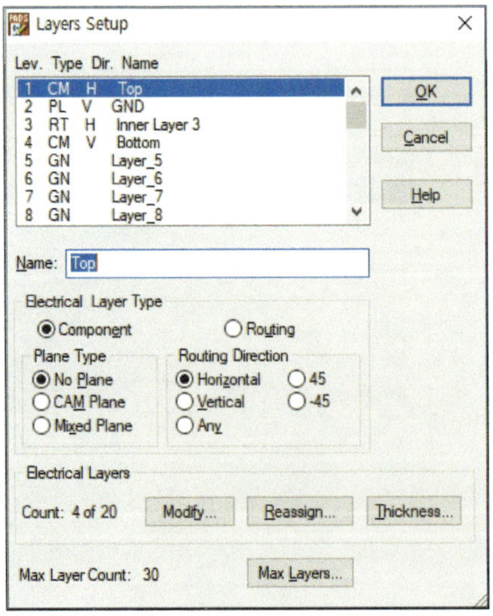

02 Inner Layer2 설정을 위해 두 번째 라인을 선택한 후 다음 그림과 같이 설정하여 확인하고 필요시 수정하고, Assign Nets Icon을 Click한다.

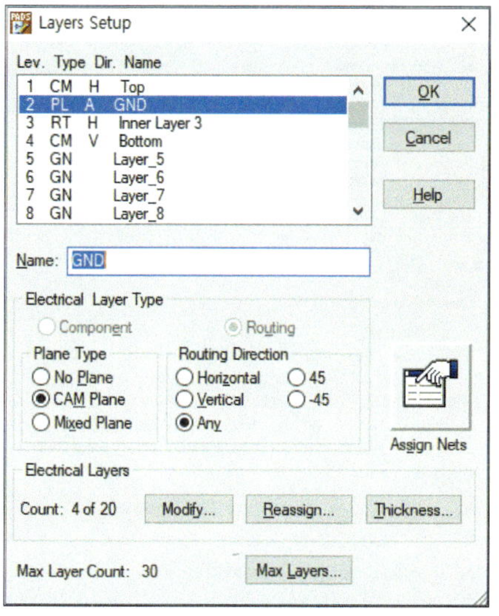

03 다음 그림과 같이 Plane Layer Nets 팝업 창이 나타나면 All Nets: 항목 아래에서 GND를 선택하고, Add>> Button을 Click하여 Associated Nets:로 이동시킨 후 OK Button을 Click한다.

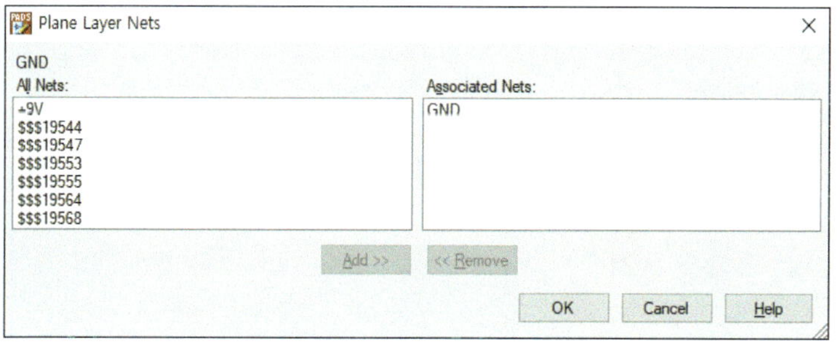

04 Inner Layer3 설정을 위해 세 번째 라인을 선택한 후 다음 그림과 같이 설정하여 확인하고 필요시 수정하고, Assign Nets Icon을 Click한다.

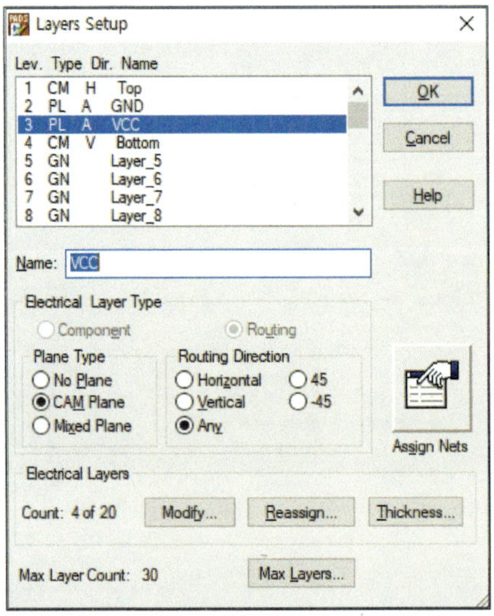

05 다음 그림과 같이 Plane Layer Nets 팝업 창이 나타나면 All Nets: 항목 아래에서 +9V를 선택하고, Add>> Button을 Click하여 Associated Nets:로 이동시킨 후 OK Button을 Click한다.

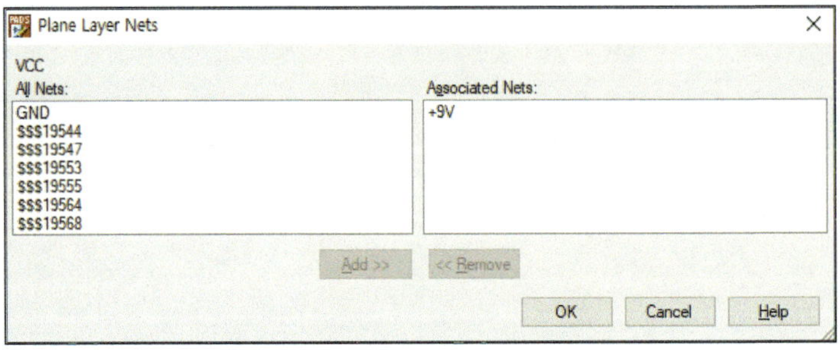

06 Bottom Layer 설정을 위해 네 번째 라인을 선택한 후 다음 그림과 같이 설정되어 있는지 확인하고 필요시 수정한 후 OK Button을 Click한다.

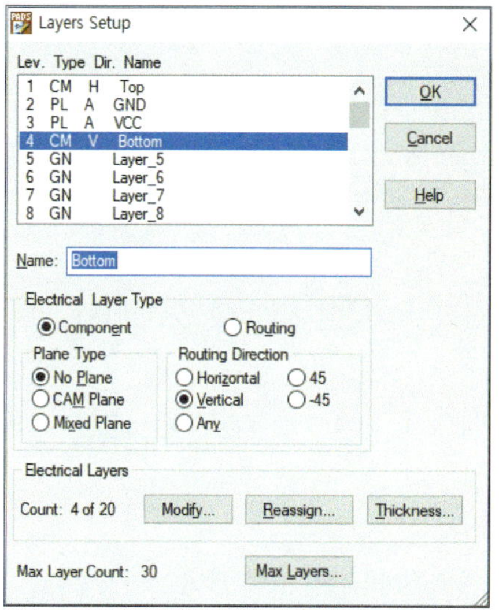

07 작업화면의 메뉴 바에서 File〉Save As...를 선택하고, 저장 경로를 확인한 후 astable_MV_4.sch를 입력하여 저장한다.

4.1.2 4층 기판용 Netlist 추출하기

4층 기판 설계를 위한 Netlist 추출을 위해 다음 순서에 따라 진행한다.

01 작업화면의 메뉴 바에서 Tools〉Layout Netlist...를 선택하여 다음 그림과 같이 File 경로와 이름을 확인한 후 OK Button을 Click한다.

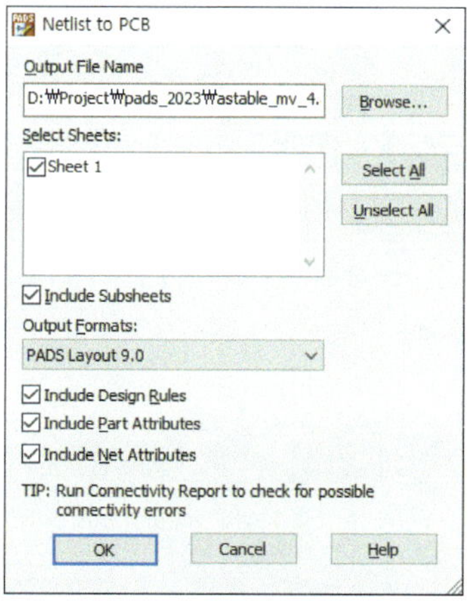

02 작업화면의 메뉴 바에서 File〉Save를 선택하여 저장한 후 프로그램을 종료한다.

4.1.3 PADS Layout 9.5 시작하기

01 PADS Layout 9.5 프로그램을 실행하고 Start a new design을 Click한다.

02 Set Start-up File 팝업 창이 나타나면 System Default Start-up File 옵션이 선택되어 있는지 확인한 후 OK Button을 Click한다.

03 작업화면의 메뉴 바에서 File〉Library...를 선택한다.

04 Library Manager 창에서 Library를 astable_mv로 설정하고 창을 닫는다.

4.1.4 Board Outline 그리기

Board 크기는 위의 양면 기판 설계와 마찬가지로 1600mils × 1600mils(≒41mm × ≒41mm)로 설정하여 작업하기로 한다.

01 작업화면에서 다음 그림과 같이 Drafting Toolbar Icon()을 Click한 후 Board Outline and Cut Out Icon()을 Click한다.

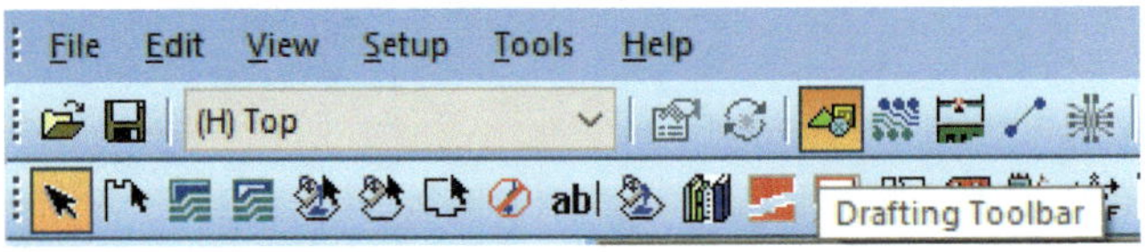

※ 양면 기판 설계에서는 마우스를 이용하여 직접 좌표를 Click하는 방법으로 진행해 보았다. 이번에는 Modeless Command 창을 이용하는 방법으로 진행해 본다.

02 작업 창에서 MRB〉Rectangle을 선택하고, 키보드의 s를 눌러 Modeless Command 창이 나타나면 0 space Bar 0을 입력한 후 Enter Key와 Space Bar Key를 차례로 누르고 다시 s1600 1600을 입력한 다음, Enter Key와 Space Key를 차례로 눌러 완성한다.

03 Home Key를 눌러 다음 그림과 같이 전체 Board 크기로 나타내어 마우스를 움직여 각각의 좌표를 확인한다.

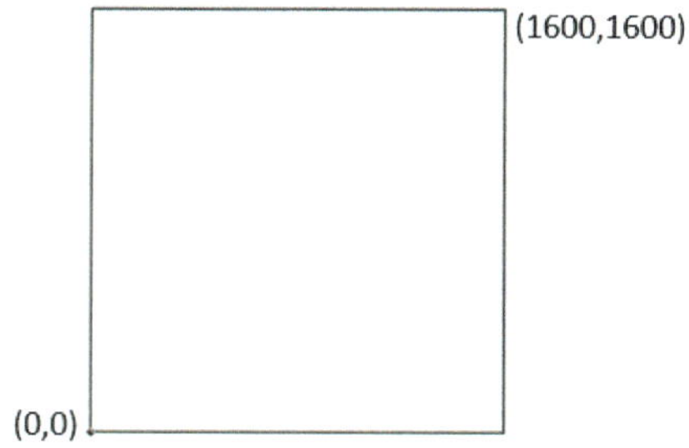

04 작업화면의 메뉴 바에서 File〉Save As...를 선택하여 다음 그림과 같이 경로를 지정하고, astable_mv_4.pcb로 입력한 후 저장한다.

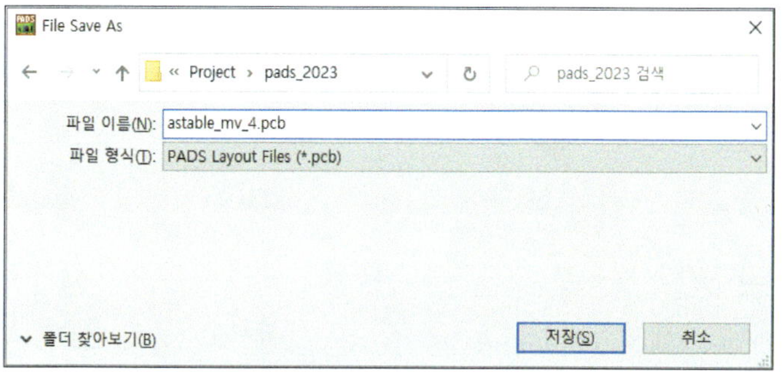

4.1.5 부품 불러오기

4층 기판 설계를 위해 회로도에서 추출한 Netlist를 불러와야 하므로 다음 순서에 따라 진행한다.

01 작업화면의 메뉴 바에서 File〉Import...를 선택하여 다음 그림과 같이 Netlist 추출로 만들어진 File의 위치를 확인한 후 4층 기판 설계를 위해 준비된 해당 File을 선택하고, 열기(O) Button을 Click하여 불러 온다.

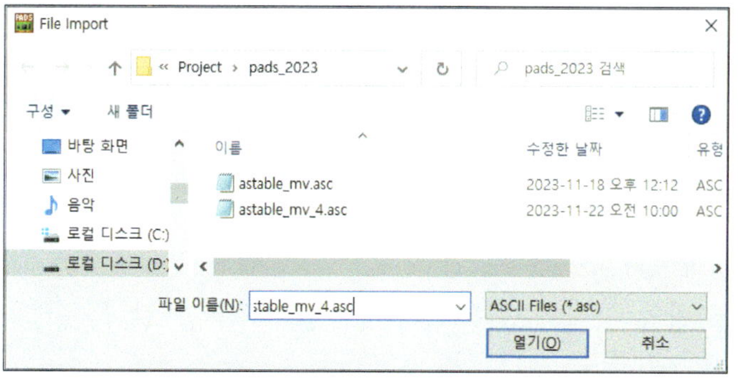

02 text encoding 관련 메시지 창이 나타나면 확인 Button을 Click한다.

03 File이 정상적으로 Import 되면 다음 그림과 같이 원점을 기준으로 하여 PCB Decal이 나타나게 된다.

4.1.6 환경설정하기

01 작업화면의 메뉴 바에서 Tools>Options...를 선택하고 Options 팝업 창이 나타나면 Global/General Part에 Design units가 Mils로 설정되어 있음을 확인한다. 다른 단위로 설정되어 있으면 수정하여 설정한다.

02 작업화면 오른쪽 맨 아래 부분에서 mils로 설정된 것을 확인한 후 OK Button을 Click하여 Options 팝업 창을 닫는다.

03 작업화면의 메뉴 바에서 Setup>Layer Definition...을 선택하면 Layers Setup 팝업 창이 나타나는데 Electrical layers 항목이 Count: 4 of 20으로 되어 있음을 확인한다.

04 Layer Setup 팝업 창에서 Top을 Click하고 다음과 같이 옵션들을 확인한다.

- Name : Top
- Electrical Layer Type : Component
- Plane Type : No Plane
- Routing Direction : Horizontal

05 Layer Setup 팝업 창에서 GND를 Click하고 다음과 같이 옵션들을 확인한다.

- Name : GND

- Plane Type : CAM Plane
- Routing Direction : Any

06 위 사항을 확인한 후 Assign Nets Button을 Click하고, GND 신호에 해당되는 Net의 할당 여부를 확인하고 필요시 다시 할당한다.

07 Layer Setup 팝업 창에서 VCC를 Click하고 다음과 같이 옵션들을 확인한다.

- Name : VCC
- Plane Type : CAM Plane
- Routing Direction : Any

08 위 사항을 확인한 후 Assign Nets Button을 Click하고, VCC 신호에 해당되는 Net의 할당 여부를 확인하고 필요시 다시 할당한다.

09 Layer Setup 팝업 창에서 Bottom을 Click하고 다음과 같이 옵션들을 확인한다.

- Name : Bottom
- Electrical Layer Type : Component
- Plane Type : No Plane
- Routing Direction : Vertical

10 4개의 Layer들에 대하여 필요한 부분을 마쳤으므로 Layer Setup 팝업 창을 닫는다.

4.1.7 PCB 고정용 HOLE 배치하기

01 PCB 고정용 HOLE을 배치하기 위하여 ECO Toolbar Icon( )을 Click한다.

02 ECO Options 팝업 창이 나타나면 File의 경로를 확인하고 OK Button을 Click한다.

03 키보드로 g10을 입력한다.

04 Add Component Icon( )을 Click한다.

05 다음 그림과 같이 Get Part Type from Library 팝업 창이 나타나면 Part Library 경로를 맞게 설정하고 Items: 아래 빈 칸에는 MT*을 입력한 후, Apply Button을 Click하여 Part Types:에서 MTHOLE1을 선택한 후 Add Button을 Click한다.

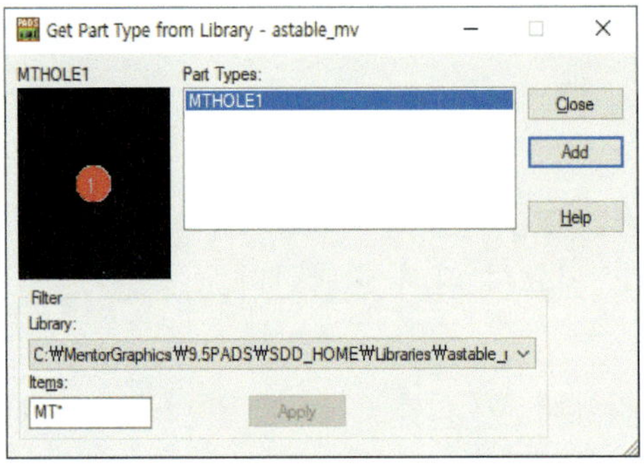

06 좌표(80, 80)에서 Click하여 배치하고, 다시 **Add** Button을 Click하면 다음 그림과 같은 팝업 창이 나타나는데 그냥 **확인** Button을 Click한다.

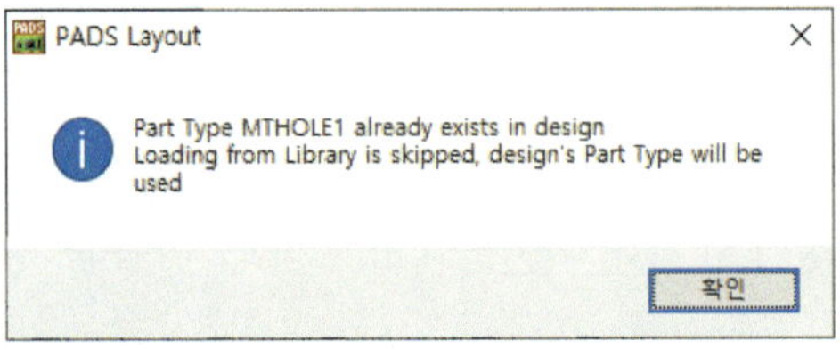

07 좌표(1520, 80)에서 Click하여 배치하고 같은 방법으로 좌표(1520, 1520)에서 Click하여 배치한 후 좌표(80, 1520)에서 Click하여 배치한다.

08 4개의 Hole을 모두 배치하였으면 **Close** Button을 Click한다.

09 Esc Key를 누른 후 필요시 다른 이름으로 저장한다.

4.1.8 HOLE 속성 수정하기

기구 Hole 등 전기적인 특성과 무관한 것들은 Pad 속성을 Non-Plated로 설정해 주어야 한다. 이를 위해 다음 순서에 따라 진행한다.

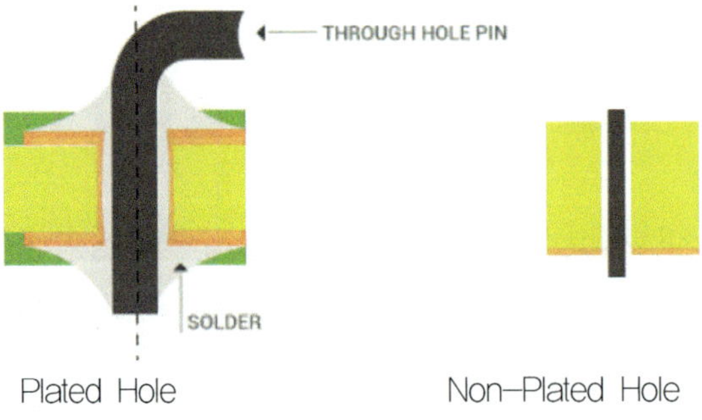

01 작업 창에서 MRB>Select Components를 선택한다.

02 X4 Pad를 선택하고, MRB>Properties...를 선택한다.

03 Component Properties 팝업 창이 나타나면 Pad Stack Icon을 Click한다.

04 Pad Stack Properties 팝업 창이 나타나면 Drill size: 오른쪽의 Plated Check Box를 해제한 후 OK Button을 Click한다.

05 Apply Pad Stack Changes 팝업 창이 나타나면 All Button과 예(Y) Button을 차례로 Click한다.

06 Component Properties 팝업 창을 닫는다.

4.1.9 Display Colors 설정하기

양면 기판 설계에서는 Top과 Bottom의 2개의 Layer를 사용하여 각 Layer별로 Default로 설정되어 있는 색상을 사용하였지만 4층 기판 설계에서는 GND와 VCC Layer의 추가로 인해 각 Layer별로 색상 구분을 할 수 있도록 Color를 지정할 필요가 있는데 이를 위하여 다음 순서에 따라 진행한다.

01 작업화면의 메뉴 바에서 Setup>Display Color...를 선택한다.

02 다음 그림과 같이 Display Colors Setup 팝업 창이 나타나면 Selected Color 아래 색상 중에서 원하는 색상을 고른다. 여기서는 연두색을 Click하고 VCC의 해당항목 (Pads, Traces, Text)을 Click하여 설정한다.

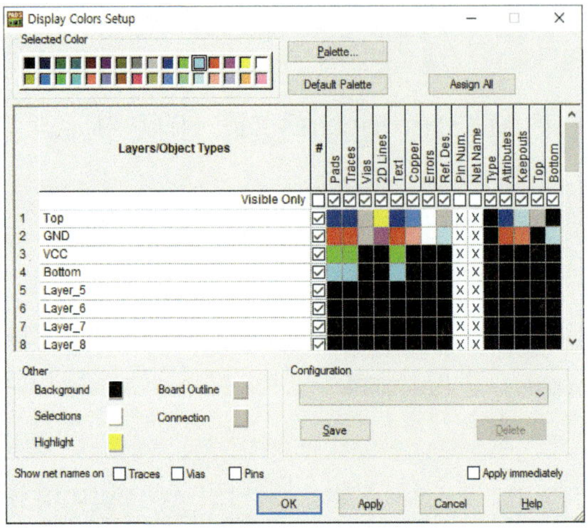

03 Selected Color 아래 색상 중에서 하늘색을 Click하고 Bottom의 해당 항목(Pads, Traces, Text)을 Click하여 위의 그림처럼 설정한다.

04 나머지 항목들은 필요에 따라 색상을 설정하여 사용할 수 있다. 색상 설정을 마쳤으면 OK Button을 Click한다.

4.1.10 부품 배치하기

양면 기판설계에서 Tools〉Disperse Components 메뉴를 활용하여 부품을 배치해 보았다. 이번에는 다음 그림과 같이 Project Explorer의 Component 항목에서 왼쪽의 + 부분을 Click하여 모든 부품이 나타나도록 한 후 Modeless Command를 사용하여 배치하기 위하여 다음 순서에 따라 진행한다.

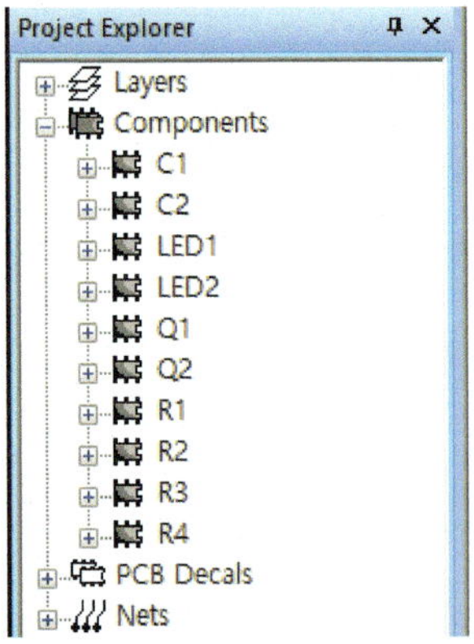

01 Grid 값 설정을 위하여 키보드에서 g50을 입력하고 Enter Key를 친다.

02 Project Explorer에서 C1 부품을 Click하고 MRB>Move를 선택하여 s400 600을 입력한 후, Enter, Space Bar를 눌러 배치한다.

03 C2 부품을 Click하고, MRB>Move, s1200 600을 입력한 후, Enter, Space Bar를 눌러 배치한다.

04 LED1 부품을 Click하고, MRB>Move를 선택하여 s200 750을 입력한 후, Enter, Space Bar를 눌러 배치한다.

05 LED2 부품을 Click하고, MRB>Move를 선택하여 s1400 750을 입력한 후, Enter, Space Bar를 눌러 배치한다.

06 Q1 부품을 Click하고, MRB>Move를 선택하여 s200 250을 입력한 후, Enter, Space Bar를 눌러 배치한다.

07 Q2 부품을 Click하고, MRB>Move를 선택하여 s1200 250을 입력한 후, Enter, Space Bar를 눌러 배치한다.

08 R1 부품을 Click하고, MRB>Move, MRB>Spin을 선택한 후 오른쪽 방향으로 회전시켜 부품을 수직 방향으로 하고 s200 1450을 입력한 다음, Enter, Space Bar를 눌러 배치한다.

09 R2 부품을 Click하고, MRB>Move, MRB>Spin을 선택한 후 오른쪽 방향으로 회전시켜 부품을 수직 방향으로 하고 s600 1450을 입력한 다음, Enter, Space Bar를 눌러 배치한다.

10 R3 부품을 Click하고, MRB>Move, MRB>Spin을 선택한 후 오른쪽 방향으로 회전시켜 부품을 수직 방향으로 하고 s1000 1450을 입력한 다음, Enter, Space Bar를 눌러 배치한다.

11 R4 부품을 Click하고, MRB>Move, MRB>Spin을 선택한 후 오른쪽 방향으로 회전시켜 부품을 수직 방향으로 한 후 s1400 1450을 입력한 다음, Enter, Space Bar를 눌러 배치한다.

12 Esc와 Home Key를 차례로 눌러 다음 그림과 같이 모든 부품의 배치를 확인하고 작업 창 임의의 곳을 Click한다.

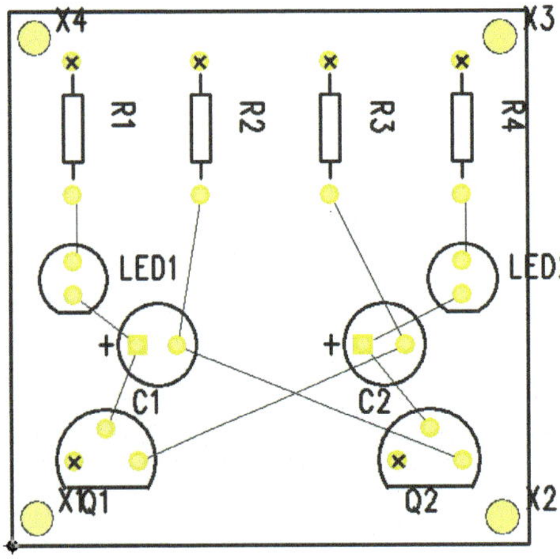

13 필요시 다른 이름으로 저장한다.

4.1.11 설계 규칙 설정하기

01 작업화면의 메뉴 바에서 Setup〉Design Rules...를 선택하여 다음 그림과 같이 Rules 팝업 창을 나타나게 한다.

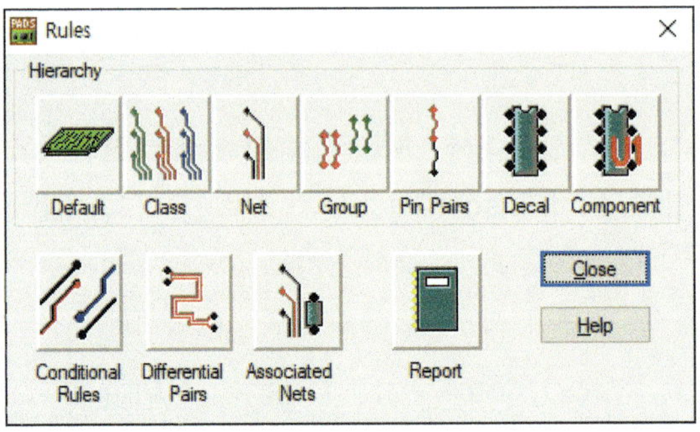

02 1번에서 나타난 Rules 팝업 창에서 Default를 Click한다.

03 다음 그림과 같이 Default Rules 팝업 창이 나타나면 Clearance를 Click한다.

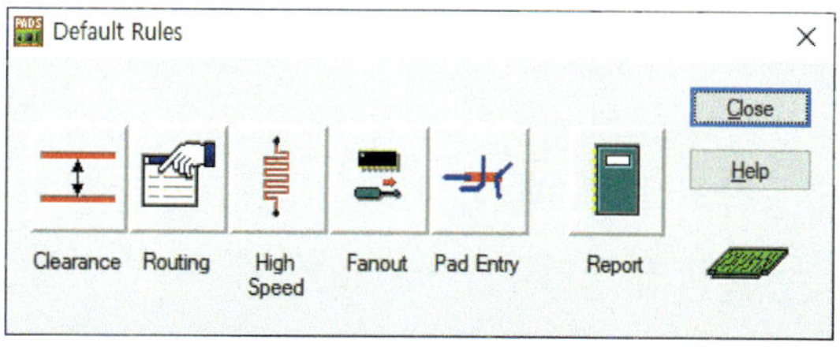

04 다음 그림과 같이 Clearance Rules 팝업 창이 나타나면 각 항목들에 대하여 필요한 Data를 입력한다.

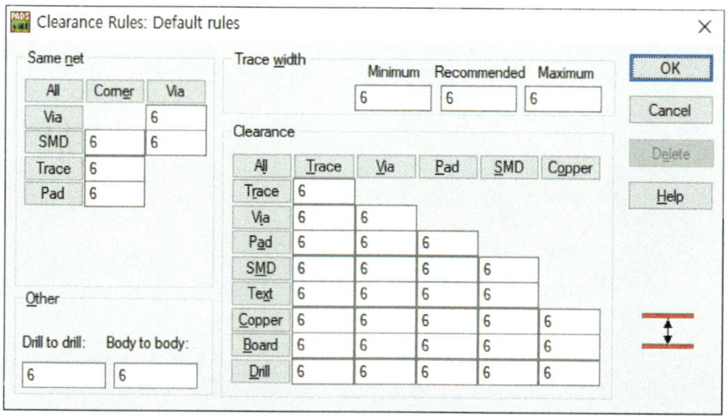

05 다음 그림과 같이 모든 입력란의 숫자를 6에서 12로 수정한 후 OK Button을 Click한다.

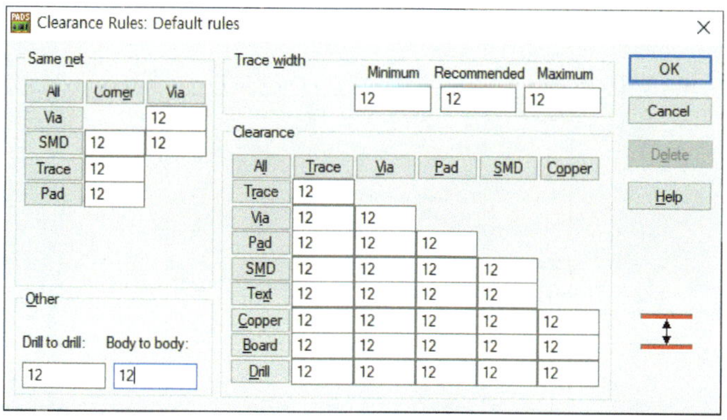

06 Default Rules 팝업 창도 닫는다.

양면 기판 설계에서와 달리 4층 기판 설계에서는 VCC와 GND 신호는 각각의 Layer를 추가하여 그곳에 신호 선을 연결한다.

07 화면에 나타나 있는 Rules 팝업 창을 닫는다.

4.1.12 Start-up File 생성하기

이 기능은 지금까지 작업하는 File에 적용된 여러 가지 환경 설정 정보 등을 File에 저장한 후 다른 4층 기판 작업을 할 때 이 File을 적용 및 수정하여 사용하면 효율적인 작업 수행을 할 수 있도록 하는 것이다. 다음 순서에 따라 진행한다.

01 작업화면의 메뉴 바에서 File〉Save As Start-up File...을 하면 다음 그림과 같이 나타나는 팝업 창에서 경로를 확인하고 입력란에 astable_mv_4.stp를 입력하여 저장한다.

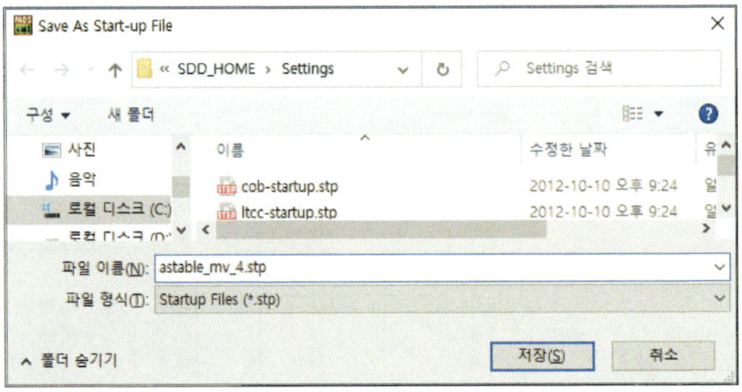

02 다음 그림과 같이 Start-up File Output 팝업 창이 나타나면 사용자의 작업에 맞게 Sections: 영역을 선택할 수 있고 Startup File 아래의 빈 칸에 필요한 정보를 입력할 수도 있다. 지금은 OK Button을 Click한다.

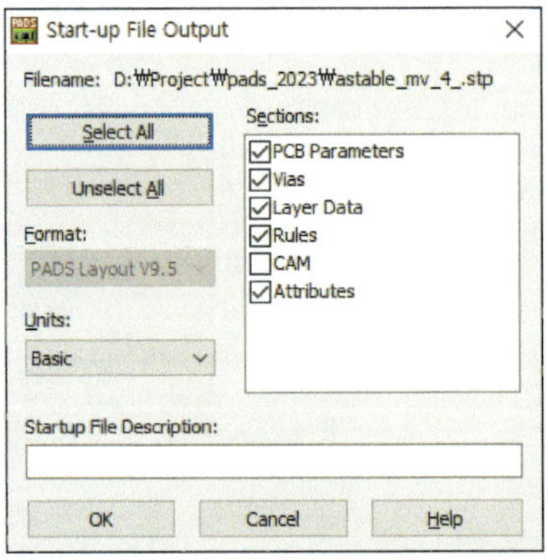

03 위에서 저장한 File은 필요시 File〉Set Start-up File...을 선택하면 다음 그림과 같이 Set Start-up File 팝업 창을 띄워 해당 File을 선택한 다음, OK Button을 Click하여 활용할 수 있다.

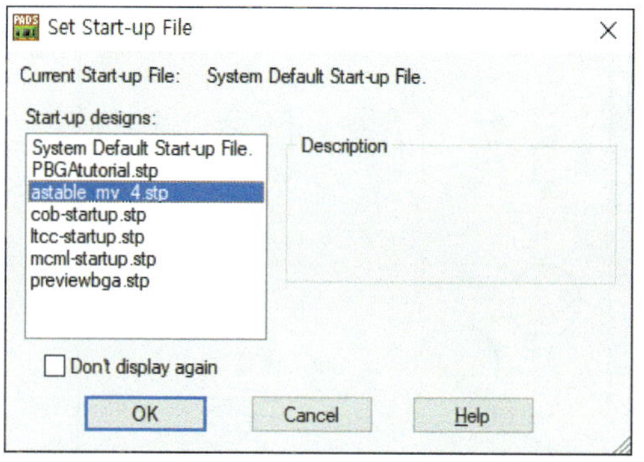

4.1.13 Routing하기

01 작업화면에서 Design Toolbar Icon( )과 Add Route Icon( )을 차례로 Click한다.

02 키보드로 g25를 입력하여 Grid를 재설정한다.

03 Top 층은 다음 그림을 참조하여 배선한다.

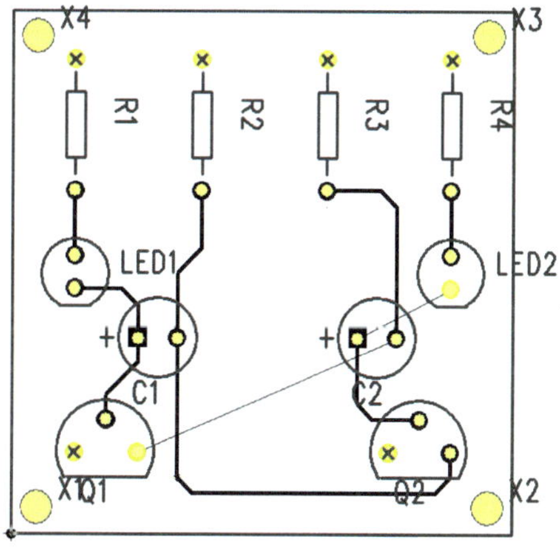

04 Bottom 층은 다음 그림을 참조하여 Add Route Icon을 Click하고 좌표(1400, 750)에서 Click한 다음, 키보드로 L4를 입력한 후 배선하고 좌표(400, 250)에서 Click하여 나머지 배선을 완성한다.

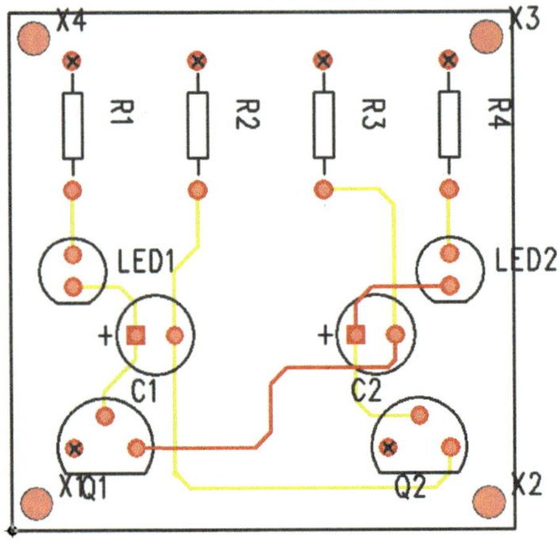

05 전체적으로 완성된 배선을 확인하고 필요시 보완, 저장한다.

4.1.14 Reference 위치조정하기

01 키보드로 g10을 입력한 후 Enter Key를 친다.

02 작업화면에서 Design Toolbar Icon( )과 Move Reference Designator Icon( )을 Click한다.

03 R1을 Click한 후 MRB〉**Rotate 90**을 선택하고, 정 방향으로 한 다음 s280 1020을 입력한 후 Enter, Space Bar를 눌러 배치한다.

04 R2를 Click한 후 MRB〉**Rotate 90**을 선택하고, 정 방향으로 한 다음 s680 1020을 입력한 후 Enter, Space Bar를 눌러 배치한다.

05 R3를 Click한 후 MRB〉**Rotate 90**을 선택하고, 정 방향으로 한 다음 s1080 1020을 입력한 후 Enter, Space Bar를 눌러 배치한다.

06 R4를 Click한 후 MRB〉**Rotate 90**을 선택하고, 정 방향으로 한 다음 s1460 1020을 입력한 후 Enter, Space Bar를 눌러 배치한다.

07 C1을 Click한 후 s590, 460을 입력한 다음, Enter, Space Bar를 눌러 배치한다.

08 C1을 Click한 후 s1290, 460을 입력한 다음, Enter, Space Bar를 눌러 배치한다.

09 LED2를 Click한 후 s1070, 800을 입력한 다음, Enter, Space Bar를 눌러 배치한다.

10 Q1을 Click한 후 s260, 80을 입력한 다음, Enter, Space Bar를 눌러 배치한다.

11 Q2를 Click한 후 s1250, 80을 입력한 다음, Enter, Space Bar를 눌러 배치한다.

12 Select Icon( )을 Click하고 MRB〉Anything을 선택한 다음, 기구 고정용 홀의 X1~X4까지 하나씩 Click한 후, Delete Key를 눌러 모두 지운다.

13 Reference 위치 조정 후의 결과는 다음 그림과 같고 미완성시 보완한다.

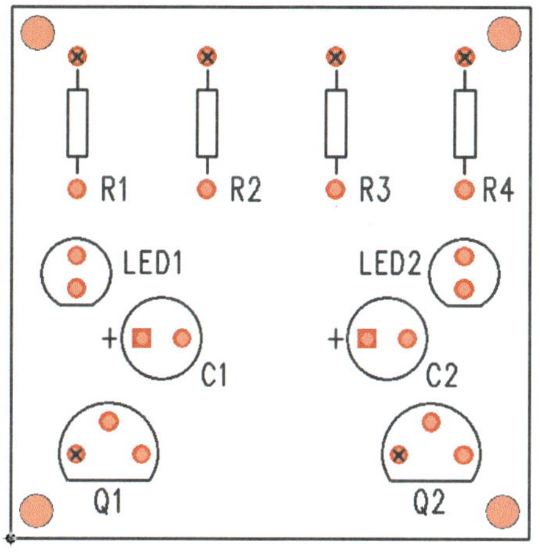

14 g100을 입력하고 Enter Key를 친다. 필요시 다른 이름으로 저장한다.

4.1.15 Text 작업하기

01 Drafting Toolbar와 Text Icon(abl)을 Click한 후 Add Free Text 팝업 창이 나타나면 Text: 아래 빈 칸에 Astable_MV_4를 입력하고, Layer:는 Silkscreen Top으로 설정하고, X:에는 500, Y:에는 100을 입력한 후 OK Button을 Click하여 배치한다.

02 팝업 창이 다시 나타나면 Cancel Button을 Click하고, 필요시 File〉Save As...를 하여 작업 내용에 맞는 내용으로 저장한다.

4.1.16 설계 규칙 점검하기

4층 기판 설계를 위한 PCB 작업이 완성되었다. 이제 Design Rule 등 설계 규칙에 맞도록 되었는지 반드시 점검을 해야 하므로 다음 순서에 따라 진행한다.

01 작업화면의 메뉴 바에서 Tools〉Verify Design...을 선택한다.

02 다음 그림과 같이 Verify Design 팝업 창이 나타나면 Check 항목 중 Clearance 옵션을 선택하고, Start Button을 Click한다.

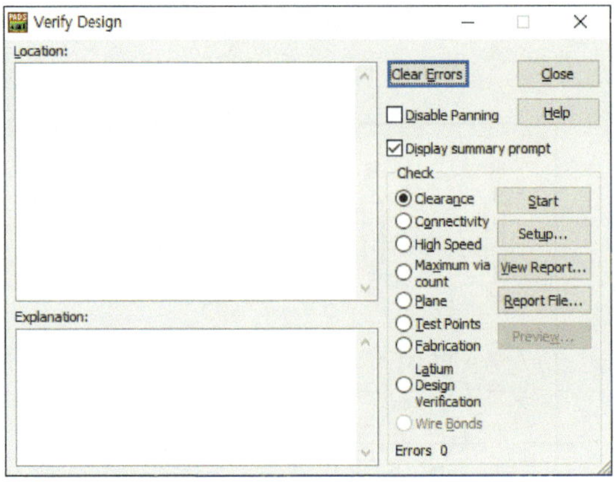

03 Error가 없는 경우 다음 그림과 같은 팝업 창이 나타나는 것을 확인한 후 **확인** Button을 Click한다.

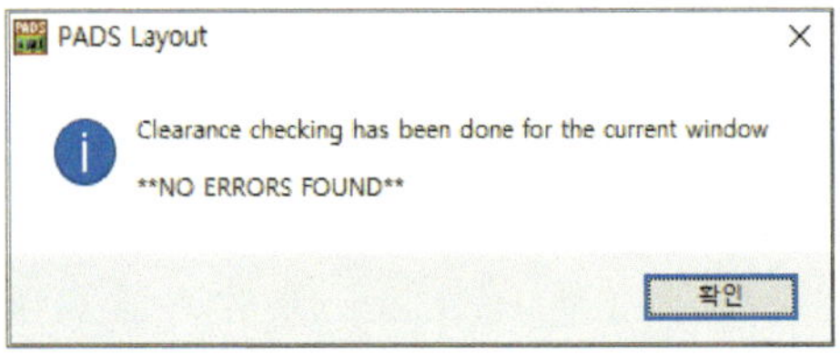

04 Verify Design 팝업 창의 Check 항목 중 Connectivity 옵션을 선택하고, Start Button을 Click한다.

05 Error가 없는 경우 다음 그림과 같은 팝업 창이 나타나는 것을 확인한 후 **확인** Button을 Click한다.

06 Verify Design 팝업 창을 닫고 File을 저장한다.

4.2 CAM File 추출하기

01 작업화면의 메뉴 바에서 File〉CAM...을 선택한다.

02 Define CAM Documents 팝업 창이 나타나면 팝업 창 아래 부분의 CAM Directory: 오른쪽의 콤보 상자를 열어 <create>를 선택하고 CAM Question 팝업 창의 입력란에 cam_astable4를 입력한 후 OK Button을 Click한다.

03 Define CAM Documents 팝업 창에서 CAM Directory를 2번에서 만든 것(cam_astable4)을 확인한 후 Add Button을 Click한다.

4.2.1 Silkscreen Data 생성하기

01 Add Document 팝업 창이 나타나면 Document Name: 아래 빈 칸에 다음 그림과 같이 top_silk를 입력하고 Document Type:은 Silkscreen을 선택한 후, Layer Association 팝업 창이 나타나면 Top을 선택한 다음, OK Button을 Click한다.

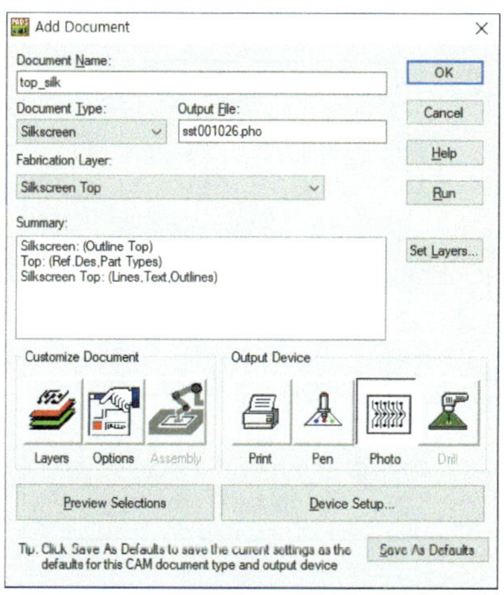

02 Add Document 팝업 창의 Output Device 항목에서 Photo를 선택하고, Customize Document 항목에서 Layers Button을 Click한다.

03 Select Items 팝업 창에서 다음 그림과 같이 Other 항목의 Board Outline과 Component outlines 항목의 Top Mounted를 체크하고, Selected: 항목에서 Top과 Silkscreen Top을 각각 Click하고, Items on Primary 항목에서 2D Lines, Ref.Des., Text, Outlines를 체크한 다음, Preview Button을 Click한다.

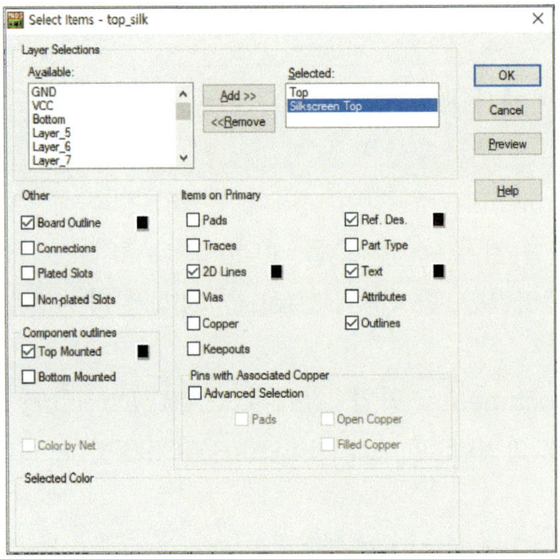

04 CAM Preview 팝업 창이 나타나고 Zoon 항목 아래 Board Button을 Click하여 다음 그림과 같이 위에서 적용한 항목들이 나타나는 것을 확인하고 필요한 Data들이 나타나지 않을 경우 보완하여 다시 작업한다.

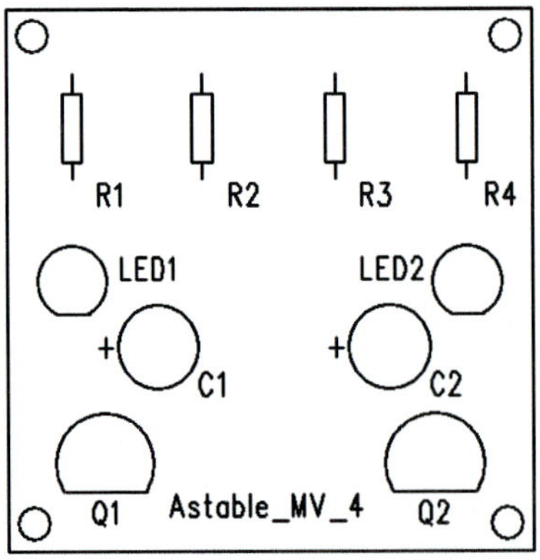

05 원하는 File을 얻었다고 판단되면 Close Button을 Click하고 Select Items 팝업 창과 Add Document 팝업 창의 OK Button을 차례로 Click하여 닫는다.

4.2.2 Soldermask Data 생성하기

01 Define CAM Documents 팝업 창에서 Add Button을 Click한다.

02 Add Document 팝업 창이 나타나면 Document Name: 아래 빈 칸에 다음 그림과 같이 top_soldermask를 입력하고 Document Type:은 Soldermask를 선택하고 Layer Association 팝업 창이 나타나면 Top을 선택한 다음, OK Button을 Click한다.

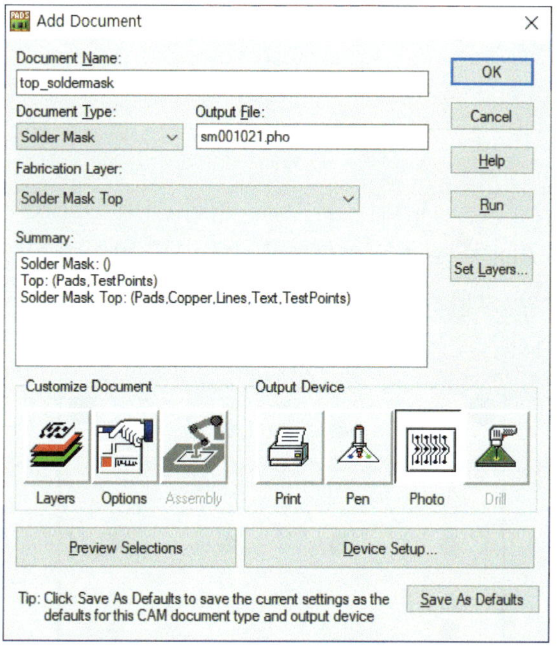

03 Add Document 팝업 창의 Output Device 항목에서 Photo를 선택하고, Customize Document 항목에서 Layers Button을 Click한다.

04 Select Items 팝업 창에서 다음 그림과 같이 Other 항목의 Board Outline을 체크하고, Selected: 항목에서 Solder Mask Top과 Solder Mask Top을 각각 Click하고 Items on Primary 항목에서 Pads, Vias를 체크한 후, Preview Button을 Click한다.

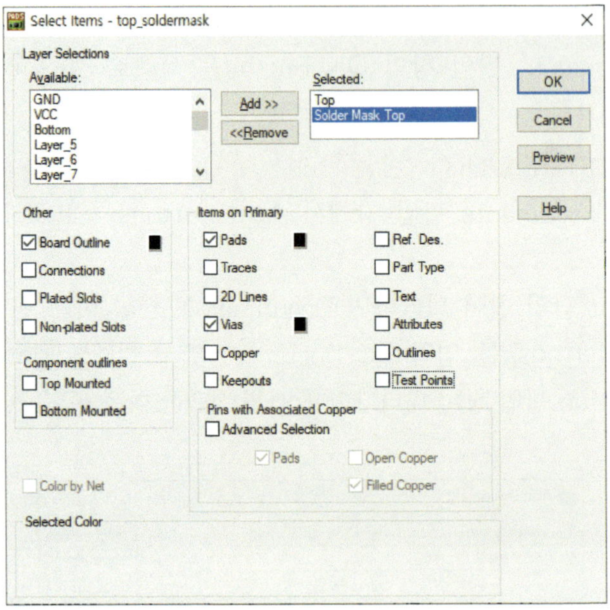

05 CAM Preview 팝업 창이 나타나고 Zoon 항목 아래 <u>Board</u> Button을 Click하여 다음 그림과 같이 위에서 적용한 항목들이 나타나는 것을 확인하고 필요한 Data들이 나타나지 않을 경우 보완하여 다시 작업한다.

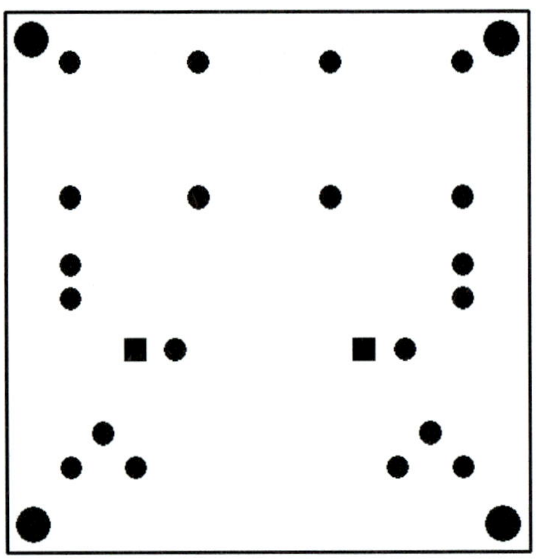

06 원하는 File을 얻었다고 판단되면 <u>Close</u> Button을 Click하고, Select Items 팝업 창과 Add Document 팝업 창의 <u>OK</u> Button을 차례로 Click하여 닫는다.

이번에는 Bottom면의 Soldermask File을 생성하기 위하여 다음 순서에 따라 진행한다.

01 Define CAM Documents 팝업 창에서 Add Button을 Click한다.

02 Add Document 팝업 창이 나타나면 Document Name: 아래 빈 칸에 다음 그림과 같이 btm_soldermask를 입력하고, Document Type:은 Solder Mask를 선택하고, Layer Association 팝업 창이 나타나면 Bottom을 선택한 후, OK Button을 Click한다.

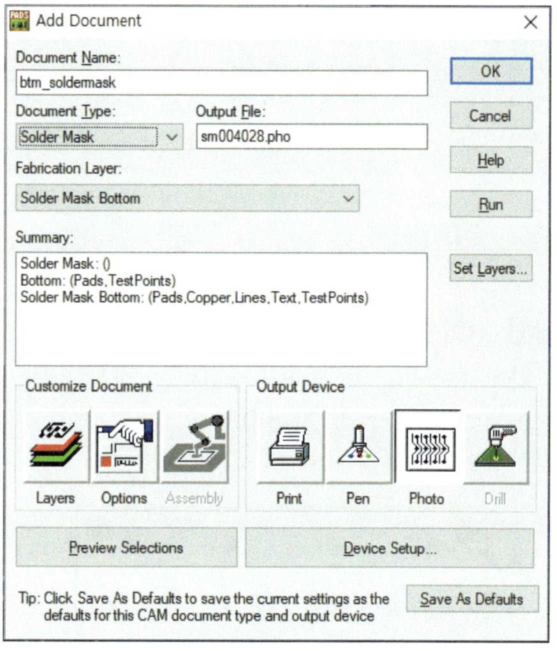

03 Add Document 팝업 창의 Output Device 항목에서 Photo를 선택하고, Customize Document 항목에서 Layers Button을 Click한다.

04 Select Items 팝업 창에서 다음 그림과 같이 Other 항목의 Board Outline을 체크하고, Selected: 항목에서 Bottom과 Solder Mask Bottom을 각각 Click한 후, Items on Primary 항목에서 Pads, Vias를 체크한 다음, Preview Button을 Click한다.

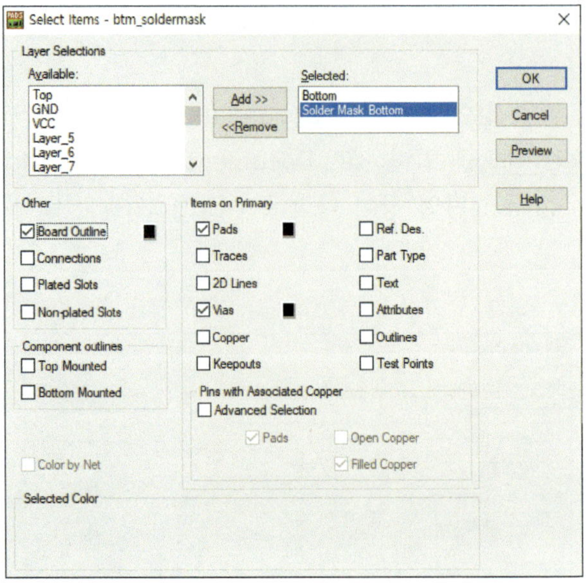

05 CAM Preview 팝업 창이 나타나고 Zoon 항목 아래 Board Button을 Click하여 다음 그림과 같이 위에서 적용한 항목들이 나타나는 것을 확인하고 필요한 Data들이 나타나지 않을 경우 보완하여 다시 작업한다.

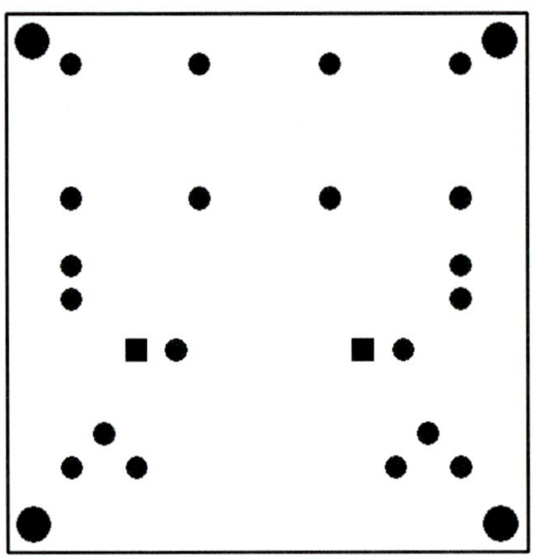

06 원하는 File을 얻었다고 판단되면 Close Button을 Click하고, Select Items 팝업 창과 Add Document 팝업 창의 OK Button을 차례로 Click하여 닫는다.

4.2.3 Routing Data 생성하기

01 Define CAM Documents 팝업 창에서 Add Button을 Click한다.

02 Add Document 팝업 창이 나타나면 Document Name: 아래 빈 칸에 다음 그림과 같이 top_routing을 입력하고, Document Type:은 Routing/Split Plane을 선택하고 Layer Association 팝업 창이 나타나면 Top을 선택한 후, OK Button을 Click한다.

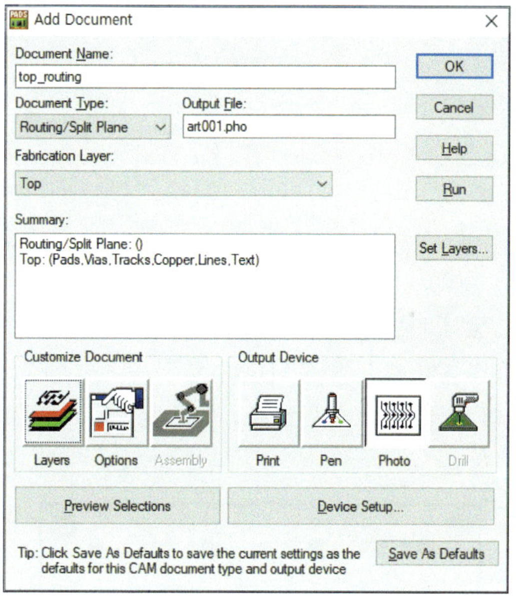

03 Add Document 팝업 창의 Output Device 항목에서 Photo를 선택하고, Customize Document 항목에서 Layers Button을 Click한다.

04 Select Items 팝업 창에서 다음 그림과 같이 Other 항목의 Board Outline을 체크하고, Selected: 항목에서 Top을 Click하고, Items on Primary 항목에서 Pads, Traces, Vias를 체크한 후 Preview Button을 Click한다.

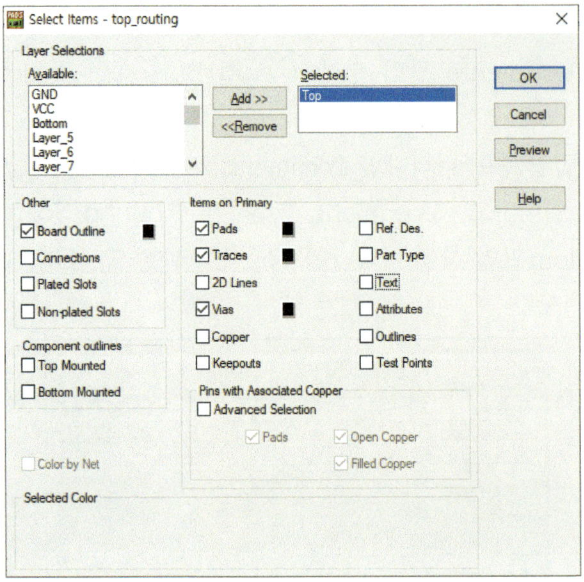

05 CAM Preview 팝업 창이 나타나고 Zoon 항목 아래 Board Button을 Click하여 다음 그림과 같이 위에서 적용한 항목들이 나타나는 것을 확인하고 필요한 Data들이 나타나지 않을 경우 보완하여 다시 작업한다.

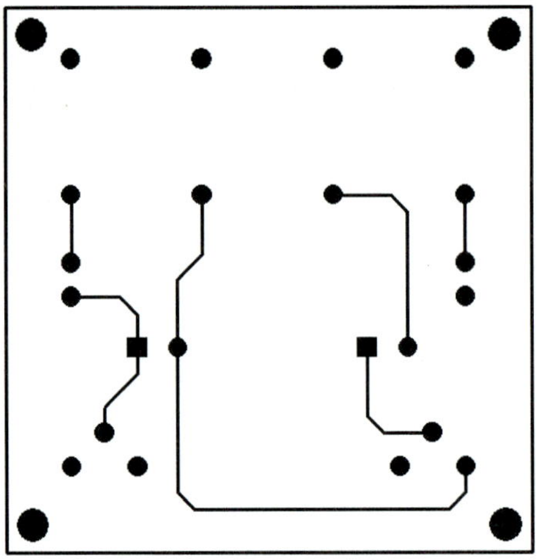

06 원하는 File을 얻었다고 판단되면 Close Button을 Click하고, Select Items 팝업 창과 Add Document 팝업 창의 OK Button을 차례로 Click하여 닫는다.

이번에는 Bottom면의 Routing File을 생성하기 위하여 다음 순서에 따라 진행한다.

01 Define CAM Documents 팝업 창에서 Add Button을 Click한다.

02 Add Document 팝업 창이 나타나면 Document Name: 아래 빈 칸에 다음 그림과 같이 btm_routing을 입력하고, Document Type:은 Routing/Split Plane을 선택하고, Layer Association 팝업 창이 나타나면 Bottom을 선택한 후, OK Button을 Click한다.

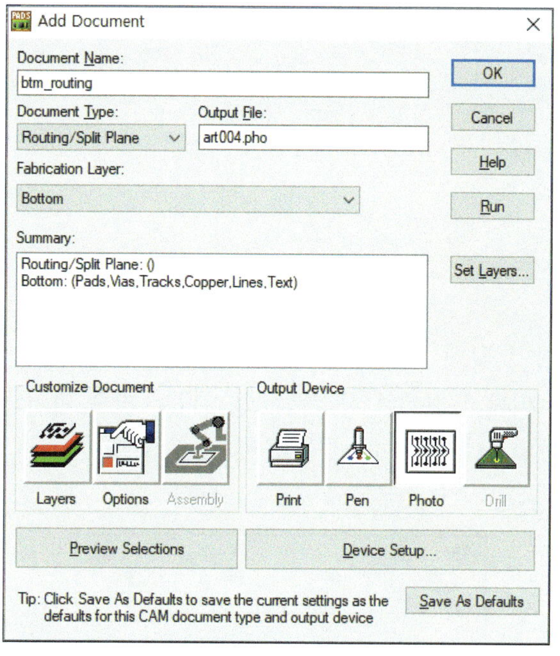

03 Add Document 팝업 창의 Output Device 항목에서 Photo를 선택하고, Customize Document 항목에서 Layers Button을 Click한다.

04 Select Items 팝업 창에서 다음 그림과 같이 Other 항목의 Board Outline을 체크하고, Selected: 항목에서 Bottom을 Click하고, Items on Primary 항목에서 Pads, Traces, Vias를 체크한 후 Preview Button을 Click한다.

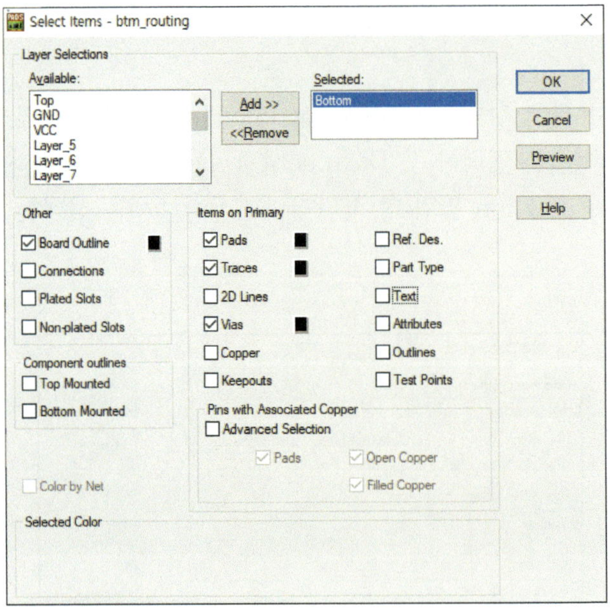

05 CAM Preview 팝업 창이 나타나고 Zoon 항목 아래 Board Button을 Click하여 다음 그림과 같이 위에서 적용한 항목들이 나타나는 것을 확인하고 필요한 Data들이 나타나지 않을 경우 보완하여 다시 작업한다.

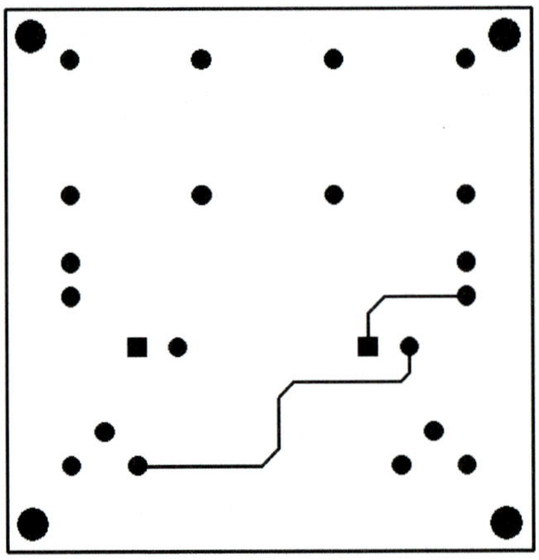

06 원하는 File을 얻었다고 판단되면 Close Button을 Click하고, Select Items 팝업 창과 Add Document 팝업 창의 OK Button을 차례로 Click하여 닫는다.

4.2.4 GND층 Data 생성하기

이 작업은 4층 기판 설계에서 회로도의 GND 신호가 내층에 있는 GND층으로 연결된 부분의 File을 생성하게 되는 과정으로, 다음 순서에 따라 진행한다.

01 Define CAM Documents 팝업 창에서 Add Button을 Click한다.

02 Add Document 팝업 창이 나타나면 Document Name: 아래 빈 칸에 다음 그림과 같이 GND를 입력하고 Document Type:은 CAM Plane을 선택하고 Layer Association 팝업 창이 나타나면 GND를 선택한 후, OK Button을 Click한다.

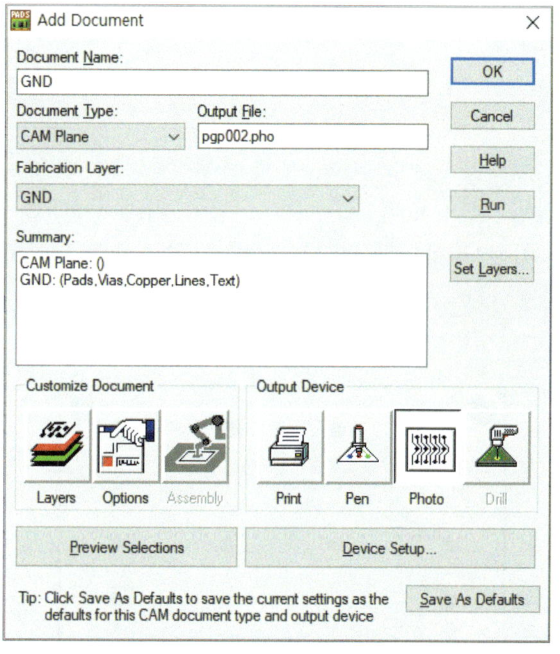

03 Add Document 팝업 창의 Output Device 항목에서 Photo를 선택하고, Customize Document 항목에서 Layers Button을 Click한다.

04 Select Items 팝업 창에서 다음 그림과 같이 Other 항목의 Board Outline을 체크하고, Selected: 항목에서 GND를 Click하고 Items on Primary 항목에서 Pads, Copper를 체크한 후 Preview Button을 Click한다.

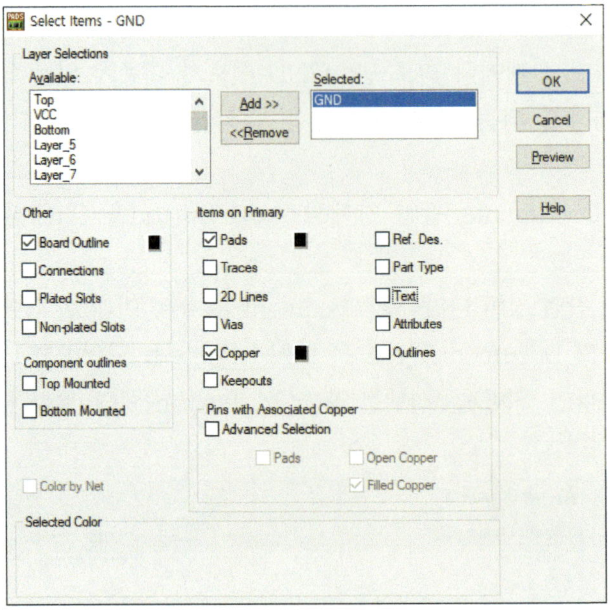

05 CAM Preview 팝업 창이 나타나고 Zoon 항목 아래 Board Button을 Click하여 다음 그림과 같이 위에서 적용한 항목들이 나타나는 것을 확인하고 필요한 Data들이 나타나지 않을 경우 보완하여 다시 작업한다.

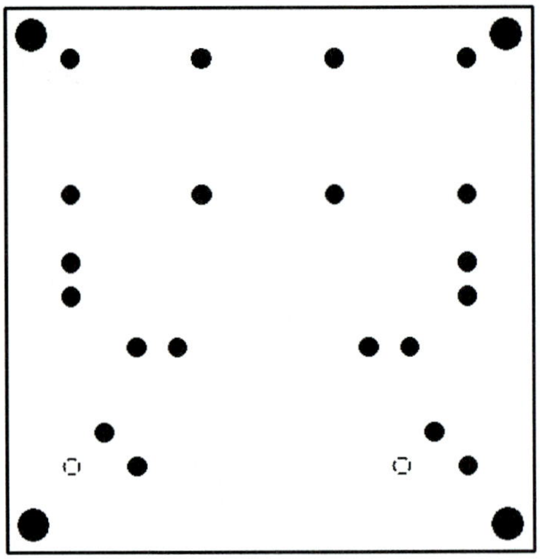

06 원하는 File을 얻었다고 판단되면 Close Button을 Click하고, Select Items 팝업 창과 Add Document 팝업 창의 OK Button을 차례로 Click하여 닫는다.

4.2.5 VCC층 Data 생성하기

이 작업은 4층 기판 설계에서 회로도의 VCC 신호가 내층에 있는 VCC층으로 연결된 부분의 File을 생성하게 되는 과정으로, 다음 순서에 따라 진행한다.

01 Define CAM Documents 팝업 창에서 Add Button을 Click한다.

02 Add Document 팝업 창이 나타나면 Document Name: 아래 빈 칸에 다음 그림과 같이 VCC를 입력하고, Document Type:은 CAM Plane을 선택하고, Layer Association 팝업 창이 나타나면 VCC를 선택한 후, OK Button을 Click한다.

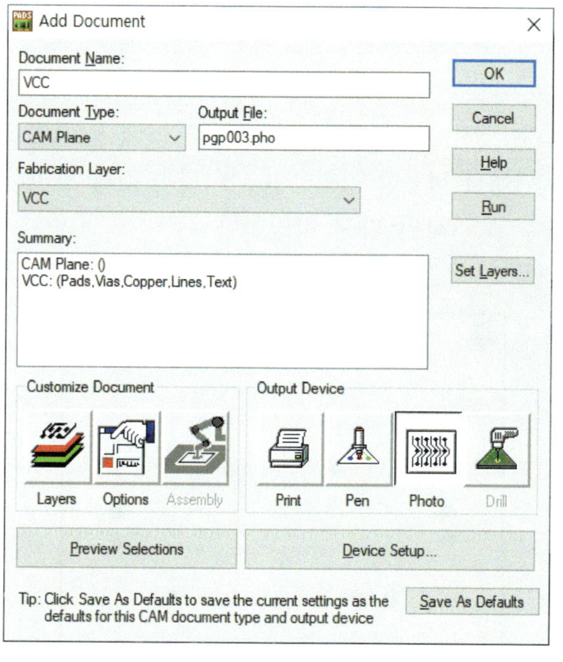

03 Add Document 팝업 창의 Output Device 항목에서 Photo를 선택하고, Customize Document 항목에서 Layers Button을 Click한다.

04 Select Items 팝업 창에서 다음 그림과 같이 Other 항목의 Board Outline을 체크하고 Selected: 항목에서 VCC를 Click하고, Items on Primary 항목에서 Pads, Copper를 체크한 후 Preview Button을 Click한다.

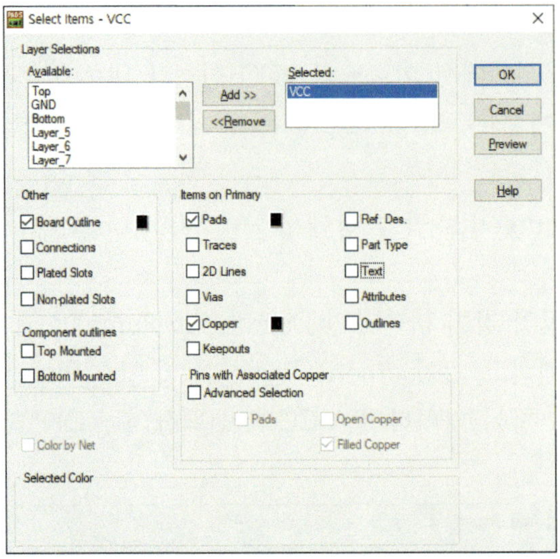

05 CAM Preview 팝업 창이 나타나고 Zoon 항목 아래 Board Button을 Click하여 다음 그림과 같이 위에서 적용한 항목들이 나타나는 것을 확인하고 필요한 Data들이 나타나지 않을 경우 보완하여 다시 작업한다.

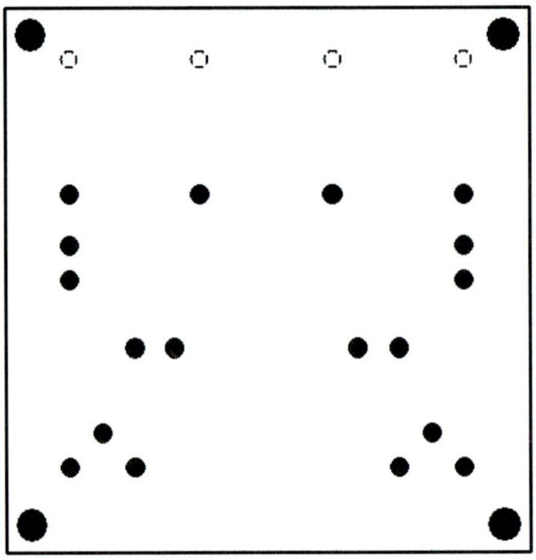

06 원하는 File을 얻었다고 판단되면 Close Button을 Click하고, Select Items 팝업 창과 Add Document 팝업 창의 OK Button을 차례로 Click하여 닫는다.

4.2.6 Drill Drawing Data 생성하기

01 Define CAM Documents 팝업 창에서 Add Button을 Click한다.

02 Add Document 팝업 창이 나타나면 Document Name: 아래 빈 칸에 다음 그림과 같이 Drill_drawing을 입력하고, Document Type:은 Drill Drawing을 선택하고, Layer Association 팝업 창이 나타나면 Top을 선택한 후, OK Button을 Click한다.

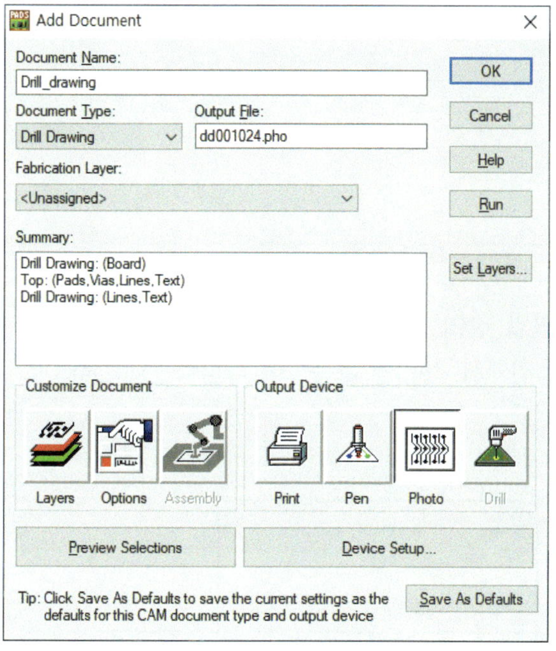

03 Add Document 팝업 창의 Output Device 항목에서 Photo를 선택하고, Customize Document 항목에서 Layers Button을 Click한다.

04 Select Items 팝업 창에서 다음 그림과 같이 Other 항목의 Board Outline을 체크하고, Selected: 항목에서 Top과 Drill Drawing을 각각 Click하고, Items on Primary 항목에서 Pads를 체크한 후 Preview Button을 Click한다.

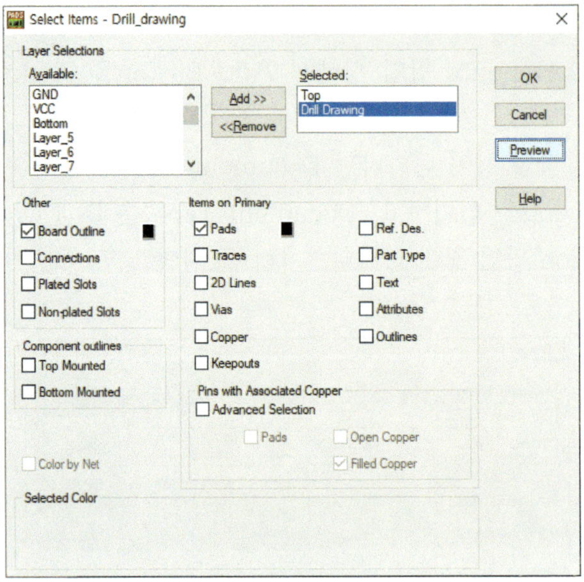

05 CAM Preview 팝업 창이 나타나고 Zoon 항목 아래 Board Button을 Click하여 다음 그림과 같이 위에서 적용한 항목들이 나타나는데 Data가 겹쳐져 있으므로 분리시켜야 한다.

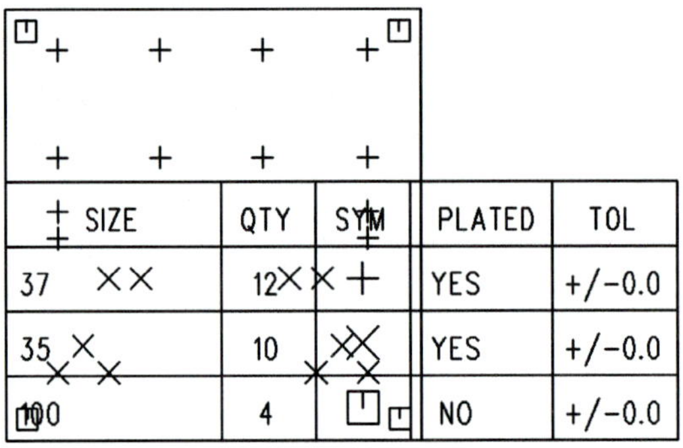

06 Data 분리를 위하여 Close Button을 Click하고, Select Items 팝업 창의 OK Button을 Click하여 닫고 Add Document 팝업 창 상태로 돌아온다.

07 Add Document 팝업 창의 Customize Document 항목에서 Options Button을 Click한다.

08 Plot Options 팝업 창이 나타나면 Drill Symbols... Button을 Click한다.

09 Drill Drawing Options 팝업 창이 나타나면 Location: X:에 1700을 입력한 후 팝업 창 아래쪽에 있는 Augment Button을 Click하여 Augment sizes table? 메시지 창이 나오면 예(Y) Button을 Click한다.

10 Drill Drawing Options 팝업 창과 Plot Options 팝업 창에서 OK Button을 차례로 Click하여 닫는다.

11 Add Document 팝업 창에서 Preview Selections Button을 Click하여 다음 그림과 같이 Data 분리되어 나타나는 것을 확인한다. Drill Size별 모양과 수량 등이 나타나고 있다.

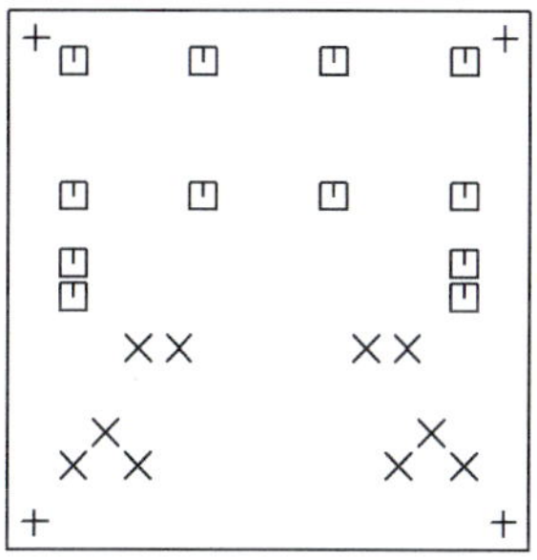

SIZE	QTY	SYM	PLATED	TOL
100	4	+	NO	+/-0.0
35	10	×	YES	+/-0.0
37	12	⊡	YES	+/-0.0

12 원하는 File을 얻었다고 판단되면 Close Button을 Click하고, Select Items 팝업 창과 Add Document 팝업 창의 OK Button을 차례로 Click하여 닫는다.

4.2.7 NC Drill Data 생성하기

01 Define CAM Documents 팝업 창에서 Add Button을 Click한다.

02 Add Document 팝업 창이 나타나면 Document Name: 아래 빈 칸에 다음 그림과 같이 nc_drill을 입력하고, Document Type:은 NC Drill을 선택한다.

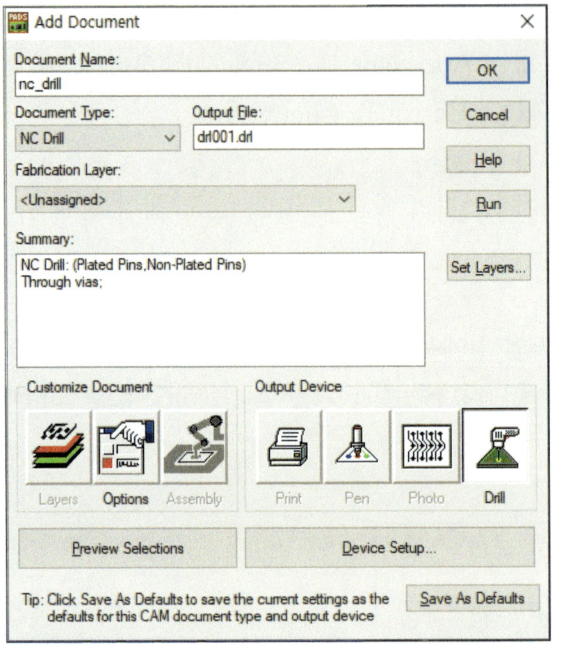

03 Add Document 팝업 창의 Customize Document 항목의 아래쪽에 있는 Preview Selections Button을 Click한다.

04 CAM Preview 팝업 창이 나타나고 Zoon 항목 아래 Board Button을 Click하여 다음 그림과 같이 나타나는지 확인한다.

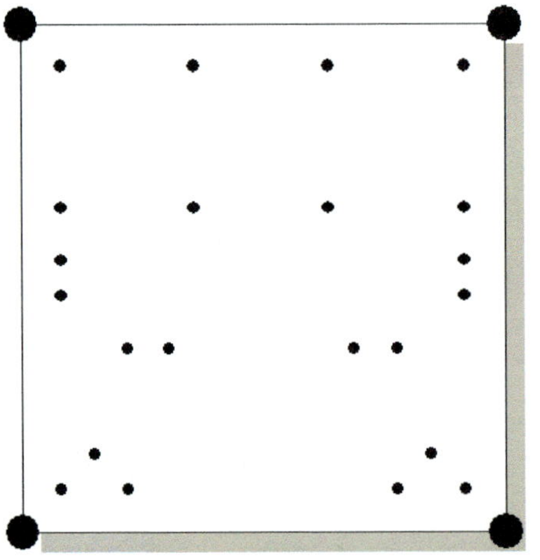

05 원하는 File을 얻었다고 판단되면 Close Button을 Click하고, Add Document 팝업 창의 OK Button을 Click하여 닫는다.

06 Define CAM Documents 팝업 창에서 다음 그림과 같이 지금까지 생성한 9개의 File들을 Click하고, Drag하여 선택한 후 Run Button을 Click한다.

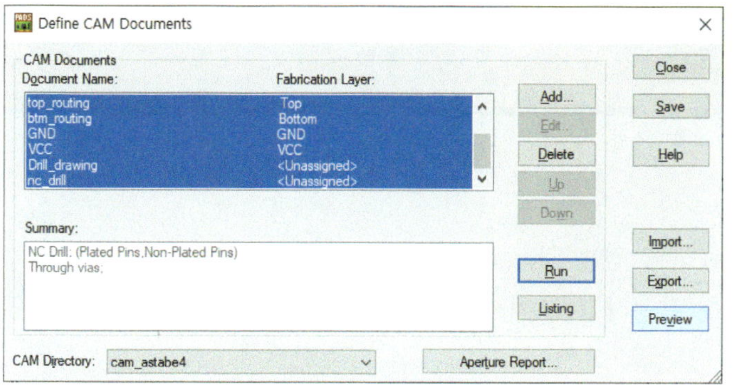

07 위에서 선택한 File들에 대하여 CAM File을 생성하겠는가? 하는 메시지가 나오는데 예(Y) Button을 Click하여 진행한다.

08 Define CAM Documents 팝업 창에서 Save, Close Button을 차례로 Click한다.

09 File을 저장하고 프로그램을 닫는다.

10 윈도우즈 탐색기를 열어 작성된 File들을 확인한다.

Chapter 5

Sheet Form 수정

PADS에서 제공하고 있는 Sheet Form에는 다양한 항목들을 입력할 수 있도록 만들어져 있다. 회로도를 작성하고 그에 따른 여러 사항들을 활용할 수도 있지만 국가 검정시험 등에서 요구하고 있는 항목들에 대한 표현을 중심으로 Sheet Form을 수정하여 사용할 필요가 있기에 다음 순서에 따라 진행한다.

01 PADS Logic 9.5 프로그램을 실행하여 작업화면의 메뉴 바에서 Tools〉Options...를 선택한다.

02 Options 팝업 창이 나타나면 왼쪽 항목 중 Design을 Click한다.

03 Sheet 항목의 Size:는 A4로, Sheet border:는 SIZEA4로 설정하고 OK Button을 Click한다.

04 다음 그림과 같이 다양한 항목을 입력할 수 있는 Sheet가 나타나면 Select Icon( )을 선택한 후 Sheet 전체가 포함되도록 좌표(−200, 8500)에서 좌표(11900, −200)까지 Click, Drag하여 선택한다.

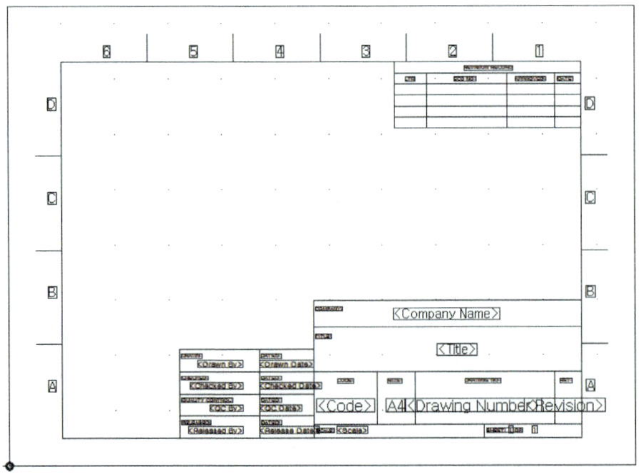

05 Sheet가 선택된 상태에서 MRB〉Explode를 선택한 후 작업 창 임의의 곳을 Click한다.

06 불필요한 부분들을 Click, Drag한 후 Delete Key를 눌러 다음 그림과 같이 제거한다.

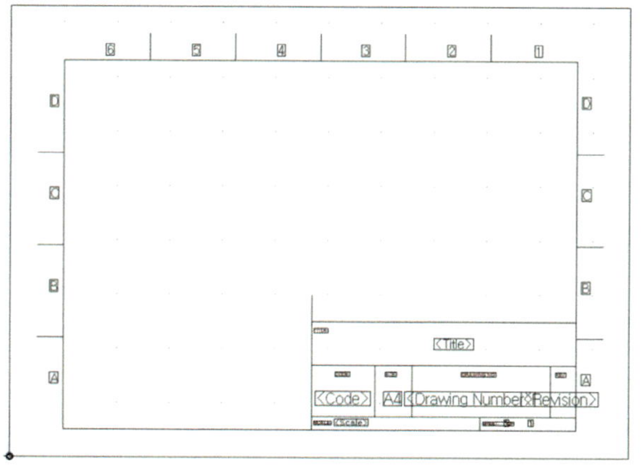

07 각 항목들과 가로선을 옮기기 위해 Move Icon을 선택하고 다음 그림과 같이 적당한 간격이 되도록 이동한다.

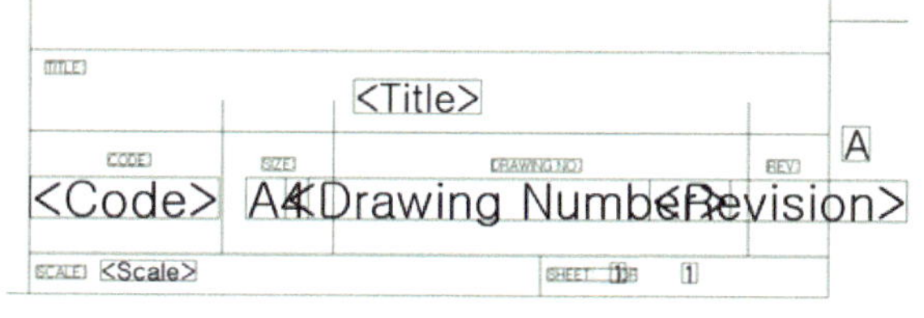

08 키보드로 g10을 입력한 후 Create 2D Line Icon을 Click하고, MRB〉Path를 선택한다.

09 다음 그림과 같이 제거된 위쪽 가로선과 돌출된 세로 부분 위에 칸 높이에 맞도록 세로선 등을 그린 후 Select Icon(↖)을 Click, 돌출된 부분을 선택하여 지워 완성한다.

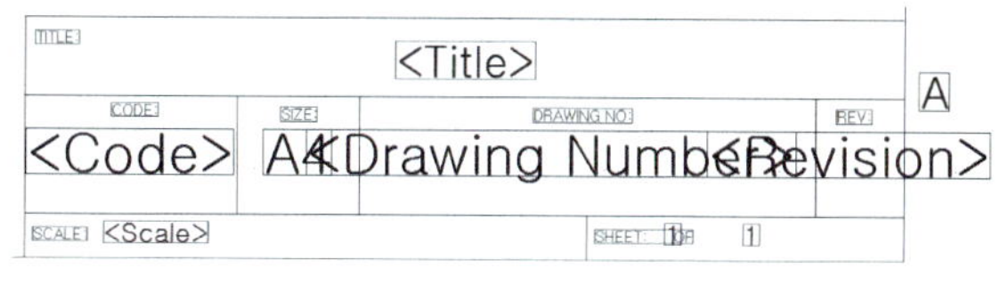

10 수정이 완료된 Sheet는 다음 그림과 같다. g100을 입력한다.

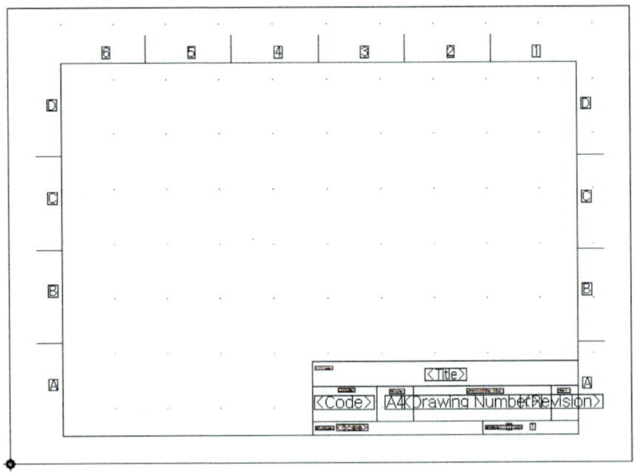

11 작업화면의 메뉴 바에서 File>Save As...를 선택하여 다음 그림과 같이 작업 폴더에 A4.sch로 저장한다.

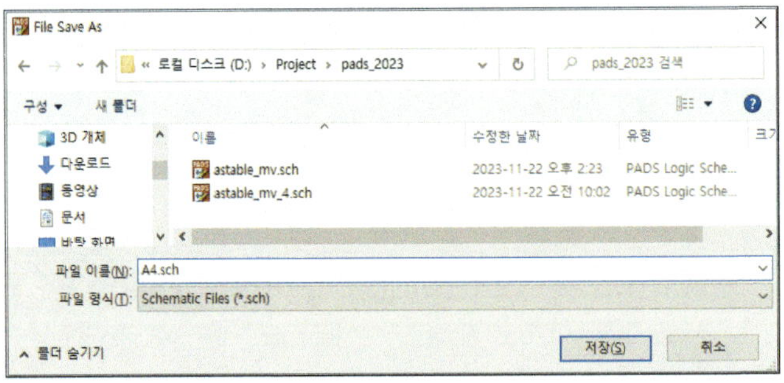

Chapter 6

ATmega128 응용회로

이번 장에서는 회로도에 사용되는 PCB Decal, CAE Decal, Part Type을 직접 만들어 보며 앞 장에서 익힌 내용을 바탕으로 PCB 설계에 대한 이해도를 높이도록 한다.

6.1 PADS Layout Library 생성하기

회로도에 사용되고 있는 PCB Decal을 만들어 저장할 수 있는 Library를 만들기 위해 다음 순서에 따라 진행한다.

01 PADS Layout 9.5 프로그램을 실행하고 **Start a new design**을 Click한다.

02 Set Start-up File 팝업 창이 나타나면 Default를 선택한 후 OK Button을 Click한다.

03 작업화면의 메뉴 바에서 File>Library...를 선택한다.

04 Library Manager 팝업 창에서 Create New Lib... Button을 Click한다.

05 저장할 경로를 설정(D:₩Project₩pads_2023)하고 File 이름(H01.pt9)을 입력한 후 저장(S) Button을 Click한다.

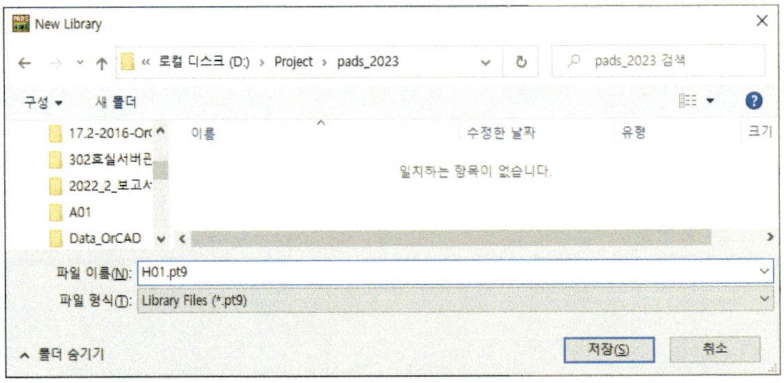

06 Library Manager 팝업 창에서 Manage Lib List... Button을 Click한다.

07 Library List 팝업 창에서 Add... Button을 Click한다.

08 Add Library 팝업 창이 나타나면 위에서 만든 File을 선택한 후 열기(O) Button을 Click한다.

09 Library List 팝업 창에서 Scroll Bar를 아래로 내려 추가한 File을 선택하고, Up Button을 계속 Click하여 맨 위쪽으로 보낸 후 OK Button을 Click한다.

10 Library Manager 팝업 창에서 Library 경로를 위에서 만든 것으로 설정한다.

6.2 PADS Layout Design Unit 설정하기

PCB Decal 생성에 앞서 사용할 단위를 결정해야 한다. 앞 장에서는 mils 단위를 사용하여 진행해 보았는데, 이번 장에서는 Metric(mm) 단위를 사용하여 진행할 것이다. 다음 순서에 따라 진행한다.

01 작업화면의 메뉴 바에서 Tools〉Options...를 선택한다. 그리고 Options 팝업 창의 Global〉General을 Click하고 Design units를 Metric으로 선택한 후 OK Button을 Click하여 설정한다.

02 작업화면의 오른쪽 맨 아래 부분에서 설정된 단위를 확인한다.

6.3 PCB Decal 생성하기

6.3.1 ATmega128(TQFP64) PCB Decal 생성하기

ATmega128 Decal은 다음의 Data Sheet를 활용, Wizard를 이용하여 생성한다.

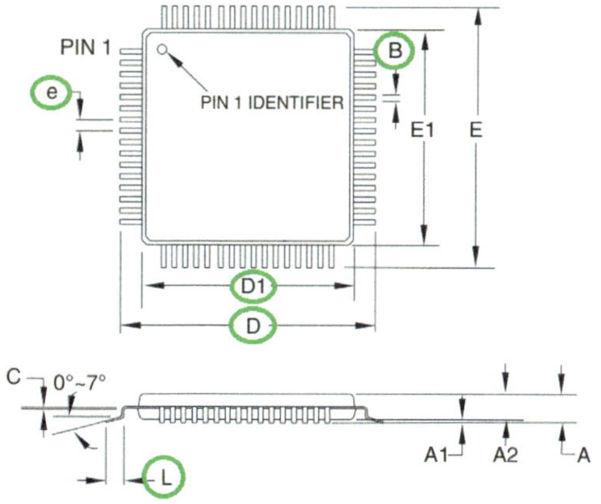

COMMON DIMENSIONS
(Unit of Measure = mm)

SYMBOL	MIN	NOM	MAX	NOTE
A	–	–	1.20	
A1	0.05	–	0.15	
A2	0.95	1.00	1.05	
D	15.75	16.00	16.25	
D1	13.90	14.00	14.10	Note 2
E	15.75	16.00	16.25	
E1	13.90	14.00	14.10	Note 2
B	0.30	–	0.45	
C	0.09	–	0.20	
L	0.45	–	0.75	
e	0.80 TYP			

ATmega128 참고용 Data Sheet

이 부품의 핀 모양은 다음 그림을 참조한다.

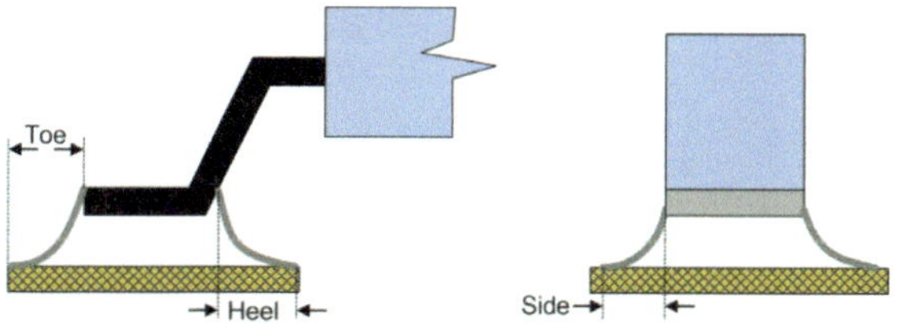

Solder Fillets for Surface Mount Footprints

위의 Data Sheet에서 Pin Pitch(Lead Pitch, e) = 0.8mm이고, 이 경우 다음 표의 [참조]에서 권고하고 있는 Pad Width는 0.5mm로 설정한다. 또한 Pad Length를 결정하기 위하여 L의 평균 크기((0.45+0.75)/2)를 0.60mm로 하고 L(Foot Length)을 기준으로 부품의 Body쪽 길이 H(Heel Side Length)는 0.4mm로, 부품의 바깥 쪽 길이 T(Toe Side Length)는 0.7mm로 하면 Pad Length = (H+L+T) = 1.7mm가 된다. 결과적으로 L의 크기에 1.1mm를 더하여 Pad Length를 구하면 된다. 이 부분에 대한 자세한 사항은 IPC-7351 문서 등을 참고한다.

[참고] Pin Pitch에 따른 Pad Width 권고사항

Pin Pitch(mm)	Pad Width(mm)
〈 0.50	0.20
0.50	0.30
0.65	0.35
0.80	0.5
〉= 1.00	0.65

01 Library Manager 팝업 창의 Filter 항목에서 Decal과 New... Button을 Click하여 Decal Editor 화면을 연다. 작업화면의 메뉴 바에서 Tools〉Options...를 선택하고, Options 팝업 창의 Global〉General을 Click하고 Design units를 Metric으로 선택한 후 OK Button을 Click하여 설정한다.

02 Library Manager 팝업 창은 닫아도 되고 적당한 곳으로 이동해도 된다.

03 작업화면에서 Drafting Toolbar Icon( )을 Click한 후 Wizard Icon( )을 Click한다.

04 다음 그림과 같이 Decal Wizard 팝업 창이 나타나면 왼쪽 아래 부분에서 설정된 단위를 확인하고 Quad 탭을 Click하여 해당 부품의 종류를 설정한다.

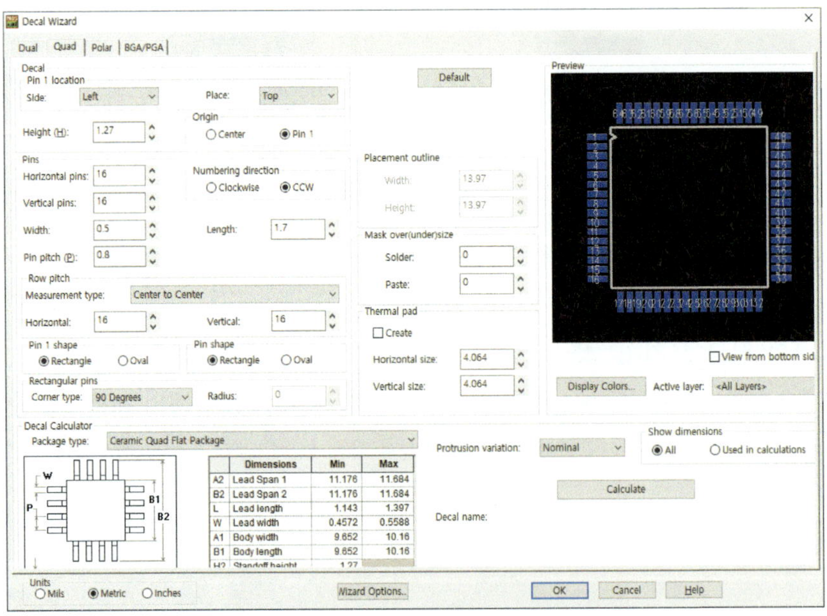

05 Decal 항목의 Pin 1 location은 Side:는 Left로, Place:는 Top으로 Data Sheet와 같게 설정한다.

06 Height (H):는 기본 값으로, Origin 항목은 Pin 1을 선택한다.

07 Pins 항목에서 Horizontal pins:는 16으로, Vertical pins:는 16으로, Width:는 0.5로, Pin pitch(P)는 0.8로, Numbering direction은 CCW로, Length:는 1.7로 설정한다.

08 Row pitch 항목에서 Measurement type:는 Center to Center로, Horizontal:은 16(Data Sheet의 E)으로, Vertical:은 16으로 설정한다.

09 Pin 1 shape 항목과 Pin shape 항목은 Rectangle로 설정한다.

10 Thermal pad 항목은 Create를 비활성화한다.

11 Decal Wizard 팝업 창의 아래쪽 가운데에 있는 Wizard Options Button을 Click한다.

12 Decal Wizard Options 팝업 창의 Placement outline 항목에서 Create를 비활성화 한 후 OK Button을 Click한다. 이것은 생성된 Pad의 바깥쪽에 Outline이 생성되지 않게 설정하는 것이다.

13 Save Configuration 팝업 창이 나타나면 적당한 이름(h01)을 입력하고, OK Button을 Click한다.

14 Decal Wizard 팝업 창에서 OK Button을 Click하여 닫는다.

15 키보드로 g2.54 입력한 후 Enter Key를 친다.

16 작업화면의 메뉴 바에서 File〉Save Decal을 선택하고, 다음 그림과 같이 경로 지정을 확인한 후 TQFP64를 입력한 다음, OK Button을 Click한다.

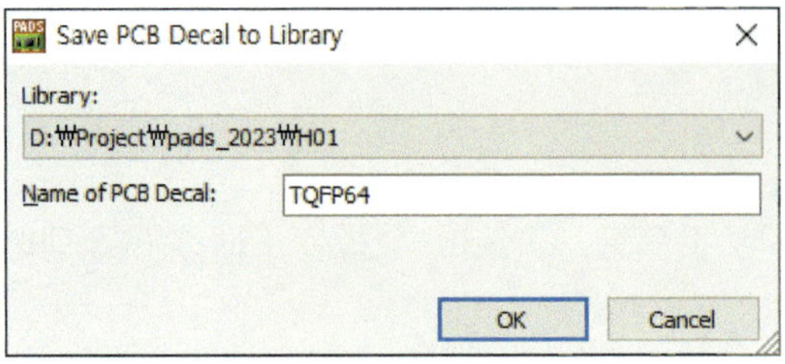

16-1 다음 그림과 같이 PADS Layout 팝업 창이 나타나면 예(Y) Button을 Click한다.

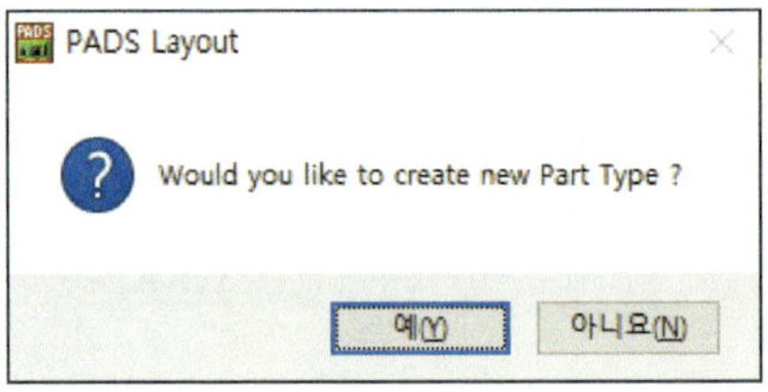

위의 팝업 창이 나타나지 않으면 Tools〉Part Types...를 선택한 후 Edit Part Button을 Click하여 진행한다.

16-2 Part Information for Part 팝업 창이 나타나면 Save As... Button을 Click한다.

16-3 경고 메시지는 무시하고 다음 그림과 같이 경로를 확인한 후 PCB Decal과 같은 이름으로 저장하고 팝업 창들을 닫는다.

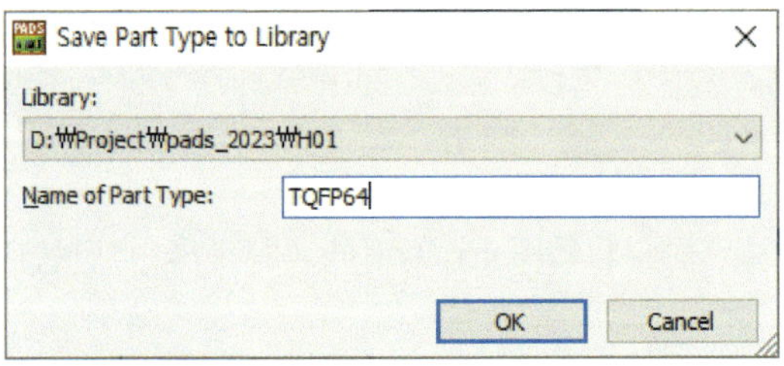

17 Library Manager 팝업 창에서 위에서 생성한 Decal을 확인한다.

18 부품 생성이 되었으면 File〉Exit Decal Editor를 선택하여 빠져나가야 하는데, 여기서는 계속하여 다른 부품을 생성할 것이므로 Library Manager 팝업 창에서 New Button을 Click한다.

6.3.2 2핀 Connector(con2_1) PCB Decal 생성하기

2핀 Connector와 같이 Through Hole Type 부품의 Decal 생성을 할 때는 다음의 내용을 참고하여 진행한다.

[참고 1] Through Hole Type 부품에 대한 Minimum Hole Size

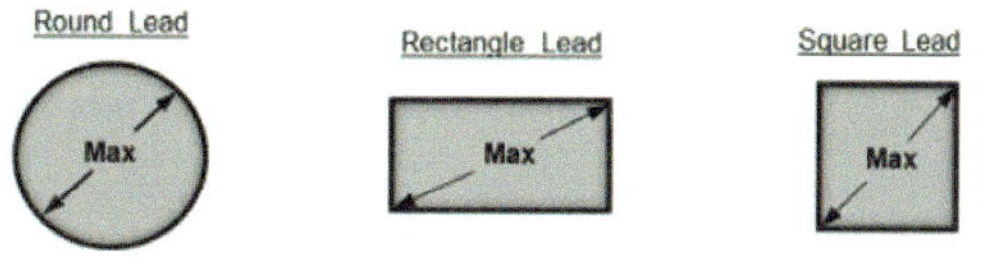

IPC-2222 Table 9-3		
Maximum Lead + Environment Level = Minimum Hole		
Level A	Level B	Level C
10 Mil (0.25 mm)	8 Mil (0.20 mm)	6 Mil (0.15 mm)

[참고 2] Through Hole Type 부품에 대한 Minimum Pad Size

Density A (least dense, easiest to manufacture)
Pad Diameter = Hole Diameter + ([0.05mm + 0.3mm] x 2)
Pad Diameter = 0.75 + ([0.05 + 0.3] x 2)
Pad Diameter = 1.45mm

Density B (moderately dense, moderately easy to manufacture)
Pad Diameter = Hole Diameter + ([0.05mm + 0.25mm] x 2)
Pad Diameter = 0.75 + ([0.05 + 0.25] x 2)
Pad Diameter = 1.35mm

Density C (most dense, most difficult to manufacture)
Pad Diameter = Hole Diameter + ([0.05mm + 0.2mm] x 2)
Pad Diameter = 0.75 + ([0.05 + 0.2] x 2)
Pad Diameter = 1.25mm

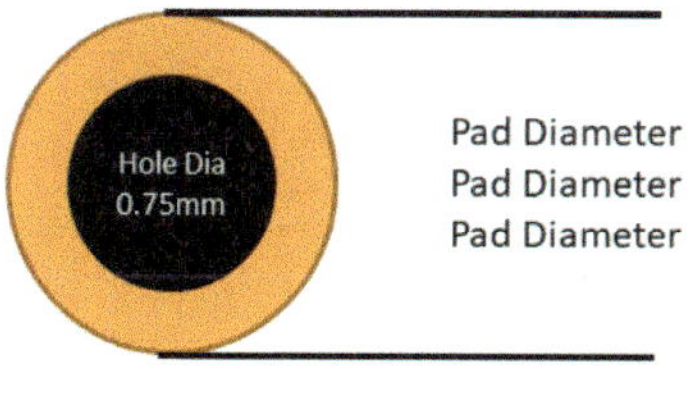

Pad Diameter = Hole Diameter + ([0.05mm + 0.3mm] x 2)
Pad Diameter = 0.75 + ([0.05 + 0.3] x 2)
Pad Diameter = 1.45mm

2핀 Connector는 다음의 Data Sheet를 활용하여 생성한다.

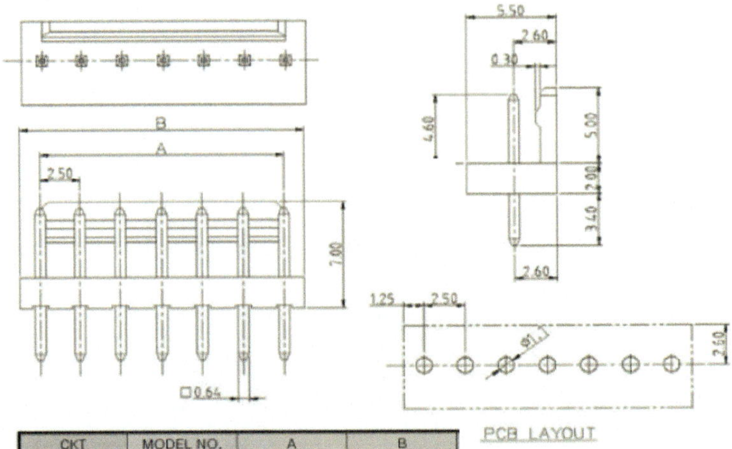

CKT	MODEL NO.	A	B
2	LWL0640-02	2.5	5.0

2핀 Connector 참고용 Data Sheet

위의 Data Sheet에서 중요한 항목은 다음과 같다.

- 핀 사이 간격[Pin Pitch] (2.5mm) : Pad Stack 간의 거리
- 외형 크기(가로 5.0mm, 세로 5.5mm) : 부품 간의 간격에 참조, 실크 스크린 데이터
- 핀 두께(0.65mm) : Drill Size 및 Pad Stack 크기 결정
- 핀 번호 : 핀 번호는 CAE Decal과 일치해야 함(극성이 있는 부품들)

위의 Data Sheet에서 핀 두께가 0.65mm로 되어 있지만 Drill Hole Size를 1.1mm로 권고하고 있기에 이 크기로 작업하기로 한다.

01 작업화면의 메뉴 바에서 Tools〉Options...를 선택한 다음, Options 팝업 창에서 Global〉General을 Click하여 Design units를 Metric으로 선택한 후 OK Button을 Click하여 설정한다.

02 작업화면에서 Drafting Toolbar Icon( )을 Click한 후 다음 그림과 같이 Terminal Icon( )을 Click한다.

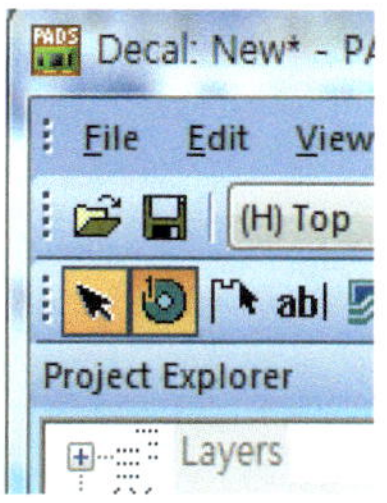

03 Add Terminals 팝업 창이 나타나면 Prefix 등 여러 선택사항을 적용할 수 있지만 2핀 Connector의 경우 OK Button을 Click한다.

04 키보드로 g0.1을 입력한 후 Enter, s0 0 Enter, Space Bar를 눌러 1번 터미널을 배치한다.

05 키보드로 s2.5 0 Enter, Space Bar를 눌러 2번 터미널을 배치한다.

06 Drafting Toolbar에서 Select Icon( )을 선택한 다음, MRB〉Select Terminals을 선택한다.

07 마우스 가운데 버튼을 사용하여 화면을 확대한다.

08 1번 터미널을 Double Click한다.

09 다음 그림과 같이 Terminal... 팝업 창이 나타나면 좌표 값을 확인한 후 Pad Stack Button을 Click한다.

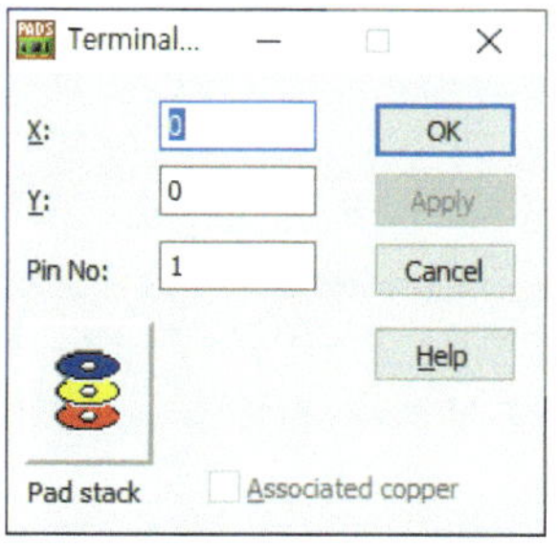

10 다음 그림과 같이 Pad Stack Properties for Pin 팝업 창이 나타난다.

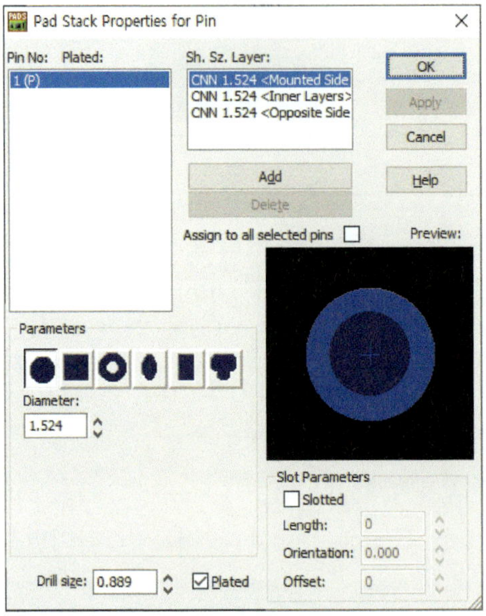

이 팝업 창에서는 해당 터미널에 대한 Drill Size, PAD Shape, PAD Size 등을 결정한다. 위에서 2핀 Connector Data Sheet에서 외형 크기와 리드 두께 등의 정보를 참조하여 작업을 한다.

핀 두께가 0.64mm이고 핀 간격이 2.5mm이므로 이를 참조하여 PAD Size와 PAD Shape 및 Drill Size를 결정해야 한다. 또한 일반적으로 Connector의 경우 극성이 있는 부품은 아니지만 1번 핀이나 이번 회로도의 경우 전원 핀으로 사용하기 때문에 부품을 삽입한 후 정상 삽입 여부를 눈으로 확인하기 위해 PAD 모양을 사각형으로 하는 경우가 있다.

이번 작업의 경우 2번 핀(GND)을 사각형 PAD로 하여 작업한다. 또한 Data Sheet에서 보면 PCB LAYOUT 자료에 Drill Size가 φ 1.1로 되어 있으므로 이것을 참조하여 작업한다.

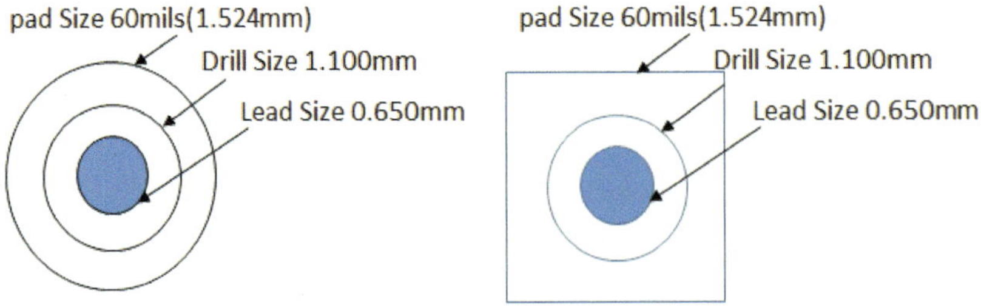

11 위의 Pad Stack Properties for Pin 팝업 창에서 Sh. Sz. Layer: 항목에 보면 3개의 Layer가 있다. 우선 맨 위 CNN 1.154 <Mounted Side>를 선택한 후 다음 그림과

같이 Parameters:는 을, Diameter:는 기본 값(1.154)을, Drill Size:는 1.1을, Plated 항목은 활성화시킨다.

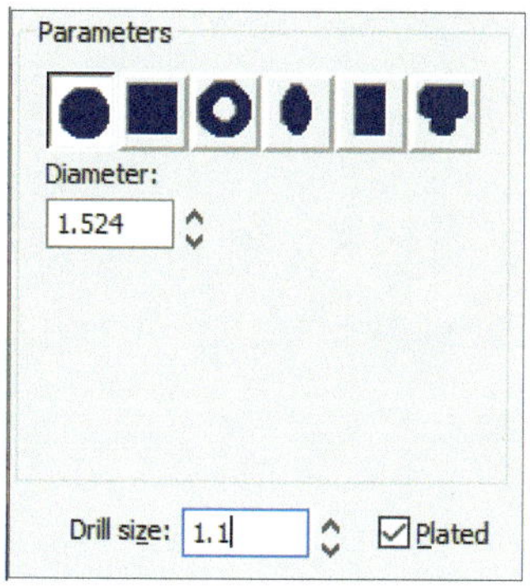

12 Sh. Sz. Layer: 항목에서 CNN 1.154 <Inner Layer>를 선택한 후 순서 11번과 같이 설정되었는지 확인하고 필요시 수정하여 설정한다.

13 Sh. Sz. Layer: 항목에서 CNN 1.154 <Opposite Side>를 선택한 후 순서 11번과 같이 설정되었는지 확인하고 필요시 수정하여 설정한다.

14 Pad Stack Properties for Pin 팝업 창과 Terminal... 팝업 창에서 OK 버튼을 차례로 Click한다.

15 2번 터미널을 Double Click하여 다음 그림과 같이 Terminal... 팝업 창이 나타나면 좌표 값을 확인한다. 필요시 수정한 후 Pad Stack Button을 Click한다.

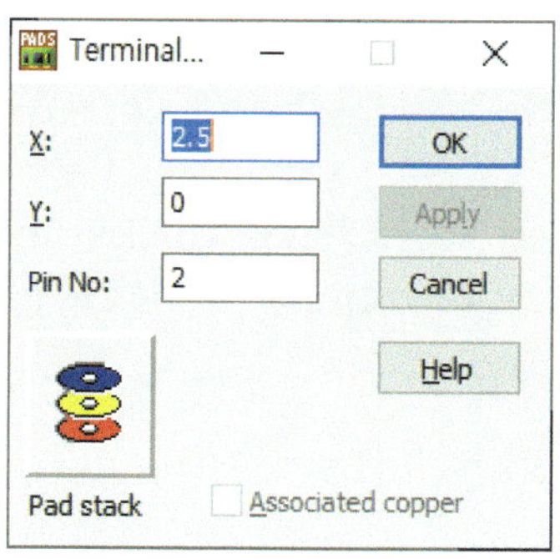

16 Pad Stack Properties for Pin 팝업 창이 나타나면 Parameters 모양만 으로 변경하고 위의 1번 터미널에 적용했던 순서에 따라 Data를 그대로 적용한다. 이때 반드시

3개의 Layer별로 Preview:에 나타나는 형태를 보면서 확인하며 작업해야 한다.

17 Pad Stack Properties for Pin 팝업 창과 Terminal... 팝업 창에서 OK 버튼을 차례로 Click한 후 Esc Key를 누른다.

이제는 부품의 외형이 PCB 표면에 나타나도록 Silk Data를 그려야 한다. 외형의 크기는 세로 5.5mm, 가로 5mm이므로 이 크기를 참조하여 사각형을 그린다. 이 Data는 부품 실장 후 보일 수 있도록 부품의 외형 원래 크기나 이보다 조금 더 크게 그리는 것이 일반적이며 다음 순서에 따라 진행한다.

01 Drafting Toolbar에서 2D Line Icon( )을 Click한 후 작업 창에서 MRB〉Rectangle을 선택한다.

02 키보드로 g0.01을 입력한다.

03 다음 그림을 참조하여 키보드로 s-1.25 -2.75 Enter, Space Bar를 누르고 s3.75 2.75 Enter, Space Bar를 눌러 사각형을 그린다.

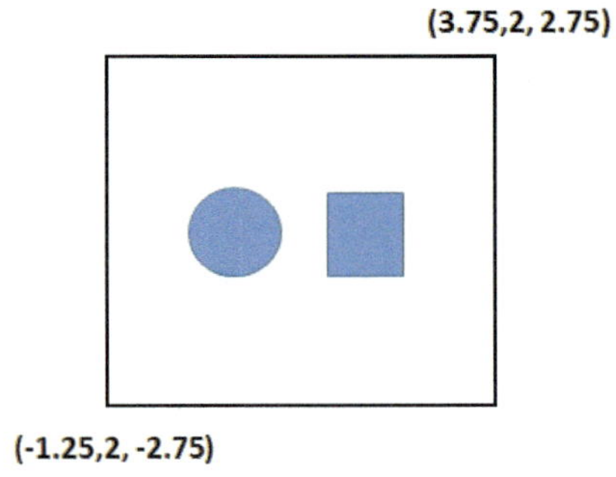

04 Drafting Toolbar에서 Text Icon( )을 Click한다. Text Properties 팝업 창이 나타나면 다음 그림과 같이 Text란에 +를 입력하고 Layer:는 Silkscreen Top으로, Position and sizes 항목에서 X:는 -2.43으로, Y:는 -0.5로, Size는 2로 설정한 후 OK Button을 Click하여 팝업 창이 다시 나타나면 Cancel Button을 Click하고, Esc Key를 누른다.

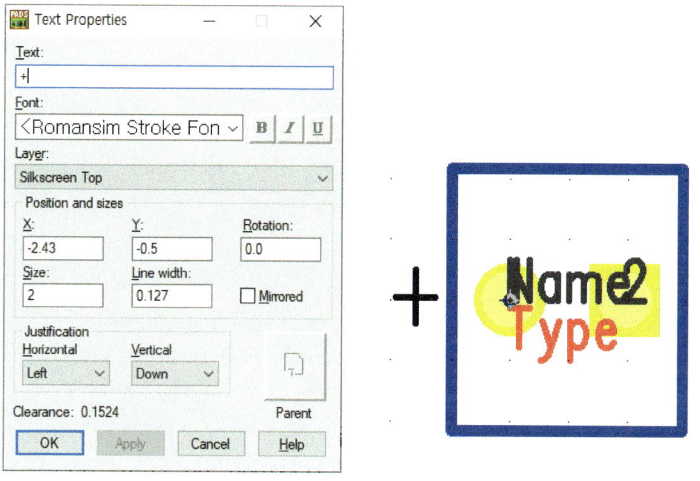

이것은 이 부품을 전원용으로 사용하기 때문에 전원의 +12V 연결 단자를 눈으로 확인할 수 있도록 하기 위한 것이다.

05 키보드로 g2.54를 입력한 후 Enter Key를 친다.

06 작업화면의 메뉴 바에서 File〉Save Decal을 선택하고, 다음 그림과 같이 경로 지정을 확인한 후 con2_1을 입력한 다음, OK Button을 Click한다.

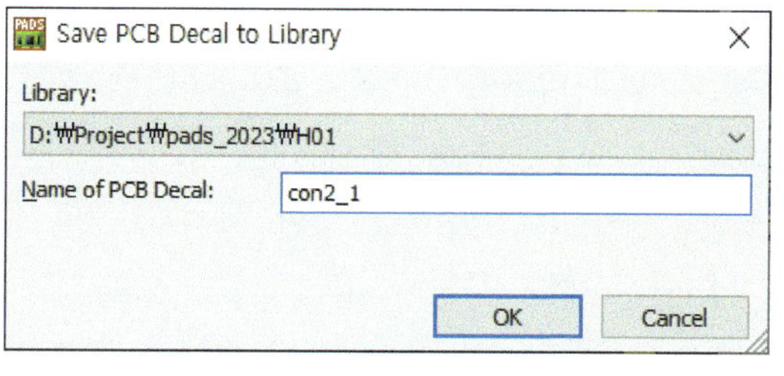

07 Part Type 생성에 대한 메시지가 나오면 위의 순서 16-1번과 같이 진행하여 다음 그림과 같이 경로를 확인한 후 con2_1로 저장한다.

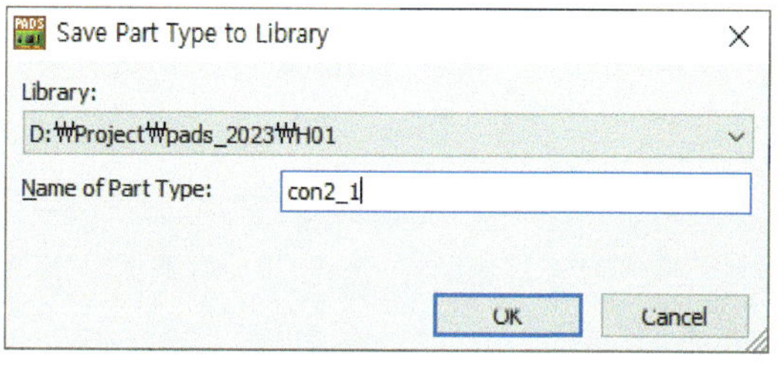

08 Library Manager 팝업 창에서 위에서 생성한 Decal을 확인한다.

6.3.3 6핀 Connector(con3_2) PCB Decal 생성하기

5핀 Connector는 다음의 Data Sheet를 활용하여 생성한다.

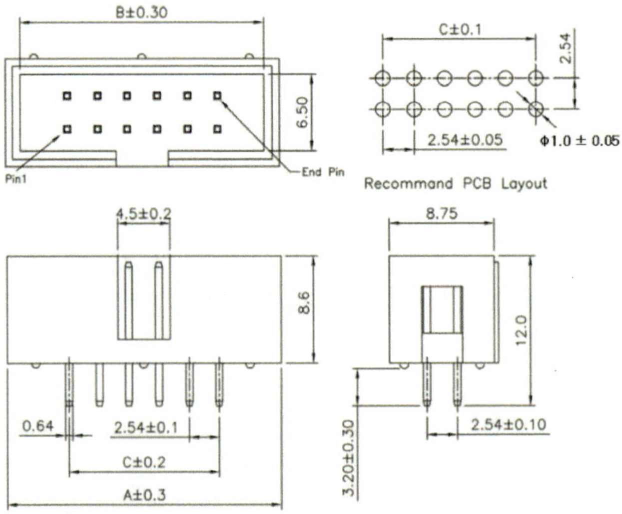

Poles	Part No.	Dimensions (mm)		
		A	B	C
6	1200-06	15.24	12.94	5.08
8	1200-08	17.78	15.48	7.62

6Pin Connector 참고용 Data Sheet

위의 Data Sheet에서 중요한 항목은 다음과 같다.

- 핀 사이 간격(2.54mm) : Pad Stack 간의 거리
- 핀 열 사이 간격[Row Pitch] (2.54mm) : 핀 열과 핀 열 간의 거리
- 외형 크기(가로 15.24mm, 세로 8.75mm) : 실크 스크린 데이터
- 핀 두께 (0.64mm) : Drill Size 및 Pad Stack 크기 결정

위의 Data Sheet에서 핀 두께가 0.64mm로 되어 있지만 Drill Hole Size를 1.0mm로 권고하고 있기에 이 크기로 작업하기로 하고 다음 순서에 따라 진행한다.

01 Library Manager 팝업 창에서 New Button을 Click한다.

02 작업화면의 메뉴 바에서 Tools〉Options...를 선택하고, Options 팝업 창의 Global〉General을 Click하고, Design units를 Metric으로 선택한 후 OK Button을 Click하여 설정한다.

03 키보드로 g2.54, gd2.54를 각각 입력한 후 Enter Key를 친다. 이는 핀 간격과 핀 열 간격이 각각 2.54mm이므로 Grid와 Grid 표시 간격을 핀 간격 등과 같이 설정하여 작업이 효율적으로 진행되게 한 것이다.

04 작업화면에서 Drafting Toolbar Icon( )을 Click한 후 다음 그림과 같이 Terminal Icon( )을 Click한다.

05 Add Terminals 팝업 창이 나타나면 Prefix 등 여러 선택사항을 적용할 수 있지만 6핀 Connector의 경우 OK Button을 Click한다.

06 마우스 가운데 Button을 이용하여 원점을 중심으로 화면을 확대한다.

07 오른쪽 아래 부분의 좌표를 보면서 처음에는 좌표(0, 0)에, 두 번째는 좌표(0, 2.54)에, 세 번째는 좌표(2.54, 0)에, 네 번째는 좌표(2.54, 2.54)에, 다섯 번째는 좌표(5.08, 0)에, 그리고 여섯 번째는 좌표(5.08, 2.54)에 Click하여 다음 그림과 같이 배치한다.

08 Drafting Toolbar에서 Select Icon( )을 선택, MRB〉Select Terminals을 선택한다.

09 1번 터미널을 Double Click하고 다음 그림을 참조하여 작업한다.

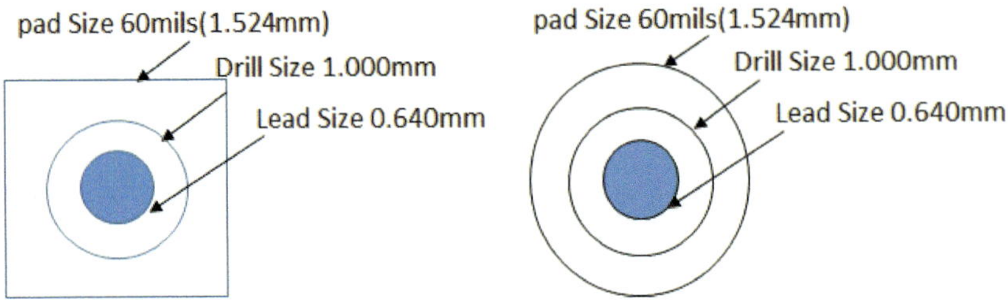

10 다음 그림과 같이 Terminal... 팝업 창이 나타나면 좌표 값을 확인한 후 Pad Stack Button을 Click한다.

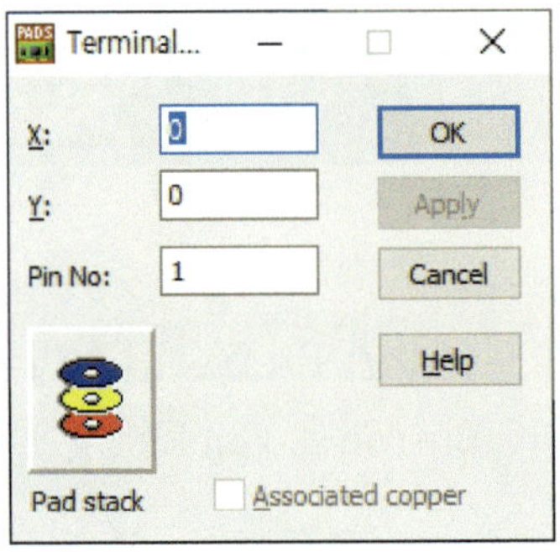

11 Pad Stack Properties for Pin 팝업 창이 나타나면 Sh. Sz. Layer: 항목에서 맨 위 CNN 1.154 <Mounted Side>를 선택한 후 다음 그림과 같이 Parameters:는 ■를, Size:는 기본 값(1.154)을, Drill Size:는 1.0을, Plated 항목은 활성화시킨다.

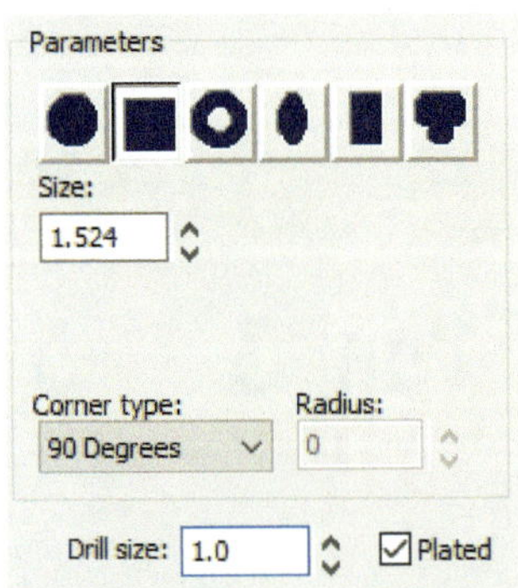

12 Sh. Sz. Layer: 항목에서 CNN 1.154 <Inner Layer>를 선택한 후 순서 11번과 같이 설정되었는지 확인하고 필요시 수정하여 설정한다.

13 Sh. Sz. Layer: 항목에서 CNN 1.154 <u><Opposite Side></u>를 선택한 후 순서 11번과 같이 설정되었는지 확인하고 필요시 수정하여 설정한다. 이때 반드시 3개의 Layer별로 Preview:에 나타나는 형태를 보면서 확인하며 작업해야한다.

14 Pad Stack Properties for Pin 팝업 창에서 <u>OK</u> Button을 Click한 후 2번 터미널을 Double Click한다.

15 Terminal... 팝업 창이 나타나면 좌표 값(0, 2.54)을 확인하고, 필요시 수정한 후 <u>Pad Stack</u> Button을 Click한다.

16 Pad Stack Properties for Pin 팝업 창이 나타나면 Parameters 모양만 ● 으로 변경하고 위의 1번 터미널에 적용했던 순서에 따라 Data를 그대로 적용한다.

17 3번 터미널과 나머지 터미널들도 순서 16번과 같이 진행한 후 팝업 창을 닫고 Esc Key를 누른다.

외형의 크기는 세로 8.75mm, 가로 15.24mm이므로 이 Data를 참조하여 외형을 그리기 위하여 다음 순서에 따라 진행한다.

01 Drafting Toolbar에서 2D Line Icon( )을 Click한 후 작업 창에서 MRB〉<u>Rectangle</u>을 선택한다.

02 키보드로 <u>g0.01</u>을 입력한다.

03 다음 그림을 참조하여 키보드로 s-5.18 -3.11 Enter, Space Bar를 누르고 s10.16 5.65 Enter, Space Bar를 눌러 사각형을 그린다.

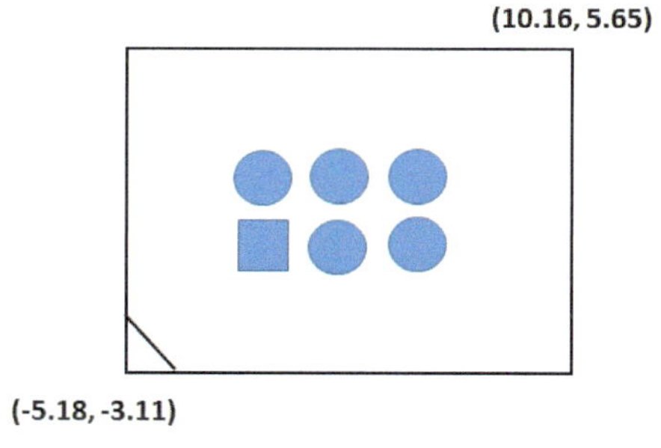

04 1번 핀의 위치를 표시하기 위하여 MRB〉Path를 선택하고 s-5.18 -1 Enter, Space Bar를 누르고 s-3.1 -3.11 Enter 후 그 좌표에서 Double Click하여 완성한다.

05 키보드로 g2.54를 입력한 후 Enter Key를 친다.

06 작업화면의 메뉴 바에서 File〉Save Decal을 선택하고, 다음 그림과 같이 경로 지정을 확인한 후 con3_2를 입력한 다음, OK Button을 Click한다.

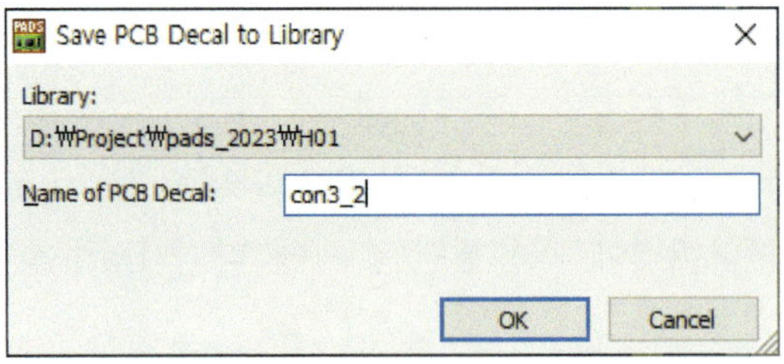

07 Part Type 생성에 대한 메시지가 나오면 16-1번과 같이 진행하여 다음 그림과 같이 경로를 확인한 후 con3_2로 저장한다.

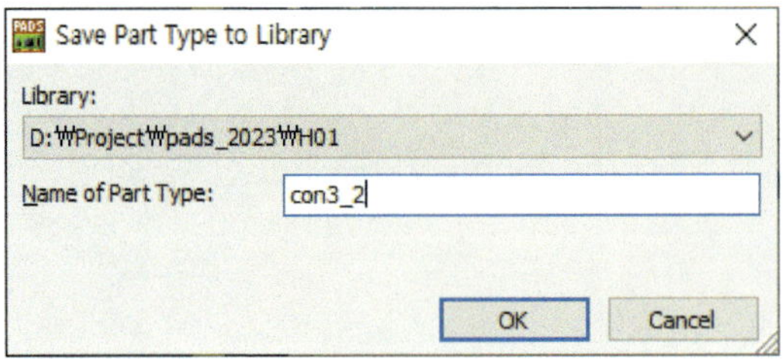

08 Library Manager 팝업 창에서 위에서 생성한 Decal을 확인한다.

6.3.4 정전압 IC(lm7805) PCB Decal 생성하기

정전압 IC는 다음의 Data Sheet를 활용하여 생성한다.

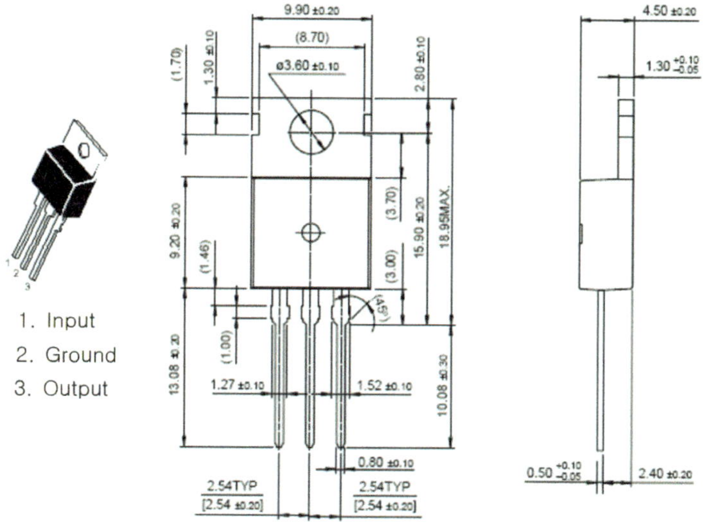

정전압 IC 참고용 Data Sheet

위의 Data Sheet에서 중요한 항목은 다음과 같다.

- 핀 사이 간격(2.54mm) : Pad Stack 간의 거리
- 외형 크기(가로 9.9mm, 세로 4.5mm) : 실크 스크린 데이터
- 핀 열과 뒷부분까지 거리(2.40mm) : 외형그리기에 참조
- 핀 두께(0.94mm) : Drill Size 및 Pad Stack 크기 결정, 긴 쪽이 0.8, 짧은 쪽이 0.5mm로 두 값을 이용하여 계산
- 핀 번호에 따른 핀 이름 : CAE Decal을 생성할 때 중요함

01 Library Manager 팝업 창에서 New Button을 Click한다.

02 작업화면의 메뉴 바에서 Tools〉Options...를 선택하고, Options 팝업 창에서는 Global〉General을 Click하고 Design units를 Metric으로 선택한 후 OK Button을 Click하여 설정한다.

03 키보드로 g2.54, gd2.54를 각각 입력한 후 Enter Key를 친다. 이는 핀 간격이 2.54mm이므로 Grid와 Grid 표시 간격을 핀 간격 등과 같이 설정하여 작업이 효율적으로 진행되게 한 것이다.

04 작업화면에서 Drafting Toolbar Icon()을 Click한 후 다음 그림과 같이 Terminal Icon()을 Click한다.

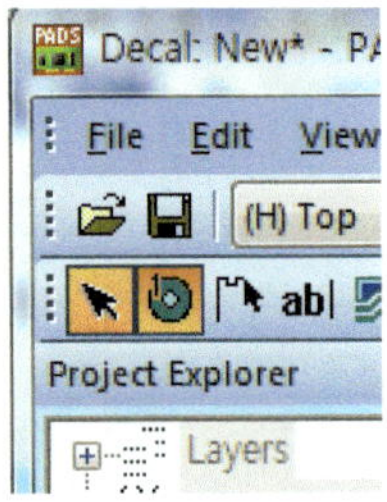

05 Add Terminals 팝업 창이 나타나면 Prefix 등 여러 선택사항을 적용할 수 있지만 정전압 IC의 경우 OK Button을 Click한다.

06 마우스 가운데 Button을 이용하여 원점을 중심으로 화면을 확대한다.

07 오른쪽 아래 부분의 좌표를 보면서 처음에는 좌표(0, 0)에, 두 번째는 좌표(2.54, 0)에, 세 번째는 좌표(5.08, 0)에 Click하여 다음 그림과 같이 배치한다.

08 Drafting Toolbar에서 Select Icon()을 선택하고, MRB>Select Terminals을 선택한다.

09 1번 터미널을 Double Click하고 다음 그림을 참조하여 작업한다.

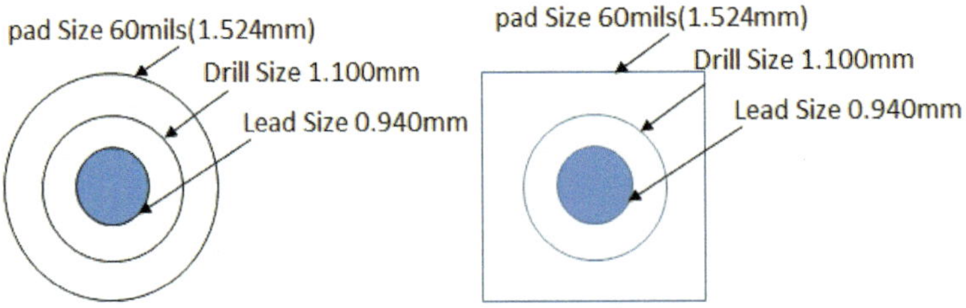

10 다음 그림과 같이 Terminal... 팝업 창이 나타나면 좌표 값을 확인한 후 Pad Stack Button을 Click한다.

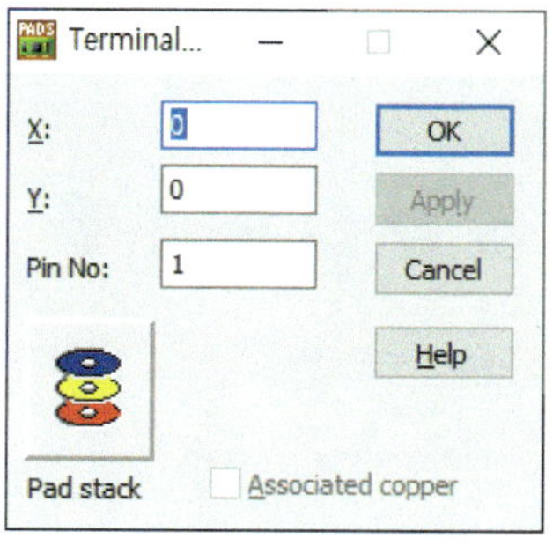

11 Pad Stack Properties for Pin 팝업 창이 나타나면 Sh. Sz. Layer: 항목에서 맨 위 CNN 1.154 <Mounted Side>를 선택한 후 다음 그림과 같이 Parameters:는 ●를, Size:는 기본 값(1.154)을, Drill Size:는 1.1을, Plated 항목은 활성화시킨다.

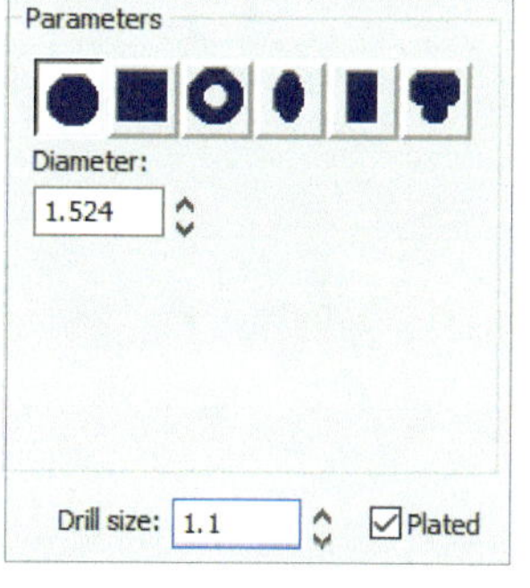

12 Sh. Sz. Layer: 항목에서 CNN 1.154 <Inner Layer>를 선택한 후 순서 11번과 같이 설정되었는지 확인하고 필요시 수정하여 설정한다.

13 Sh. Sz. Layer: 항목에서 CNN 1.154 <Opposite Side>를 선택한 후 순서 11번과 같이 설정되었는지 확인하고 필요시 수정하여 설정한다.

14 Pad Stack Properties for Pin 팝업 창에서 OK Button을 Click한 후 2번 터미널을 Double Click한다.

15 Terminal... 팝업 창이 나타나면 좌표 값(2.54, 0)을 확인하고, 필요시 수정한 후 Pad Stack Button을 Click한다.

16 Pad Stack Properties for Pin 팝업 창이 나타나면 위에서와 같이 세 개의 Layer를 각각 Click하고, GND 신호를 표시하기 위하여 Parameters:는 ■로 설정하여 다음 그림과 같이 진행한다.

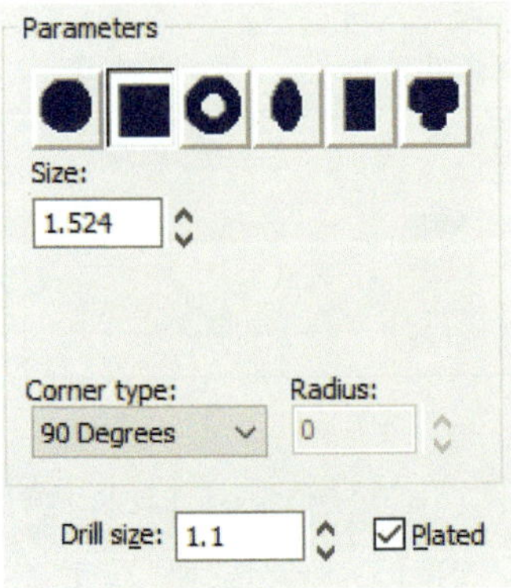

17 3번 터미널도 1번 터미널과 같이 진행한 후 팝업 창을 닫고 Esc Key를 누른다.

외형의 크기는 세로 4.5mm, 가로 9.9mm이므로 이 Data를 참조하여 외형을 그리기 위해 다음 순서에 따라 진행한다.

01 Drafting Toolbar에서 2D Line Icon( )을 Click한 후 작업 창에서 MRB〉Rectangle을 선택한다.

02 키보드로 g0.01을 입력한다.

03 다음 그림을 참조하여 키보드로 s-2.46 -2.2 Enter, Space Bar를 누르고 s7.54, 2.4 Enter, Space Bar를 눌러 사각형을 그린다.

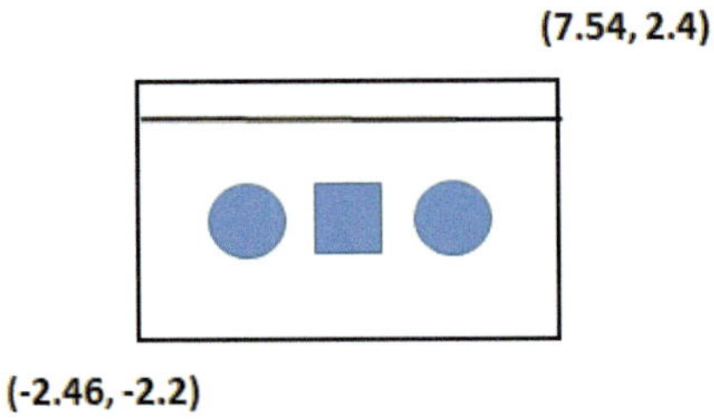

04 뒷부분의 위치를 표시하기 위하여 MRB〉Path를 선택하고 s-2.46 1.74 Enter, Space Bar를 누르고 s7.54 1.74 Enter 후 그 좌표에서 Double Click하여 완성한다.

05 키보드로 g2.54 입력 후 Enter Key를 친다.

06 작업화면의 메뉴 바에서 File〉Save Decal을 선택하고, 다음 그림과 같이 경로 지정을 확인하고 lm7805를 입력한 다음, OK Button을 Click한다.

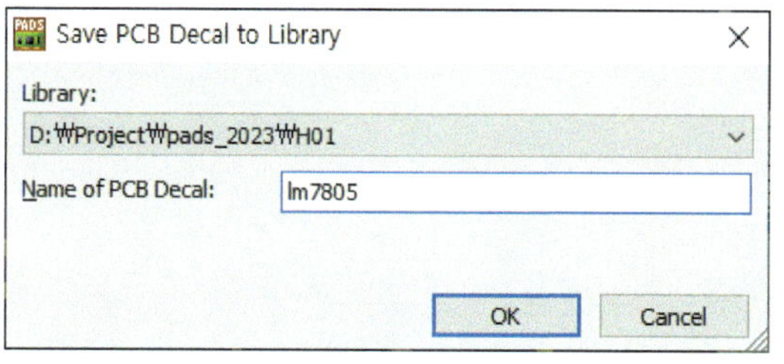

07 Part Type 생성에 대한 메시지가 나오면 위의 순서 16-1과 같이 진행하여 다음 그림과 같이 경로를 확인한 후 lm7805로 저장한다.

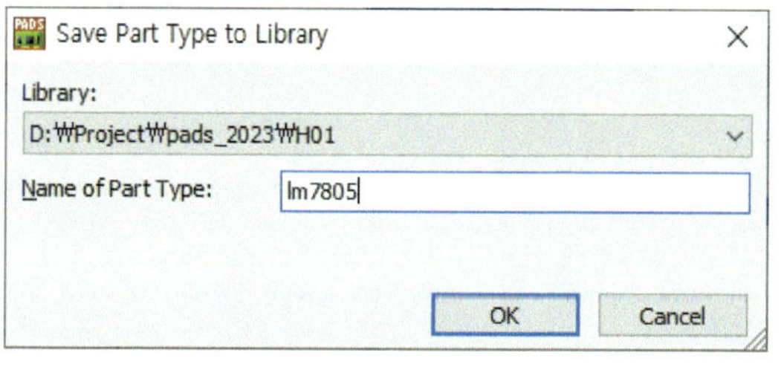

08 Library Manager 팝업 창에서 위에서 생성한 Decal을 확인한다.

6.3.5 Push Button Switch(tack_sw) PCB Decal 생성하기

Push Button Switch는 다음의 Data Sheet를 활용하여 생성한다.

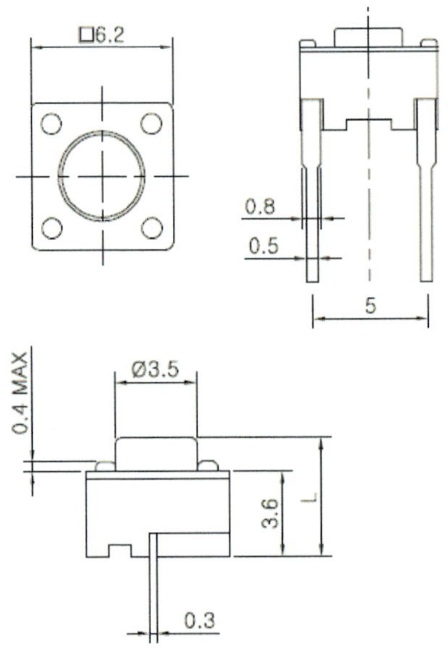

Push Button Switch 참고용 Data Sheet

위의 Data Sheet에서 중요한 항목은 다음과 같다.

- 핀 사이 간격(5mm) : Pad Stack 간의 거리
- 외형 크기(가로 6.2mm, 세로 6.2mm) : 실크 스크린 데이터
- 핀 두께(0.58mm) : Drill Size 및 Pad Stack 크기 결정, 긴 쪽이 0.5, 짧은 쪽이 0.3mm로 두 값을 이용하여 계산

01 Library Manager 팝업 창에서 New Button을 Click한다.

02 작업화면의 메뉴 바에서 Tools>Options...를 선택하고, Options 팝업 창의 Global>General을 Click하고, Design units를 Metric으로 선택한 후 OK Button을 Click하여 설정한다.

03 키보드로 g5.0, gd5.0을 각각 입력한 후 Enter Key를 친다. 이는 핀 간격이 5.0mm이므로 Grid와 Grid 표시 간격을 핀 간격 등과 같이 설정하여 작업이 효율적으로 진행되게 한 것이다.

04 작업화면에서 Drafting Toolbar Icon()을 Click한 후 다음 그림과 같이 Terminal Icon()을 Click한다.

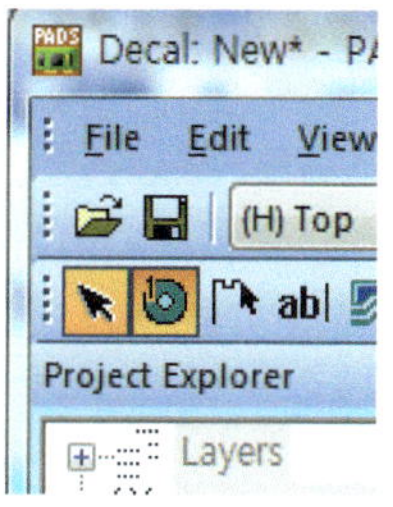

05 Add Terminals 팝업 창이 나타나면 Prefix 등 여러 선택사항을 적용할 수 있지만 Push Button Switch의 경우 OK Button을 Click한다.

06 마우스 가운데 Button을 이용하여 원점을 중심으로 화면을 확대한다.

07 오른쪽 아래 부분의 좌표를 보면서 처음에는 좌표(0, 0)에, 두 번째는 좌표(5, 0)에 Click하여 다음 그림과 같이 배치한다.

08 Drafting Toolbar에서 Select Icon()을 선택하고, MRB〉Select Terminals을 선택한다.

09 1번 터미널을 Double Click하고 다음 그림을 참조하여 작업한다.

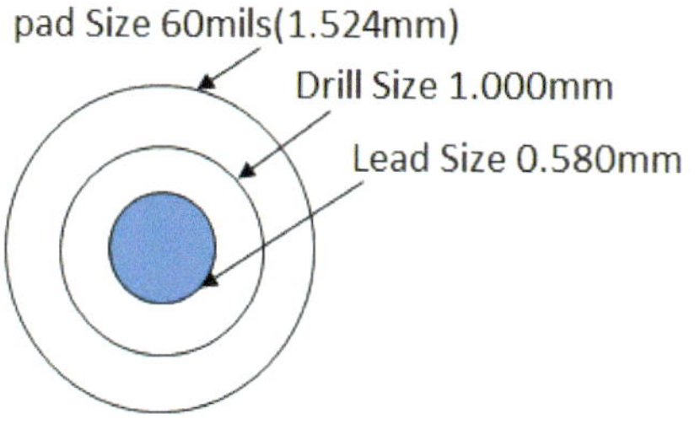

10 다음 그림과 같이 Terminal... 팝업 창이 나타나면 좌표 값을 확인한 후 Pad Stack Button을 Click한다.

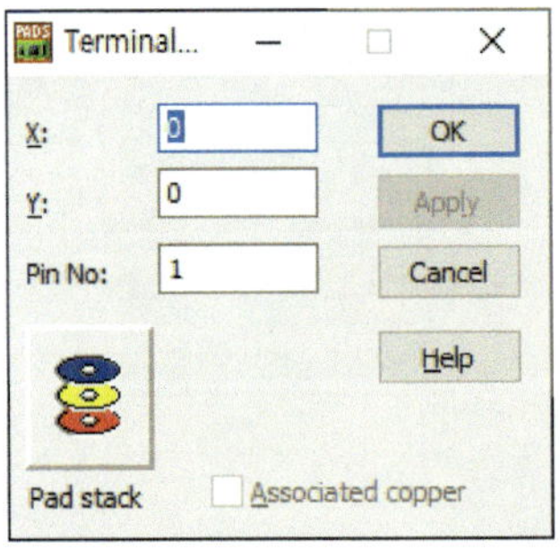

11 Pad Stack Properties for Pin 팝업 창이 나타나면 Sh. Sz. Layer: 항목에서 맨 위 CNN 1.154 <Mounted Side>를 선택한 후 다음 그림과 같이 Parameters:는 를, Size:는 기본 값(1.154)을, Drill Size:는 1.0을, Plated 항목은 활성화시킨다.

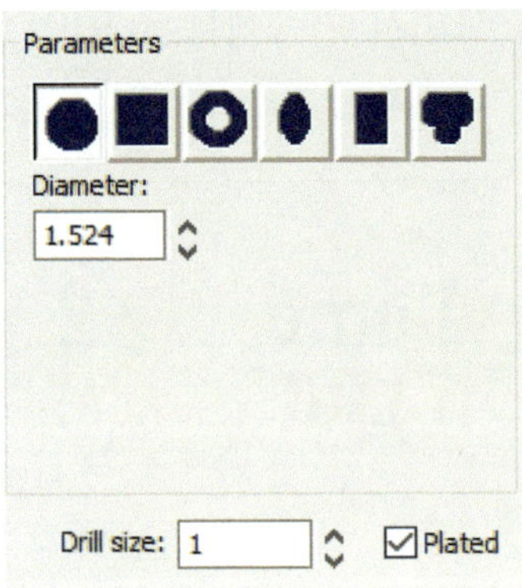

12 Sh. Sz. Layer: 항목에서 CNN 1.154 <Inner Layer>를 선택한 후 순서 11번과 같이 설정되었는지 확인하고 필요시 수정하여 설정한다.

13 Sh. Sz. Layer: 항목에서 CNN 1.154 <Opposite Side>를 선택한 후 순서 11번과 같이 설정되었는지 확인하고 필요시 수정하여 설정한다.

14 Pad Stack Properties for Pin 팝업 창에서 OK Button을 Click한 후 2번 터미널을 Double Click한다.

15 Terminal... 팝업 창이 나타나면 좌표 값(5, 0)을 확인한다. 필요시 수정한 후 Pad Stack Button을 Click한다.

16 Pad Stack Properties for Pin 팝업 창이 나타나면 위에서와 같이 세 개의 Layer를 각각 Click하여 같은 Data를 적용한다.

17 팝업 창을 닫고 Esc Key를 누른다.

외형의 크기는 세로 6.2mm, 가로 6.2mm이므로 이 Data를 참조하여 외형을 그리기 위하여 다음 순서에 따라 진행한다.

01 Drafting Toolbar에서 2D Line Icon( )을 Click한 후 작업 창에서 MRB〉Rectangle을 선택한다.

02 키보드로 g0.01을 입력한다.

03 다음 그림을 참조하여 키보드로 s-1 -3.1 Enter, Space Bar를 누르고 s6 3.1 Enter, Space Bar를 눌러 사각형을 그린다.

04 원래 외형 크기대로 작업하면 터미널 위로 그려지게 되어서 약간 크게 그렸다. 외형은 실크 스크린 데이터이므로 터미널과 겹치지 않게 그려야 한다.

05 키보드로 g2.54 입력 후 Enter Key를 친다.

06 작업화면의 메뉴 바에서 File〉Save Decal을 선택하고, 다음 그림과 같이 경로 지정을 확인한 후 tack_sw를 입력한 다음, OK Button을 Click한다.

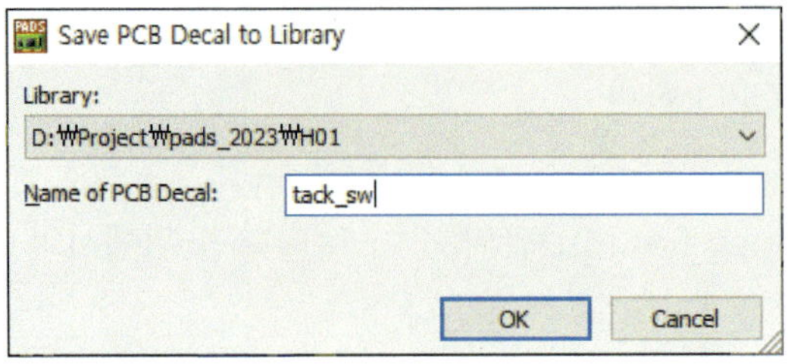

07 Part Type 생성에 대한 메시지가 나오면 순서 16-1과 같이 진행하여 다음 그림과 같이 경로를 확인한 후 tact_sw로 저장한다.

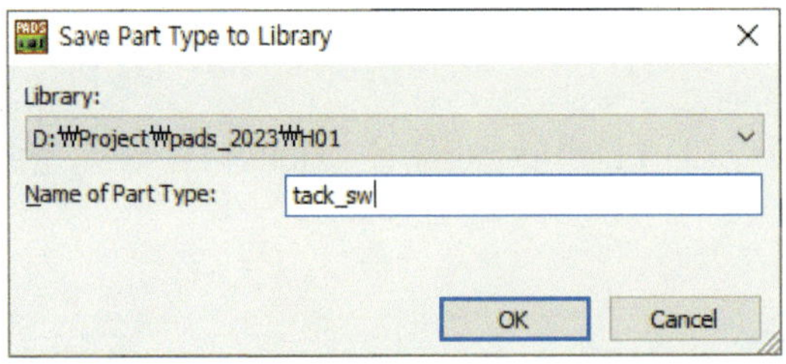

08 Library Manager 팝업 창에서 위에서 생성한 Decal을 확인한다.

6.3.6 발광 다이오드(led_4) PCB Decal 생성하기

발광 다이오드(Light Emitting Diode)는 다음의 Data Sheet를 활용하여 생성한다.

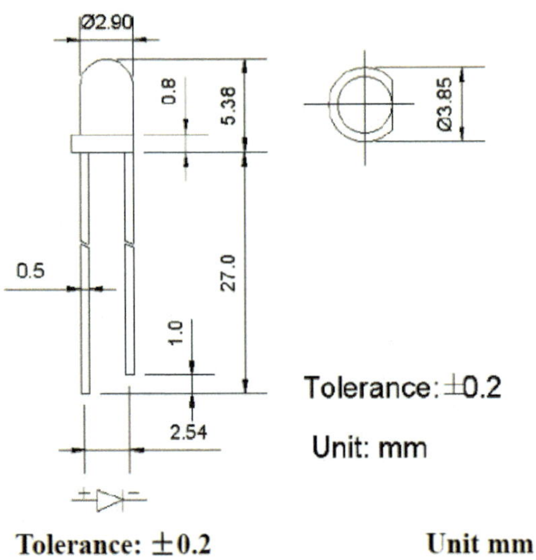

발광 다이오드 참고용 Data Sheet

위의 Data Sheet에서 중요한 항목은 다음과 같다.

- 핀 사이 간격(2.54mm) : Pad Stack 간의 거리
- 외형 크기(Φ3.85) : 부품 간의 간격에 참조, 실크 스크린 데이터
- 핀 두께(0.5mm) : Drill Size 및 Pad Stack 크기 결정
- 핀 번호 : 핀 번호는 CAE Decal과 일치해야 함(극성이 있는 부품들)

01 Library Manager 팝업 창에서 New Button을 Click한다.

02 작업화면의 메뉴 바에서 Tools〉Options...를 선택하고, Options 팝업 창에서는 Global〉General을 Click하고, Design units를 Metric으로 선택한 후 OK Button을 Click하여 설정한다.

03 키보드로 g2.54, gd2.54를 각각 입력한 후 Enter Key를 친다. 이는 핀 간격이 2.54mm이므로 Grid와 Grid 표시 간격을 핀 간격 등과 같이 설정하여 작업이 효율적으로 진행되게 한 것이다.

04 작업화면에서 Drafting Toolbar Icon()을 Click한 후 다음 그림과 같이 Terminal Icon()을 Click한다.

05 Add Terminals 팝업 창이 나타나면 Prefix 등 여러 선택사항을 적용할 수 있지만 발광 다이오드의 경우 OK Button을 Click한다.

06 마우스 가운데 Button을 이용하여 원점을 중심으로 화면을 확대한다.

07 오른쪽 아래 부분의 좌표를 보면서 처음에는 좌표(0, 0)에, 두 번째는 좌표(2.54, 0)에 Click하여 다음 그림과 같이 배치한다.

08 Drafting Toolbar에서 Select Icon( )을 선택하고, MRB〉Select Terminals을 선택한다.

09 1번 터미널을 Double Click하고 다음 그림을 참조하여 작업한다.

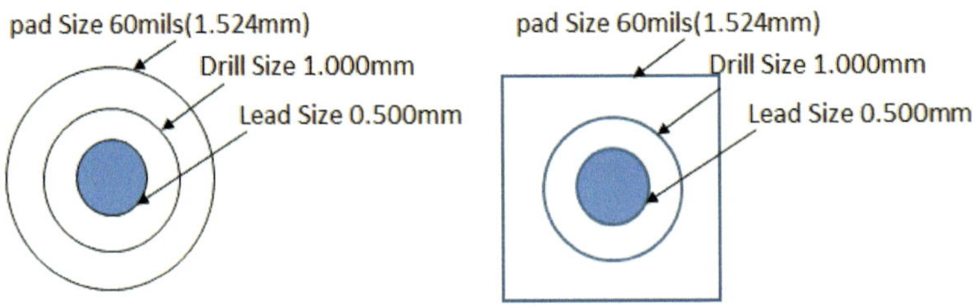

10 다음 그림과 같이 Terminal... 팝업 창이 나타나면 좌표 값을 확인한 후 Pad Stack Button을 Click한다.

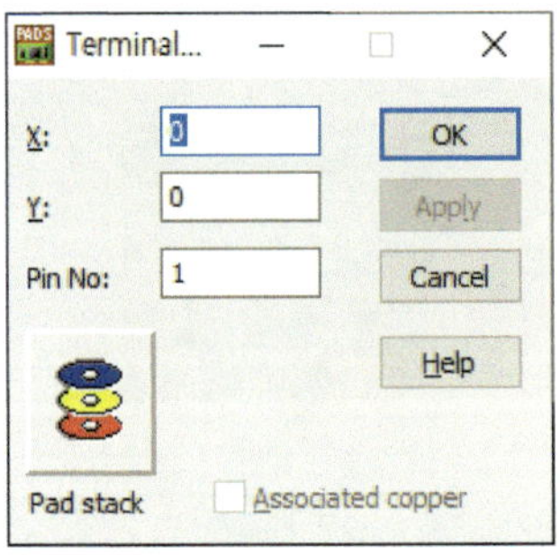

11 Pad Stack Properties for Pin 팝업 창이 나타나면 Sh. Sz. Layer: 항목에서 맨 위 CNN 1.154 <Mounted Side>를 선택한 후 다음 그림과 같이 Parameters:는 ●를, Size:는 기본 값(1.154)을, Drill Size:는 1.0을, Plated 항목은 활성화시킨다.

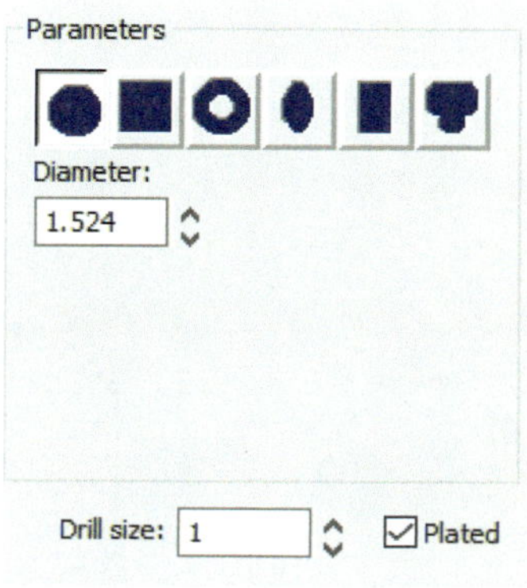

12 Sh. Sz. Layer: 항목에서 CNN 1.154 <Inner Layer>를 선택한 후 순서 10번과 같이 설정되었는지 확인하고 필요시 수정하여 설정한다.

13 Sh. Sz. Layer: 항목에서 CNN 1.154 <Opposite Side>를 선택한 후 순서 10번과 같이 설정되었는지 확인하고 필요시 수정하여 설정한다.

14 2번 터미널을 Double Click하여 Terminal... 팝업 창이 나타나면 좌표 값을 확인한다. 필요시 수정한 후 Pad Stack Button을 Click한다.

15 Pad Stack Properties for Pin 팝업 창이 나타나면 Parameters 모양만 ■으로 변경하고 위의 1번 터미널에 적용했던 순서에 따라 Data를 그대로 적용한다. 이때 반드시 3개의 Layer별로 Preview:에 나타나는 형태를 보면서 확인하며 작업해야 한다.

16 Pad Stack Properties for Pin 팝업 창과 Terminal... 팝업 창에서 OK 버튼을 차례로 Click한 후 Esc Key를 누른다.

외형의 크기는 Φ3.85이므로 이 Data를 참조하여 외형을 그린다. 원래 외형 크기대로 작업하면 터미널 위로 2D Line이 그려지게 되므로 이를 피하기 위하여 약간 크게 그렸다. Data Sheet에 따르면 2번 핀(Square Pad)은 Cathode(−)이므로 직선으로 방향을 표시해야 하며 다음 순서에 따라 진행한다.

01 Drafting Toolbar에서 2D Line Icon( )을 Click한 후 작업 창에서 MRB〉Path를 선택한다.

02 키보드로 g0.01을 입력한다.

03 다음 그림을 참조하여 키보드로 s3.61 0.99 Enter, Space Bar를 누르고 s3.61 -0.99 Enter 후 그 좌표에서 Double Click하여 선을 그린 후, 그려진 선 위에 같은 방법으로 1개의 선을 더 그린 후 Esc Key를 누른다.

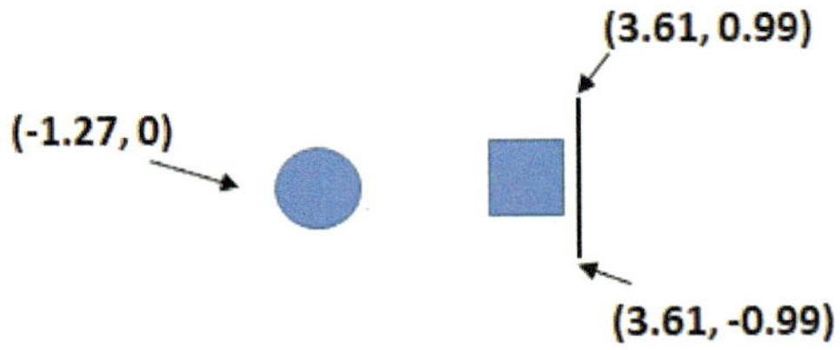

04 MRB〉Select Anything을 선택하고, 위에서 그린 선을 Click하여 MRB〉Pull Arc를 선택한 후 s−1.27 0 Enter, Space Bar를 눌러 Arc를 그린 다음 Esc Key를 누른다.

05 키보드로 g2.54를 입력한 후 Enter Key를 친다.

06 작업화면의 메뉴 바에서 File〉Save Decal을 선택하고, 다음 그림과 같이 경로 지정을 확인한 후 led_4를 입력한 다음, OK Button을 Click한다.

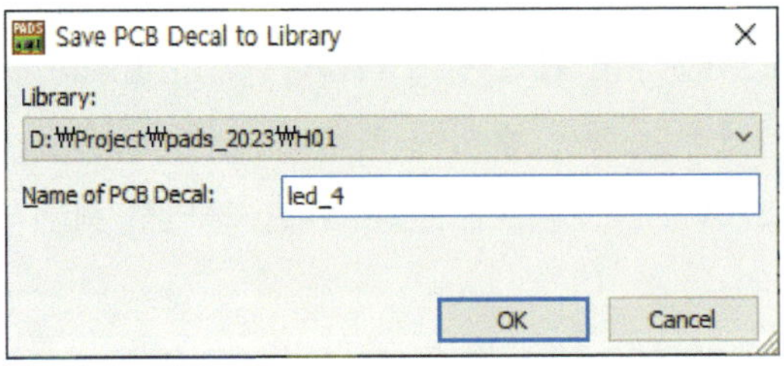

07 Part Type 생성에 대한 메시지가 나오면 순서 16-1번과 같이 진행하여 다음 그림과 같이 경로를 확인한 후 led_4로 저장한다.

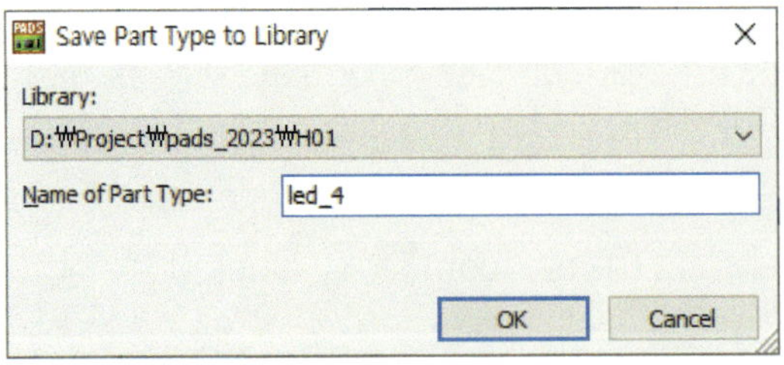

08 Library Manager 팝업 창에서 위에서 생성한 Decal을 확인한다.

6.3.7 Crystal(xtal16MHz) PCB Decal 생성하기

Crystal은 다음의 Data Sheet를 활용하여 생성한다.

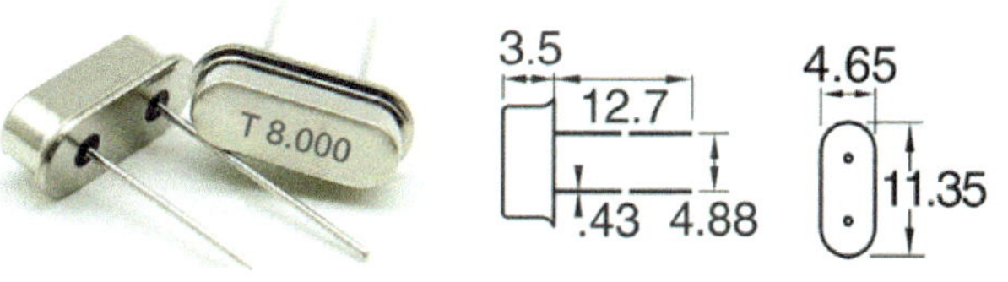

Crystal 참고용 Data Sheet

위의 Data Sheet에서 중요한 항목은 다음과 같다.

- 핀 사이 간격(4.88mm) : Pad Stack 간의 거리
- 외형 크기(가로 4.65mm, 세로 11.35mm) : 실크 스크린 데이터
- 핀 두께 (0.43mm) : Drill Size 및 Pad Stack 크기 결정

01 Library Manager 팝업 창에서 New Button을 Click한다.

02 작업화면의 메뉴 바에서 Tools〉Options...를 선택하고, Options 팝업 창에서는 Global〉General을 Click하고, Design units를 Metric으로 선택한 후 OK Button을 Click하여 설정한다.

03 키보드로 g4.88, gd4.88을 각각 입력한 후 Enter Key를 친다. 이는 핀 간격이 4.88mm이므로 Grid와 Grid 표시 간격을 핀 간격 등과 같이 설정하여 작업이 효율적으로 진행되게 한 것이다.

04 작업화면에서 Drafting Toolbar Icon()을 Click한 후 다음 그림과 같이 Terminal Icon()을 Click한다.

05 Add Terminals 팝업 창이 나타나면 Prefix 등 여러 선택사항을 적용할 수 있지만 Crystal의 경우 OK Button을 Click한다.

06 마우스 가운데 Button을 이용하여 원점을 중심으로 화면을 확대한다.

07 오른쪽 아래 부분의 좌표를 보면서 처음에는 좌표(0, 0)에, 두 번째는 좌표(0, 4.88)에 Click하여 다음 그림과 같이 배치한다.

08 Drafting Toolbar에서 Select Icon( )을 선택하고, MRB〉Select Terminals을 선택한다.

09 1번 터미널을 Double Click하고 다음 그림을 참조하여 작업한다.

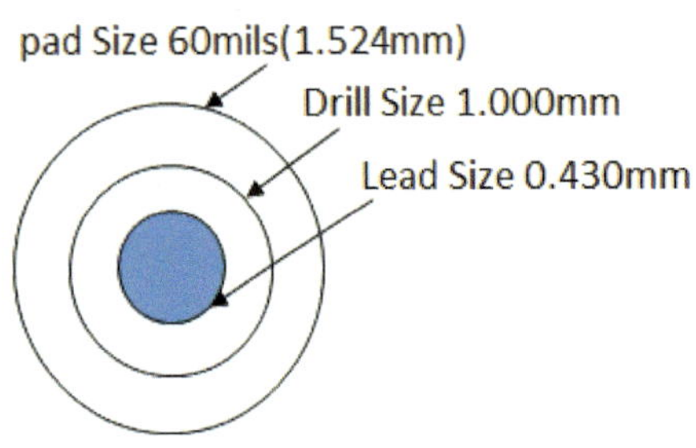

10 다음 그림과 같이 Terminal... 팝업 창이 나타나면 좌표 값을 확인한 후 Pad Stack Button을 Click한다.

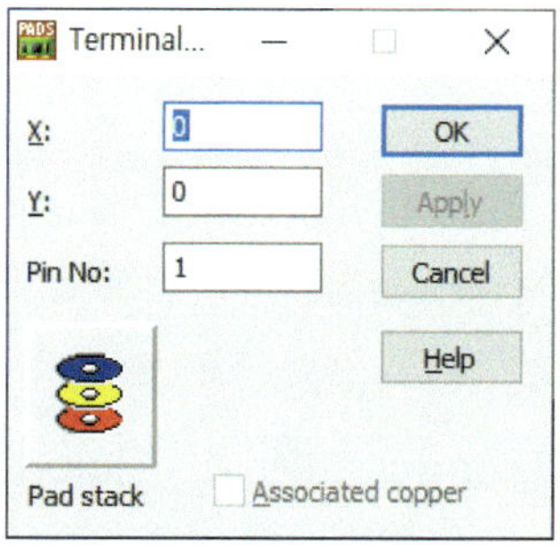

11 Pad Stack Properties for Pin 팝업 창이 나타나면 Sh. Sz. Layer: 항목에서 맨 위 CNN 1.154 <Mounted Side>를 선택한 후 다음 그림과 같이 Parameters:는 를, Size:는 기본 값(1.154)을, Drill Size:는 1.0을, Plated 항목은 활성화시킨다.

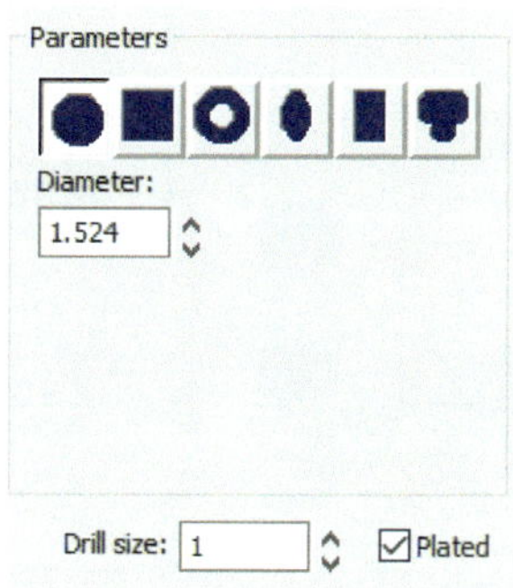

12 Sh. Sz. Layer: 항목에서 CNN 1.154 <Inner Layer>를 선택한 후 순서 11번과 같이 설정되었는지 확인하고 필요시 수정하여 설성한다.

13 Sh. Sz. Layer: 항목에서 CNN 1.154 <Opposite Side>를 선택한 후 순서 11번과 같이 설정되었는지 확인하고 필요시 수정하여 설정한다.

14 Pad Stack Properties for Pin 팝업 창에서 OK Button을 Click한 후 2번 터미널을 Double Click한다.

15 Terminal... 팝업 창이 나타나면 좌표 값(0, 4.88)을 확인한다. 필요시 수정한 후 Pad Stack Button을 Click한다.

16 Pad Stack Properties for Pin 팝업 창이 나타나면 위에서와 같이 세 개의 Layer를 각각 Click하여 같은 Data를 적용한다.

17 팝업 창을 닫고 Esc Key를 누른다.

외형의 크기는 세로 4.65mm, 가로 11.35mm이므로 이 Data를 참조하여 약간 더 크게 외형을 그리기 위하여 다음 순서에 따라 진행한다.

01 Drafting Toolbar에서 2D Line Icon()을 Click한 후 작업 창에서 MRB〉Path를 선택한다.

02 키보드로 g0.01을 입력한다.

03 다음 그림을 참조하여 키보드로 s-2.33 5.79 Enter, Space Bar를 누르고 s-2.33 -0.91 Enter 후 그 좌표에서 Double Click한다.

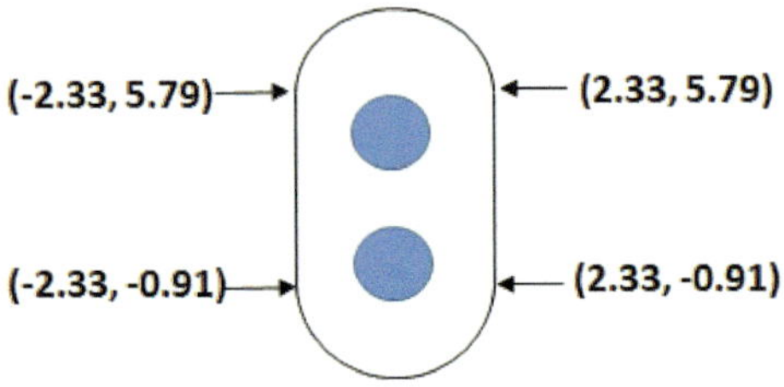

04 키보드로 s2.33 5.79 Enter, Space Bar를 누르고 s2.33 -0.91 Enter 후 그 좌표에서 Double Click한다.

05 MRB〉Orthogonal, MRB〉Add Arc를 선택하고, 키보드로 s2.33 5.79 Enter, Space Bar를 누르고 마우스를 왼쪽으로 움직여 Arc가 나타나면 s-2.33 5.79 Enter 후 그 좌표에서 Double Click한다.

06 키보드로 s2.33 -0.91 Enter, Space Bar를 누르고 마우스를 왼쪽으로 움직여 Arc가 나타나면 s-2.33 -0.91 Enter 후 그 좌표에서 Double Click한다.

07 Esc Key를 누르고 키보드로 g2.54를 입력한 후 Enter Key를 친다.

08 작업화면의 메뉴 바에서 File〉Save Decal을 선택하고, 다음 그림과 같이 경로 지정을 확인한 후 tack_sw를 입력한 다음, OK Button을 Click한다.

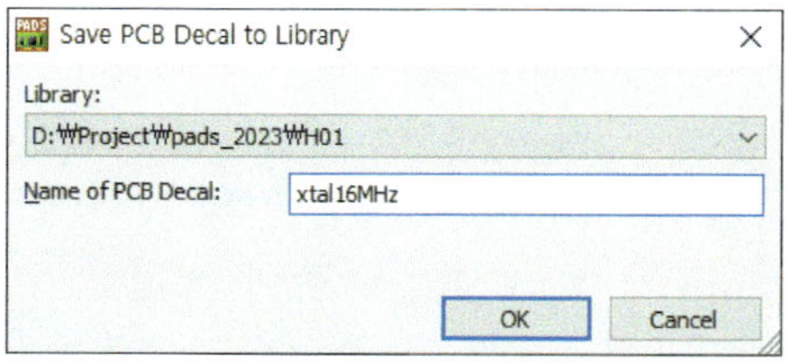

09 Part Type 생성에 대한 메시지가 나오면 순서 16-1과 같이 진행하여 다음 그림과 같이 경로를 확인한 후 tact_sw로 저장한다.

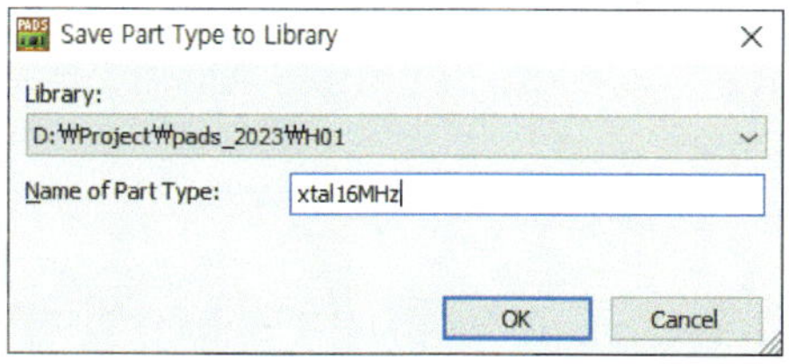

10 Library Manager 팝업 창에서 위에서 생성한 Decal을 확인한다.

6.3.8 전해 콘덴서(D55) PCB Decal 생성하기

이 부품은 Through Hole Type이 아니고 SMD Type의 극성이 있는 알루미늄 전해 콘덴서로 이러한 부품의 생성 과정을 알아본다.

전해 콘덴서는 다음의 Data Sheet를 활용하여 생성한다.

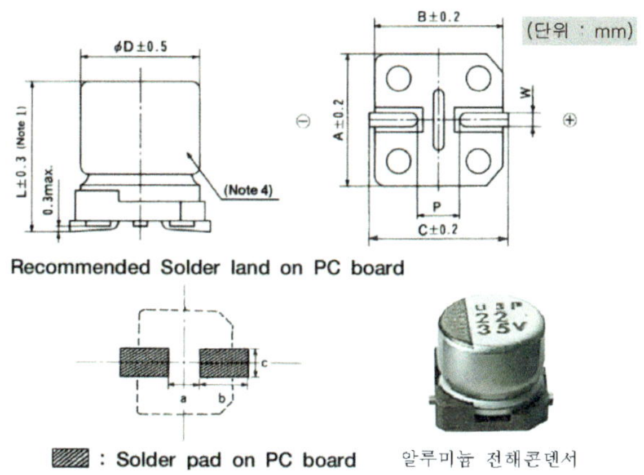

Case code	ø D	L	A	B	C	W	P	a	b	c
D55	4	5.2	4.3	4.3	5.1	0.5-0.8	1.0	1.0	2.6	1.6

전해 콘덴서 참고용 Data Sheet

위의 Data Sheet에서 중요한 항목은 다음과 같다.

- Pad 사이 간격 (3.6mm) : Pad Stack 간의 거리(a/2=0.5, b/2=1.3)
- 외형 크기(가로 4.3mm, 세로 4.3mm) : 부품 간의 간격에 참조, 실크 스크린 데이터
- Pad Size(2.6mm*1.6mm) : Pad Stack 크기 결정
- 핀 번호 : 핀 번호는 CAE Decal과 일치해야 함(극성이 있는 부품들)

01 Library Manager 팝업 창에서 New Button을 Click한다.

02 작업화면의 메뉴 바에서 Tools〉Options...를 선택하고, Options 팝업 창에서는 Global〉General을 Click하고, Design units를 Metric으로 선택한 후 OK Button을 Click하여 설정한다.

03 작업화면에서 Drafting Toolbar Icon( )을 Click한 후 다음 그림과 같이 Terminal Icon( )을 Click한다.

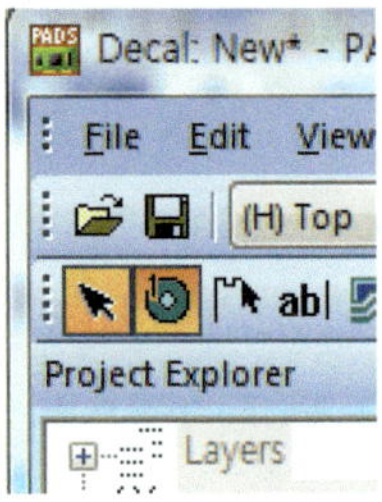

04 Add Terminals 팝업 창이 나타나면 Prefix 등 여러 선택사항을 적용할 수 있지만 전해 콘덴서의 경우 OK Button을 Click한다.

05 키보드로 g1.8, gd1.8을 각각 입력하고 Enter Key를 친다.

06 원점 왼쪽의 좌표(-1.8 0)에 1번 터미널을 Click하여 배치한다.

07 원점 오른쪽의 좌표(1.8 0)에 2번 터미널을 Click하여 배치한다.

08 Drafting Toolbar에서 Select Icon( )을 선택, MRB〉Select Terminals을 선택한다. 마우스 가운데 버튼을 사용하여 화면을 확대한다.

09 1번 터미널을 Double Click한다.

10 다음 그림과 같이 Terminal... 팝업 창이 나타나면 좌표 값(−1.8, 0)을 확인한 후 Pad Stack Button을 Click한다.

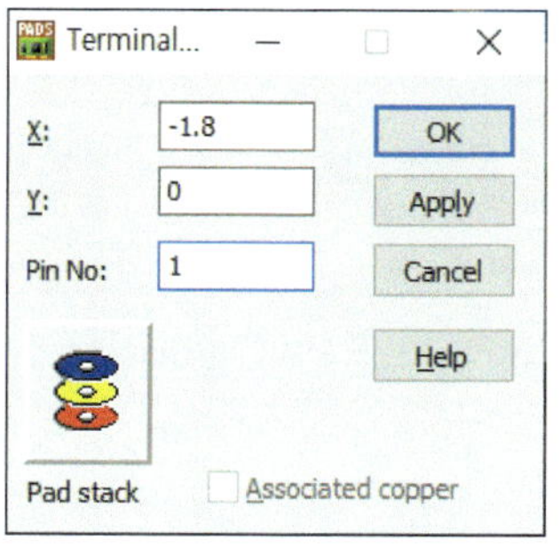

11 Pad Stack Properties for Pin 팝업 창이 나타나면 Sh. Sz. Layer: 항목에서 맨 위 CNN 1.154 <Mounted Side>를 선택한 후 다음 그림과 같이 Parameters:는 를, Width:는 1.6을, Length:는 2.6을, Drill Size:는 0을, Plated 항목은 (비)활성화시킨다.

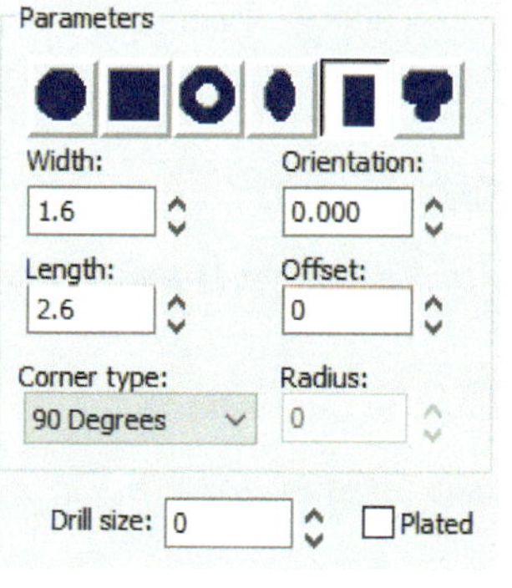

12 Sh. Sz. Layer: 항목에서 CNN 1.154 <Inner Layer>를 선택한 후 다음 그림과 같이 Parameters:는 를, Diameter:는 0을, Drill Size:는 0을, Plated 항목은 (비)활성화시킨다.

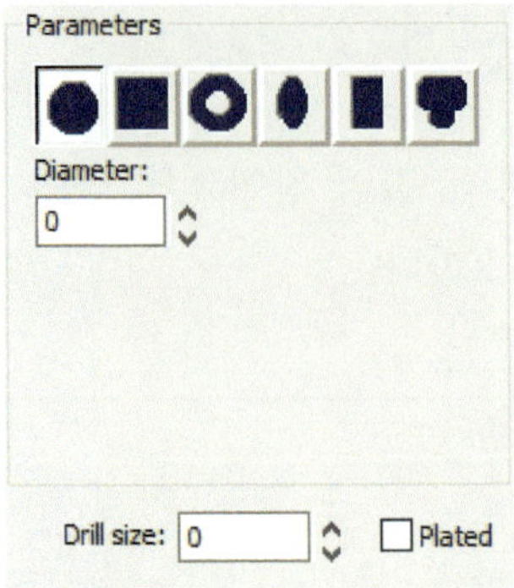

13 Sh. Sz. Layer: 항목에서 CNN 1.154 <Opposite Side>를 선택한 후 순서 12번과 같이 설정되었는지 확인하고 필요시 수정하여 설정한다.

14 Pad Stack Properties for Pin 팝업 창에서 OK Button을 Click한 후 2번 터미널을 Double Click한다.

15 Terminal... 팝업 창이 나타나면 좌표 값(0, 1.8)을 확인한다. 필요시 수정한 후 Pad Stack Button을 Click한다.

16 Pad Stack Properties for Pin 팝업 창이 나타나면 Sh. Sz. Layer: 항목에서 맨 위 CNN 1.154 <Mounted Side>를 선택한 후 1번 터미널의 경우와 같이 Parameters:는 ▮를, Width:는 1.6을, Length:는 2.6을, Drill Size:는 0을, Plated 항목은 (비)활성화시킨다. 나머지 Inner Layer와 Opposite Side도 1번 터미널의 경우와 같게 설정한다.

17 Pad Stack Properties for Pin 팝업 창과 Terminal... 팝업 창에서 OK 버튼을 차례로 Click한 후 Esc Key를 누른다.

위의 Data Sheet에서 외형 크기를 가로 4.4mm, 세로 4.4mm로 약간 크게 하고 1번 핀(왼쪽)을 −, 2번 핀(오른쪽)을 +로 작업하기 위하여 다음 순서에 따라 진행한다.

01 Drafting Toolbar에서 2D Line Icon( )을 Click한 후 작업 창에서 MRB〉Path를 선택한다.

02 키보드로 g0.1을 입력한다.

03 다음 그림을 참조하여 키보드로 s-2.2 1.0 Enter, Space Bar를 누르고 s-2.2 2.2 Enter, Space Bar를 누르고 s1.8 2.2 Enter, Space Bar를 누르고, s2.2 1.8 Enter, Space Bar를 누르고 s2.2 1.0 Enter를 누른 후 그 좌표에서 Double Click한다.

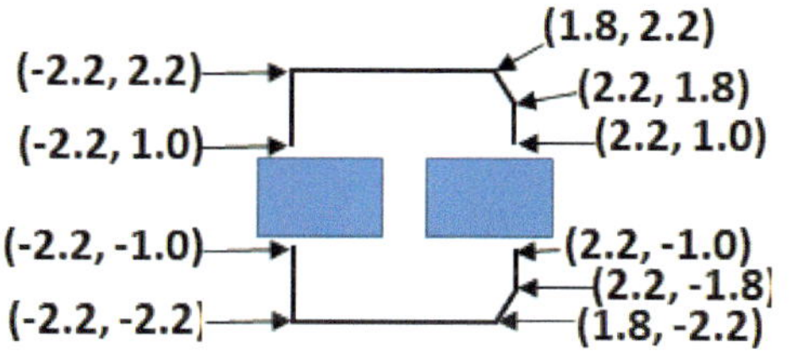

04 키보드로 s-2.2 -1.0 Enter, Space Bar를 누르고 s-2.2 -2.2 Enter, Space Bar를 누르고 s1.8 -2.2 Enter, Space Bar를 누르고, s2.2 -1.8 Enter, Space Bar를 누르고 s2.2 -1.0 Enter를 누른 후 그 좌표에서 Double Click한다. 이 부분은 위에서 그린 것을 복사한 후 위치 변경을 하여 아래쪽에 배치해도 된다.

05 Drafting Toolbar에서 Text Icon(**ab|**)을 Click한다. Text Properties 팝업 창이 나타나면 다음 그림과 같이 Text란에 +를 입력하고 Layer:는 Silkscreen Top으로, Position and sizes 항목에서 X:는 3.6으로, Y:는 -0.6으로, Size는 2로 설정한 후 OK Button을 Click, 팝업 창이 다시 나타나면 Cancel Button을 Click, Esc Key를 누른다.

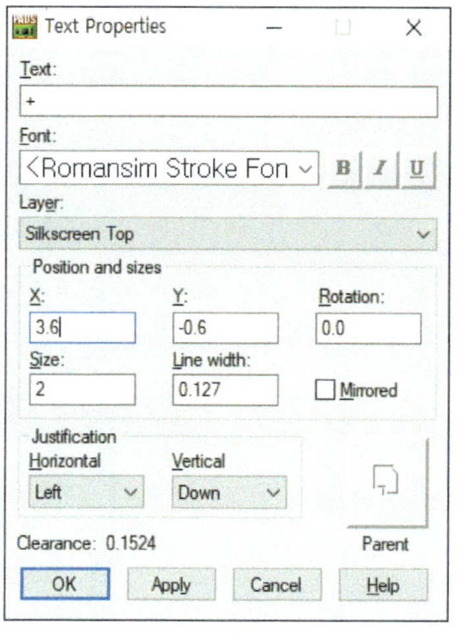

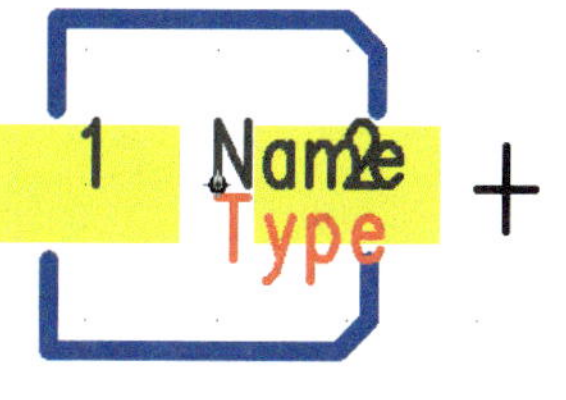

06 이는 전해 콘덴서의 극성을 표시하기 위하여 + 연결 단자를 눈으로 확인할 수 있도록 하기 위한 것이다.

07 키보드로 g2.54를 입력한 후 Enter Key를 친다.

08 작업화면의 메뉴 바에서 File〉Save Decal을 선택하고, 다음 그림과 같이 경로 지정을 확인한 후 D55를 입력한 다음, OK Button을 Click한다.

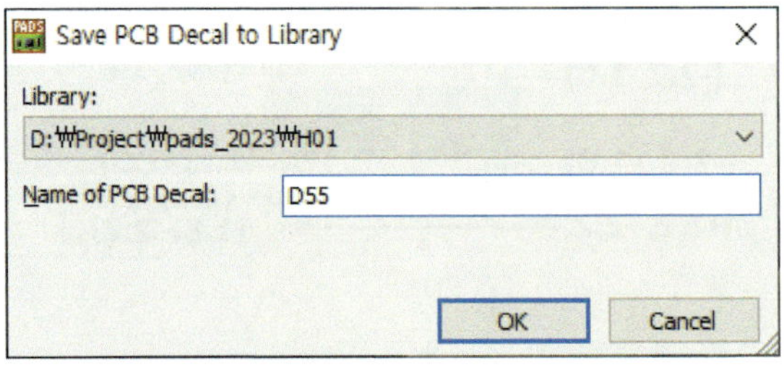

09 Part Type 생성에 대한 메시지가 나오면 순서 16-1번과 같이 진행하여 다음 그림과 같이 경로를 확인한 후 D55로 저장한다.

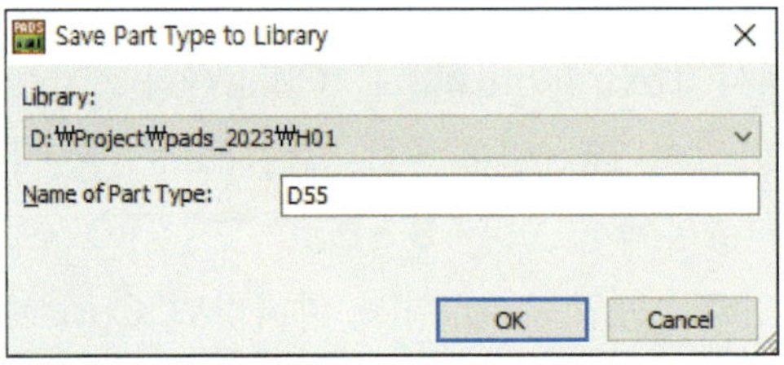

10 Library Manager 팝업 창에서 위에서 생성한 Decal을 확인한다.

6.3.9 Chip Resistor/Capacitor(RC1608) PCB Decal 생성하기

이 부품은 SMD Type의 극성이 없는 Chip Resistor/Capacitor이다. 이러한 부품의 생성 과정을 알아본다.

Chip Resistor/Capacitor는 다음의 Data Sheet를 활용하여 생성한다.

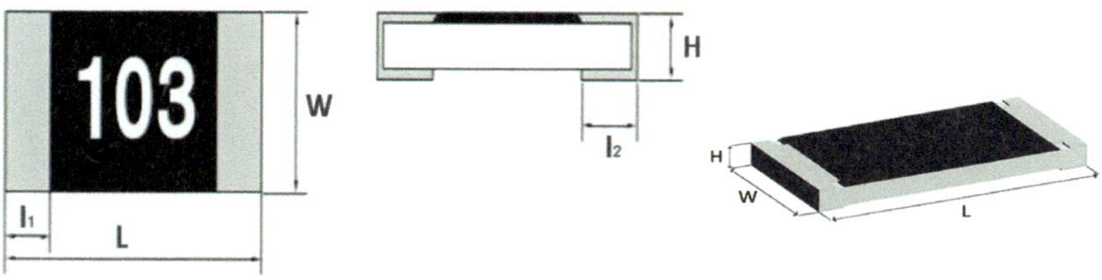

<Top View> <Side View>

(UNIT: mm)

Type	Inch	Power(W)	L	W	H	l_1	l_2	Average Weight
RC1608	0603	1/10	1.60±0.10	0.80±0.15	0.45±0.10	0.30±0.20	0.35±0.10	2.1mg

■ **Standard Soldering Pad Dimensions**

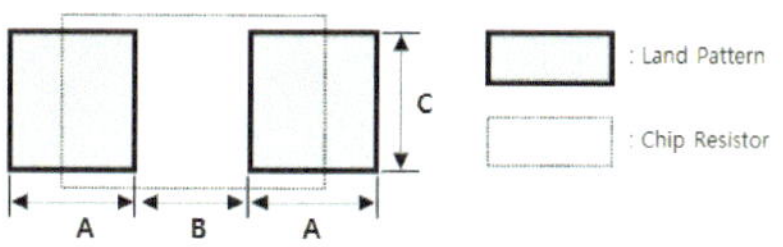

[Unit : mm]

Size(mil)	Reflow Soldering			
	A	B	2A + B	C
RC0402(01005)	017	0.20	0.54	0.18
RC0603(0201)	0.37	0.28	1.02	0.29
RC1005(0402)	0.60	0.50	1.70	0.50
RC1608(0603)	0.80	0.80	2.40	0.80
RC2012(0805)	0.90	1.40	3.20	1.20
RC3216(1206)	1.30	1.80	4.40	1.50
RC3225(1210)	1.30	1.80	4.40	2.40
RC5025(2010)	1.40	3.30	6.10	2.40
RC6432(2512)	1.40	4.60	7.40	3.00

Chip Resistor/Capacitor 참고용 Data Sheet

위의 Data Sheet에서 중요한 항목은 다음과 같다.

- Pad 사이 간격 (1.6mm) : Pad Stack 간의 거리(a/2=0.8, b/2=0.8)
- 외형 크기(가로 2.4mm, 세로 1.2mm) : 부품 간의 간격에 참조, 실크 스크린 데이터
- Pad Size (0.8mm*0.8mm) : Pad Stack 크기 결정

01 Library Manager 팝업 창에서 New Button을 Click한다.

02 작업화면의 메뉴 바에서 Tools〉Options...를 선택하고, Options 팝업 창에서는 Global〉General을 Click하고, Design units를 Metric으로 선택한 후 OK Button을 Click하여 설정한다.

03 작업화면에서 Drafting Toolbar Icon( )을 Click한 후 다음 그림과 같이 Terminal

Icon( )을 Click한다.

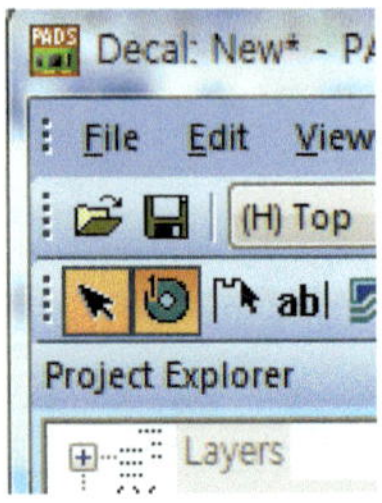

04 Add Terminals 팝업 창이 나타나면 Prefix 등 여러 선택사항을 적용할 수 있지만 Chip Resistor/Capacitor의 경우 OK Button을 Click한다.

05 키보드로 g0.8, gd0.8을 각각 입력하고 Enter Key를 친다.

06 원점 왼쪽의 좌표(–0.8 0)에 1번 터미널을 Click하여 배치한다.

07 원점 오른쪽의 좌표(0.8 0)에 2번 터미널을 Click하여 배치한다.

08 Drafting Toolbar에서 Select Icon( )을 선택하고, MRB〉Select Terminals을 선택한다. 마우스 가운데 버튼을 사용하여 화면을 확대한다.

09 1번 터미널을 Double Click한다.

10 다음 그림과 같이 Terminal... 팝업 창이 나타나면 좌표 값(–0.8, 0)을 확인한 후 Pad Stack Button을 Click한다.

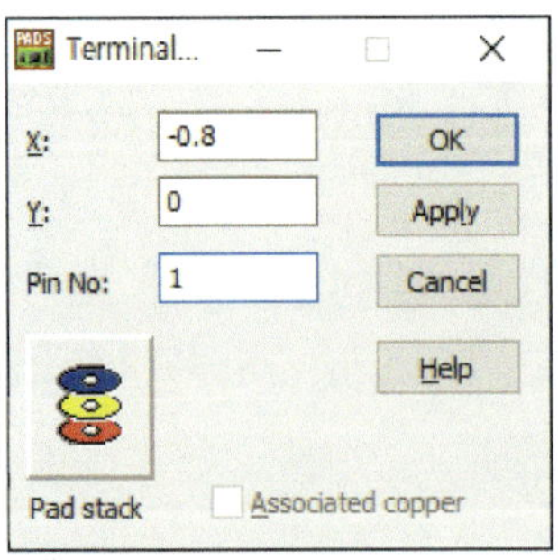

11 Pad Stack Properties for Pin 팝업 창이 나타나면 Sh. Sz. Layer: 항목에서 맨

위 CNN 1.154 <Mounted Side>를 선택한 후 다음 그림과 같이 Parameters:는 ■를, Size:는 0.8을, Drill Size:는 0을, Plated 항목은 (비)활성화시킨다.

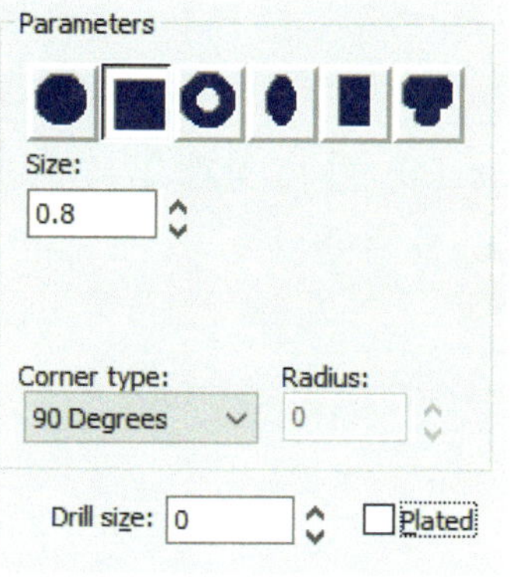

12 Sh. Sz. Layer: 항목에서 CNN 1.154 <Inner Layer>를 선택한 후 다음 그림과 같이 Parameters:는 ●를, Diameter:는 0을, Drill Size:는 0을, Plated 항목은 (비)활성화시킨다.

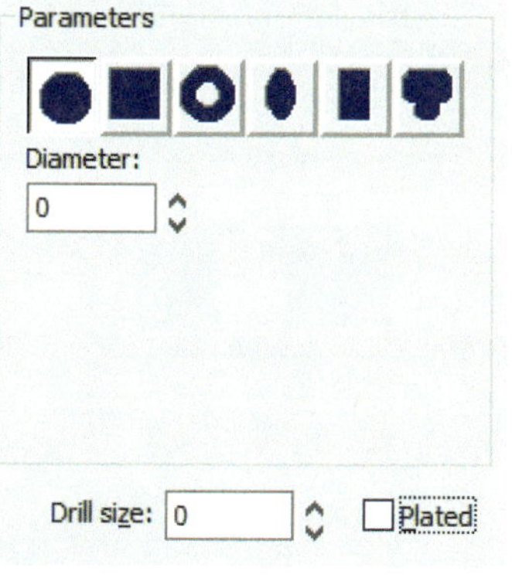

13 Sh. Sz. Layer: 항목에서 CNN 1.154 <Opposite Side>를 선택한 후 순서 12번과 같이 설정되었는지 확인하고 필요시 수정하여 설정한다.

14 Pad Stack Properties for Pin 팝업 창에서 OK Button을 Click한 후 2번 터미널을 Double Click한다.

15 Terminal... 팝업 창이 나타나면 좌표 값(0.8, 0)을 확인한다. 필요시 수정한 후 Pad Stack Button을 Click한다.

16 Pad Stack Properties for Pin 팝업 창이 나타나면 Sh. Sz. Layer: 항목에서 맨 위 CNN 1.154 <Mounted Side>를 선택한 후 1번 터미널의 경우와 같이 Parameters:는 를, Size:는 0.8을, Drill Size:는 0을, Plated 항목은 (비)활성화 시킨다. 나머지 Inner Layer와 Opposite Side도 1번 터미널의 경우와 같게 설정한다.

17 Pad Stack Properties for Pin 팝업 창과 Terminal... 팝업 창에서 OK 버튼을 차례로 Click한 후 Esc Key를 누른다.

위의 Data Sheet에서 외형 크기를 가로 2.8mm, 세로 1.2mm로 약간 크게 작업하기 위해 다음 순서에 따라 진행한다.

01 Drafting Toolbar에서 2D Line Icon( )을 Click한 후 작업 창에서 MRB〉Rectangle을 선택한다.

02 키보드로 g0.1을 입력한다.

03 다음 그림을 참조하여 키보드로 s−1.4 −0.6 Enter, Space Bar를 누르고 s1.4 0.6 Enter, Space Bar를 눌러 완성한다.

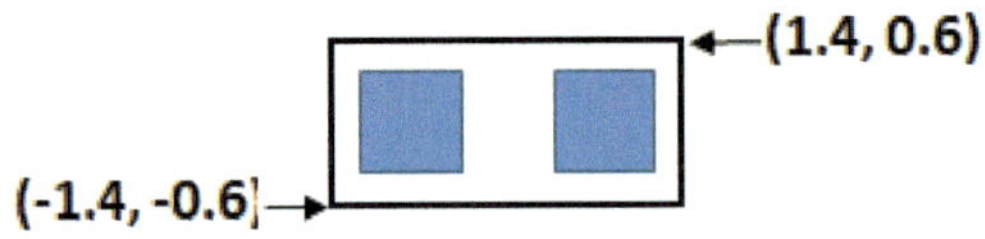

04 키보드로 g2.54를 입력한 후 Enter Key를 친다.

05 작업화면의 메뉴 바에서 File〉Save Decal을 선택하고, 다음 그림과 같이 경로 지정을 확인한 후 RC1608을 입력한 다음, OK Button을 Click한다.

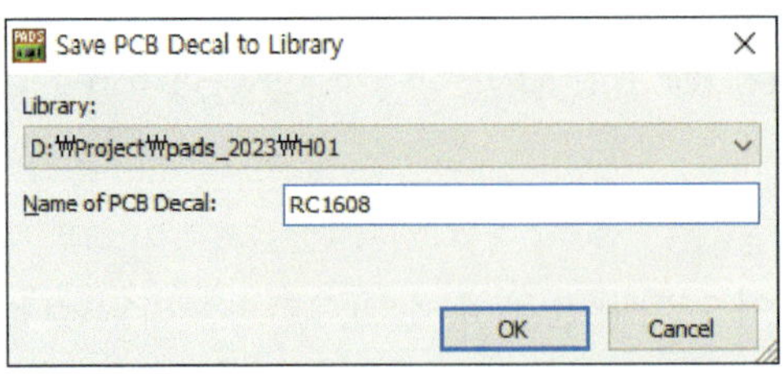

06 Part Type 생성에 대한 메시지가 나오면 순서 16-1과 같이 진행하여 다음 그림과 같이 경로를 확인한 후 RC1608로 저장한다.

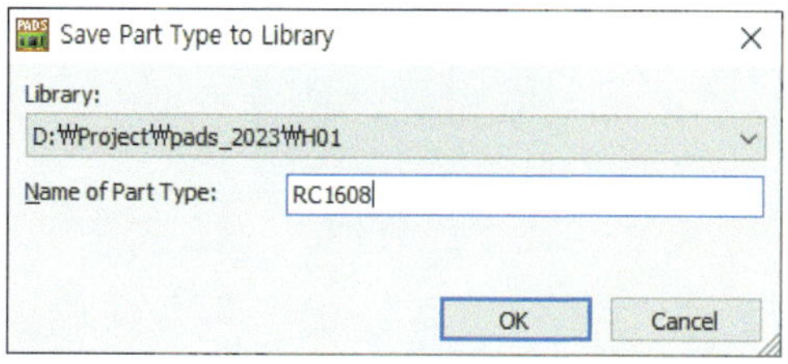

07 Library Manager 팝업 창에서 위에서 생성한 Decal을 확인한다.

6.3.10 기구 고정용 Hole PCB Decal 생성하기

이 부품은 PCB 제작 후 부품들을 조립한 후 제품에 고정하기 위한 것으로, 다음 그림과 같이 다양한 크기의 PCB 지지대를 사용하여 고정한다. 본 장에서는 비전기적인 특성의 $\Phi 3$ 크기의 Hole로 생성할 것이다. 이를 위해 다음 순서에 따라 진행한다.

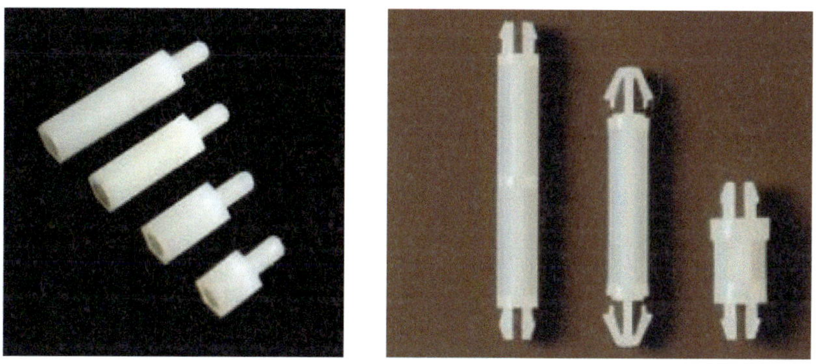

PCB 서포터

01 Library Manager 팝업 창에서 New Button을 Click한다.

02 작업화면의 메뉴 바에서 Tools〉Options...를 선택하고, Options 팝업 창에서는 Global〉General을 Click하고, Design units를 Metric으로 선택한 후 OK Button을 Click하여 설정한다.

03 작업화면에서 Drafting Toolbar Icon( )을 Click한 후 다음 그림과 같이 Terminal Icon( )을 Click한다.

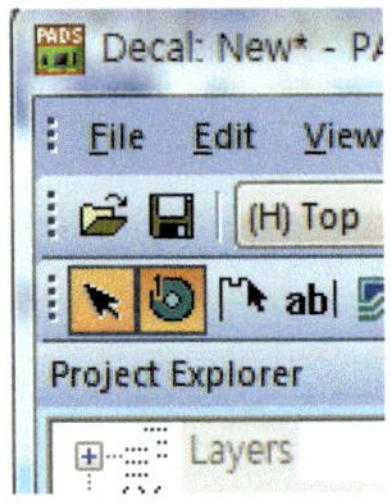

04 Add Terminals 팝업 창이 나타나면 Prefix 등 여러 선택사항을 적용할 수 있지만 이 Hole의 경우 OK Button을 Click한다.

05 원점, 좌표(0, 0)에 1번 터미널을 Click하여 배치한 후 Esc Key를 누른다.

06 Drafting Toolbar에서 Select Icon( )을 선택, MRB>Select Terminals을 선택한다. 마우스 가운데 버튼을 사용하여 화면을 확대한다.

07 1번 터미널을 Double Click한다.

08 Terminal... 팝업 창이 나타나면 Pad Stack Button을 Click한다.

09 Pad Stack Properties for Pin 팝업 창이 나타나면 Sh. Sz. Layer: 항목에서 맨 위 CNN 1.154 <Mounted Side>를 선택한 후 다음 그림과 같이 Parameters:는 ●를, Size:는 3.0을, Drill Size:는 3.0을, Plated 항목은 비활성화시킨다.

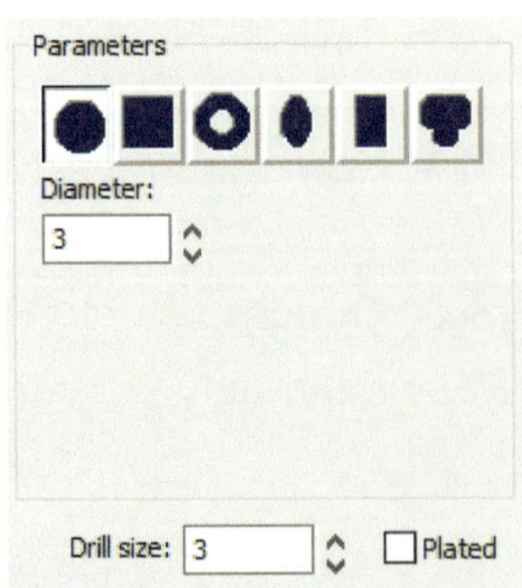

10 Sh. Sz. Layer: 항목에서 CNN 1.154 <Inner Layer>와 CNN 1.154 <Opposite Side>를 각각 선택한 후 순서 9번과 같이 설정한다. 그리고 Pad Stack Properties for Pin 팝업 창과 Terminal... 팝업 창에서 OK Button을 차례로 Click한 후 Esc Key를 누른다.

11 작업화면의 메뉴 바에서 File〉Save Decal을 선택하여, 다음 그림과 같이 경로 지정을 확인한 후 Hole_3을 입력한 다음, OK Button을 Click한다.

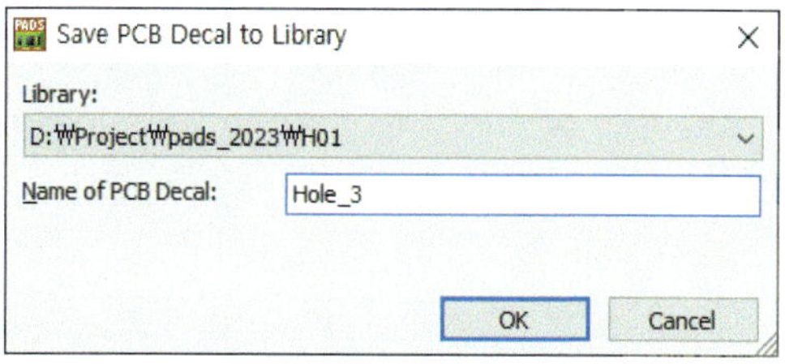

12 Part Type 생성에 대한 메시지가 나오면 순서 16-1과 같이 진행하여 다음 그림과 같이 경로를 확인한 후 Hole_3으로 저장한다.

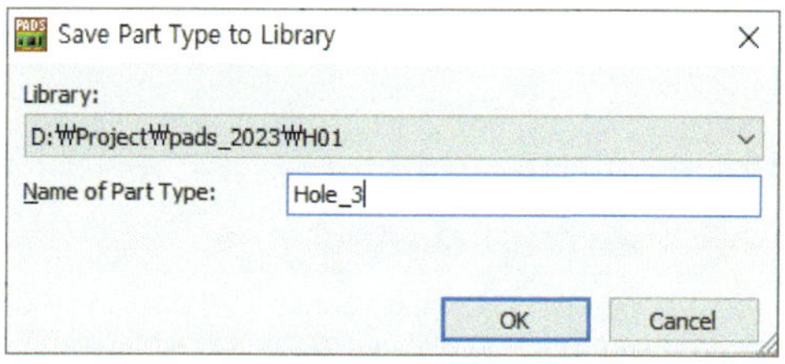

13 Library Manager 팝업 창에서 위에서 생성한 Decal을 확인한 후 프로그램을 닫는다.

6.4 PADS Logic Library 설정하기

회로도에 사용되고 있는 CAE Decal을 만들어 저장할 수 있는 Library를 설정하기 위해 다음 순서에 따라 진행한다.

01 PADS Logic 9.5 프로그램을 실행하고 **Start a new design**을 Click한다.

02 작업화면의 메뉴 바에서 File〉Library...를 선택한다.

03 Library Manager 팝업 창에서 Manage Lib List... Button을 Click한다.

04 Library List 팝업 창에서 Add Button을 Click한다.

05 추가할 경로를 설정(D:₩Project₩pads_2023)하고 File(H01.pt9)을 선택한 후 열기(O) Button을 Click한다.

06 Library List 팝업 창에서 Scroll Bar를 아래로 내려 추가한 File을 선택, Up Button을 계속 Click하여 맨 위쪽으로 보낸 후 OK Button을 Click한다.

07 Library Manager 팝업 창에서 Library 경로를 위에서 설정한 것으로 지정한다.

6.5 CAE Decal 생성 및 Part Type 설정하기

6.5.1 ATmega128(TQFP64) CAE Decal 생성 및 Part Type 설정하기

CAE Decal은 프로그램에서 제공되는 것과 그렇지 않은 것이 있는데, 후자의 경우는 직접 Decal을 생성해야 한다. 이 장에서는 프로그램에서 제공되는 것도 생성해 보도록 한다.

다음 그림의 ATmega128 Pin Configurations를 참조하여 이 부품에 대한 CAE Decal을 생성하기 위하여 다음 순서에 따라 진행한다.

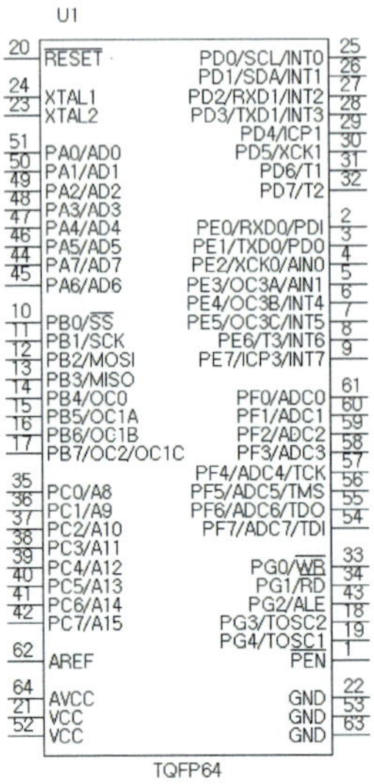

CAE Decal

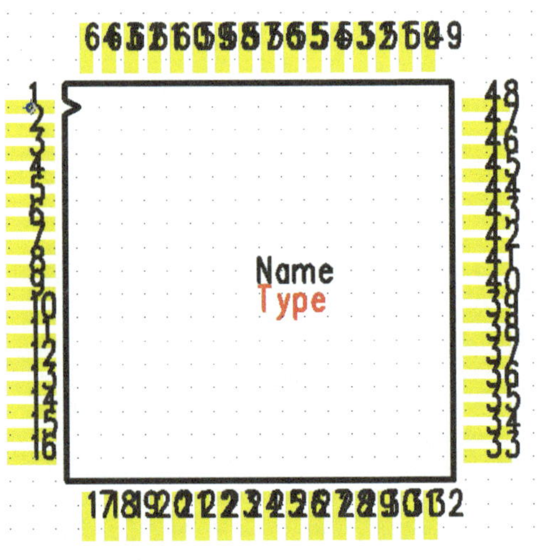

PCB Decal ATmega128 Pin Configurations

01 작업화면의 메뉴 바에서 File〉Library...를 선택한 후 저장할 Library의 경로 지정을 확인한다.

02 Library Manager 팝업 창의 Filter 항목에서 Logic을 Click, New... Button을 Click 하여 Decal Editor 화면을 연다.

03 Library Manager 팝업 창은 닫아도 되고 적당한 곳으로 이동해도 된다.

04 작업화면에서 Decal Editing Toolbar Icon( )을 Click한 후 CAE Decal Wizard Icon( )을 Click한다.

05 CAE Decal Wizard 팝업 창이 나타나면 다음 그림과 같이 설정한 후 OK Button을 Click한다.

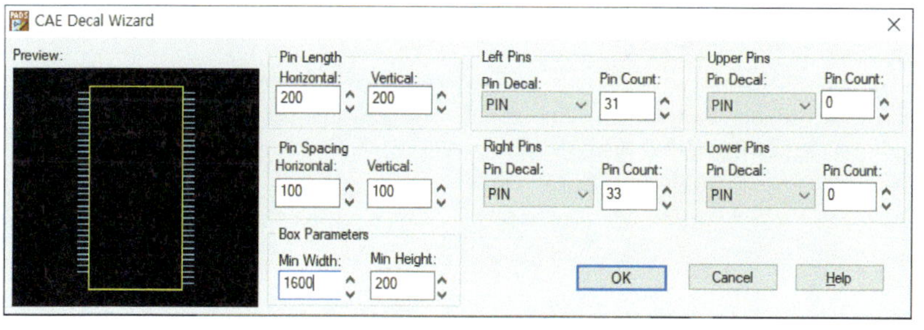

06 Toolbar에서 Create 2D Line Icon( )을 Click하고 MRB〉Rectangle을 선택한다.

07 좌표(0, 0)에서 Click, Drag하여 좌표(1600, 3800)에서 Click하여 사각형을 그린다.

08 Toolbar에서 Select Icon( )을 선택하고, MRB〉Select Drafting Items를 선택한 후 안쪽에 있는 작은 사각형을 선택하여 지운다.

09 Toolbar에서 Select Icon( )을 선택하고, MRB〉Select Terminals를 선택한다.

10 사각형 왼쪽에 있는 터미널들을 Click, Drag하여 선택한 후 좀 더 왼쪽으로 이동시킨다.

11 사각형 오른쪽에 있는 터미널들을 Click, Drag하여 선택한 후 좀 더 오른쪽으로 이동시킨다.

12 위의 ATmega128 Pin Configurations의 CAE Decal 핀 번호를 참조하여 핀 번호를 하나씩 Click, Drag하여 배치한다. 필요시 MRB〉X Mirror를 선택하여 진행한다.

13 MRB〉Select Labels를 선택하고 REF를 Click하고 Drag하여 다음 그림과 같이 좌표 (100, 3900)에 Click하여 이동 배치한 후 Esc Key를 누른다.

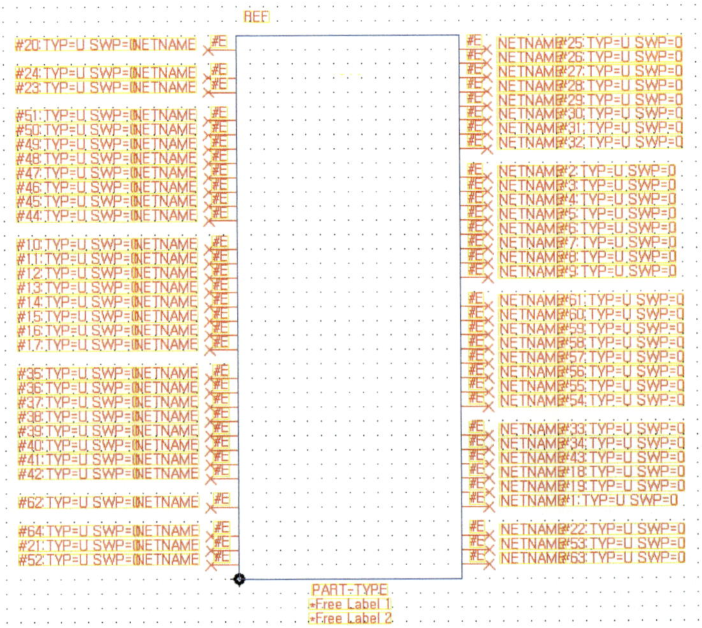

14 작업화면의 메뉴 바에서 File〉Save를 선택하고, 다음 그림과 같이 경로 지정을 확인한 후 TQFP64를 입력한 다음, OK Button을 Click한다.

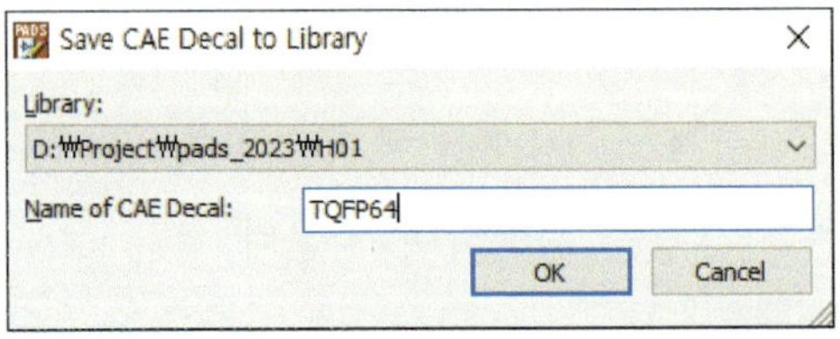

위에서 이 부품에 대한 PCB Decal을 만들었고 CAE Decal도 만들었으므로 이제 두 Decal 간 서로 연결 작업인 Part Type을 설정하기 위하여 다음 순서에 따라 진행한다.

01 작업화면의 메뉴 바에서 File〉New를 선택한다.

02 다음 그림과 같이 Select type of editing item 팝업 창이 나타나면 Part Type을 선택한 후 OK Button을 Click한다.

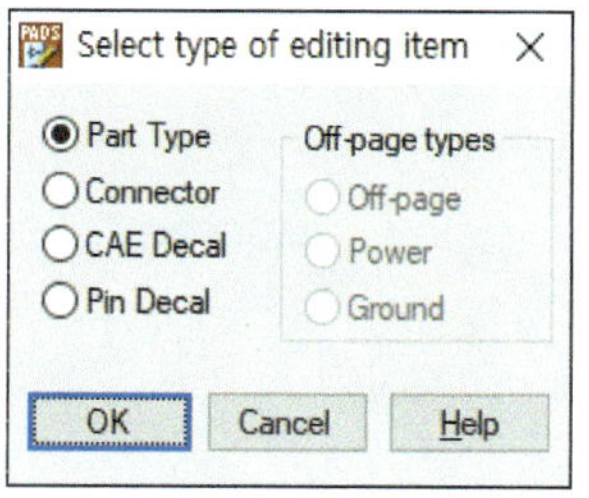

03 Toolbar에서 Edit Electrical Icon( )을 선택한다.

04 다음 그림과 같이 Part Information for Part 팝업 창이 나타나면 General Tab의 Logic Family를 QFP로 설정한 후 PCB Decals Tab을 Click한다.

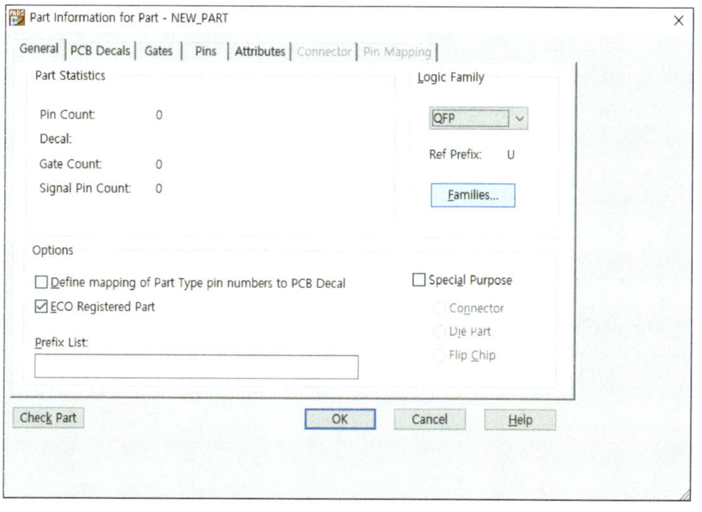

05 다음 그림과 같이 Library 경로설정을 확인하고 Unassigned Decals: 항목에서 TQFP64를 선택하고, 오른쪽의 Assign>> Button을 Click하여 오른쪽 사각형으로 보내고 Gates Tab을 Click한 다음, Add Button을 누른다.

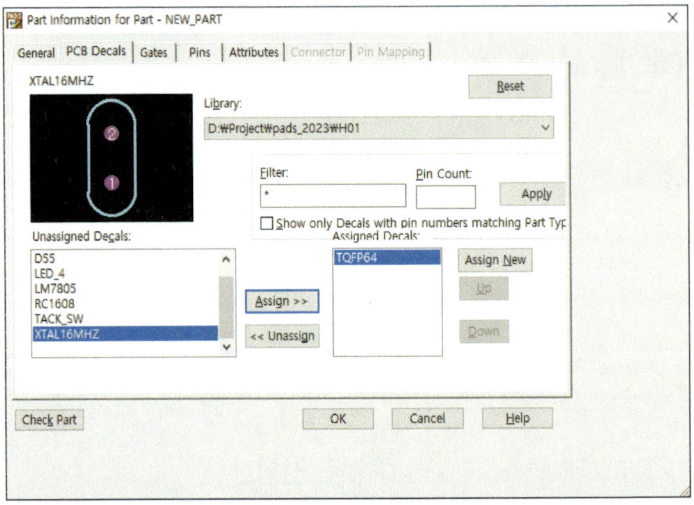

06 다음 그림과 같이 CAE Decal1 항목의 아래 빈 칸을 Double Click한 후 바로 오른쪽에 있는 Button(...)을 Click한다.

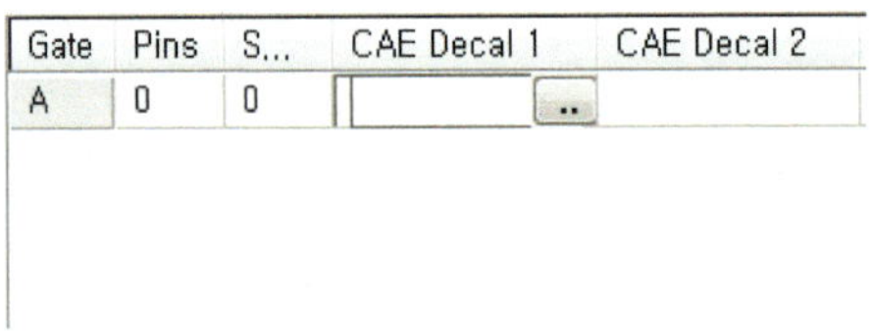

07 다음 그림과 같이 Assign Decal to Gate A of Part 팝업 창이 나타나고 TQFP64 Decal이 나타나면 Assign>> Button을 Click하여 오른쪽 사각형으로 보내고 OK Button을 Click, 이전 팝업 창에서 Pins Tab을 Click한다.

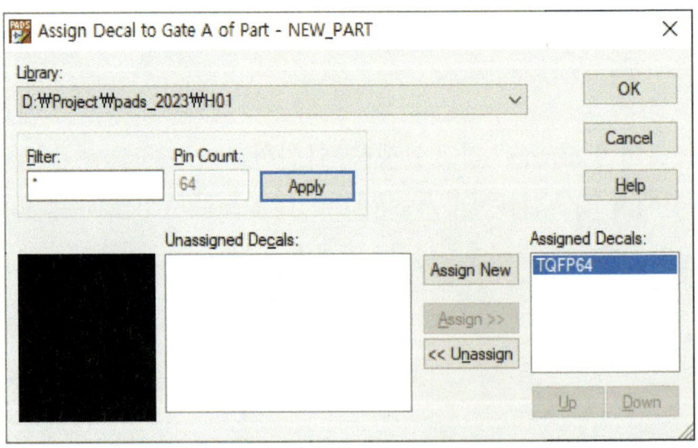

08 다음 그림과 같이 팝업 창이 나타나면 Pin Group은 Gate A로 설정하고 Data Sheet를 참조하여 Number에 맞는 Name과 Type을 설정하고 OK Button을 Click한다.

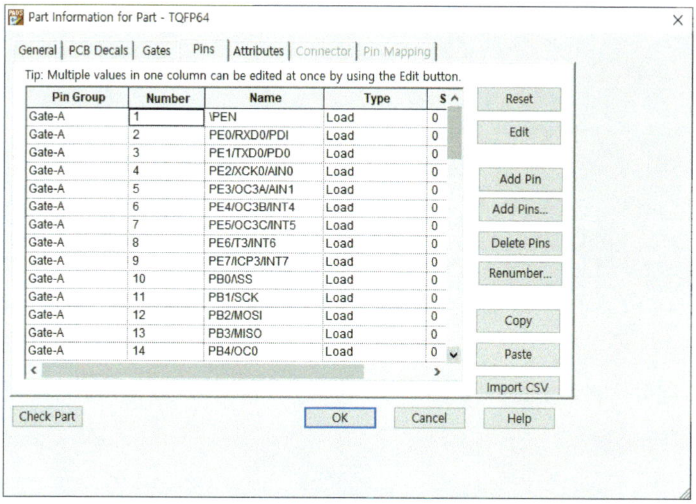

09 작업화면의 메뉴 바에서 File〉Save를 선택하고, 다음 그림과 같이 경로 지정을 확인한 후 TQFP64를 입력한 다음, OK Button을 Click한다.

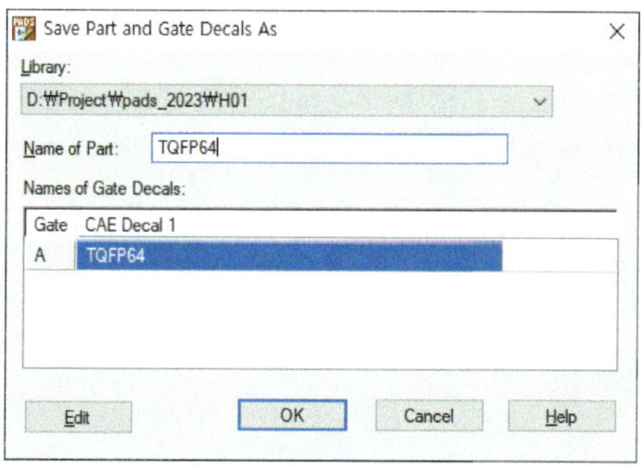

10 다음 그림과 같이 Overwrite 여부 메시지 창이 나타나면 예(Y) Button을 Click한다.

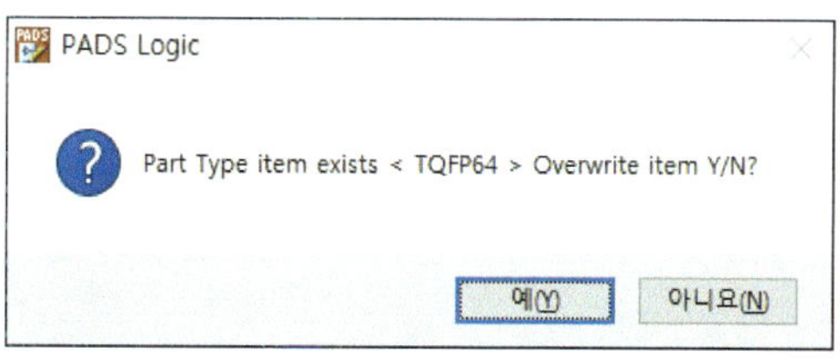

11 작업화면의 메뉴 바에서 File〉Exit Part Editor를 선택하여 빠져나온다.

6.5.2 2핀 Connector(con2_1) CAE Decal 생성 및 Part Type 설정하기

다음 그림의 2핀 Connector(con2_1) Pin Configurations를 참조하여 이 부품에 대한 CAE Decal을 생성하기 위하여 다음 순서에 따라 진행한다.

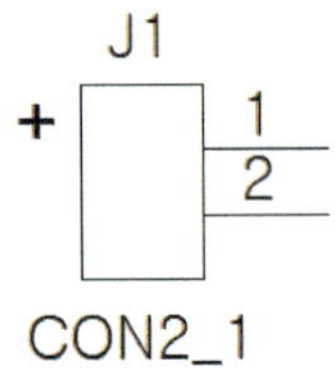

CAE Decal

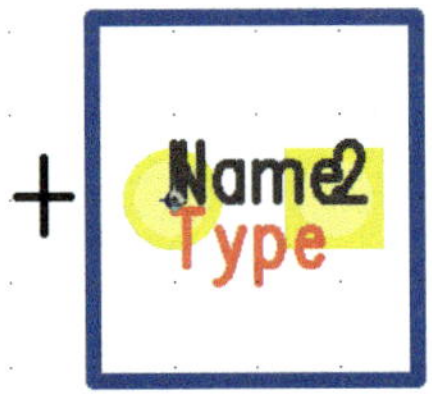

PCB Decal con2_1 Pin Configurations

01 작업화면의 메뉴 바에서 File〉Library...를 선택한 후 저장할 Library의 경로 지정을 확인한다.

02 Library Manager 팝업 창의 Filter 항목에서 Logic을 Click하고, New... Button을 Click하여 Decal Editor 화면을 연다.

03 Library Manager 팝업 창은 닫아도 되고 적당한 곳으로 이동해도 된다.

04 작업화면에서 Decal Editing Toolbar Icon( )을 Click한 후 CAE Decal Wizard Icon( )을 Click한다.

05 다음 그림과 같이 CAE Decal Wizard 팝업 창이 나타나면 다음 그림과 같이 설정한 후 OK Button을 Click한다.

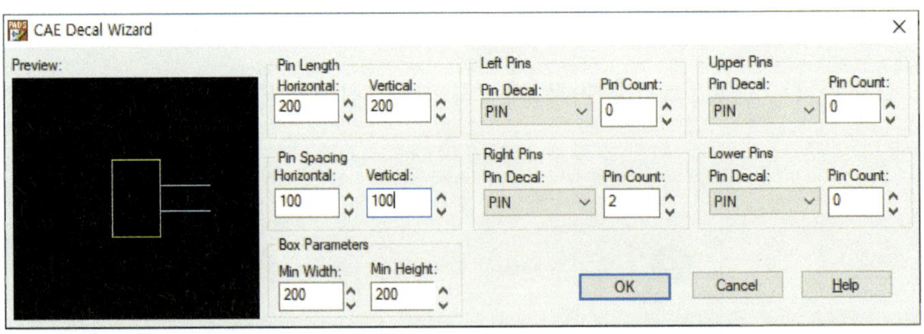

06 PCB Decal에서 1번 터미널을 +로 설정했기 때문에 CAE Decal에서도 그와 같게 설정해주기 위해 Toolbar에서 Create Text Icon( )을 Click한다.

07 다음 그림과 같이 Text: 입력란에 +를, 좌표 X:에 -100을, 좌표 Y:에 200을, Size:에 11을 입력한 후 OK Button을 Click하고, 팝업 창이 다시 나타나면 Cancel Button을 Click한 다음, Esc Key를 누른다.

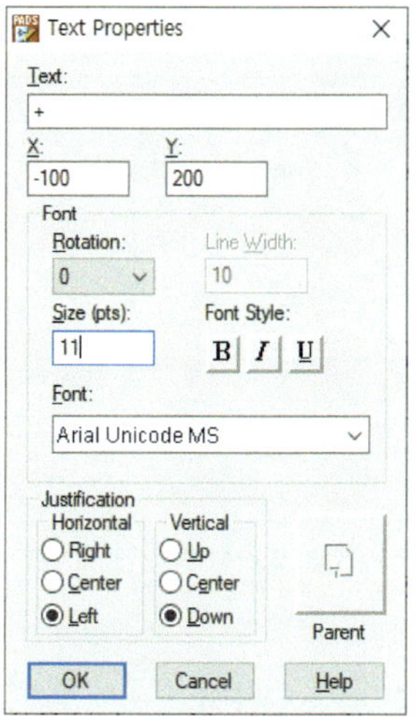

08 다음 그림과 같이 완성된 부품을 확인한다.

09 작업화면의 메뉴 바에서 File〉Save를 선택하고, 다음 그림과 같이 경로 지정을 확인한 후 con2_1을 입력한 다음, OK Button을 Click한다.

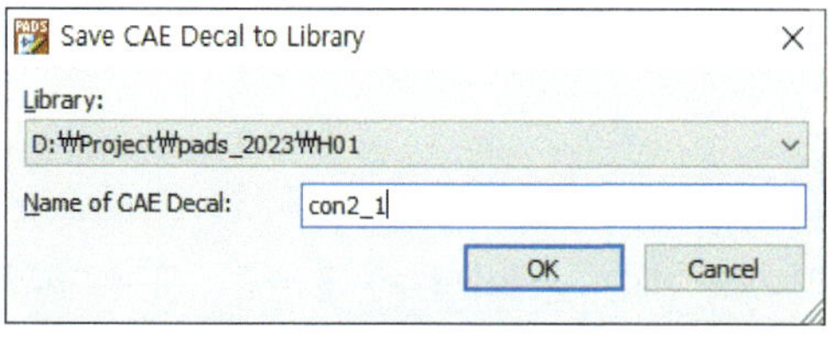

위에서 이 부품에 대한 PCB Decal을 만들었고 CAE Decal도 만들었으므로 이제 두 Decal 간 서로 연결 작업인 Part Type을 설정하기 위하여 다음 순서에 따라 진행한다.

01 작업화면의 메뉴 바에서 File〉New를 선택한다.

02 다음 그림과 같이 Select type of editing item 팝업 창이 나타나면 Part Type을 선택한 후 OK Button을 Click한다.

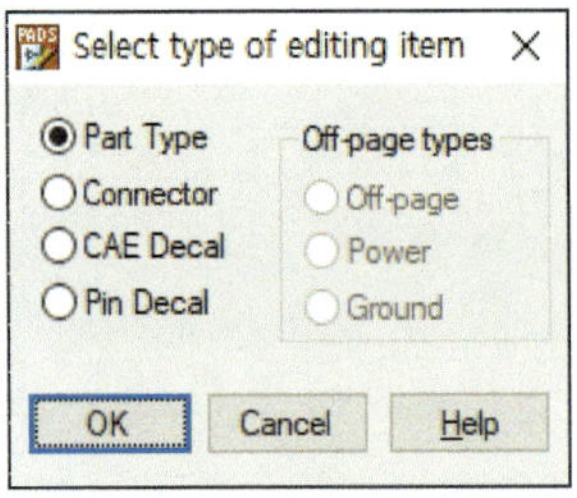

03 Toolbar에서 Edit Electrical Icon()을 선택한다.

04 다음 그림과 같이 Part Information for Part 팝업 창이 나타나면 General Tab의 Logic Family를 CON으로 설정한 후 PCB Decals Tab을 Click한다.

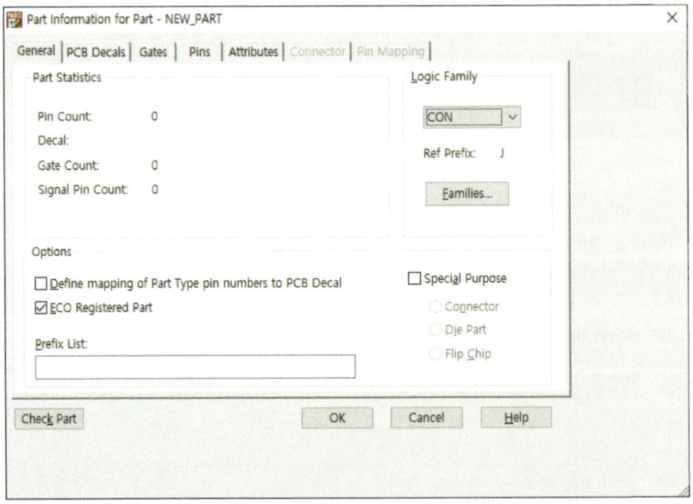

05 다음 그림과 같이 Library 경로설정을 확인하고 Unassigned Decals: 항목에서 CON2_1을 선택하고, 오른쪽의 Assign>> Button을 Click하여 오른쪽 사각형으로 보내고 Gates Tab을 Click한 후 Add Button을 누른다.

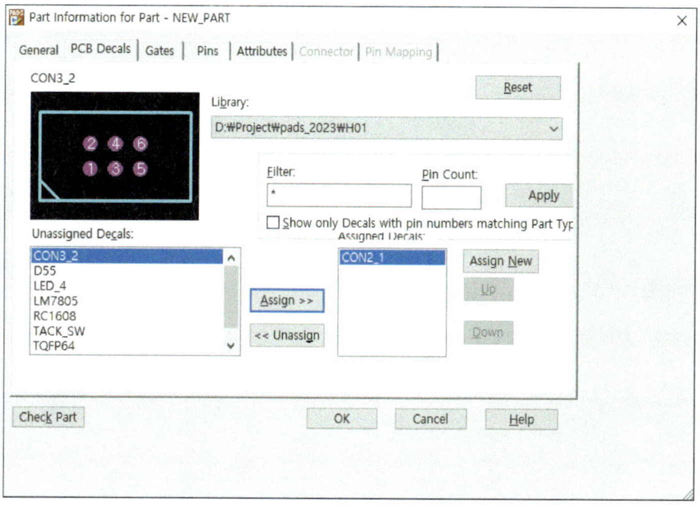

06 다음 그림과 같이 CAE Decal1 항목의 아래 빈 칸을 Double Click한 후 바로 오른쪽에 있는 Button(...)을 Click한다.

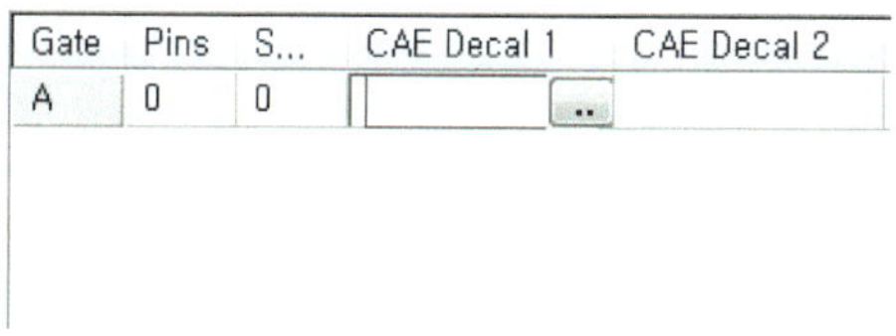

07 다음 그림과 같이 Assign Decal to Gate A of Part 팝업 창이 나타나고 CON2_1 Decal이 나타나면 Assign>> Button을 Click하여 오른쪽 사각형으로 보내고 OK Button을 Click한 다음, 이전 팝업 창에서 Pins Tab을 Click한다.

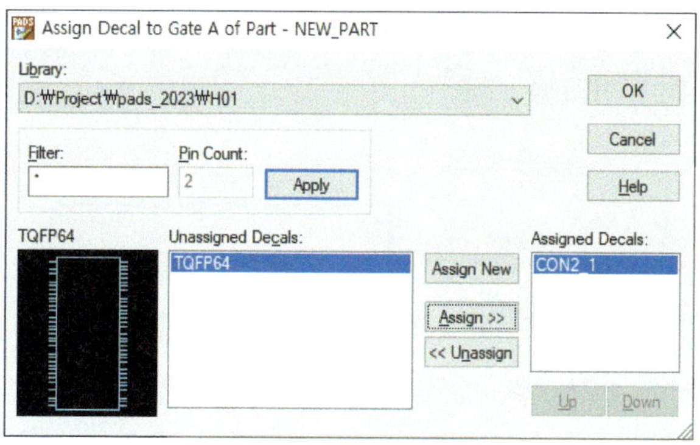

08 다음 그림과 같이 팝업 창이 나타나면 Pin Group은 Gate A로 설정하고 OK Button을 Click한다.

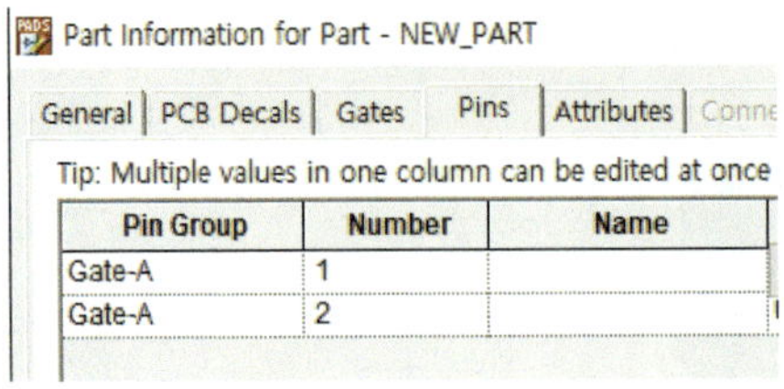

09 작업화면의 메뉴 바에서 File〉Save를 선택하고, 다음 그림과 같이 경로 지정을 확인한 후 CON2_1을 입력한 다음, OK Button을 Click한다.

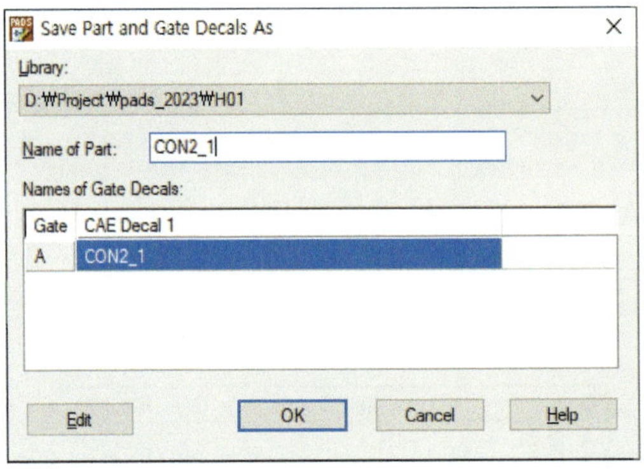

10 Overwrite 여부 메시지 창이 나타나면 예(Y) Button을 Click한다.

11 작업화면의 메뉴 바에서 File〉Exit Part Editor를 선택하여 빠져나온다.

6.5.3 6핀 Connector(con3_2) CAE Decal 생성 및 Part Type 설정하기

다음 그림의 6핀 Connector(con3_2) Pin Configurations를 참조하여 이 부품에 대한 CAE Decal을 생성하기 위하여 다음 순서에 따라 진행한다.

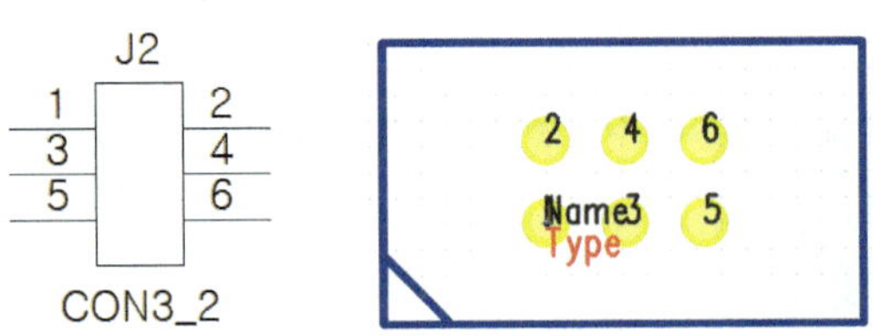

CAE Decal PCB Decal

con3_2 Pin Configurations

01 작업화면의 메뉴 바에서 File>Library...를 선택한 후 저장할 Library의 경로 지정을 확인한다.

02 Library Manager 팝업 창의 Filter 항목에서 Logic을 Click하고, New... Button을 Click하여 Decal Editor 화면을 연다.

03 Library Manager 팝업 창은 닫아도 되고 적당한 곳으로 이동해도 된다.

04 작업화면에서 Decal Editing Toolbar Icon( )을 Click한 후 CAE Decal Wizard Icon( )을 Click한다.

05 다음 그림과 같이 CAE Decal Wizard 팝업 창이 나타나면 다음 그림과 같이 설정한 후 OK Button을 Click한다.

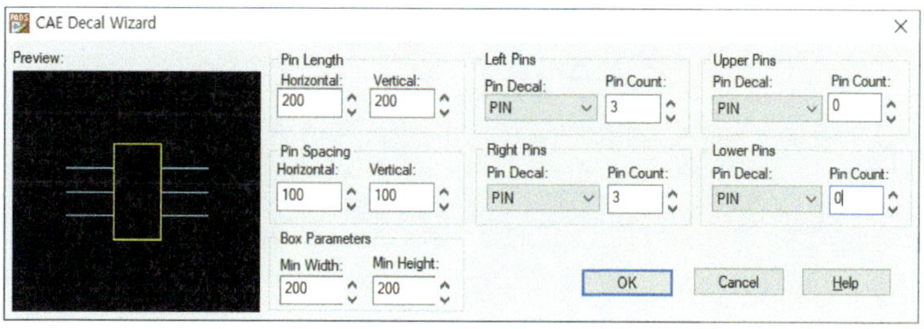

06 Toolbar에서 Select Icon( )을 선택, MRB>Select Terminals를 선택한 후 Terminal을 Click, Drag하여 Terminal의 위치를 다음 그림과 같이 바꾸어 준다. 필요시 MRB>X Mirror 등 메뉴를 이용한다.

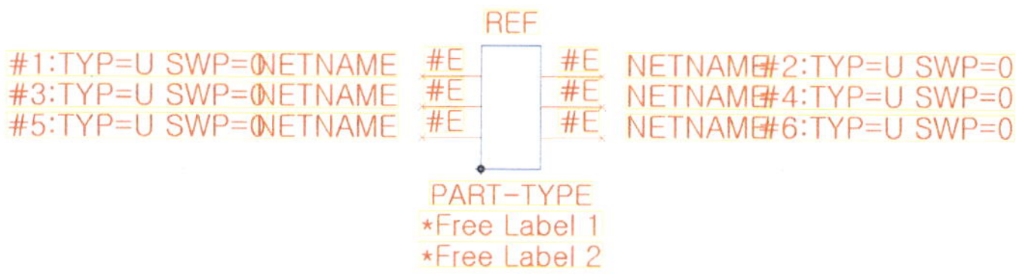

07 작업화면의 메뉴 바에서 File>Save를 선택하고, 다음 그림과 같이 경로 지정을 확인한 후 con3_2를 입력한 다음, OK Button을 Click한다.

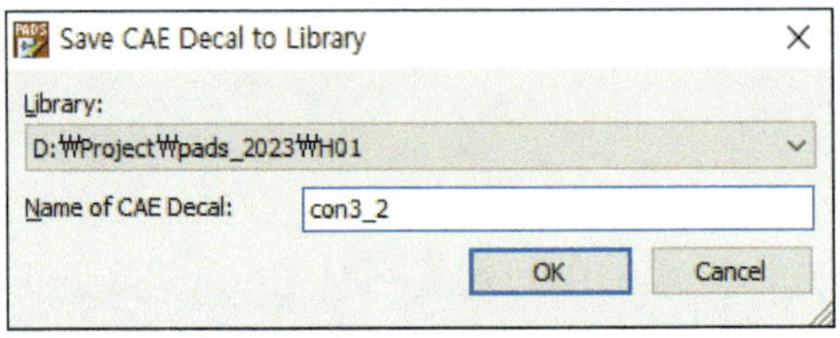

이 부품에 대한 PCB Decal을 만들었고 CAE Decal도 만들었으므로 이제 두 Decal 간 서로 연결하는 작업인 Part Type을 설정하기 위하여 다음 순서에 따라 진행한다.

01 작업화면의 메뉴 바에서 File〉New를 선택한다.

02 다음 그림과 같이 Select type of editing item 팝업 창이 나타나면 Part Type을 선택한 후 OK Button을 Click한다.

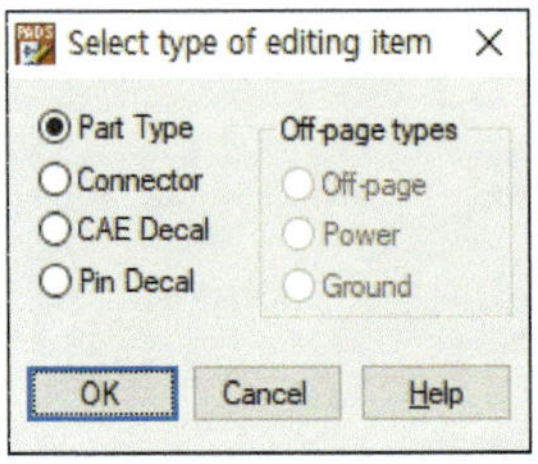

03 Toolbar에서 Edit Electrical Icon( )을 선택한다.

04 다음 그림과 같이 Part Information for Part 팝업 창이 나타나면 General Tab의 Logic Family를 CON으로 설정한 후 PCB Decals Tab을 Click한다.

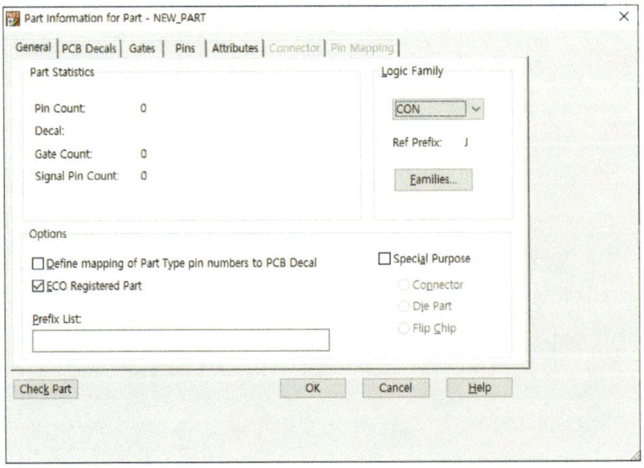

05 다음 그림과 같이 Library 경로설정을 확인하고 Unassigned Decals: 항목에서 CON3_2를 선택하고, 오른쪽의 Assign>> Button을 Click하여 오른쪽 사각형으로 보내고 Gates Tab을 Click한 후 Add Button을 누른다.

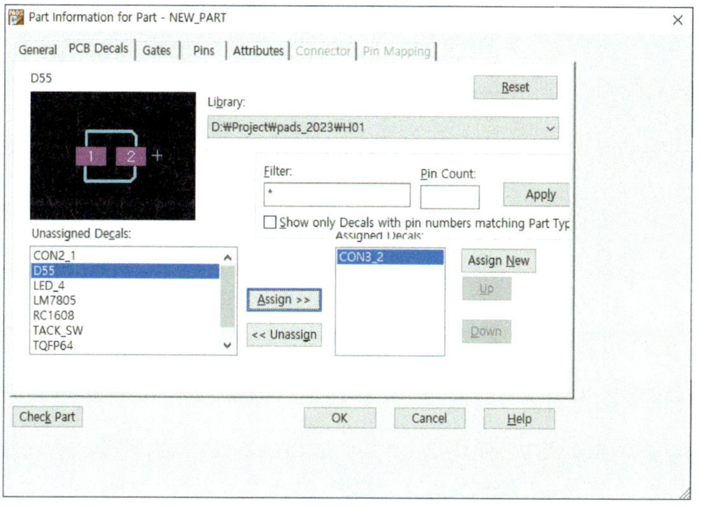

06 다음 그림과 같이 CAE Decal1 항목의 아래 빈 칸을 Double Click한 후 바로 오른쪽에 있는 Button(...)을 Click한다.

07 다음 그림과 같이 Assign Decal to Gate A of Part 팝업 창이 나타나고 CON3_2 Decal이 나타나면 Assign>> Button을 Click하여 오른쪽 사각형으로 보내고 OK Button을 Click한 다음, 이전 팝업 창에서 Pins Tab을 Click한다.

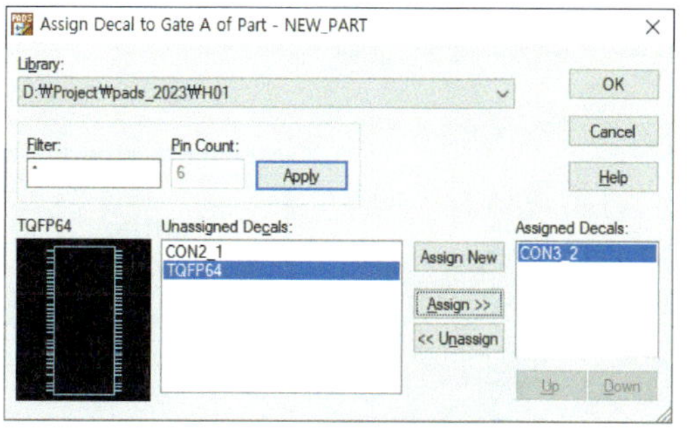

08 다음 그림과 같이 팝업 창이 나타나면 Pin Group은 Gate A로 설정하고 OK Button을 Click한다.

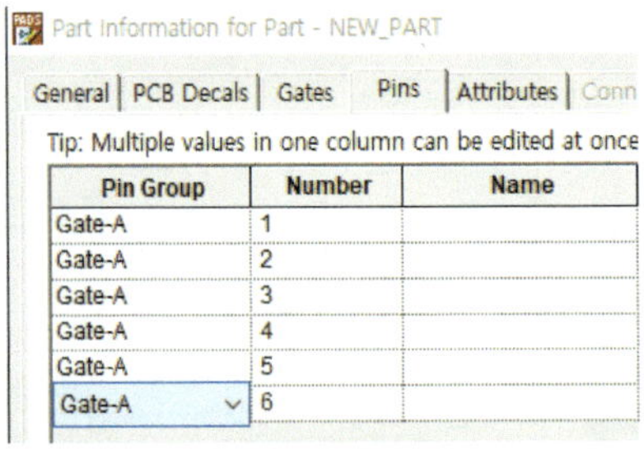

09 작업화면의 메뉴 바에서 File>Save를 선택하고, 다음 그림과 같이 경로 지정을 확인한 후 CON3_2를 입력한 다음, OK Button을 Click한다.

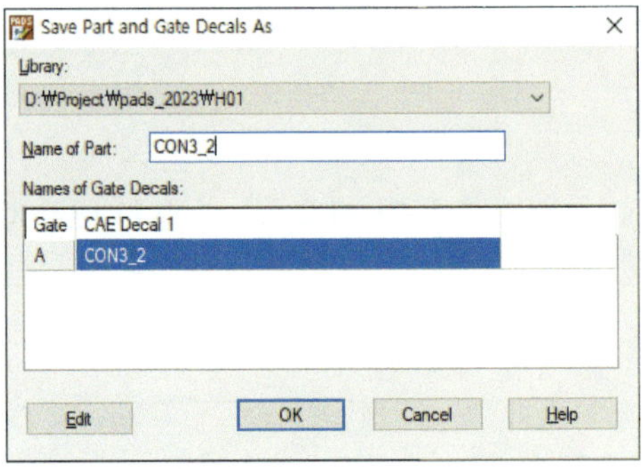

10 Overwrite 여부 메시지 창이 나타나면 예(Y) Button을 Click한다.

11 작업화면의 메뉴 바에서 File>Exit Part Editor를 선택하여 빠져나온다.

6.5.4 정전압 IC(lm7805) CAE Decal 생성 및 Part Type 설정하기

다음 그림의 정전압 IC(lm7805) Pin Configurations를 참조하여 이 부품에 대한 CAE Decal을 생성하기 위하여 다음 순서에 따라 진행한다.

CAE Decal PCB Decal

정전압 IC(lm7805) Pin Configurations

01 작업화면의 메뉴 바에서 File〉Library...를 선택한 후 저장할 Library의 경로 지정을 확인한다.

02 Library Manager 팝업 창의 Filter 항목에서 Logic을 Click하고, New... Button을 Click하여 Decal Editor 화면을 연다.

03 Library Manager 팝업 창은 닫아도 되고 적당한 곳으로 이동해도 된다.

04 작업화면에서 Decal Editing Toolbar Icon( )을 Click한 후 CAE Decal Wizard Icon( )을 Click한다.

05 다음 그림과 같이 CAE Decal Wizard 팝업 창이 나타나면 다음 그림과 같이 설정한 후 OK Button을 Click한다.

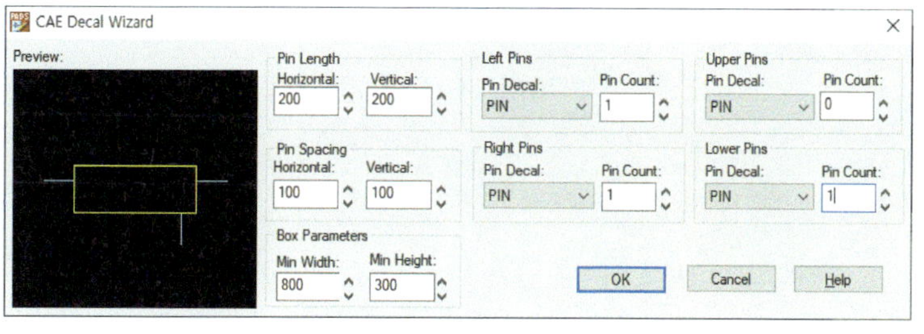

06 Toolbar에서 Select Icon( )을 선택하고, MRB〉Select Terminals를 선택한 후 Terminal을 Click하고 Drag하여 PCB Decal과 핀 번호를 같게 해 주어야 하므로 다음 그림과 같이 3번과 2번 Terminal의 위치를 서로 바꾸어 준다. 필요시 MRB〉Rotate 90, MRB〉X Mirror 등 메뉴를 이용한다.

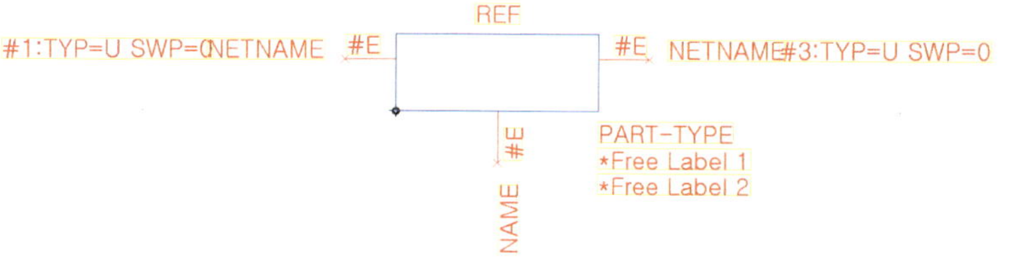

07 작업화면의 메뉴 바에서 File〉Save를 선택하고 다음 그림과 같이 경로 지정을 확인한 후 lm7805를 입력한 다음, OK Button을 Click한다.

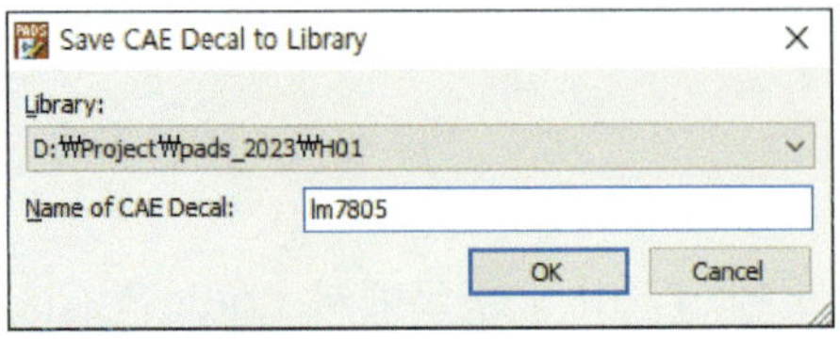

위에서 이 부품에 대한 PCB Decal을 만들었고 CAE Decal도 만들었으므로 이제 두 Decal 간 서로 연결 작업인 Part Type을 설정하기 위하여 다음 순서에 따라 진행한다.

01 작업화면의 메뉴 바에서 File〉New를 선택한다.

02 다음 그림과 같이 Select type of editing item 팝업 창이 나타나면 Part Type을 선택한 후 OK Button을 Click한다.

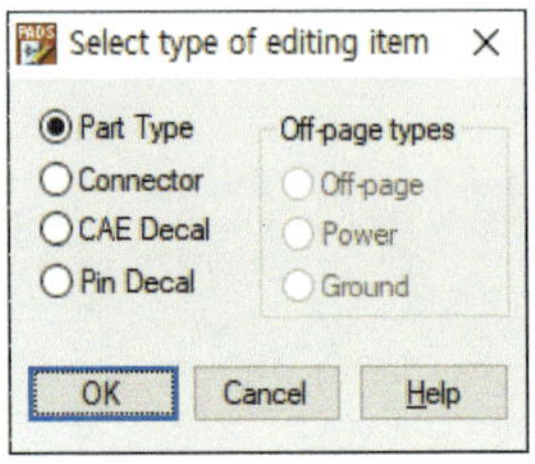

03 Toolbar에서 Edit Electrical Icon( )을 선택한다.

04 다음 그림과 같이 Part Information for Part 팝업 창이 나타나면 General Tab의 Logic Family를 TTL로 설정한 후 PCB Decals Tab을 Click한다.

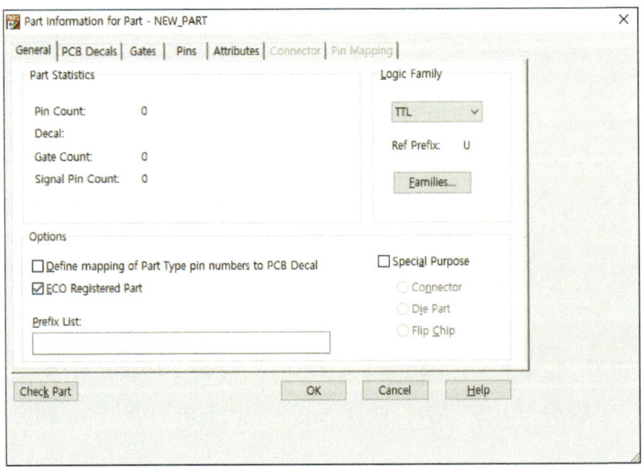

05 다음 그림과 같이 Library 경로설정을 확인하고 Unassigned Decals: 항목에서 LM7805를 선택하고, 오른쪽의 Assign>> Button을 Click하여 오른쪽 사각형으로 보내고 Gates Tab을 Click한 다음, Add Button을 누른다.

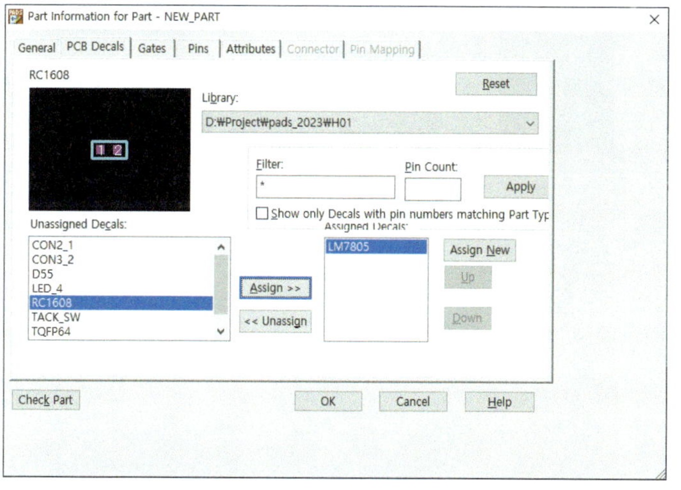

06 다음 그림과 같이 CAE Decal1 항목의 아래 빈 칸을 Double Click한 후 바로 오른쪽에 있는 Button(...)을 Click한다.

07 다음 그림과 같이 Assign Decal to Gate A of Part 팝업 창이 나타나고 LM7805 Decal이 나타나면 Assign>> Button을 Click하여 오른쪽 사각형으로 보내고 OK Button을 Click, 이전 팝업 창에서 Pins Tab을 Click한다.

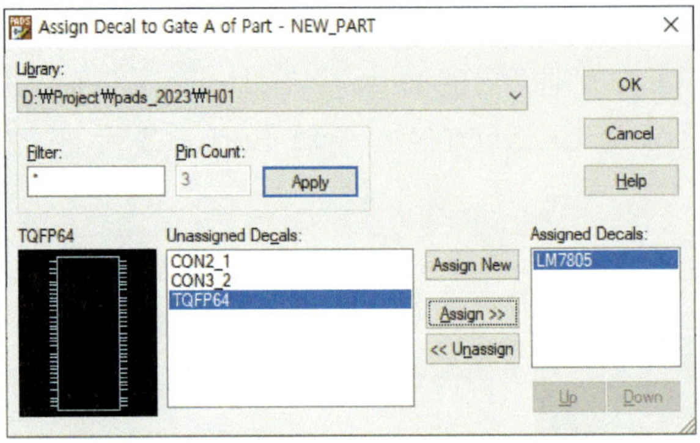

08 다음 그림과 같이 팝업 창이 나타나면 Pin Group은 Gate A로 설정하고 Name과 Type을 설정한 후 OK Button을 Click한다.

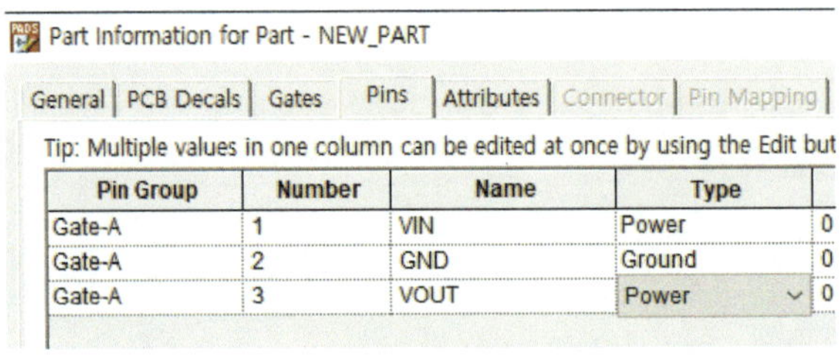

09 작업화면의 메뉴 바에서 File〉Save를 선택하고, 다음 그림과 같이 경로 지정을 확인한 후 LM7805를 입력한 다음, OK Button을 Click한다.

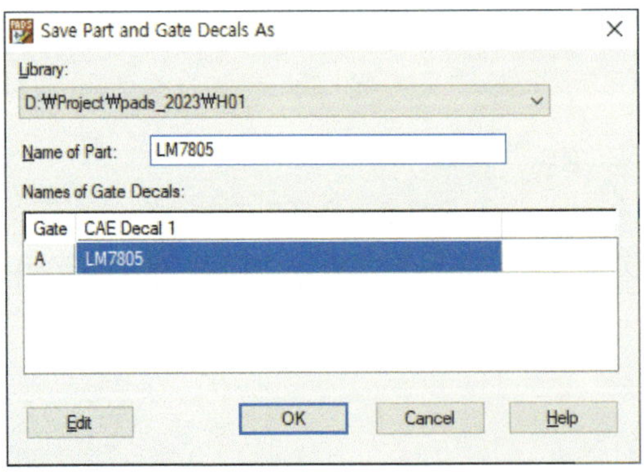

10 Overwrite 여부 메시지 창이 나타나면 예(Y) Button을 Click한다.

11 작업화면의 메뉴 바에서 File〉Exit Part Editor를 선택하여 빠져나온다.

6.5.5 Push Button Switch(tack_sw) CAE Decal 생성 및 Part Type 설정하기

다음 그림의 Push Button Switch(tack_sw) Pin Configurations를 참조하여 이 부품에 대한 CAE Decal을 생성하기 위하여 다음 순서에 따라 진행한다.

CAE Decal　　　　PCB Decal

Push Button Switch Pin Configurations

01 작업화면의 메뉴 바에서 File〉Library...를 선택한 후 저장할 Library의 경로 지정을 확인한다.

02 Library Manager 팝업 창의 Filter 항목에서 Logic을 Click, New... Button을 Click하여 Decal Editor 화면을 연다.

03 Library Manager 팝업 창은 닫아도 되고 적당한 곳으로 이동해도 된다.

04 작업화면의 메뉴 바에서 File〉Options...를 선택한다.

05 다음 그림과 같이 Options 팝업 창에서 왼쪽의 General을 Click하고, Grids 항목에서 Design:은 100(Default), Display Grid:는 100으로 설정한 후 OK Button을 Click한다.

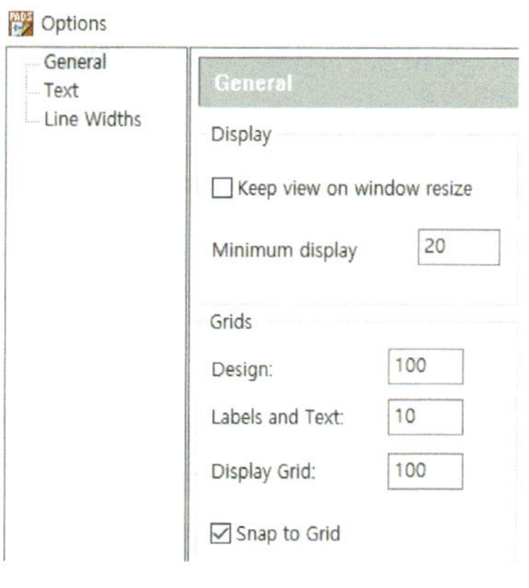

06 작업화면에서 Decal Editing Toolbar Icon( )을 Click한 후 Decal Editing Toolbar에서 Add Terminal Icon( )을 Click한다.

07 다음 그림과 같이 Pin Decal Browse 팝업 창이 나타나면 Pins: 항목에서 맨 위에 있는 PIN을 선택한 후 OK Button을 Click한다(이 항목에는 다양한 핀들이 있고 CAE Decal의 특성에 따라 알맞은 핀을 선택할 수 있는데 이 부품의 경우는 특별한 특성이 없기 때문에 그냥 PIN을 선택하였다).

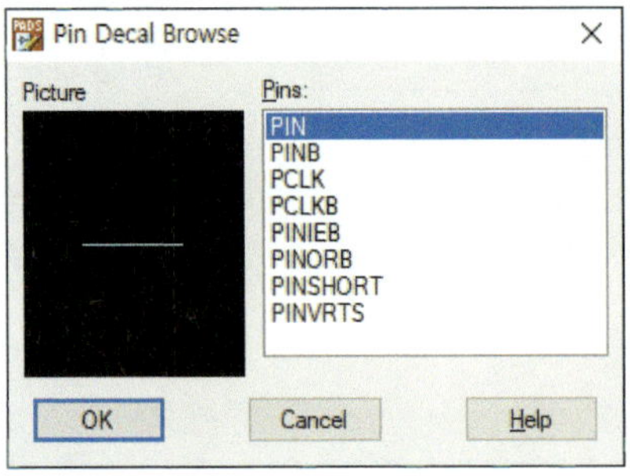

08 작업 창에서 MRB>Rotate 90을 선택하여 좌표(0,0)에 1번 핀을 배치한다.

09 2번 핀 배치를 위해 MRB>Y Mirror를 선택한 후 (0,700)에 배치한 후 Esc Key를 누른다.

10 CAE Decal의 모양을 그리기 위해 키보드로 g10, gd10을 각각 입력하여 Grid를 조정한다.

11 마우스 가운데 Button을 누른 채 위, 아래로 이동하여 작업 창을 적당하게 확대한다.

12 작업화면에서 Create 2D Line Icon( )을 Click한 후 MRB>Circle을 선택한다.

13 작업화면의 오른쪽 아래 좌표를 참조하여 좌표(0, 240)에서 Click, Drag하여 좌표(0, 200)에서 Click하여 원을 그린 다음 Esc Key를 누른다.

14 Toolbar에서 Select Icon( )을 선택, MRB>Select Drafting Items를 선택한 후 위에서 그린 원을 Click한 후 MRB>Duplicate를 선택하여 원의 끝과 2번 핀의 끝이 만나는 곳에서 Click하여 원을 복사한 후 Esc Key를 두 번 누른다.

15 작업화면에서 Create 2D Line Icon( )을 Click한 후 MRB〉Path를 선택한다.

16 좌표(90, 200)에서 Click한 후 좌표(90, 500)에서 Double Click하여 선을 그린다.

17 좌표(90, 350)에서 Click한 후 좌표(140, 350)에서 Double Click하여 선을 그린 후 Esc Key를 두 번 누른다.

18 위에서 그린 선을 각각 Double Click하여 다음 그림과 같이 Drafting Properties 팝업 창에서 Width:를 20으로 수정한 후 OK Button을 Click한 후 Esc Key를 누른다.

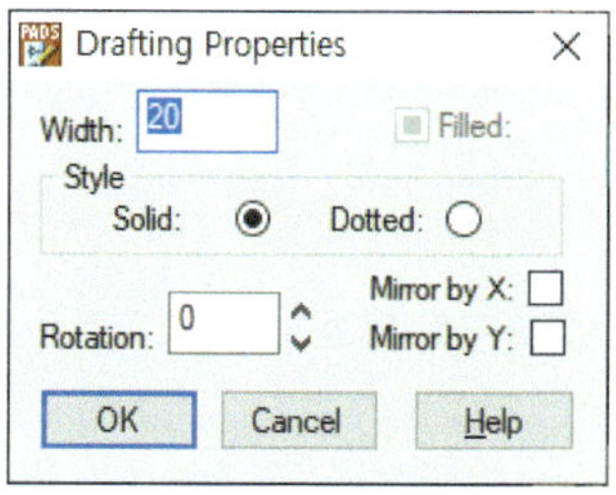

19 작업화면에서 MRB〉Select Drafting Items를 선택한 후 위에서 그린 원과 선을 모두 Drag하여 선택한 후 MRB〉Combine을 선택하여 하나로 묶어준 다음 Esc Key를 누른다.

20 작업 창에서 MRB〉Anything을 선택하고, REF를 Click하고 Drag하여 좌표(200, 700)에서 Click하여 배치한다.

21 다음 그림과 같이 완성된 부품을 확인하고 g100을 입력한 다음, Enter Key를 친다.

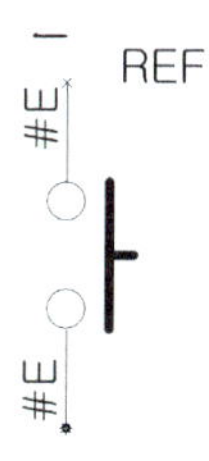

22 작업화면의 메뉴 바에서 File〉Save를 선택하고, 다음 그림과 같이 경로 지정을 확인한 후 tact_sw를 입력한 다음, OK Button을 Click한다.

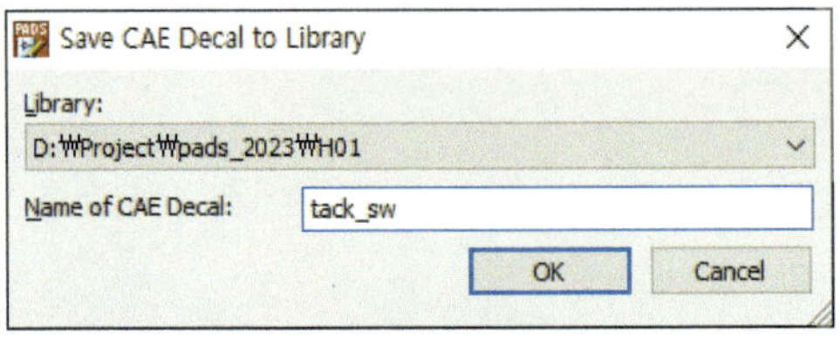

위에서 이 부품에 대한 PCB Decal을 만들었고 CAE Decal도 만들었으므로 이제 두 Decal 간 서로 연결 작업인 Part Type을 설정하기 위하여 다음 순서에 따라 진행한다.

01 작업화면의 메뉴 바에서 File〉New를 선택한다.

02 다음 그림과 같이 Select type of editing item 팝업 창이 나타나면 Part Type을 선택한 후 OK Button을 Click한다.

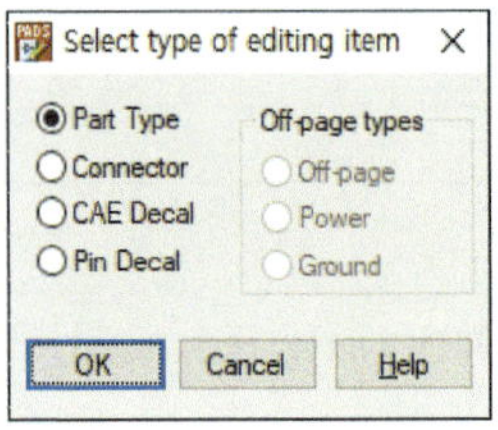

03 Toolbar에서 Edit Electrical Icon( )을 선택한다.

04 다음 그림과 같이 Part Information for Part 팝업 창이 나타나면 General Tab의 Logic Family를 SWI로 설정한 후 PCB Decals Tab을 Click한다.

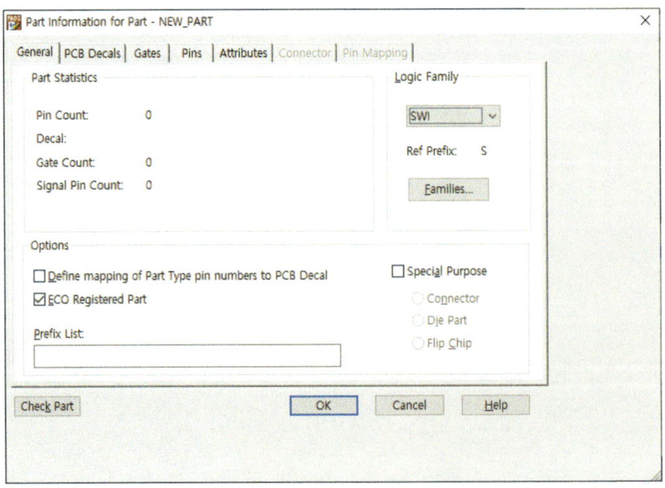

05 다음 그림과 같이 Library 경로설정을 확인하고 Unassigned Decals: 항목에서 TACT_SW를 선택하고, 오른쪽의 Assign>> Button을 Click하여 오른쪽 사각형으로 보내고 Gates Tab을 Click한 다음, Add Button을 누른다.

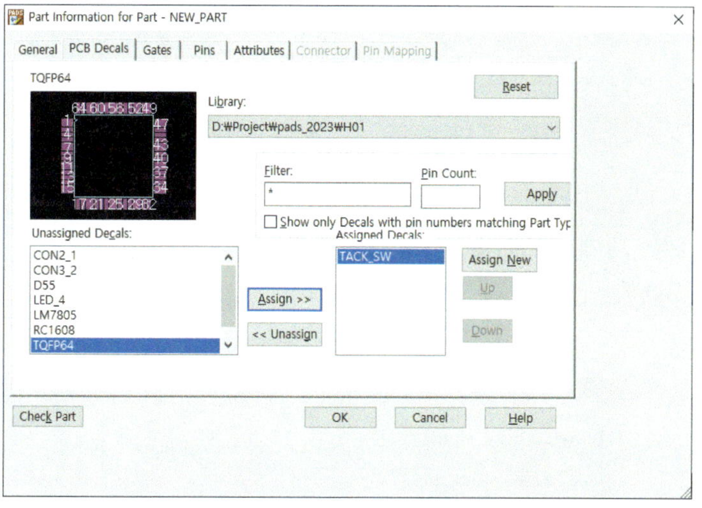

06 다음 그림과 같이 CAE Decal1 항목의 아래 빈 칸을 Double Click한 후 바로 오른쪽에 있는 Button(...)을 Click한다.

07 다음 그림과 같이 Assign Decal to Gate A of Part 팝업 창이 나타나고 TACT_SW Decal이 나타나면 Assign>> Button을 Click하여 오른쪽 사각형으로 보내고 OK Button을 Click, 이전 팝업 창에서 Pins Tab을 Click한다.

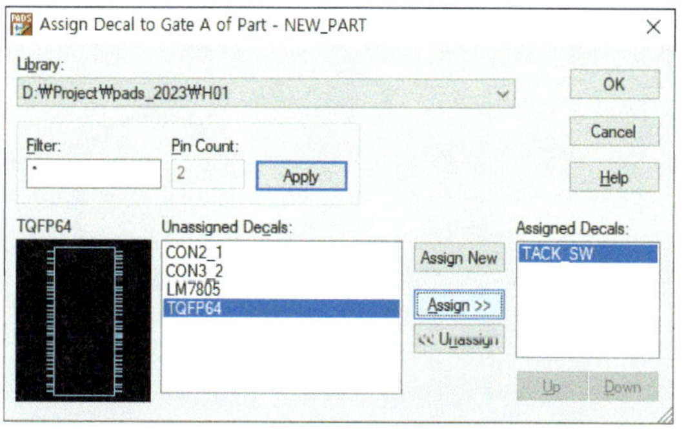

08 다음 그림과 같이 팝업 창이 나타나면 Pin Group은 Gate A로 설정한 후 OK Button을 Click한다.

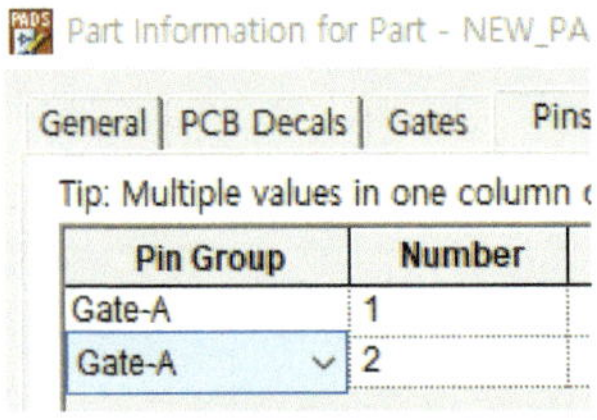

09 작업화면의 메뉴 바에서 File〉Save를 선택하고, 다음 그림과 같이 경로 지정을 확인한 후 TACT_SW를 입력한 다음, OK Button을 Click한다.

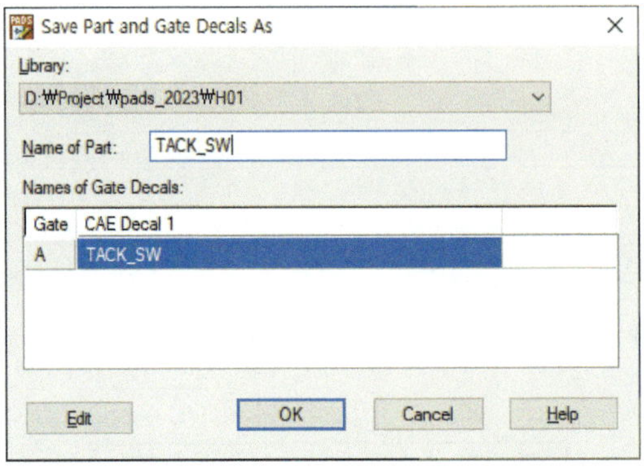

10 Overwrite 여부 메시지 창이 나타나면 예(Y) Button을 Click한다.

11 작업화면의 메뉴 바에서 File〉Exit Part Editor를 선택하여 빠져나온다.

6.5.6 발광 다이오드(led_4) CAE Decal 생성 및 Part Type 설정하기

다음 그림의 발광 다이오드(led_4) Pin Configurations를 참조하여 이 부품에 대한 CAE Decal을 생성하기 위하여 다음 순서에 따라 진행한다.

CAE Decal PCB Decal

발광 다이오드 Pin Configurations

01 작업화면의 메뉴 바에서 File〉Library...를 선택한 후 저장할 Library의 경로 지정을 확인한다.

02 Library Manager 팝업 창의 Filter 항목에서 Logic을 Click, New... Button을 Click하여 Decal Editor 화면을 연다.

03 Library Manager 팝업 창은 닫아도 되고 적당한 곳으로 이동해도 된다.

04 g100을 입력하여 Grid를 100으로 설정한다.

05 작업화면에서 Decal Editing Toolbar Icon( )을 Click한 후 Decal Editing Toolbar에서 Add Terminal Icon( )을 Click한다.

06 Pin Decal Browse 팝업 창이 나타나면 Pins: 항목에서 맨 위에 있는 PIN을 선택한 후 OK Button을 Click한다.

07 작업 창의 좌표(0, 0)에서 Click하여 1번 핀을 배치하고 다시 MRB〉X Mirror를 선택하여 좌표(500, 0)에서 Click하여 2번 핀(중요 : PCB Decal에서 2번 터미널을 Cathode로 설정)을 배치한 다음 Esc 키를 누른다.

08 CAE Decal의 모양을 그리기 위해 키보드로 g10, gd10을 각각 입력하여 Grid를 조정한다.

09 마우스 가운데 Button을 누른 채 위, 아래로 이동하여 작업 창을 적당하게 확대한다.

10 작업화면에서 Create 2D Line Icon( )을 Click한 후 MRB〉Path를 선택한다.

11 작업화면에서 s300 80을 입력 후 Enter, Space Bar를 누르고 s300 -80을 입력 후 Enter 후 그 좌표에서 Double Click하여 선을 그린 후 Esc Key를 누른다.

12 LED 심벌의 삼각형을 그리기 위하여 키보드로 aa를 입력하여 임의의 각도로 그릴 수 있게 한 후 MRB〉Polygon을 선택하고 s200 80 입력 후 Enter, Space Bar를 누르고 s200 -80 입력 후 Enter, Space Bar를 누르고 s300 0 입력 후 Enter, Space Bar를 누르고 s200 80 입력하고 Enter 후 그 좌표에서 Double Click하여 삼각형을 완성한다.

13 Esc Key를 눌러 선택 모드로 한 후 위에서 그린 삼각형을 Click하고 MRB〉Properties를 선택한 후, 다음 그림과 같이 Drafting Properties 팝업 창에서 Filled를 활성화한 다음, OK Button을 Click한다.

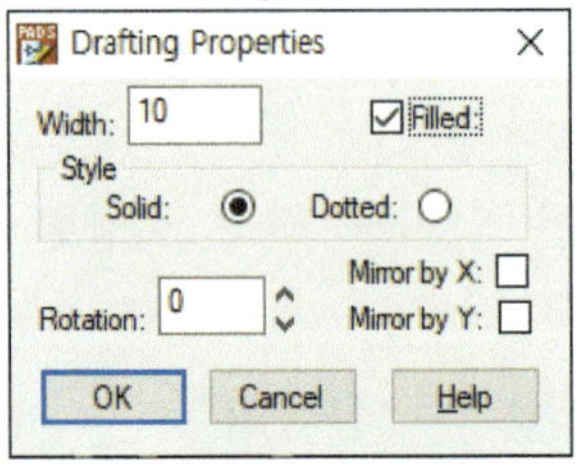

14 작업화면에서 Create 2D Line Icon( )을 Click한 후 MRB〉Path를 선택한다.

15 좌표(250,150)에서 Click한 후 좌표(350,250)에서 Double Click한다.

16 좌표(90, 200)에서 Click한 후 좌표(90, 500)에서 Double Click하여 선을 그린다.

17 좌표(90, 350)에서 Click한 후 좌표(140, 350)에서 Double Click하여 선을 그린 후 Esc Key를 누른다.

18 위에서 그린 선을 각각 Double Click하여 다음 그림과 같이 Drafting Properties 팝업 창에서 Width:를 20으로 수정한 후 OK Button을 Click한 후 Esc Key를 누른다.

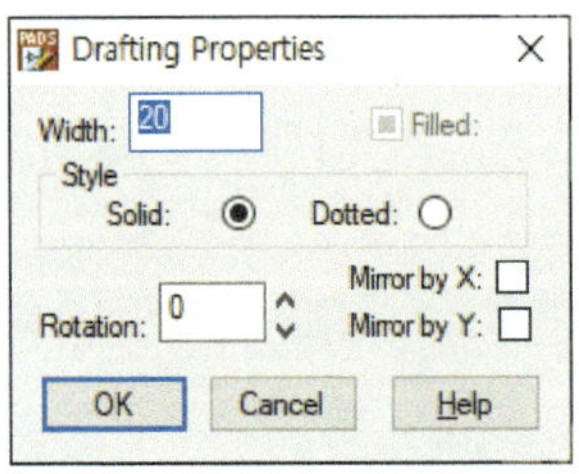

19 작업화면에서 Create 2D Line Icon( )을 Click한 후 MRB〉Path를 선택한 후 좌표(210, 100), 좌표(270, 170)에서 Double Click하여 선을 그린다.

20 MRB〉Polygon을 선택한 후 좌표(270, 170),좌표(230, 160), 좌표(270, 130)에서 Click, 좌표(270, 170)에서 Double Click하여 삼각형을 그린 후 Esc Key를 누른다.

21 위에서 그린 삼각형을 Click하고 MRB〉Properties를 선택하고 Drafting Properties 팝업 창에서 Filled를 활성화한 후 OK Button을 Click한다.

22 Esc Key를 눌러 선택 모드로 한 후 삼각형을 선택하고, Ctrl Key를 누른 채 삼각형에 있는 선을 Click, MRB〉Combine을 선택, MRB〉Duplicate을 선택하여 오른쪽에 배치한 후 Esc Key를 두 번 누른다.

23 작업화면에서 MRB〉Select Drafting Items를 선택한 후 위에서 그린 것을 모두 Drag하여 선택한 후 MRB〉Combine을 선택하여 하나로 묶어준 다음 Esc Key를 누른다.

24 g100을 입력한 후 작업 창에서 MRB〉Anything을 선택하고 REF를 Click하고 Drag하여 좌표(400, 200)에 Click하여 배치한 후 Esc Key를 누른다.

25 다음 그림과 같이 완성된 부품을 확인한다.

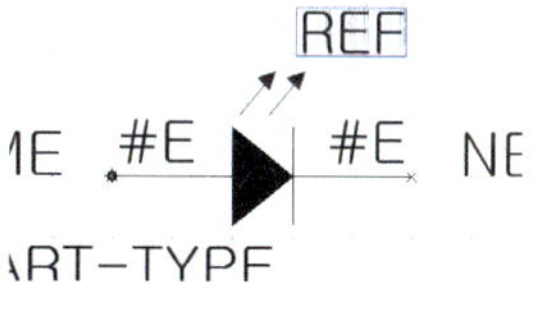

26 작업화면의 메뉴 바에서 File〉Save를 선택하고 다음 그림과 같이 경로 지정을 확인한 후 led_4를 입력한 다음, OK Button을 Click한다.

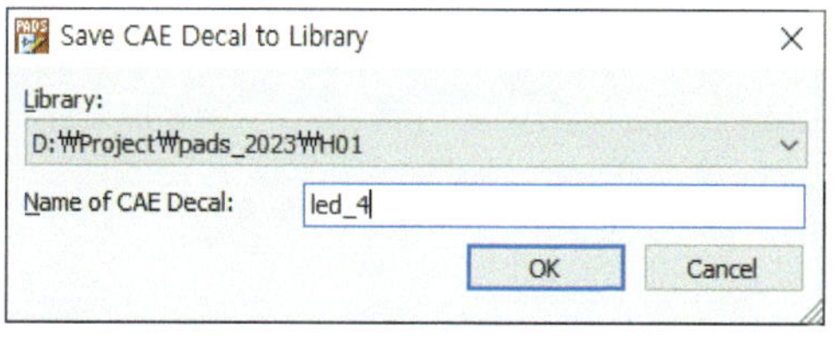

위에서 이 부품에 대한 PCB Decal을 만들었고 CAE Decal도 만들었으므로 이제 두 Decal간 서로 연결 작업인 Part Type을 설정하기 위하여 다음 순서에 따라 진행한다.

01 작업화면의 메뉴 바에서 File〉New를 선택한다.

02 다음 그림과 같이 Select type of editing item 팝업 창이 나타나면 Part Type을 선택한 후 OK Button을 Click한다.

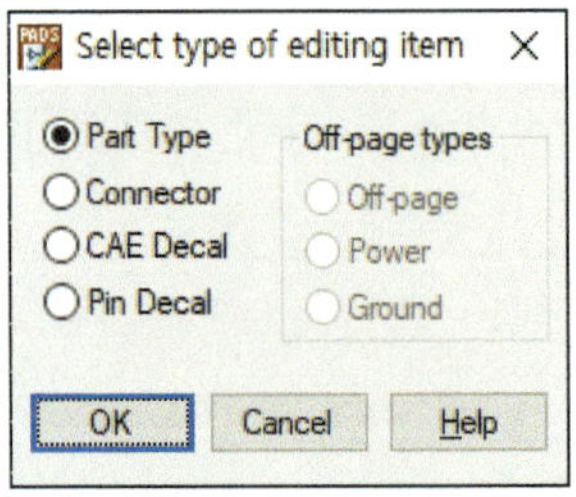

03 Toolbar에서 Edit Electrical Icon( )을 선택한다.

04 다음 그림과 같이 Part Information for Part 팝업 창이 나타나면 General Tab의 Logic Family를 LED로 설정한 후 PCB Decals Tab을 Click한다. Logic Family 항목에 LED가 보이지 않을 경우 Families... Button을 Click, 팝업 창에서 Add Button을 Click하여 추가하여 사용한다.

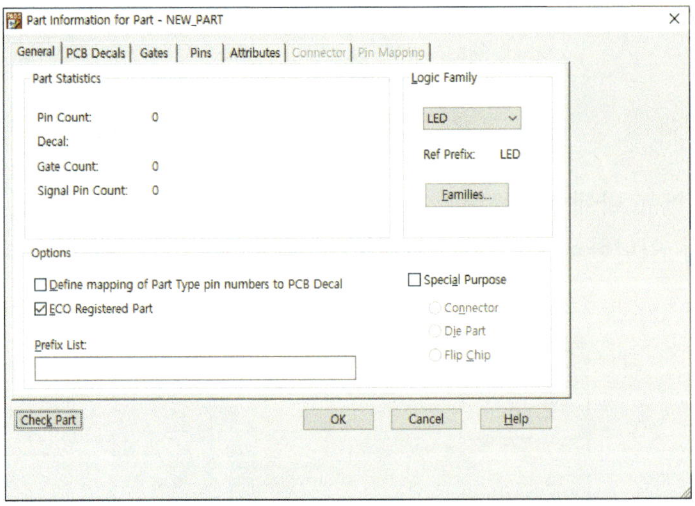

05 다음 그림과 같이 Library 경로설정을 확인하고 Unassigned Decals: 항목에서 LED_4를 선택한 후, 오른쪽의 Assign>> Button을 Click하여 오른쪽 사각형으로 보내고 Gates Tab을 Click한 다음, Add Button을 누른다.

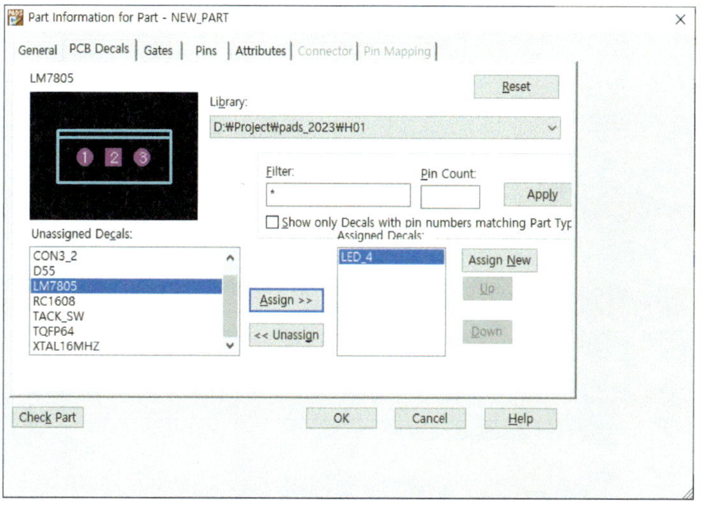

06 다음 그림과 같이 CAE Decal1 항목의 아래 빈 칸을 Double Click한 후 바로 오른쪽에 있는 Button(...)을 Click한다.

07 다음 그림과 같이 Assign Decal to Gate A of Part 팝업 창이 나타나고 LED_4 Decal이 나타나면 Assign>> Button을 Click하여 오른쪽 사각형으로 보내고 OK Button을 Click, 이전 팝업 창에서 Pins Tab을 Click한다.

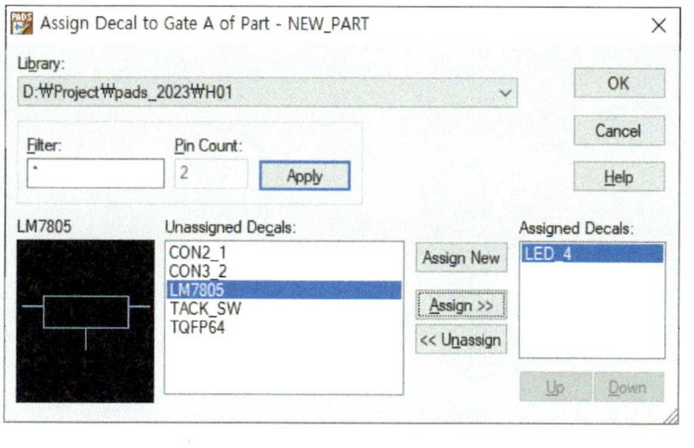

08 다음 그림과 같이 팝업 창이 나타나면 Pin Group은 Gate A로 설정한 후 OK Button을 Click한다. 필요시 Name에 Anode, Cathode 등으로 입력할 수도 있다.

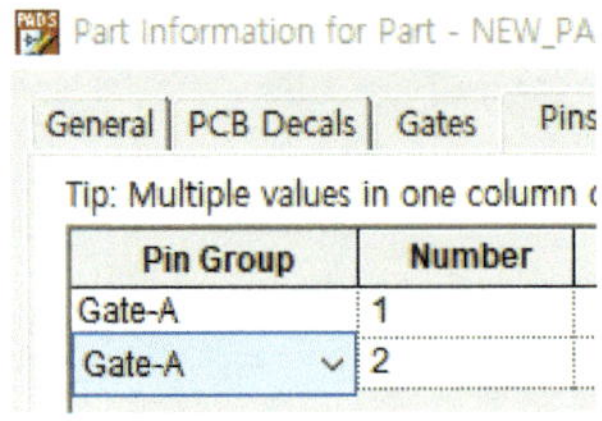

09 작업화면의 메뉴 바에서 File〉Save를 선택하고, 다음 그림과 같이 경로 지정을 확인한 후 LED_4를 입력한 다음, OK Button을 Click한다.

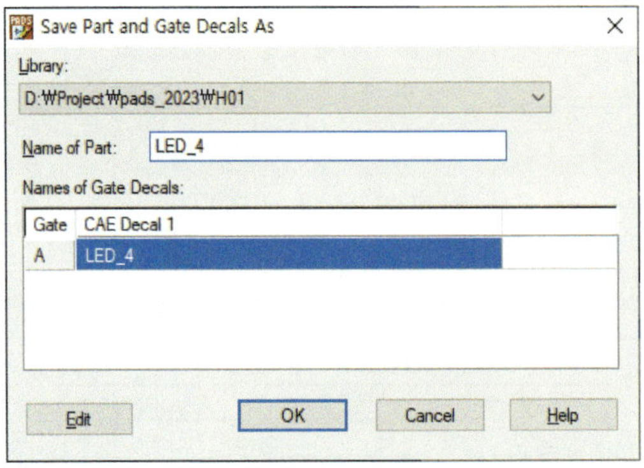

10 Overwrite 여부 메시지 창이 나타나면 예(Y) Button을 Click한다.

11 작업화면의 메뉴 바에서 File〉Exit Part Editor를 선택하여 빠져나온다.

6.5.7 Crystal(xtal16MHz) CAE Decal 생성 및 Part Type 설정하기

다음 그림의 Crystal(xtal16MHz) Pin Configurations를 참조하여 이 부품에 대한 CAE Decal을 생성하기 위하여 다음 순서에 따라 진행한다.

CAE Decal PCB Decal

Crystal Pin Configurations

01 작업화면의 메뉴 바에서 File〉Library...를 선택한 후 저장할 Library의 경로 지정을 확인한다.

02 Library Manager 팝업 창의 Filter 항목에서 Logic을 Click, New... Button을 Click하여 Decal Editor 화면을 연다.

03 Library Manager 팝업 창은 닫아도 되고 적당한 곳으로 이동해도 된다.

04 g100을 입력하여 Grid를 100으로 설정한다.

05 작업화면에서 Decal Editing Toolbar Icon( )을 Click한 후 Decal Editing Toolbar에서 Add Terminal Icon( )을 Click한다.

06 Pin Decal Browse 팝업 창이 나타나면 Pins: 항목에서 맨 위에 있는 PIN을 선택한 후 OK Button을 Click한다.

07 작업 창에서 MRB〉Rotate 90을 선택하고 좌표(0, 0)에서 Click하여 1번 핀을 배치한다. 다시 MRB〉Y Mirror를 선택하여 좌표(600, 0)에서 Click하여 2번 핀을 배치한 다음 Esc 키를 누른다.

08 CAE Decal의 모양을 그리기 위해 키보드로 g10, gd10을 각각 입력하여 Grid를 조정한다.

09 마우스 가운데 Button을 누른 채 위, 아래로 이동하여 작업 창을 적당하게 확대한다.

10 작업화면에서 Create 2D Line Icon( )을 Click한 후 MRB〉Path를 선택한다.

11 작업 창에서 좌표(−80, 400)에서 Click, 좌표(80, 400)에서 Double Click하여 선을 그린다.

12 작업 창에서 좌표(−80, 200)에서 Click, 좌표(80, 200)에서 Double Click하여 선을 그린다.

13 작업 창에서 MRB〉Rectangle을 선택한 후 좌표(−100, 240)에서 Click, 좌표(100, 360)에서 Click하여 완성한 후 Esc Ley를 누른다.

14 작업 창에서 MRB〉Select Drafting Items를 선택한 후 위에서 그린 것을 모두 Drag하여 선택한 후 MRB〉Combine을 선택하여 하나로 묶어준 다음 Esc Key를 누른다.

15 g100을 입력한 후 작업 창에서 MRB〉Anything을 선택, REF를 Click, Drag하여 좌표(−300, 200)에 Click하여 배치한 후 Esc Key를 누른다.

16 다음 그림과 같이 완성된 부품을 확인한다.

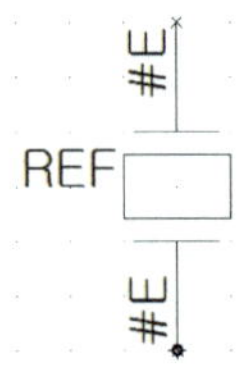

17 작업화면의 메뉴 바에서 File〉Save를 선택하고, 다음 그림과 같이 경로 지정을 확인한 후 xtal16MHz를 입력한 다음, OK Button을 Click한다.

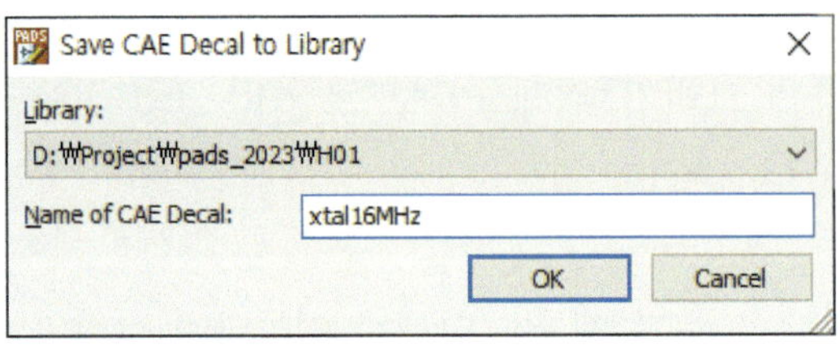

위에서 이 부품에 대한 PCB Decal을 만들었고 CAE Decal도 만들었으므로 이제 두 Decal 간 서로 연결 작업인 Part Type을 설정하기 위하여 다음 순서에 따라 진행한다.

01 작업화면의 메뉴 바에서 File〉New를 선택한다.

02 다음 그림과 같이 Select type of editing item 팝업 창이 나타나면 Part Type을 선택한 후 OK Button을 Click한다.

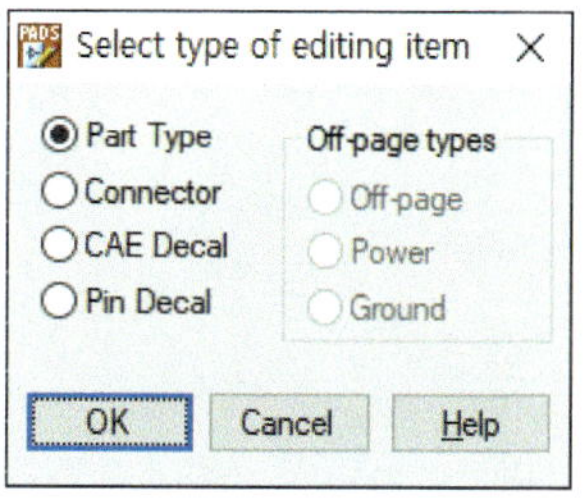

03 Toolbar에서 Edit Electrical Icon()을 선택한다.

04 다음 그림과 같이 Part Information for Part 팝업 창이 나타나면 아래의 4-1을 먼저 진행한 후 General Tab의 Logic Family 항목에서 4-1번에서 추가한 XTL로 설정한 후 PCB Decals Tab을 Click한다.

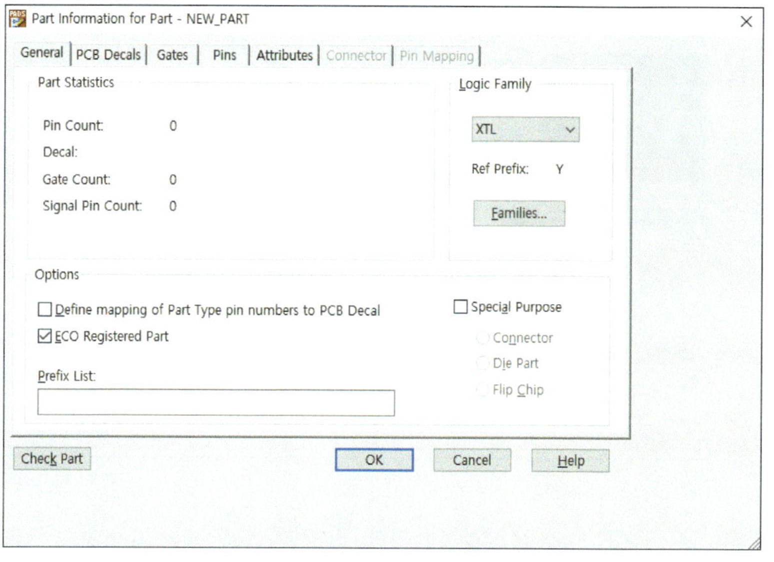

04-1 XTL의 추가를 위해 Families... Button을 Click하고, 팝업 창에서 Add Button을 Click한 후 다음 그림과 같이 Logic Families 팝업 창에서 Family에 XTL을 Prefix에 Y를 입력한 다음, OK Button을 Click한다.

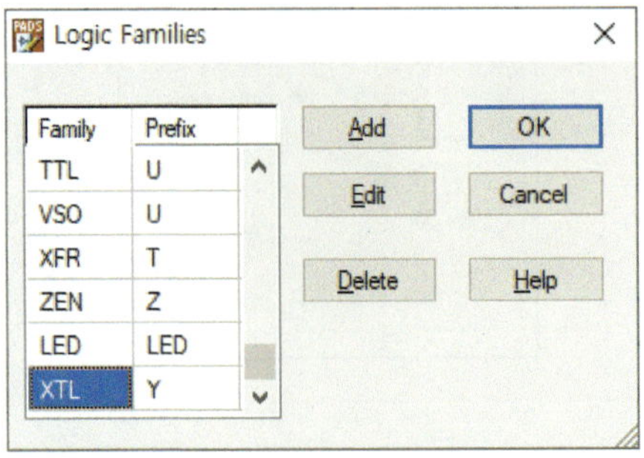

05 다음 그림과 같이 Library 경로설정을 확인하고 Unassigned Decals: 항목에서 XTAL16MHZ를 선택하고, 오른쪽의 Assign>> Button을 Click하여 오른쪽 사각형으로 보내고 Gates Tab을 Click한 후 Add Button을 누른다.

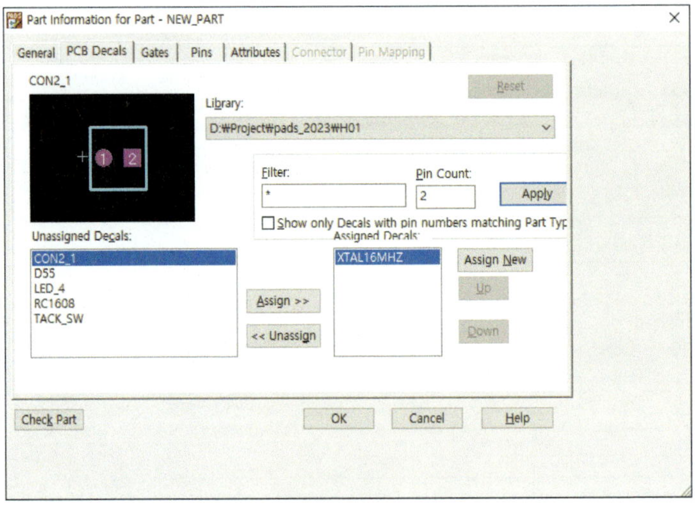

06 다음 그림과 같이 CAE Decal1 항목의 아래 빈 칸을 Double Click한 후 바로 오른쪽에 있는 Button(...)을 Click한다.

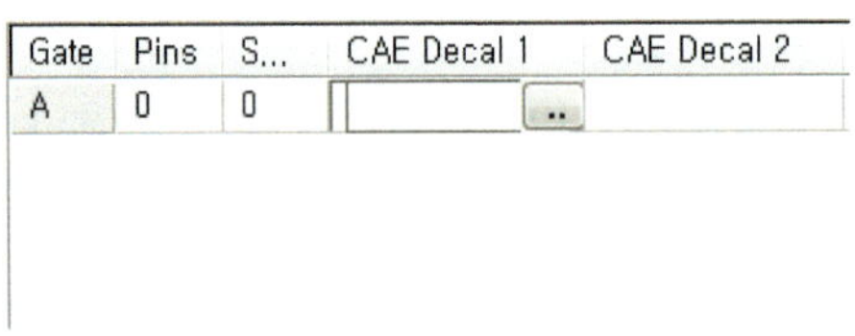

07 다음 그림과 같이 Assign Decal to Gate A of Part 팝업 창이 나타나고 XTAL16MHZ Decal이 나타나면 Assign>> Button을 Click하여 오른쪽 사각형으로 보내고 OK Button을 Click한 다음, 이전 팝업 창에서 Pins Tab을 Click한다.

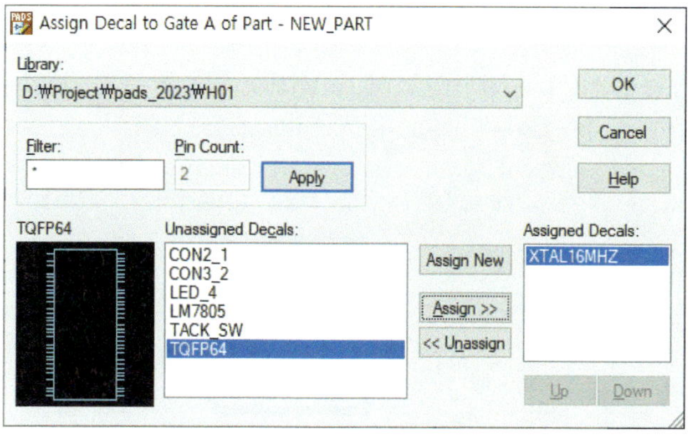

08 다음 그림과 같이 팝업 창이 나타나면 Pin Group은 Gate A로 설정한 후 OK Button을 Click한다.

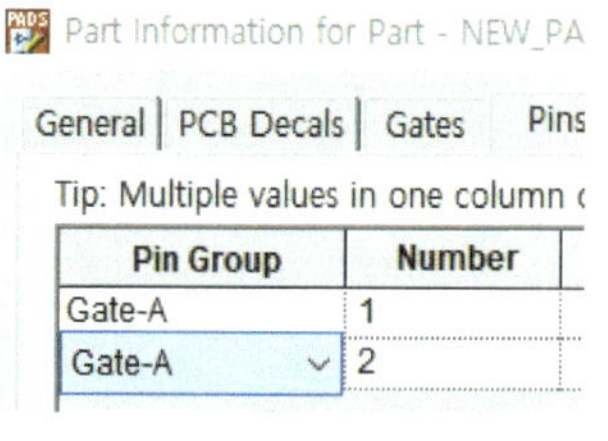

09 작업화면의 메뉴 바에서 File〉Save를 선택하고, 다음 그림과 같이 경로 지정을 확인한 후 XTAL16MHZ를 입력한 다음, OK Button을 Click한다.

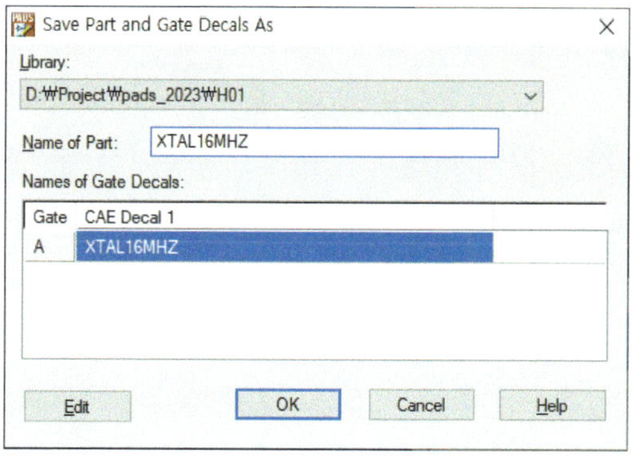

10 Overwrite 여부 메시지 창이 나타나면 예(Y) Button을 Click한다.

11 작업화면의 메뉴 바에서 File〉Exit Part Editor를 선택하여 빠져나온다.

6.5.8 전해콘덴서(D55) CAE Decal 생성 및 Part Type 설정하기

다음 그림의 전해콘덴서(D55) Pin Configurations를 참조하여 이 부품에 대한 CAE Decal을 생성하기 위하여 다음 순서에 따라 진행한다.

CAE Decal PCB Decal

전해콘덴서 Pin Configurations

01 작업화면의 메뉴 바에서 File>Library...를 선택한 후 저장할 Library의 경로 지정을 확인한다.

02 Library Manager 팝업 창의 Filter 항목에서 Logic을 Click하고, New... Button을 Click하여 Decal Editor 화면을 연다. Library Manager 팝업 창은 닫아도 되고 적당한 곳으로 이동해도 된다.

03 g100을 입력하여 Grid를 100으로 설정한다.

04 작업화면에서 Decal Editing Toolbar Icon( )을 Click한 후 Decal Editing Toolbar에서 Add Terminal Icon( )을 Click한다.

05 Pin Decal Browse 팝업 창이 나타나면 Pins: 항목에서 맨 위에 있는 PIN을 선택한 후 OK Button을 Click한다.

06 작업 창에서 MRB>Rotate 90을 선택한 후 좌표(0, 0)에 1번 핀을 배치하고 MRB>Y Mirror를 선택한 후 좌표(0, 500)에 2번 핀(PCB Decal에서 2번 핀을 +로 작업하였음)을 배치한 다음 Esc Key를 누른다.

07 CAE Decal의 모양을 그리기 위해 키보드로 g10, gd10을 각각 입력하여 Grid를 조정한다.

08 마우스 가운데 Button을 누른 채 위, 아래로 이동하여 작업 창을 적당하게 확대한다.

09 작업화면에서 Create 2D Line Icon()을 Click한 후 MRB〉Path를 선택한다.

10 작업 창에서 좌표(−100, 200)에서 Click, 좌표(100, 200)에서 Double Click하여 선을 그린다.

11 작업 창에서 좌표(−100, 300)에서 Click, 좌표(100, 300)에서 Double Click하여 선을 그린다.

12 작업 창에서 좌표(−70, 290)에서 Click, 좌표(−90, 210)에서 Double Click하여 선을 그린 후 Esc Key를 누른다.

13 위에서 그린 선을 Double Click하여 Drafting Properties 팝업 창의 Width:에 20을 입력한 후 OK Button을 Click한다.

굵은 선 위에서 MRB〉Duplicate를 선택하고, 다음 그림과 같이 오른쪽으로 2개를 Click하여 복사한 후 Esc Key를 두 번 누른다.

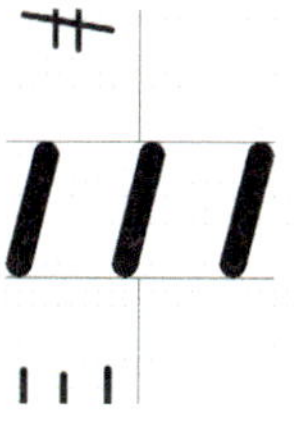

14 PCB Decal에서 2번 터미널을 +로 설정했기 때문에 CAE Decal에서도 그와 같게 설정해주기 위해 Toolbar에서 Create Text Icon()을 Click한다.

15 Text Properties 팝업 창이 나타나면 Text: 입력란에 +를, 좌표 X:에 40을, 좌표 Y:에 310을, Size:에 11을 입력한 후 OK Button을 Click한다.

16 작업 창에서 MRB〉Select Drafting Items를 선택한 후 + 표시를 포함하여 위에서 그린 것을 모두 Drag하여 선택한 후 MRB〉Combine을 선택하여 하나로 묶어준 다음 Esc Key를 누른다.

17 g100을 입력한 후 작업 창에서 MRB〉Anything을 선택하고 REF를 Click하고 Drag하여 좌표(200, 300)에 Click하여 배치한 후 Esc Key를 누른다.

18 다음 그림과 같이 완성된 부품을 확인한다.

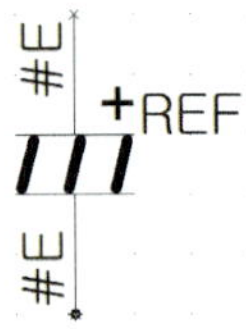

19 작업화면의 메뉴 바에서 File>Save를 선택하고, 다음 그림과 같이 경로 지정을 확인한 후 D55를 입력한 다음, OK Button을 Click한다.

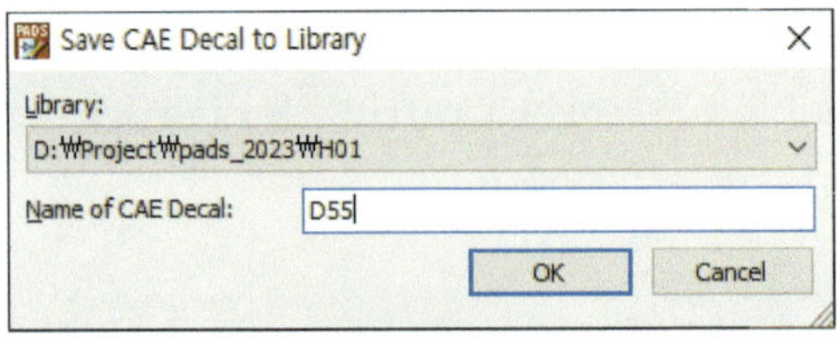

위에서 이 부품에 대한 PCB Decal을 만들었고 CAE Decal도 만들었으므로 이제 두 Decal 간 서로 연결 작업인 Part Type을 설정하기 위하여 다음 순서에 따라 진행한다.

01 작업화면의 메뉴 바에서 File>New를 선택한다.

02 다음 그림과 같이 Select type of editing item 팝업 창이 나타나면 Part Type을 선택한 후 OK Button을 Click한다.

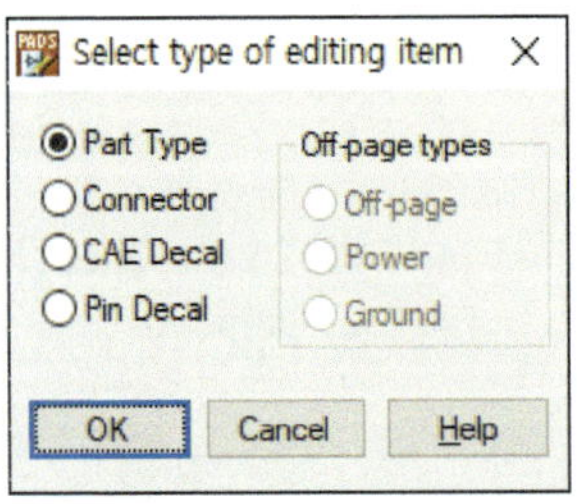

03 Toolbar에서 Edit Electrical Icon( )을 선택한다.

04 다음 그림과 같이 Part Information for Part 팝업 창이 나타나면 General Tab의 Logic Family 항목에서 CAP로 설정한 후 PCB Decals Tab을 Click한다.

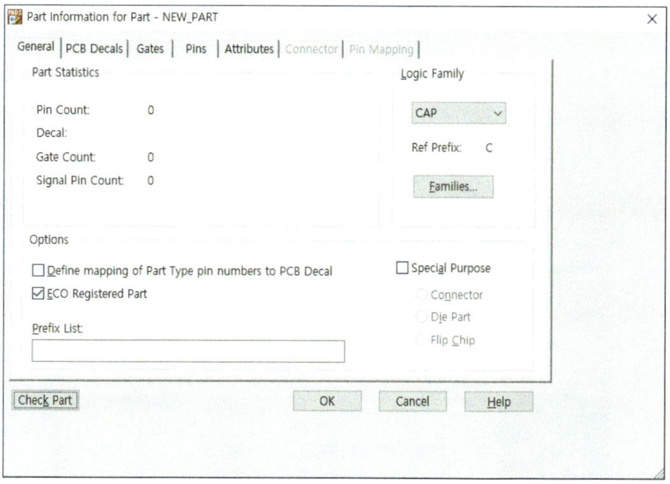

05 다음 그림과 같이 Library 경로설정을 확인하고 Unassigned Decals: 항목에서 D55를 선택, 오른쪽의 Assign>> Button을 Click하여 오른쪽 사각형으로 보내고 Gates Tab을 Click한 후 Add Button을 누른다.

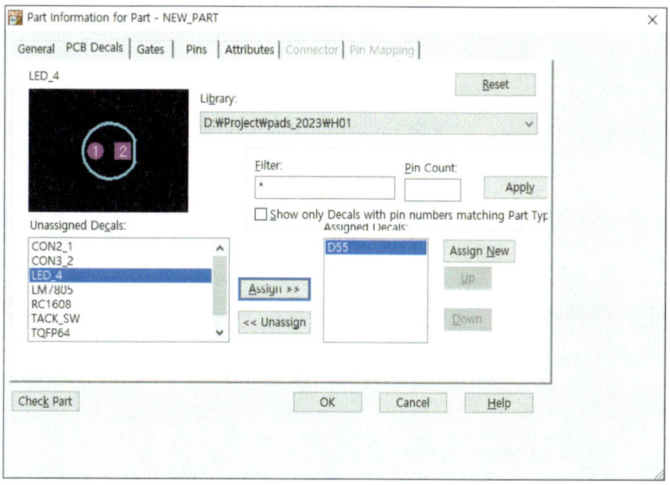

06 다음 그림과 같이 CAE Decal1 항목의 아래 빈 칸을 Double Click한 후 바로 오른쪽에 있는 Button(...)을 Click한다.

07 다음 그림과 같이 Assign Decal to Gate A of Part 팝업 창이 나타나고 D55 Decal이 나타나면 Assign>> Button을 Click하여 오른쪽 사각형으로 보내고 OK Button을 Click한 다음, 이전 팝업 창에서 Pins Tab을 Click한다.

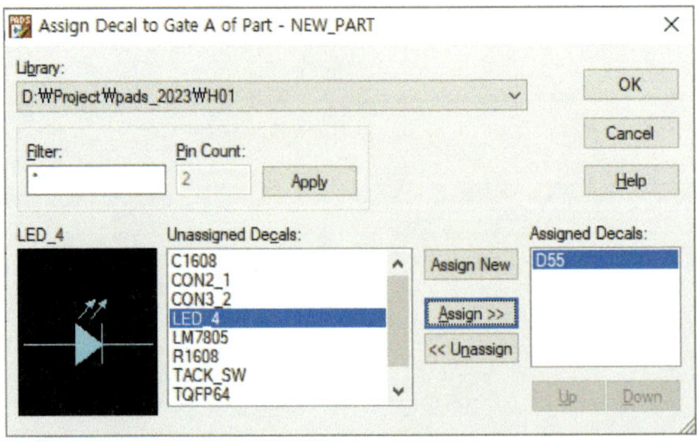

08 다음 그림과 같이 팝업 창이 나타나면 Pin Group은 Gate A로 설정한 후 OK Button을 Click한다.

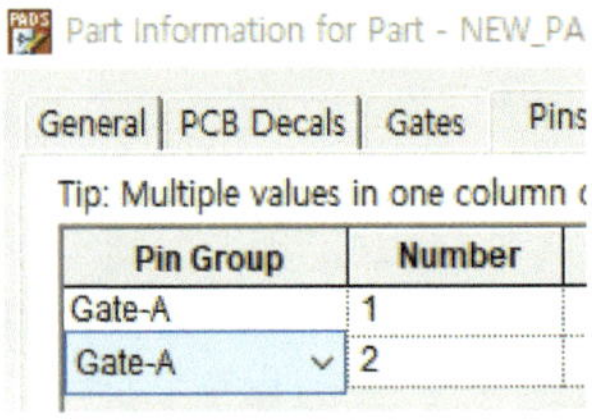

09 작업화면의 메뉴 바에서 File〉Save를 선택하고, 다음 그림과 같이 경로 지정을 확인한 후 D55를 입력한 다음, OK Button을 Click한다.

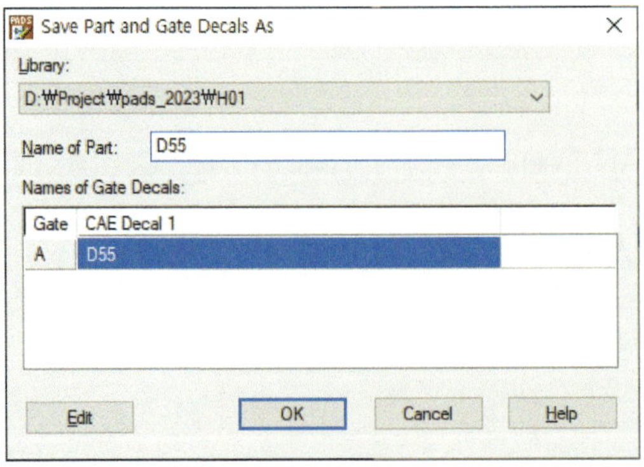

10 Overwrite 여부 메시지 창이 나타나면 예(Y) Button을 Click한다.

11 작업화면의 메뉴 바에서 File〉Exit Part Editor를 선택하여 빠져나온다.

6.5.9 Chip Resistor(r1608) CAE Decal 생성 및 Part Type 설정하기

다음 그림의 Chip Resistor(r1608) Pin Configurations를 참조하여 이 부품에 대한 CAE Decal을 생성하기 위하여 다음 순서에 따라 진행한다.

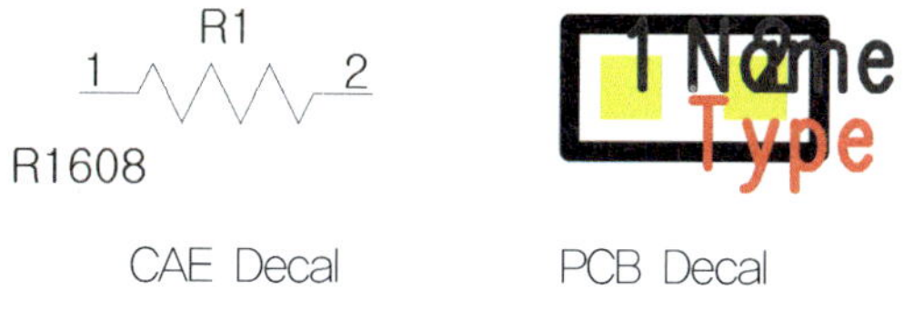

Chip Resistor Pin Configurations

01 작업화면의 메뉴 바에서 File〉Library...를 선택한 후 저장할 Library의 경로 지정을 확인한다.

02 Library Manager 팝업 창의 Filter 항목에서 Logic을 Click, New... Button을 Click하여 Decal Editor 화면을 연다.

03 Library Manager 팝업 창은 닫아도 되고 적당한 곳으로 이동해도 된다.

04 g100을 입력하여 Grid를 100으로 설정한다.

05 작업화면에서 Decal Editing Toolbar Icon( )을 Click한 후 Decal Editing Toolbar에서 Add Terminal Icon( )을 Click한다.

06 Pin Decal Browse 팝업 창이 나타나면 Pins: 항목에서 PINSHORT를 선택한 후 OK Button을 Click한다.

07 작업 창에서 좌표(0, 0)에 1번 핀을 배치하고 MRB〉X Mirror를 선택한 후 좌표(0, 600)에 2번 핀을 배치한 다음 Esc Key를 누른다.

08 CAE Decal의 모양을 그리기 위해 키보드로 g10, gd10을 각각 입력하여 Grid 값 설정한다.

09 마우스 가운데 Button을 누른 채 위, 아래로 이동하여 작업 창을 적당하게 확대한다.

10 작업화면에서 Create 2D Line Icon( )을 Click한 후 MRB〉Path를 선택한다.

11 작업화면에서 aa를 입력한 후 s100 0, s120 0, s150 60, s210 −60, s270 60, s330 -60, s390 60, s450 -60, s480 0에서 Enter, Space Bar를 누른 후 s500 0에서 Enter, 그 좌표에서 Double Click하여 부품을 그린 후 Esc Key를 누른다.

12 g100을 입력한 후 작업 창에서 MRB〉Anything을 선택, REF를 Click, Drag하여 좌표(300, 100)에 Click하여 배치한 후 Esc Key를 누른다.

13 다음 그림과 같이 완성된 부품을 확인한다.

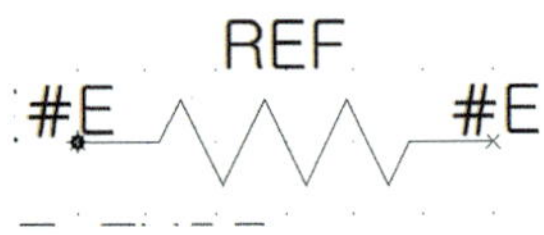

14 작업화면의 메뉴 바에서 File〉Save를 선택하고, 다음 그림과 같이 경로 지정을 확인한 후 r1608를 입력한 다음, OK Button을 Click한다.

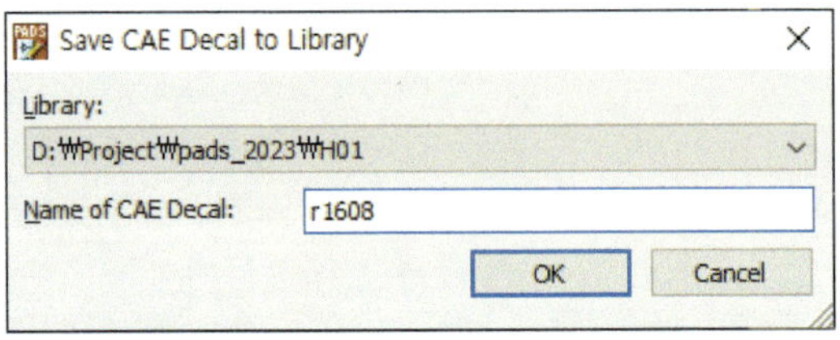

이 부품에 대한 PCB Decal을 만들었고 CAE Decal도 만들었으므로 이제 두 Decal 간 서로 연결하는 작업인 Part Type을 설정하기 위하여 다음 순서에 따라 진행한다.

01 작업화면의 메뉴 바에서 File〉New를 선택한다.

02 다음 그림과 같이 Select type of editing item 팝업 창이 나타나면 Part Type을 선택한 후 OK Button을 Click한다.

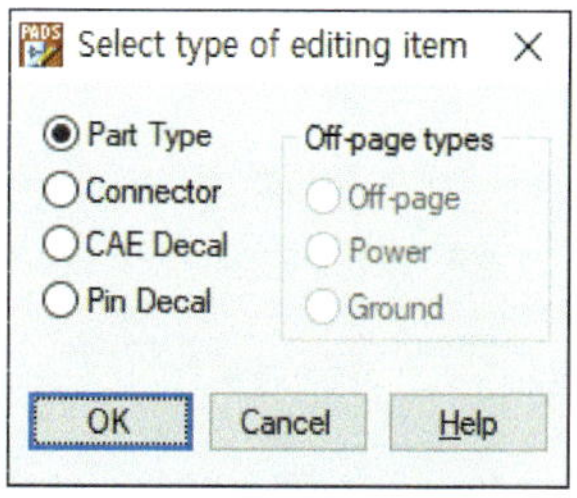

03 Toolbar에서 Edit Electrical Icon( )을 선택한다.

04 다음 그림과 같이 Part Information for Part 팝업 창이 나타나면 General Tab의 Logic Family 항목에서 RES로 설정한 후 PCB Decals Tab을 Click한다.

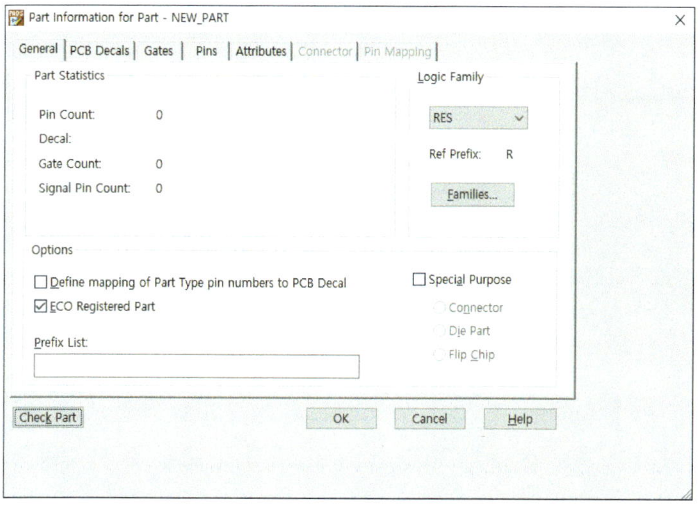

05 다음 그림과 같이 Library 경로설정을 확인하고 Unassigned Decals: 항목에서 RC1608을 선택하고 오른쪽의 Assign>> Button을 Click하여 오른쪽 사각형으로 보내고 Gates Tab을 Click한 다음, Add Button을 누른다.

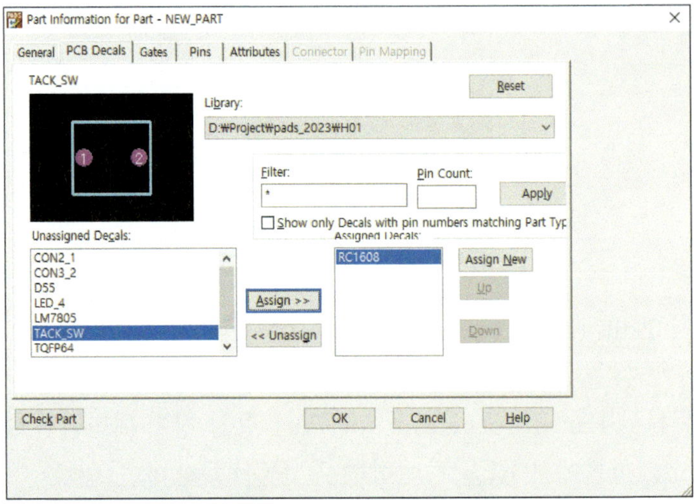

06 다음 그림과 같이 CAE Decal1 항목의 아래 빈 칸을 Double Click한 후 바로 오른쪽에 있는 Button(...)을 Click한다.

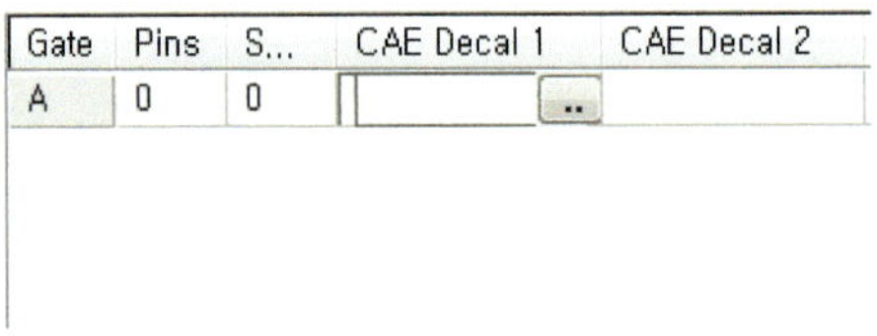

07 다음 그림과 같이 Assign Decal to Gate A of Part 팝업 창이 나타나고 R1608 Decal이 나타나면 Assign>> Button을 Click하여 오른쪽 사각형으로 보내고 OK Button을 Click, 이전 팝업 창에서 Pins Tab을 Click한다.

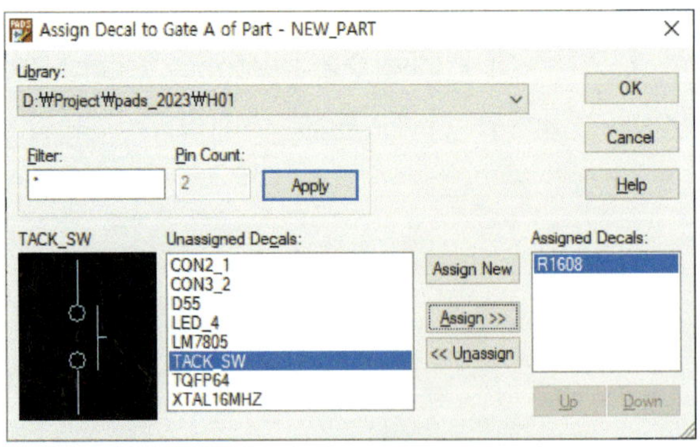

08 다음 그림과 같이 팝업 창이 나타나면 Pin Group은 Gate A로 설정한 후 OK Button을 Click한다.

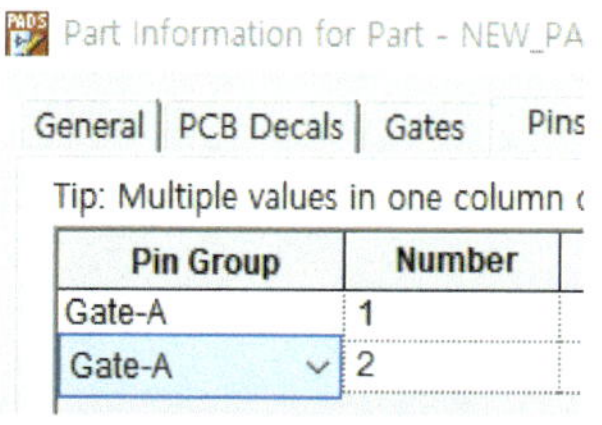

09 작업화면의 메뉴 바에서 File〉Save를 선택하고, 다음 그림과 같이 경로 지정을 확인한 후 R1608을 입력한 다음, OK Button을 Click한다.

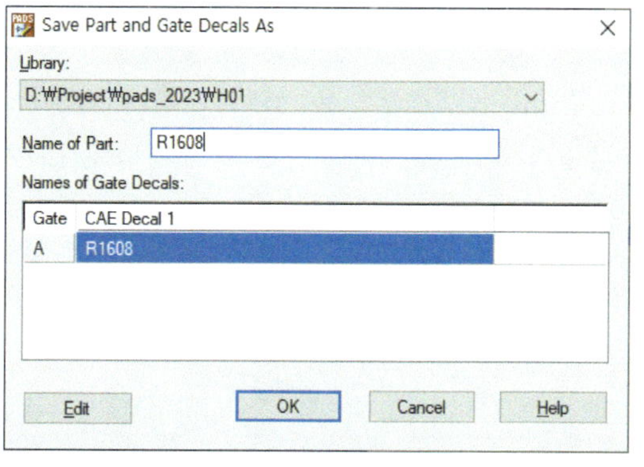

10 작업화면의 메뉴 바에서 File〉Exit Part Editor를 선택하여 빠져나온다.

6.5.10 Chip Capacitor(c1608) CAE Decal 생성 및 Part Type 설정하기

다음 그림의 Chip Capacitor(c1608) Pin Configurations를 참조하여 이 부품에 대한 CAE Decal을 생성하기 위하여 위에서 생성한 D55 Decal을 불러와 수정하여 사용할 것이다. 다음 순서에 따라 진행한다.

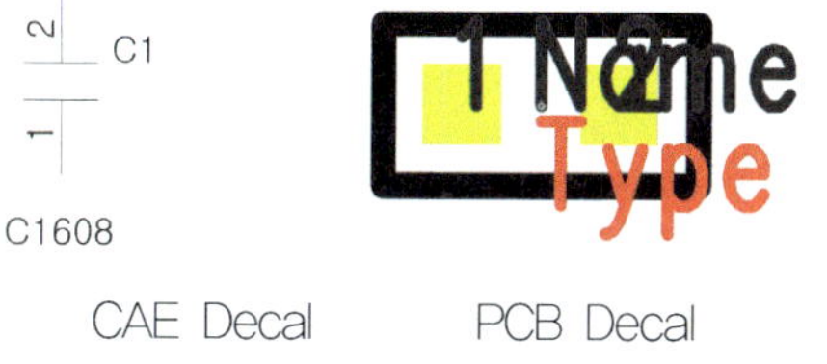

Chip Capacitor Pin Configurations

01 작업화면의 메뉴 바에서 File〉Library...를 선택한 후 저장할 Library의 경로 지정을 확인한다.

02 Library Manager 팝업 창의 Filter 항목에서 Logic을 Click, CAE Decals에서 D55를 선택, Edit... Button을 Click하여 Decal Editor 화면을 연다.

03 Library Manager 팝업 창은 닫아도 되고 적당한 곳으로 이동해도 된다.

04 마우스 가운데 Button을 누른 채 위, 아래로 이동하여 작업 창을 적당하게 확대한다.

05 + 표시를 Click하여 Combine된 부분을 선택한 후 MRB〉Explode, MRB〉Select Drafting Items를 선택하여 Capacitor 모양만 남기고 하나씩 Click한 후 다음 그림과 같이 지운다.

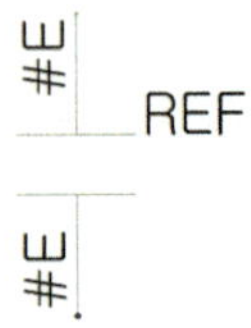

06 작업화면의 메뉴 바에서 File〉Save As...를 선택하고, 다음 그림과 같이 경로 지정을 확인한 후 c1608를 입력한 다음, OK Button을 Click한다.

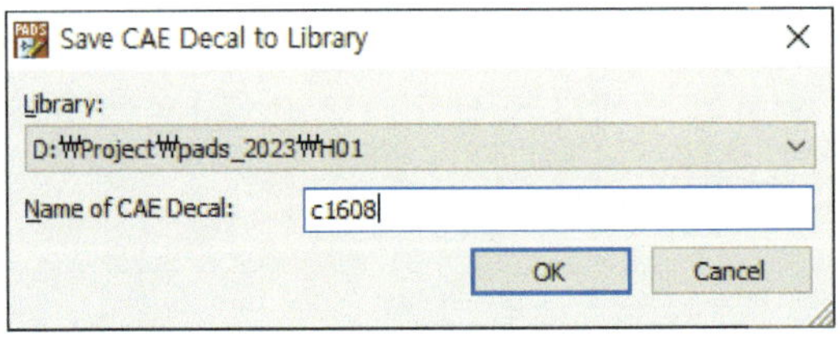

이 부품에 대한 PCB Decal을 만들었고 CAE Decal도 만들었으므로 이제 두 Decal 간 서로 연결하는 작업인 Part Type을 설정하기 위하여 다음 순서에 따라 진행한다.

01 작업화면의 메뉴 바에서 File〉New를 선택한다.

02 다음 그림과 같이 Select type of editing item 팝업 창이 나타나면 Part Type을 선택한 후 OK Button을 Click한다.

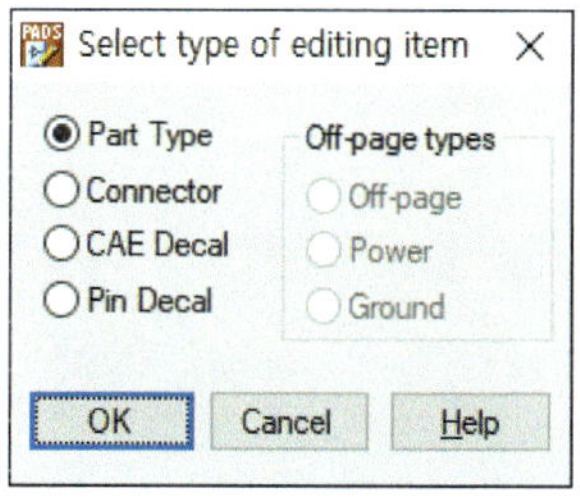

03 Toolbar에서 Edit Electrical Icon( )을 선택한다.

04 다음 그림과 같이 Part Information for Part 팝업 창이 나타나면 General Tab의 Logic Family 항목에서 CAP로 설정한 후 PCB Decals Tab을 Click한다.

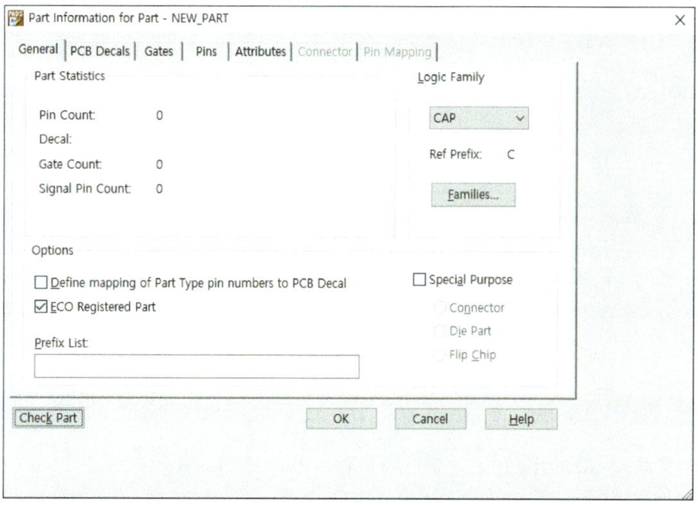

05 다음 그림과 같이 Library 경로설정을 확인하고 Unassigned Decals: 항목에서 RC1608을 선택하고 오른쪽의 Assign>> Button을 Click하여 오른쪽 사각형으로 보내고 Gates Tab을 Click한 후 Add Button을 누른다.

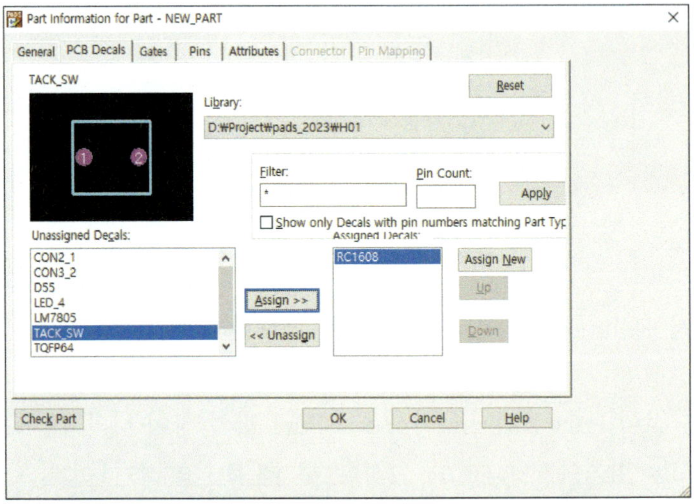

06 다음 그림과 같이 CAE Decal1 항목의 아래 빈 칸을 Double Click한 후 바로 오른쪽에 있는 Button(...)을 Click한다.

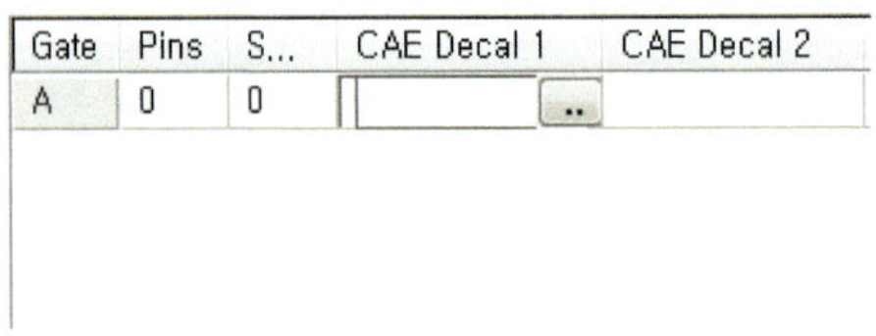

07 다음 그림과 같이 Assign Decal to Gate A of Part 팝업 창이 나타나고 C1608 Decal이 나타나면 Assign>> Button을 Click하여 오른쪽 사각형으로 보내고 OK Button을 Click한 다음, 이전 팝업 창에서 Pins Tab을 Click한다.

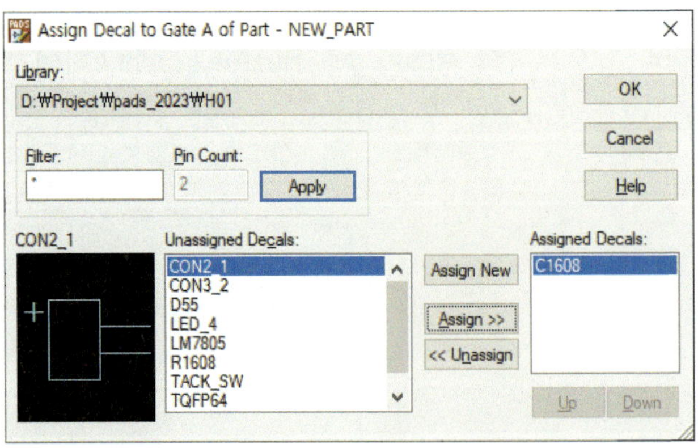

08 다음 그림과 같이 팝업 창이 나타나면 Pin Group은 Gate A로 설정한 후 OK Button을 Click한다.

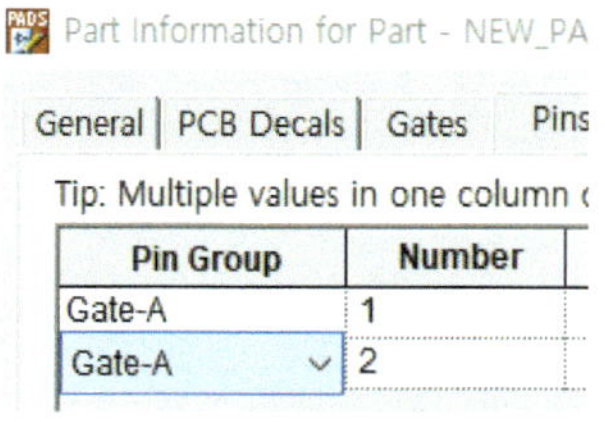

09 작업화면의 메뉴 바에서 File〉Save를 선택하고, 다음 그림과 같이 경로 지정을 확인한 후 C1608을 입력한 다음, OK Button을 Click한다.

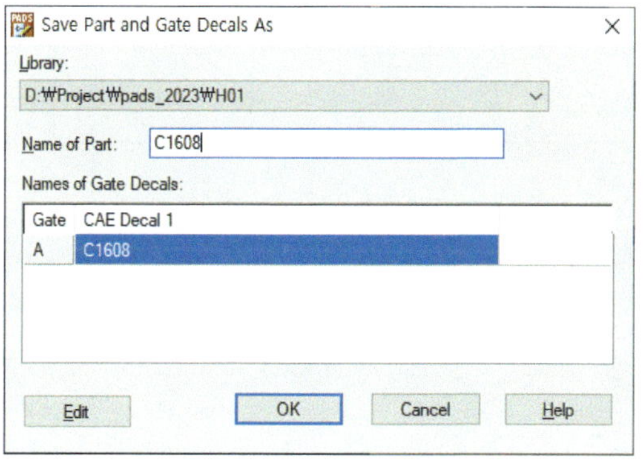

10 작업화면의 메뉴 바에서 File〉Exit Part Editor를 선택하여 빠져나온다.

6.5.11 Hole_3 Part Type 설정하기

기구 고정용 Hole PCB Decal을 생성한 후 Part Type 생성에 대한 팝업 창이 나타나지 않은 경우 다음 순서에 따라 Part Type을 생성해야 한다.

01 작업화면의 메뉴 바에서 File〉Library...를 선택한 후 저장할 Library의 경로 지정을 확인한다.

02 Library Manager 팝업 창의 Filter 항목에서 Parts를 Click, New... Button을 Click한다.

03 Library Manager 팝업 창은 닫아도 되고 적당한 곳으로 이동해도 된다.

04 Part information for Part 팝업 창이 나타나면 PCB Decals Tab을 Click한다.

05 다음 그림과 같이 Library 경로설정을 확인하고 Unassigned Decals: 항목에서 HOLE_3을 선택하고, 오른쪽의 Assign>> Button을 Click하여 오른쪽 사각형으로 보내고 Save As... Button을 Click한다.

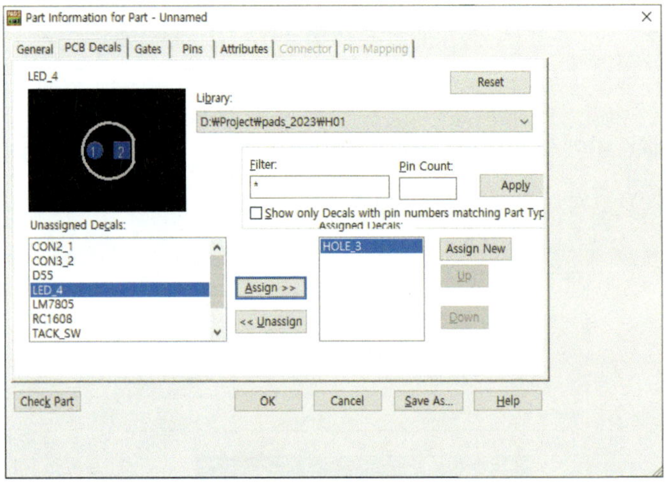

06 다음 그림과 같이 저장 경로를 확인한 후 Hole_3를 입력하고, OK Button을 Click한다.

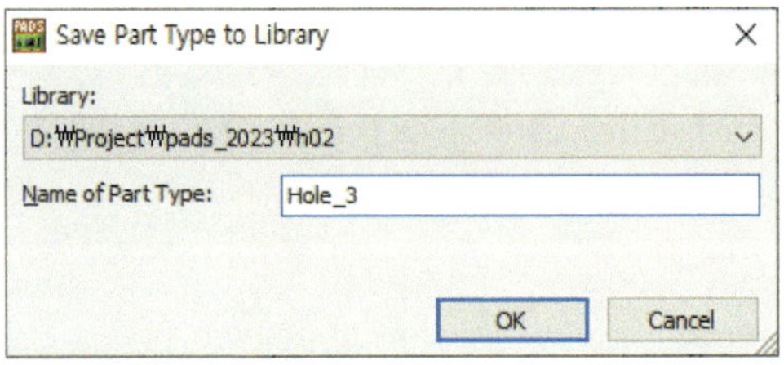

07 Part information for Part 팝업 창을 닫고 생성된 Part를 확인한 후 이상이 없으면 프로그램을 닫는다.

6.6 회로도 작성하기(ATmega128 응용회로)

이번 장에서 다룰 회로도는 ATmega128을 이용하여 스위치 조작에 따른 해당 LED가 동작하는 회로로, 위에서 생성한 Decal을 사용하여 주어진 회로도를 완성하고 궁극적으로 PCB 설계에 대한 이해도를 높여본다. 전체 회로도 등 관련 자료는 다음 그림들을 참조하여 진행한다.

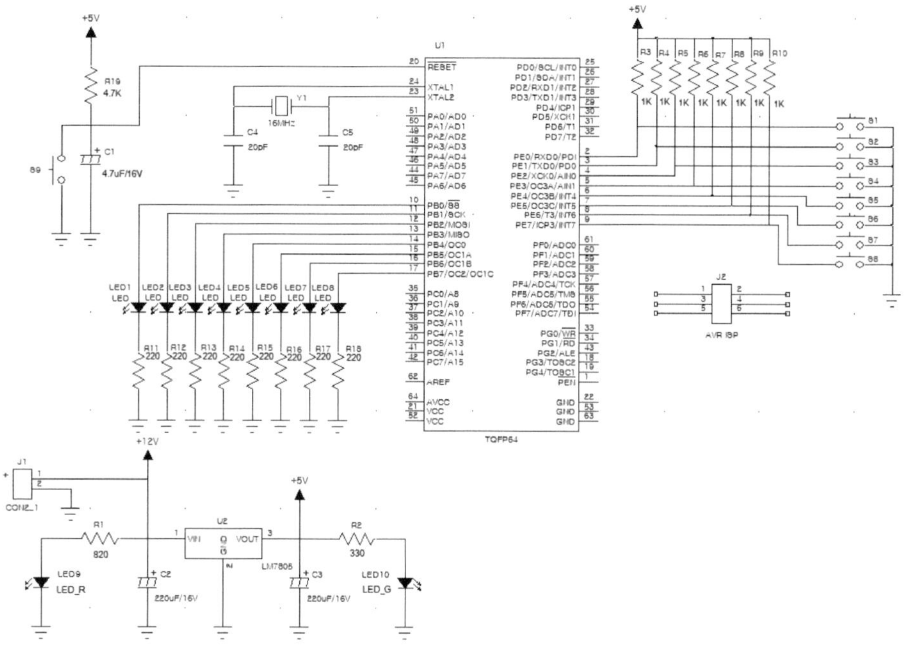

ATmega128 응용회로(전체회로)

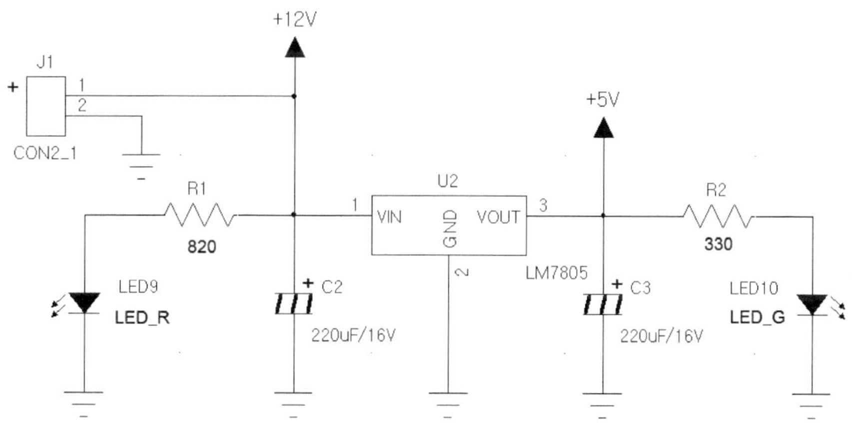

ATmega128 응용회로(전원 회로)

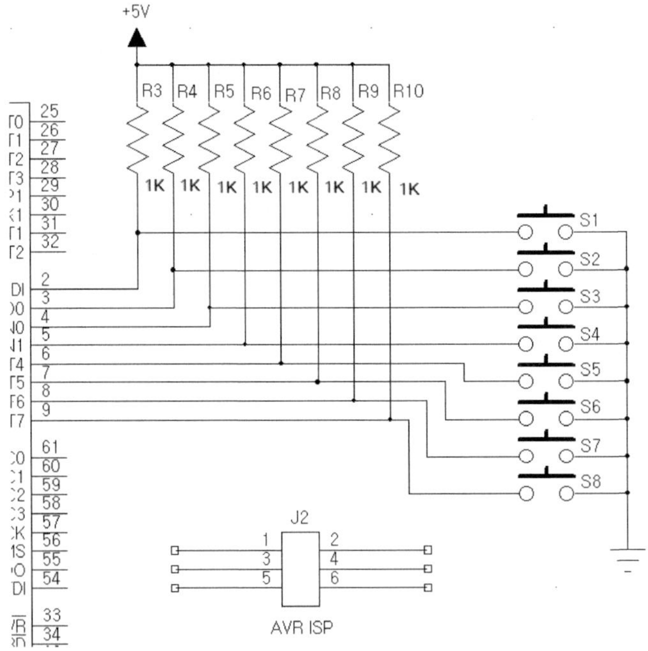

ATmega128 응용회로(스위치 입력 및 AVR ISP 회로)

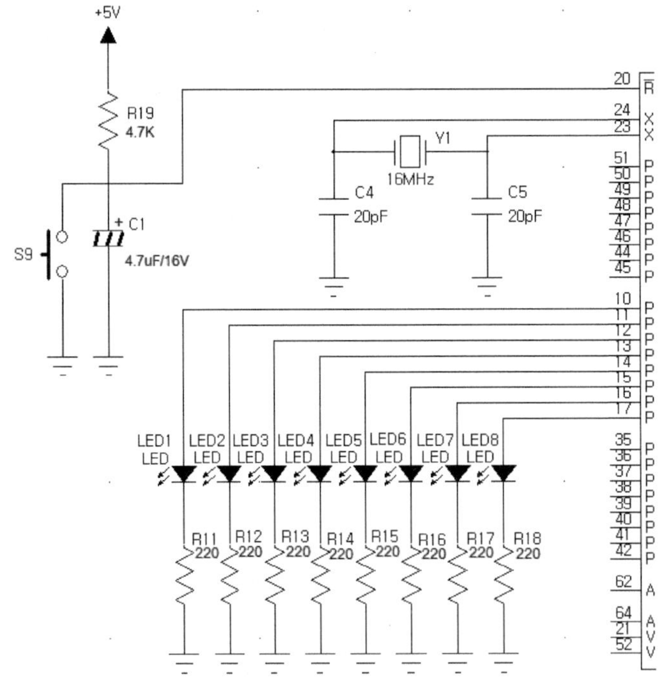

ATmega128 응용회로(Reset, Xtal, LED 표시회로)

6.6.1 PADS Logic 9.5 시작 및 Sheet Size 설정하기

01 회로설계를 위하여 프로그램(PADS Logic 9.5)을 실행한다.

02 프로그램이 실행되면 초기화면에서 Open a design을 Click한다.

03 위에서 수정, 저장한 작업 폴더(D:₩Project₩pads_2023)에서 A4.sch File을 불러와 File Save As...를 선택하여 H_01(자신의 고유번호 등)로 다시 저장한다.

※ 주의 사항

- **File명은 영문, 숫자, Under Bar(_), hyphen(-)으로 작성한다.**
- **한글이나 그 외 특수문자(!, @, &, *, ...), 빈칸은 사용을 금지한다.**

6.6.2 Title Block 설정하기

회로도 그리기에 앞서 회로도 명칭 등 Title Block을 작성하기 위하여 다음 순서에 따라 진행한다.

01 작업 창에서 오른쪽 아래 Title Block 부분을 확대하여 다음 그림과 같이 나타나게 한다.

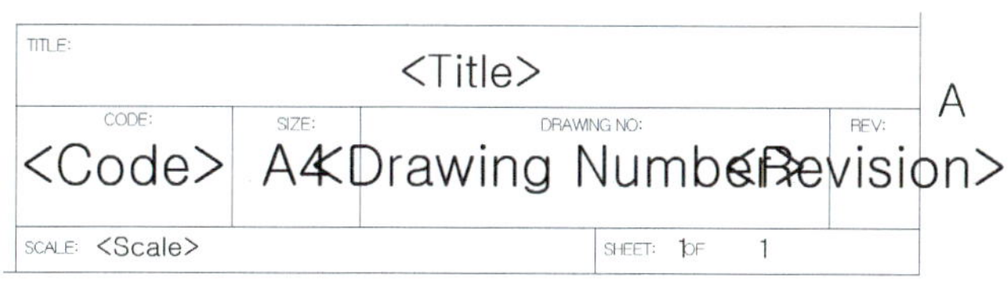

02 Select Icon( )을 선택하고, MRB〉Select Anything을 선택한 후 TITLE: 항목의 <Title>을 Double Click하여 다음 그림과 같이 Value: 입력란에 ATmega128 CONTROL BOARD를, Size(pts): 입력란에 14를 입력한 후 OK Button을 Click한다.

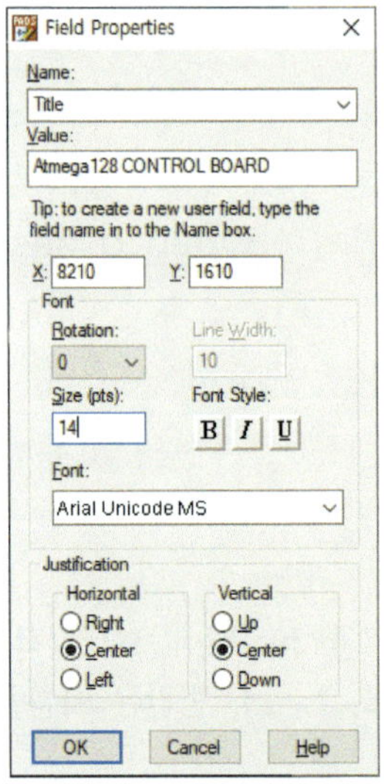

03 DRAWING NO: 항목의 <Drawing Number>를 Double Click한 후 Value: 입력란에 E_CAD 2023.12.08을, Size(pts): 입력란에 12를 입력한 후 OK Button을 Click한다.

04 REV: 항목의 <Revision>을 Double Click한 후 Value: 입력란에 1.0을, Size(pts): 입력란에 7을 입력한 후 OK Button을 Click, Esc Key를 누른다.

05 나머지 항목들은 필요에 따라 입력할 수 있다. 완성된 Title Block은 다음 그림과 같은지 확인하고 필요시 수정한 후 Home Key(전체 화면)를 누른다.

6.6.3 Library 설정하기

작업화면의 메뉴 바에서 File〉Library...를 선택하여 다음 그림과 같이 Library 경로를 확인하고 필요시 맞도록 설정한다. Logic Icon을 Click하여 회로도 작성에 필요한 CAE Decal들이 모두 있는지 확인한 후 Close Button을 Click한다.

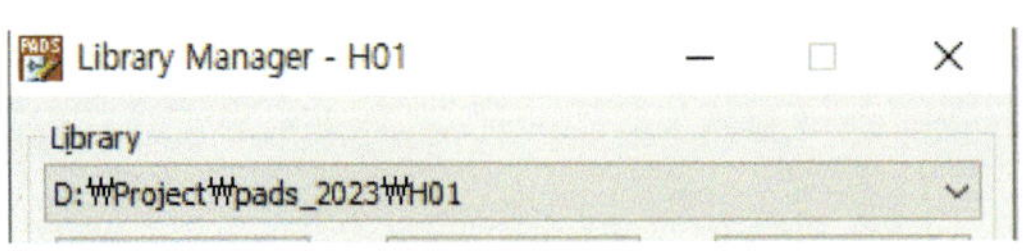

6.6.4 부품 불러오기 및 배치하기

부품을 불러오기 전에 작업화면의 메뉴 바에서 View>Toolbar를 선택하여 3개의 Toolbar들이 모두 활성화되어 있는지 확인하고 필요시 활성화시킨 후 다음 순서에 따라 진행한다.

01 작업화면의 Schematic Editing Toolbar에서 Add Part Icon( )을 Click한다.

02 다음 그림과 같이 Add Part from Library 팝업 창이 나타나면 Items: 항목에서 TQFP64를 선택한 후 Add Button을 Click한다.

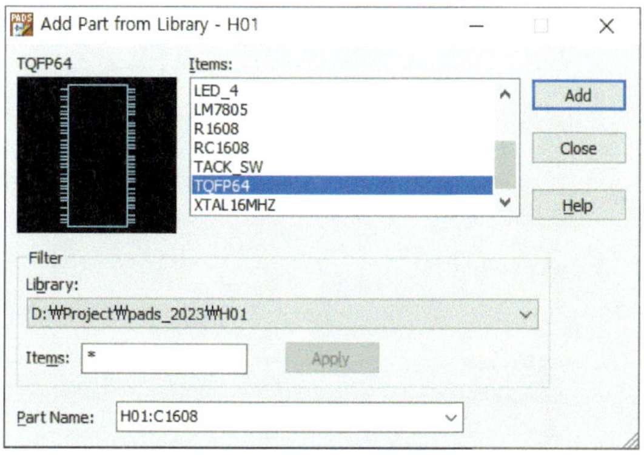

03 부품(U1)을 주어진 회로도를 참조하여 화면 중앙 부분에서 Click하여 배치한 후 Esc Key를 누른다.

04 나머지 부품들도 차례로 순서 2번과 같이 부품을 불러와 회로도를 보고 배치한다. 필요시 MRB을 Click하여 방향을 바꾸어 배치하고 Home Key와 화면 확대 등을 잘 활용하여 효율적으로 작업한다.

05 부품 배치 중에 다음 그림과 같은 메시지가 나오면 해당 부품에 맞는 대표 부품 참조 번호(LED의 경우 LED, XTAL의 경우 Y 등)를 입력한 후 OK Button을 눌러 배치한다.

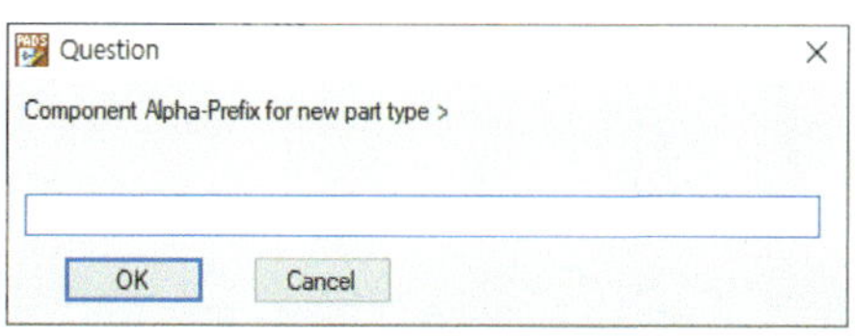

06 모든 부품의 배치를 마쳤으면 Esc Key를 누른다.

6.6.5 각 부품의 속성 설정하기

Add Part하여 불러온 부품들은 회로도 상에서 불필요한 정보도 포함되어 있으므로 이러한 속성과 값 등에 대한 정보를 수정해 주어야한다. 이를 위해 다음 순서에 따라 진행한다.

01 Schematic Editing Toolbar에서 Select Icon( )을 선택, MRB〉Select Parts를 선택한 후 R1 심벌을 Double Click한다.

02 다음 그림과 같이 Part Properties 팝업 창이 나타나면 아래 부분에서 Attributes Button을 Click한다.

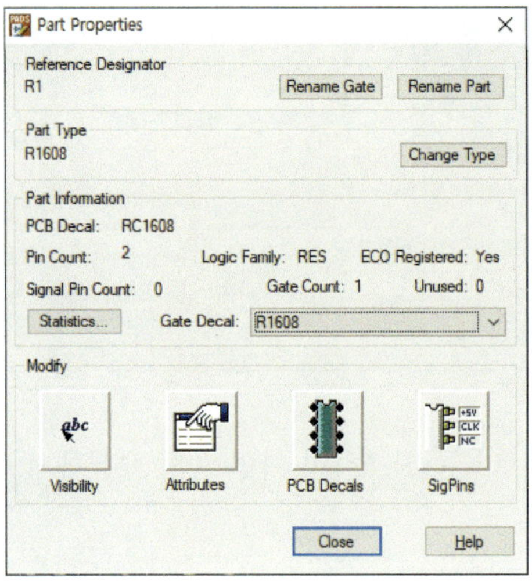

03 Part Attributes 팝업 창이 나타나면 Add Button을 Click, 다음 그림과 같이 Name 아래 입력란에는 Value를, Value 아래 입력란에서 Double Click한 후 820을 입력한 후 All Part This Type 옵션을 선택하고 OK Button을 Click한다.

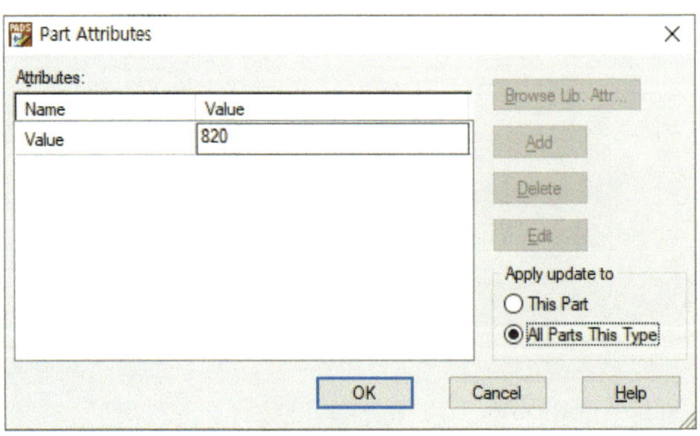

04 Part Properties 팝업 창에서 Visibility Button을 Click한다.

05 Part Text Visibility 팝업 창이 나타나면 다음 그림과 같이 Item Visibility 항목에서는 Reference Designator를, Attributes 항목에서는 Value를, Apply Update to 항목에서는 All Part This Type 옵션을 선택하고 OK Button을 Click한다.

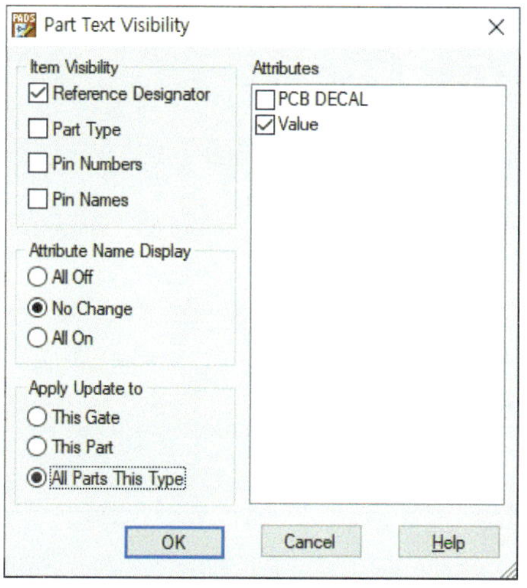

06 Part Properties 팝업 창을 닫으면 다음 그림과 같이 각각의 저항들에 대하여 부품 참조 번호와 부품 값만 표시되는 것을 확인한다.

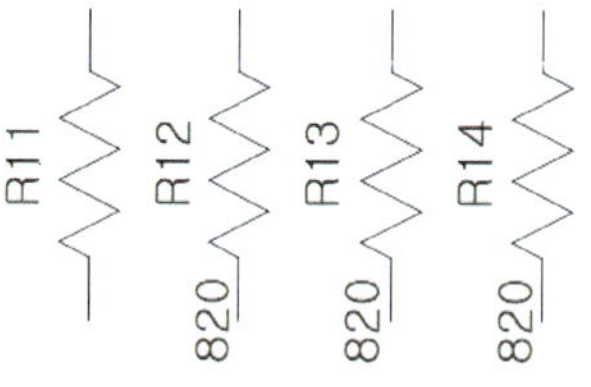

콘덴서 부품들도 적당한 속성 적용을 위해 다음 순서에 따라 진행한다.

01 C4(C1608)를 Double Click하여 위에서와 같이 Part Properties 팝업 창이 나타나면 Attributes Button을 Click한 후 Part Attributes 팝업 창에서 Add Button을 Click, Name 아래 입력란에는 Value를, Value 아래 입력란에서 Double Click한 후 20pF을 입력한 후 All Part This Type 옵션을 선택하고 OK Button을 Click한다.

02 Part Properties 팝업 창에서 Visibility Button을 Click한다.

03 Part Text Visibility 팝업 창이 나타나면 다음 그림과 같이 Item Visibility 항목에서는 Reference Designator를 선택, Attributes 항목에서는 Value를 선택, Apply Update to 항목에서는 All Part This Type 옵션을 선택하고 OK Button을 Click한다.

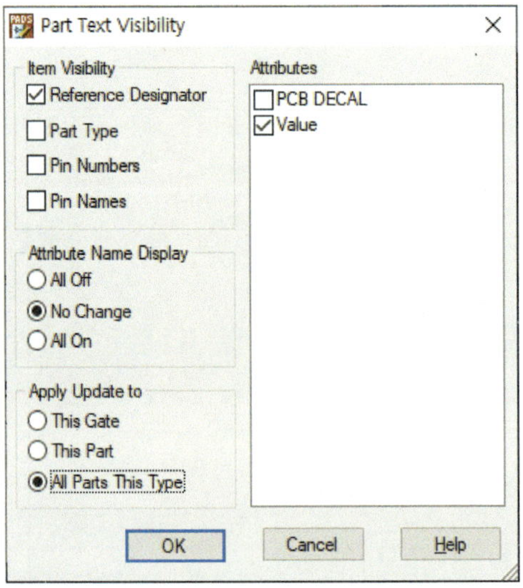

04 Part Properties 팝업 창을 닫으면 다음 그림과 같이 각각의 콘덴서들에 대하여 부품 참조 번호와 부품 값만 표시되는 것을 확인한다.

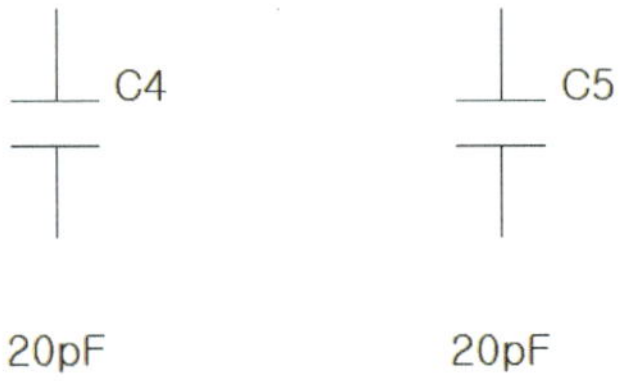

전해콘덴서 부품들도 적당한 속성 적용을 위해 다음 순서에 따라 진행한다.

01 C2(D55)를 Double Click하여 위에서와 같이 Part Properties 팝업 창이 나타나면 Attributes Button을 Click한 후 Part Attributes 팝업 창에서 Add Button을 Click하고, Name 아래 입력란에는 Value를, Value 아래 입력란에서 Double Click한 후 220uF/16V를 입력한 후 All Part This Type 옵션을 선택하고 OK Button을 Click한다.

02 Part Properties 팝업 창에서 Visibility Button을 Click한다.

03 Part Text Visibility 팝업 창이 나타나면 다음 그림과 같이 Item Visibility 항목에서는 Reference Designator를, Attributes 항목에서는 Value를, Apply Update to 항목에서는 All Part This Type 옵션을 선택하고 OK Button을 Click한다.

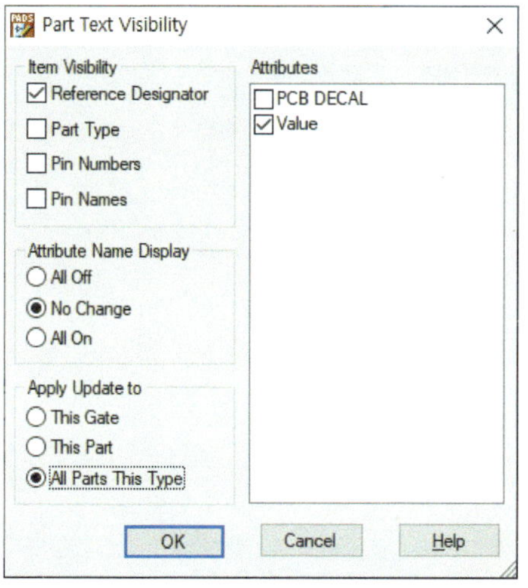

04 Part Properties 팝업 창을 닫으면 다음 그림과 같이 각각의 콘덴서들에 대하여 부품 참조 번호와 부품 값만 표시되는 것을 확인한다.

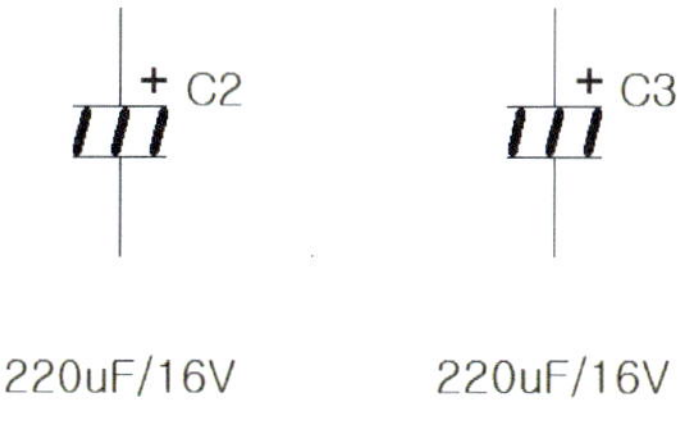

발광 다이오드 부품들도 적당한 속성 적용을 위해 다음 순서에 따라 진행한다.

01 LED1을 Double Click하여 위에서와 같이 Part Properties 팝업 창이 나타나면 Attributes Button을 Click한 후 Part Attributes 팝업 창에서 Add Button을 Click, Name 아래 입력란에는 Value를, Value 아래 입력란에서 Double Click한 후 LED를 입력한 후 All Part This Type 옵션을 선택하고 OK Button을 Click한다.

02 Part Properties 팝업 창에서 Visibility Button을 Click한다.

03 Part Text Visibility 팝업 창이 나타나면 다음 그림과 같이 Item Visibility 항목에서는 Reference Designator를, Attributes 항목에서는 Value를, Apply Update to 항목에서는 All Part This Type 옵션을 선택하고 OK Button을 Click한다.

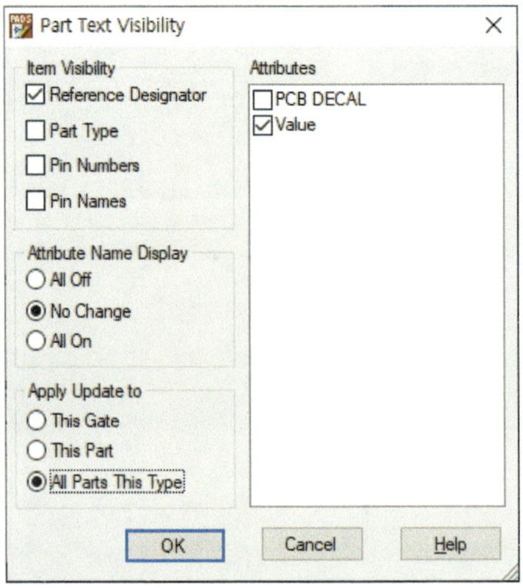

04 Part Properties 팝업 창을 닫으면 다음 그림과 같이 각각의 콘덴서들에 대하여 부품 참조 번호와 부품 값만 표시되는 것을 확인한다.

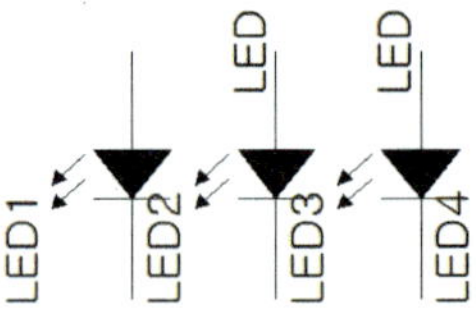

택트 스위치 부품들도 적당한 속성 적용을 위해 다음 순서에 따라 진행한다.

01 S1을 Double Click하여 위에서와 같이 Part Properties 팝업 창이 나타나면 Visibility Button을 Click, Part Text Visibility 팝업 창이 나타나면 다음 그림과 같이 Item Visibility 항목에서는 Reference Designator를, Attributes 항목에서는 Value를, Apply Update to 항목에서는 All Part This Type 옵션을 선택하고 OK Button을 Click한다.

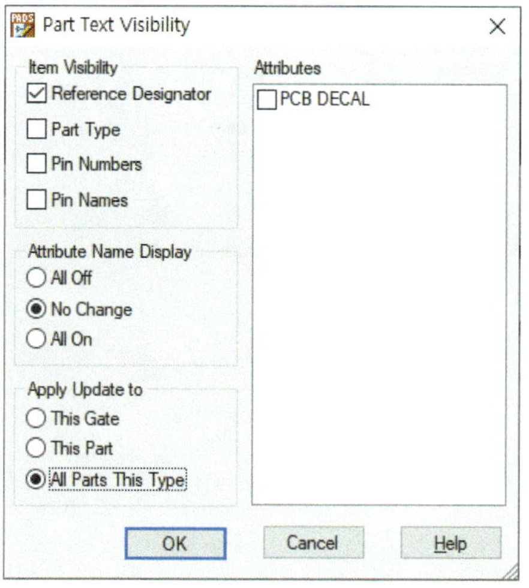

02 Part Properties 팝업 창을 닫으면 다음 그림과 같이 각각의 콘덴서들에 대하여 부품 참조 번호만 표시되는 것을 확인한다.

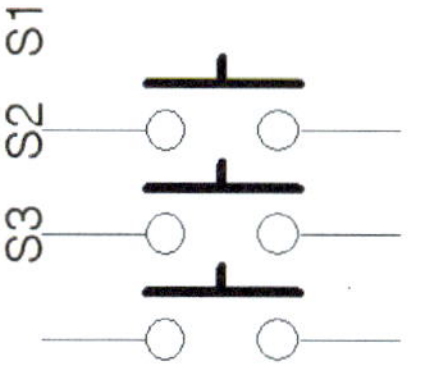

Crystal 부품의 적당한 속성 적용을 위해 다음 순서에 따라 진행한다.

01 Y1(XTAL16MHz)을 Double Click하여 위에서와 같이 Part Properties 팝업 창이 나타나면 Attributes Button을 Click한 후 Part Attributes 팝업 창에서 Add Button을 Click하고, Name 아래 입력란에는 Value를, Value 아래 입력란에서 Double Click하여 16MHz를 입력한 후 This Part 옵션을 선택하고 OK Button을 Click한다.

02 Part Properties 팝업 창에서 Visibility Button을 Click한다.

03 Part Text Visibility 팝업 창이 나타나면 다음 그림과 같이 Item Visibility 항목에서는 Reference Designator를, Attributes 항목에서는 Value를, Apply Update to 항목에서는 This Part 옵션을 선택하고 OK Button을 Click한다.

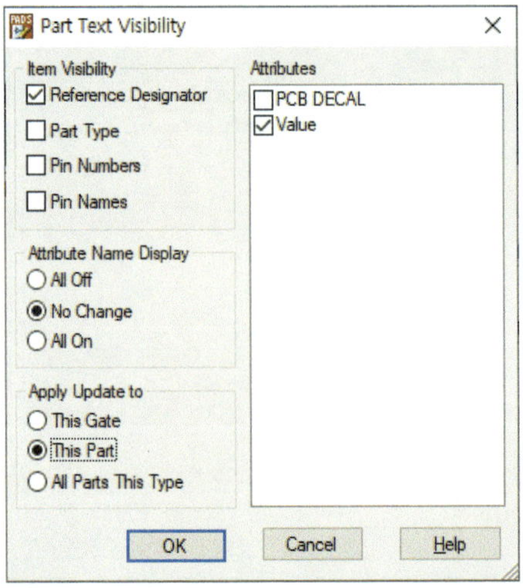

04 Part Properties 팝업 창을 닫으면 다음 그림과 같이 Crystal의 부품 참조 번호와 부품 값만 표시되는 것을 확인한다.

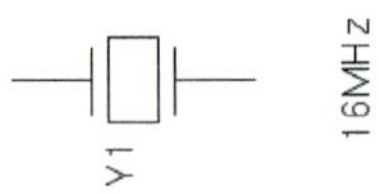

CON2_1 부품의 적당한 속성 적용을 위해 다음 순서에 따라 진행한다.

01 J1(CON2_1)을 Double Click하여 위에서와 같이 Part Properties 팝업 창이 나타나면 Visibility Button을 Click한다.

02 Part Text Visibility 팝업 창이 나타나면 다음 그림과 같이 Item Visibility 항목에서는 Reference Designator, Part Type, Pin Numbers를 선택하고, Apply Update to 항목에서는 This Part 옵션을 선택하고 OK Button을 Click한다.

03 Part Properties 팝업 창을 닫으면 다음 그림과 같이 CON2_1의 부품 참조 번호와 Part Type 그리고 Pin Number만 표시되는 것을 확인한다.

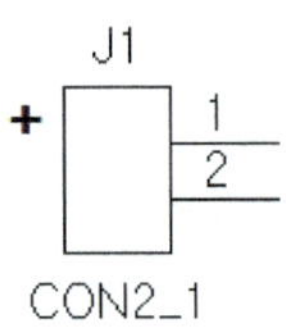

마지막으로 CON3_2 부품의 적당한 속성 적용을 위해 다음 순서에 따라 진행한다.

01 J2(CON3_2)를 Double Click하여 위에서와 같이 Part Properties 팝업 창이 나타나면 Attributes Button을 Click한 후 Part Attributes 팝업 창에서 Add Button을 Click하고, Name 아래 입력란에는 Value를, Value 아래 입력란에서 Double Click한 후 AVR ISP를 입력한 후 This Part 옵션을 선택하고 OK Button을 Click한다.

02 Part Properties 팝업 창에서 Visibility Button을 Click한다.

03 Part Text Visibility 팝업 창이 나타나면 다음 그림과 같이 Item Visibility 항목에서는 Reference Designator, Part Type, Pin Numbers를 선택하고, Apply Update to 항목에서는 This Part 옵션을 선택하고 OK Button을 Click한다. Attributes 항목에서는 Value를, Apply Update to 항목에서는 This Part 옵션을 선택하고 OK Button을 Click한다.

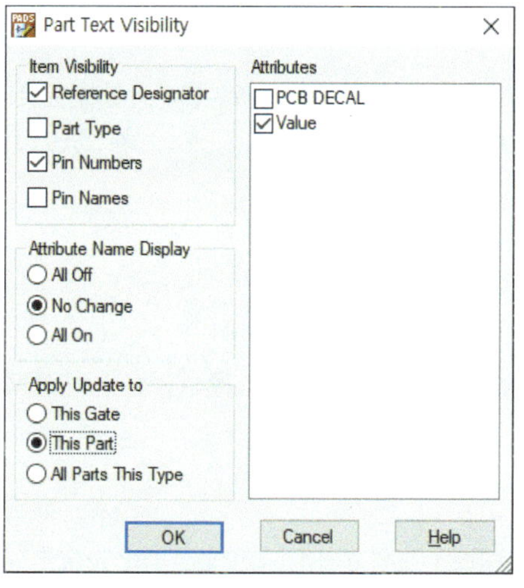

04 Part Properties 팝업 창을 닫으면 다음 그림과 같이 CON2_1의 부품 참조 번호와 Part Type 그리고 Pin Number만 표시되는 것을 확인한다.

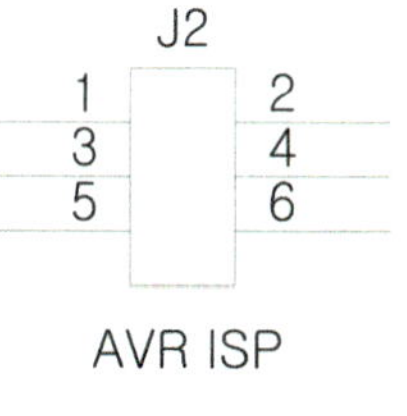

6.6.6 각 부품의 속성 정렬하기

각 부품의 속성이 설정되었으면 회로도를 참조하면서 각 속성들의 위치를 조정하고 부품 참조번호가 정 방향이 되도록 다음 순서에 따라 진행한다.

01 Schematic Editing Toolbar에서 Select Icon(↖)을 선택, MRB〉Select Anything을 선택한 후 Y1 글자를 Click 후 Drag, MRB〉Rotate 90을 선택하여 적당한 위치에서 Click하여 이동 배치한다.

02 16MHz 글자도 같은 요령으로 적당한 위치로 이동 배치한다.

03 이동 배치가 필요한 나머지 부품들도 위와 같은 요령으로 이동 배치한다.

04 이동 배치가 마무리되면 저항이나 콘덴서 등 부품 값의 수정을 위해 R2의 부품 값인 820을 Double Click한 후 Attribute Properties 팝업 창이 나타나면 Value: 란에 330으로 수정하고 Size(pts):는 9로 입력한 후 OK Button을 Click한다.

05 부품 값 수정이 필요한 나머지 부품들도 위와 같은 요령으로 수정하여 주어진 회로도와 같게 되었는지 결과를 확인하고 필요시 수정한 후 저장한다.

6.6.7 Connection 작업하기

회로도 작성을 위한 부품들을 모두 불러와 배치한 후 각 속성 값을 설정, 수정하였으므로 각 부품 간의 신호 선을 연결해 주어야한다. 이를 위해 주어진 회로도를 보고 다음 순서에 따라 진행한다.

01 Schematic Editing Toolbar에서 Add Connection Icon()을 Click한 후 다음 그림과 같이 LED9의 Anode에서 Click, R1의 왼쪽 핀에서 Click하여 연결한다(Click1, 2의 순서는 상관없음).

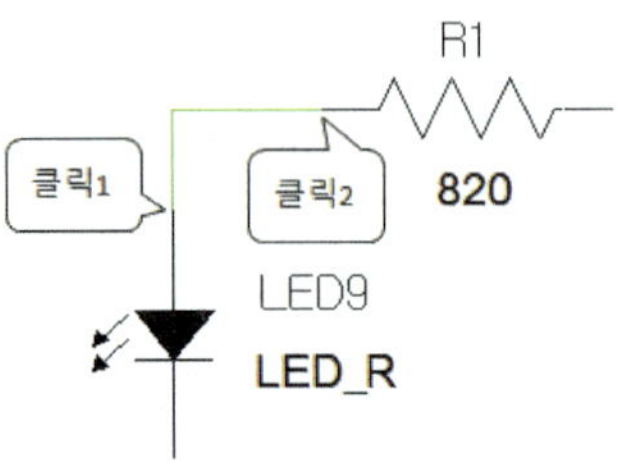

02 LED9의 Cathode에서 Click, GND를 연결하기 위하여 MRB>Ground를 선택, 적당한 위치에서 Click하여 배치한다.

03 R1의 오른쪽 핀에서 Click, U2의 1번 핀에서 Click, C2의 + 핀에서 Click, R1-U1의 연결선 위에서 Click, J1의 1번 핀에서 Click, R1-U1-C2의 연결선 위에서 Click하여 연결한다.

04 다음 그림과 같이 J1의 1번 핀에 +12V를 설정하기 위하여 선이 꺾인 곳에서 Click, MRB>Power를 선택하여 배치한 후 Esc Key를 누른다.

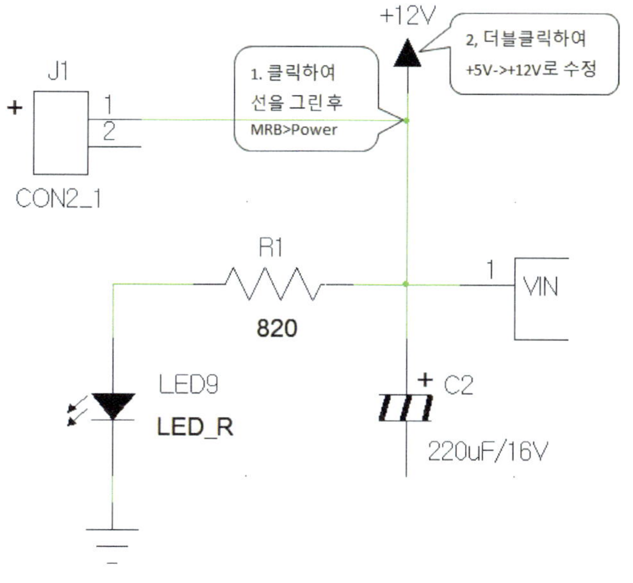

05 위의 그림과 같이 Power Symbol을 Double Click한 후 Net Properties 팝업 창에서 Net Name:의 입력란에 +12V를 넣고, Net Name Label의 체크 박스를 활성화한 후 OK Button을 Click한다.

06 회로도의 나머지 부분도 위의 요령을 참고하여 모두 연결한다.

6.6.8 Net Name 부여하기

특정 Net에 대하여 이름을 부여하는 것으로, 아래의 요구사항에 맞게 설정해 주어야한다. 이를 위해 다음 순서에 따라 진행한다.

부품의 지정 Pin	네트의 이름	부품의 지정 Pin	네트의 이름
J2의 1번 연결부	MISO	U1의 2번 연결부	MOSI
J2의 2번 연결부	+5V	U1의 3번 연결부	MISO
J2의 3번 연결부	SCK	U1의 11번 연결부	SCK
J2의 4번 연결부	MOSI	U1의 20번 연결부	RESET
J2의 5번 연결부	RESET	U1의 24번 연결부	X1
J2의 6번 연결부	GND	U1의 23번 연결부	X2

01 Schematic Editing Toolbar에서 Select Icon( )을 선택, MRB〉**Select Nets**를 선택한 후 J2의 1번에 연결된 Net을 Double Click, Net Properties 팝업 창의 Net Name: 항목의 입력란에 요구사항(**MISO**)을 입력한 다음, **OK** Button을 Click한다.

02 위와 같은 방법으로 위의 표 내용을 참조하여 작업한다. +5V와 GND Net 등에 대하여 다음 그림과 같이 이미 존재하는 Net의 경우 같은 Net으로 묶어줄 것인가를 묻는 메시지 창이 나오면 **예(Y)** Button을 Click한다. 모든 Net에 이름 부여가 되었으면 Esc Key를 누른다.

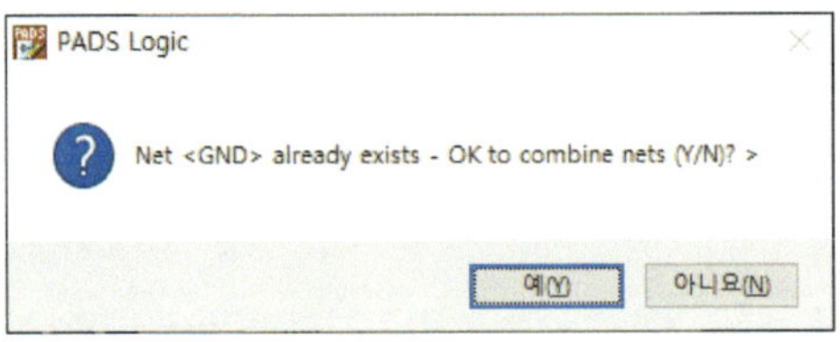

[참고] OrCAD 등 다른 Software에는 Net Alias 기능이 있어 작업할 수 있지만 PADS에서는 같은 Net에 2개의 이름을 부여하지 못하므로 특정 Net에 이름을 부여한 후 Add Text를 이용하여 Net 위에 한 번 더 Net 이름을 표시하여 줄 수 있다. 이를 위해 다음 순서에 따라 진행한다.

01 Schematic Editing Toolbar에서 Create Text Icon( )을 선택, Add Free Text 팝업 창의 Text: 항목의 입력란에 **MISO**를 입력하고, **OK** Button을 Click, J2의 1번 Net 위에 Click하여 배치한다.

02 나머지 Net들도 1번과 같은 요령으로 작업을 마친 후 Add Free Text 팝업 창을 닫는다.

03 다음 그림과 같이 완성된 회로도를 참조하여 미완성 부분이 있으면 보완한 후 저장한다.

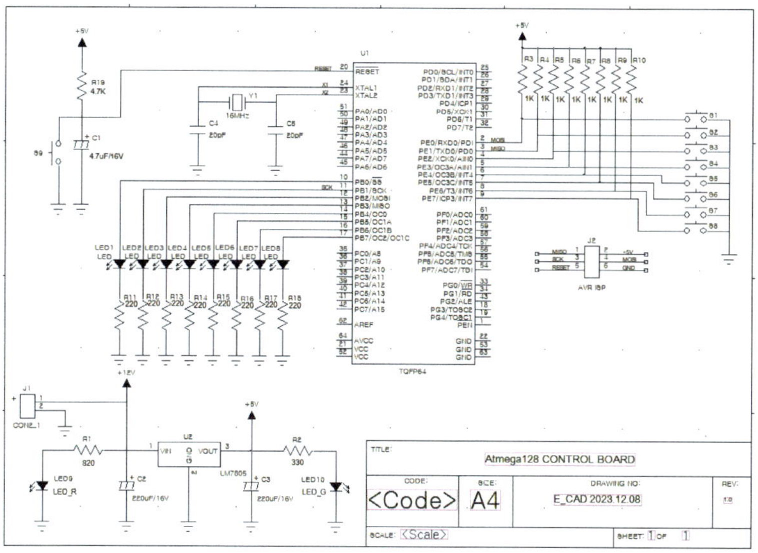

6.6.9 Netlist 추출하기

회로도가 완성되었으므로 PCB 작업을 위해 각 부품 간의 연결정보 등이 들어있는 Netlist File을 추출하기 위하여 다음 순서에 따라 진행한다.

01 작업화면의 메뉴 바에서 Tools〉Layout Netlist...를 선택한다.

02 다음 그림과 같이 Netlist to PCB 팝업 창이 나타나면 Output Filc Namc 아래에서 저장되는 File의 경로와 이름을 확인한 후 OK Button을 Click한다.

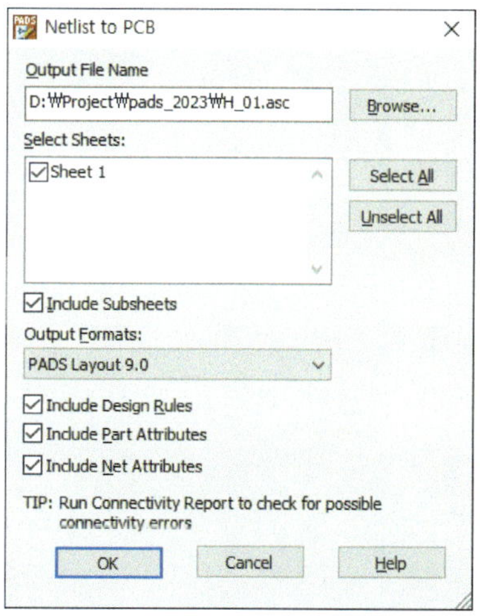

03 윈도우 탐색기를 열고 해당 File의 내용을 확인한다.

04 File을 인쇄한다(3.7 회로도 인쇄하기 참조).

05 File을 저장한 후 PADS Logic 9.5 프로그램을 종료한다.

6.7 PCB 설계

6.7.1 PCB 설계 조건

- 설계 단위 : [mm]
- 설계 환경 : 양면 PCB(2-Layer)
- Board Size : 80mm(가로), 70mm(세로)
- 치수 보조선 : Silk Screen Layer에 표시
- Board 외곽선과 모서리 처리, 고정부품 배치는 다음 그림과 같이 진행

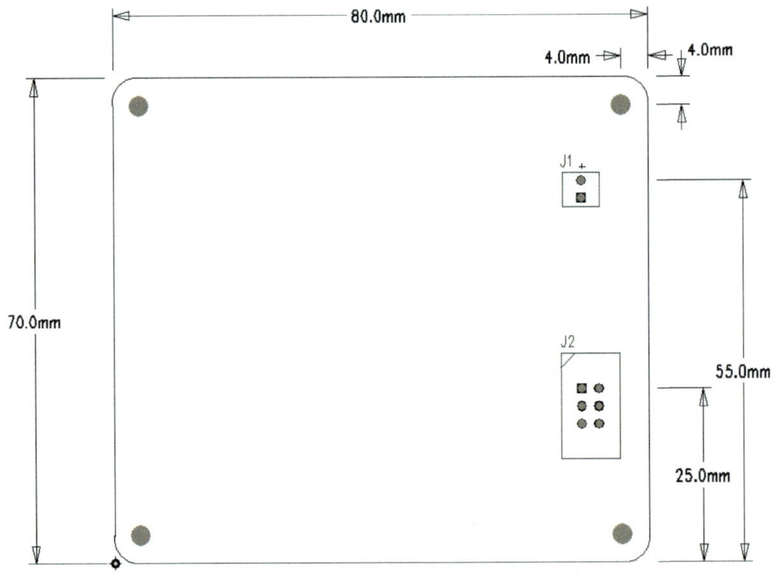

- 나머지 부품의 배치는 임의로 하고 전해콘덴서, LED 등 극성이 있는 부품들은 가급적 동일 방향으로 하여 부품 간 적당한 간격을 두고 균형 있게 배치
- 부품은 Top Layer에만 배치
- 네트(Net)의 폭(두께) 설정

네트명	두께
+12V, +5V, GND, X1, X2	0.5mm
그 외 일반선	0.3mm

- 배선(Routing)은 양면 사용, 자동 배선 및 직각 배선 금지, 100% 배선
- 기구 Hole(Mounting Hole) 삽입은 윗부분 부품 배치 참조 및 비전기적 속성, 부품 참조 값은 삭제, 크기는 φ 3
- Silk Data의 부품 참조번호는 한 방향으로 정렬, 불필요한 Data는 삭제
- ATmega128 CONTROL BOARD(Line Width : 0.25mm, Height : 2mm)의 Silk Data를 Board 상단 중앙에 배치
- Copper의 설정은 Bottom Layer의 GND 신호에 처리, Board 외곽으로부터 0.1mm의 이격, 모든 네트와 Copper와의 Clearance는 0.5mm, 단열판과 GND 네트 사이의 연결선의 두께는 0.5mm로 설정
- Via의 설정

Via의 종류	속성	
	Drill Hole Size	Pad Size
Power Via(전원선 연결)	0.4mm	0.8mm
Standard Via(그 외 연결)	0.3mm	0.6mm

- DRC(Design Rule Check)에서 Default 값(Clearance : 0.254mm)에 위배되지 않아야 하고 위반 사항이 없는 검사한 로그 File은 하드디스크에 저장
- PCB 제조에 필요한 Gerber Data File(RX274-X Format) 생성 및 출력

6.7.2 PADS Layout 9.5 시작하기

01 PADS Layout 9.5 프로그램을 실행하고 **Start a new design**을 Click한다.

02 Set Start-up File 팝업 창이 나타나면 System Default Start-up File 옵션이 선택되어 있는지 확인한 후 OK Button을 Click한다.

03 작업화면의 메뉴 바에서 File〉Library...를 선택한다.

04 Library Manager 창에서 Library를 추가한 후 H01.pt9로 설정힌다. 그리고 부품들이 있는지 확인하고 창을 닫는다.

6.7.3 Options 설정하기

01 작업화면의 메뉴 바에서 Tools〉Options...를 선택하고, Options 팝업 창이 나타나면 Global/General Part를 선택한다. 다음 그림과 같이 Cursor 항목의 Style:은 Full screen으로, Drawing 항목의 Minimum display width:는 0으로, Design units는 Metric(mm)으로 설정한다.

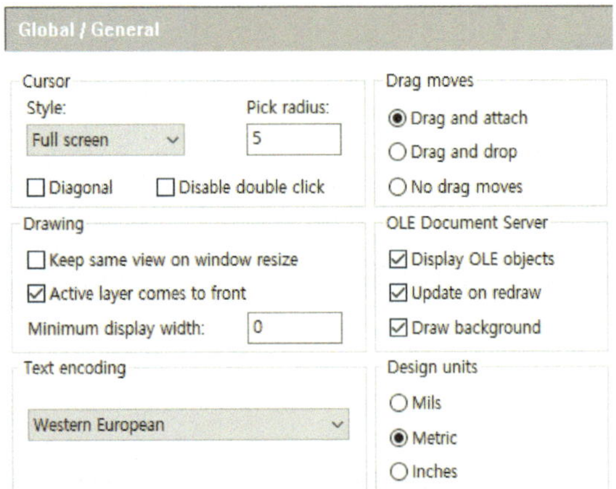

02 Grids and Snap/Grids Part를 선택하고, 다음 그림과 Design grid와 Display grid의 X:, Y:값을 0.5로 각각 설정한다.

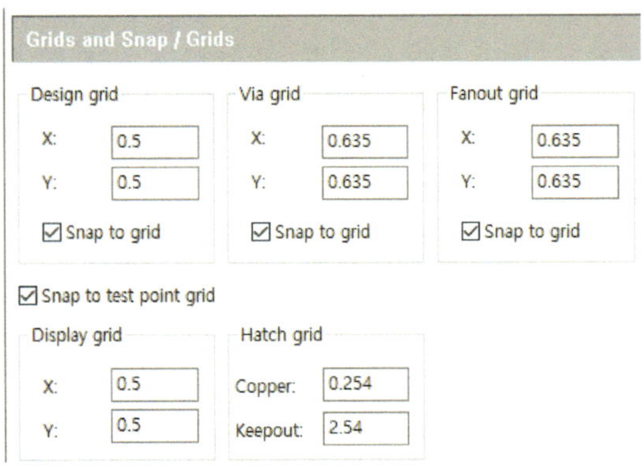

03 Thermals Part를 선택하고, 다음 그림과 같이 단열판과 Net 간의 간격을 0.5mm로, Spoke minimum을 1로 설정한다.

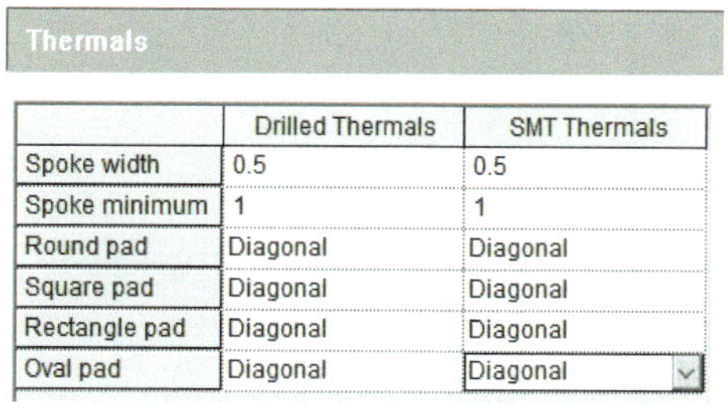

Thermals	Drilled Thermals	SMT Thermals
Spoke width	0.5	0.5
Spoke minimum	1	1
Round pad	Diagonal	Diagonal
Square pad	Diagonal	Diagonal
Rectangle pad	Diagonal	Diagonal
Oval pad	Diagonal	Diagonal

04 Dimensioning/General Part를 선택하고, 다음 그림과 같이 Layers 항목의 Text:와 2D Lines:를 모두 Silkscreen Top으로 설정한다.

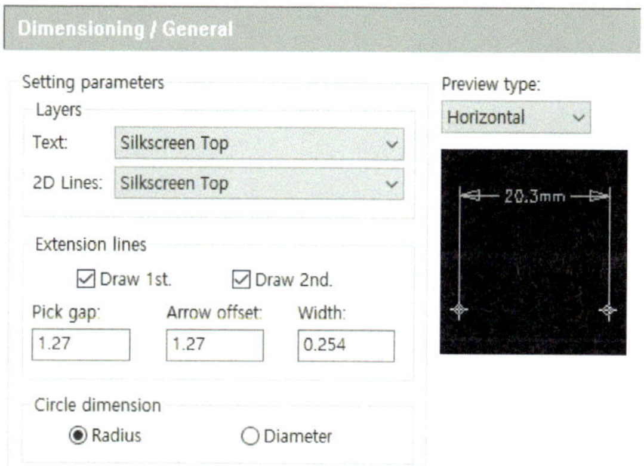

05 Dimensioning/Text Part를 선택하고, 다음 그림과 같이 Setting parameters 항목의 Suffix:는 mm로, Precision 항목의 Linear:는 1로 되어있는지 확인한다. 필요시 맞게 설정한 후 OK Button을 Click하여 Options 팝업 창을 닫는다.

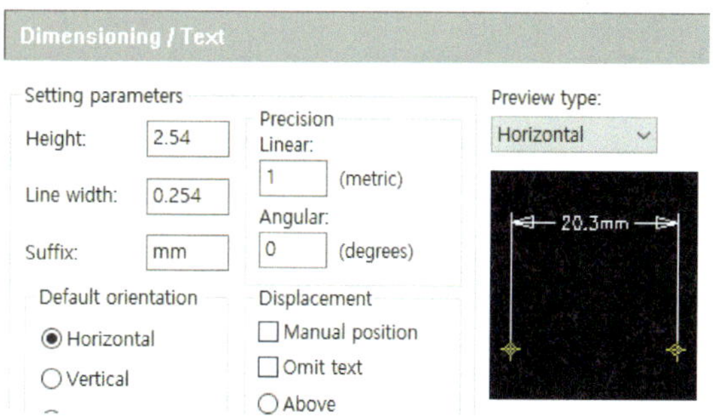

6.7.4 Board Outline 그리기

Board 크기는 위의 요구사항에 따라 80mm × 70mm로 설정하여 작업한다.

01 작업화면에서 Drafting Toolbar Icon( )을 Click한 후 Board Outline and Cut Out Icon( )을 Click한다.

02 키보드로 g0.1을 입력, 작업 창에서 MRB〉Rectangle을 선택한다.

03 Modeless Command 사용하기 위해 s 0 0을 입력한 후 Enter Key와 Space Key를 차례로 누르고 다시 s 80 70을 입력한 후 Enter Key와 Space Key를 차례로 눌러 완성한다.

04 Board Outline의 치수를 표시할 수 있도록 화면을 적당한 크기로 조절한다.

6.7.5 치수 보조선 그리기

01 작업화면에서 Dimensioning Toolbar Icon( )을 Click, MRB〉Select Board Outline을 선택한 후 가로선의 보조선 작업을 위해 Horizontal Icon( )을 Click, MRB〉Use Centerline을 선택한다.

02 작업화면에서 Board Outline의 윗부분을 Click하여 위쪽으로 이동, 치수를 배치한다.

03 세로선의 보조선 작업을 위해 Vertical Icon( )을 Click, Board Outline의 왼쪽을 Click하여 왼쪽으로 이동, 치수를 배치한다.

04 MRB〉Do Not Snap을 선택한 후 s80 0을 입력 후 Enter, Space Bar를 누르고 s80 25를 입력 후 Enter, Space Bar를 누른 후 오른쪽으로 이동하여 J2 Connector 위치의 치수를 배치한다.

05 s80 0을 입력 후 Enter, Space Bar를 누르고 s80 55를 입력 후 Enter, Space Bar를 누른 후 오른쪽으로 이동하여 J1 Connector 위치의 치수를 배치한다.

06 기구 홀 배치를 위한 치수를 나타내기 위하여 Board Outline의 오른쪽 모서리 부분을 확대하고 s80 70을 입력한 후 Enter, Space Bar를 누르고 s80 66을 입력 후 Enter, Space Bar를 누른 후 오른쪽으로 이동하여 배치한다.

07 Horizontal Icon( )을 Click, s80 70을 입력 후 Enter, Space Bar를 누르고 s76 70을 입력 후 Enter, Space Bar를 누른 후 위쪽으로 이동하여 배치한 후 Esc Key를 누른다.

08 작업 창의 잔상 등이 있을 경우 Redraw Icon( )을 Click하여 처리한다.

09 작업 창에서 MRB〉Select Documention을 선택한 후 다음 그림과 같이 4.0mm를 Click하여 겹치지 않게 이동 배치한 후 Esc Key를 누른다.

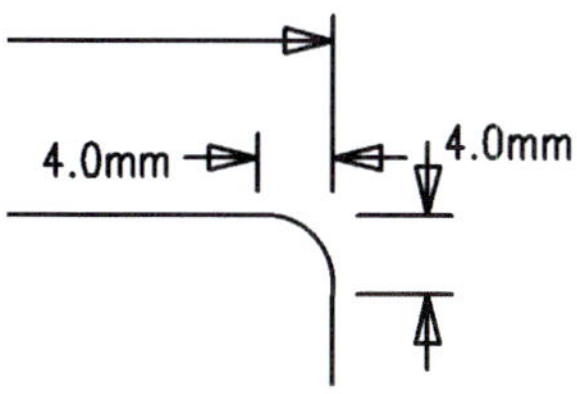

6.7.6 모서리 수정하기

Board Outline의 각 모서리를 요구사항에 맞게 둥글게 처리하게 위하여 다음 순서에 따라 진행한다.

01 Board Outline의 원점 부근의 모서리를 확대한다.

02 작업 창에서 MRB〉Select Board Outline을 선택, 원점에서 Click한다.

03 MRB〉Add Miter를 선택한 후 Add miters 팝업 창의 입력란에 4.0을 입력, OK Button을 Click, 형성된 Miter를 선택한다.

04 MRB〉Full Arc를 선택한 후 마우스를 움직여 둥글게 처리한 후 Click한다.

05 Esc Key를 누른 후 좌표((80, 0) 부근을 확대, MRB〉Select Board Outline을 선택한 후 좌표((80, 0)에서 Click, MRB〉MRB〉Add Miter를 선택한 후 Add miters 팝업 창의 입력란에 4.0을 입력, OK Button을 Click, 형성된 Miter를 선택한다.

06 MRB〉Full Arc를 선택한 후 마우스를 움직여 둥글게 처리한 후 Click한다.

07 위와 같은 방법으로 나머지 좌표(0, 70)과 좌표(80, 70)에서도 작업한 후 Esc, Home Key를 차례로 누른다.

08 작업 창의 잔상 등이 있을 경우 Redraw Icon( )을 Click하여 처리하고 필요시 저장한다.

6.7.7 PCB 고정용 HOLE 배치하기

01 PCB 고정용 HOLE을 배치하기 위하여 ECO Toolbar Icon( )을 Click한다.

02 ECO Options 팝업 창이 나타나면 File의 경로를 확인하고 OK Button을 Click한다.

03 키보드로 g1을 입력한다.

04 Add Component Icon( )을 Click한다.

05 다음 그림과 같이 Get Part Type from Library 팝업 창이 나타나면 Part Library 경로를 맞게 설정하고 Items: 아래 빈 칸에는 H*을 입력, Apply Button을 Click하여 Part Types:에서 HOLE_3을 선택한 후 Add Button을 Click한다.

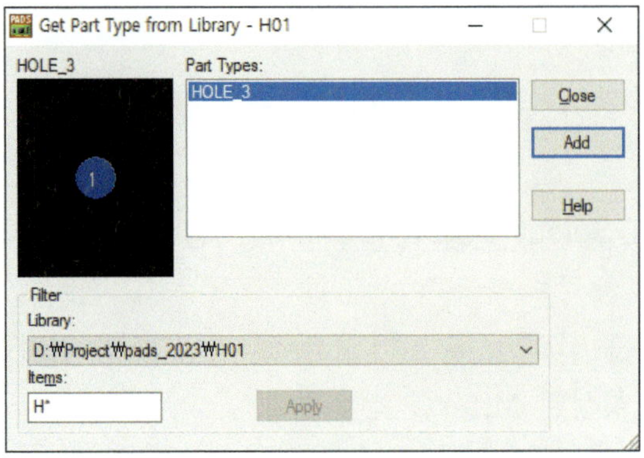

06 Prefix 관련 메시지 창이 나타나면 임의의 문자(h)를 입력, OK Button을 Click한다.

07 작업 창 임의의 곳을 Click하여 배치한 후 배치된 것을 Click하여 4개가 되도록 임의의 곳에 배치한다.

이 부품을 배치하는 방법으로 각각에 대하여 해당 좌표에 마우스로 Click하는 방법, Modeless Command를 사용하는 방법 그리고 현재 진행되고 있는 방법 등이 있다. 이 부품의 경우 배치 후 이동해서는 안 되기 때문에 Glued 옵션을 설정하기 위하여 나중의 방법을 사용하였으니 참고하기 바란다.

08 Get Part Type from Library 팝업 창을 닫는다.

09 작업화면에서 Select Icon(↖)을 선택, MRB>Select Components를 선택한 후 처음에 배치한 H1 Pad를 Click, MRB>Properties...를 선택한다.

10 다음 그림과 같이 Component Properties 팝업 창의 X:의 입력란에 4, Y:의 입력란에 4, Glued의 체크 박스는 활성화시킨 후 OK Button을 누른다.

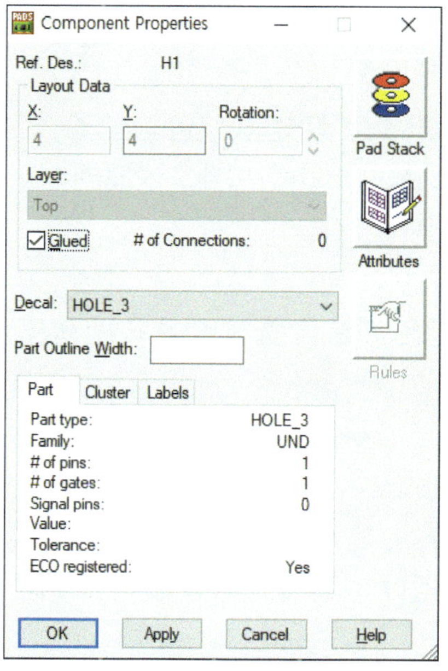

11 나머지도 좌표(4, 66), 좌표(76, 4) 그리고 좌표(76,66)에 위와 같은 방법으로 배치한 후 Esc Key를 누른다.

12 MRB>Select Documention을 선택, H1, H2, H3 그리고 H4를 각각 Click하여 지운다.

6.7.8 Netlist File 가져오기

PCB 설계를 위하여 회로도 작성 후 생성한 Netlist File을 불러와야 한다. 이를 위해 다음 순서에 따라 진행한다.

01 작업화면의 메뉴 바에서 File>Import...를 선택한다.

02 윈도우 탐색기 팝업 창이 나타나면 해당 File이 있는 경로를 확인하여 이전에 생성한 H01.ASC File을 불러온다.

03 해당 File을 불러오기 전에 이전 File 저장 여부를 묻는 메시지 창이 나타나면 상황에 맞게 처리하면 되는데 여기서는 아니오(N) Button을 Click한다.

04 Text encoding 관련 메시지 창이 나타나면 확인 Button을 Click한다.

6.7.9 Display Colors 설정하기

각 Layer별 색상 설정을 위하여 다음 순서에 따라 진행한다.

01 작업화면의 메뉴 바에서 Setup〉Display Colors...를 선택, Top과 Button Layer의 기본 색상을 확인하고 Scroll Bar를 아래로 이동하여 Assembly Drawing Top의 체크 박스를 비활성화한다.

02 Silkscreen Top의 색상은 기본 값을 확인하고 필요시 흰색으로 설정한다.

03 Other 항목의 Board Outline(흰색)과 Selections(노란색)도 잘 보이는 색상으로 설정한 후 팝업 창을 닫는다.

특정한 Net의 색상을 설정하기 위하여 다음 순서에 따라 진행한다.

01 작업화면의 메뉴 바에서 View Nets...를 선택한다.

02 다음 그림과 같이 View Nets 팝업 창이 나타나면 왼쪽의 Net List: 항목에서 굵게 배선해야 할 신호 선(+12V, +5V, GND, X1, X2)을 Click하여 Add>> Button을 Click, 오른쪽의 View List: 항목으로 이동시킨다.

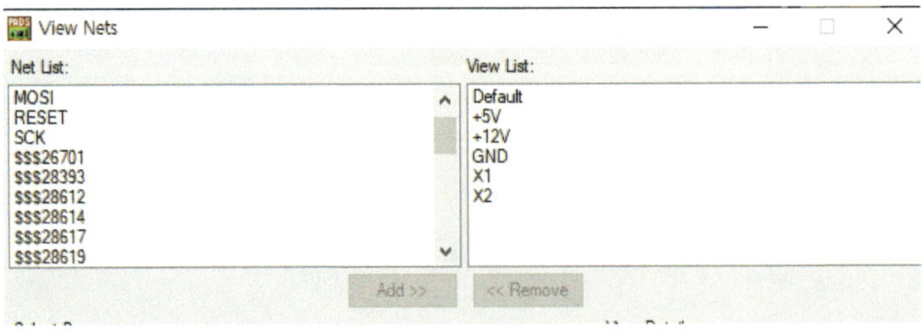

03 오른쪽의 View List: 항목에서 각 +5V 신호 선을 Click, Color by Net(Pads, Vias, Unroutes)에서 적색 계열의 색상을 선택하여 지정한 후 Apply Button을 Click한다.

04 3번과 같은 방법으로 다른 신호 선들도 색상을 지정한 후 OK Button을 Click한다.

6.7.10 부품 배치하기

부품 배치는 PCB 설계에서 중요한 부분을 차지한다. 특정한 부품의 위치선정 및 고정 그리고 효율적인 배선을 위하여 이 부분에 많은 시간이 필요하다. 물론 배선과정에서도 필요시 부품의 위치를 변경하여 진행할 수 있지만 가급적이면 부품 배치과정에서 최대한 마무리하는 것이 좋다. 다음 순서에 따라 진행한다.

01 작업화면의 Design Toolbar( )를 Click, Move Icon( )을 Click한다.

02 Modeless Command를 사용하여 우선 J1을 배치하기 위해 ssj1을 입력, Enter 후 방향을 바꾸기 위해 Ctrl Key를 누른 채 R을 눌러 원하는 방향으로 한 후 작업 창 임의의 곳에 배치한다.

03 ssj2를 입력하고, Enter 후 방향을 바꾸기 위해 Ctrl Key를 누른 채 R을 눌러 원하는 방향으로 한 후 작업 창 임의의 곳에 배치한 후 Esc Key를 누른다.

04 MRB〉Select Components를 선택, J1을 Click, MRB〉Properties...를 선택, X: 입력란에 70을, Y: 입력란에 55를 입력하고 Glued를 활성화시킨 후 OK Button을 Click한다.

05 J2를 Click하고 MRB〉Properties...를 선택한다. X: 입력란에 70을, Y: 입력란에 25를 입력하고 Glued를 활성화시킨 후 OK Button을 Click하고 Esc Key를 누른다.

06 다른 부품들을 배치하기 위해 다음 그림과 같이 작업화면의 메뉴 바에서 Tools〉Options... 를 선택, Options 팝업 창에서 Grids and Snap을 Click, 각각의 값들을 설정한 후 OK Button을 Click한다.

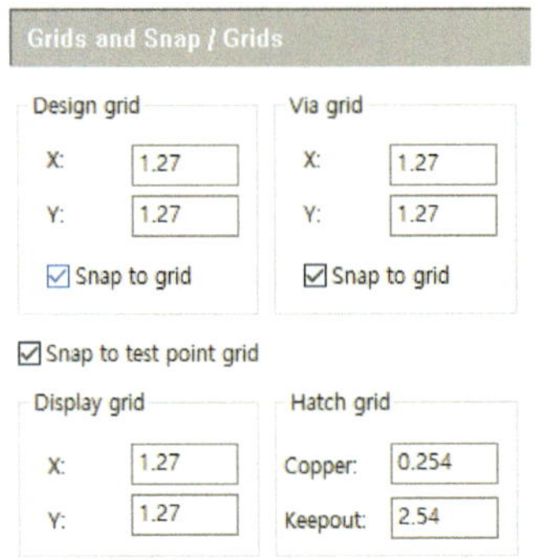

07 작업화면에서 Move Icon( )을 Click하고, ssu1을 입력하고 Enter 후 Board의 중앙 부분에 배치한다.

08 또 다른 부품들도 다음 그림을 참조하여 배치한다. 회로도를 보면서 인접한 부품을 같이 배치한 후 전체적으로 다시 이동하여 요구사항에 맞도록 최종 배치한다.

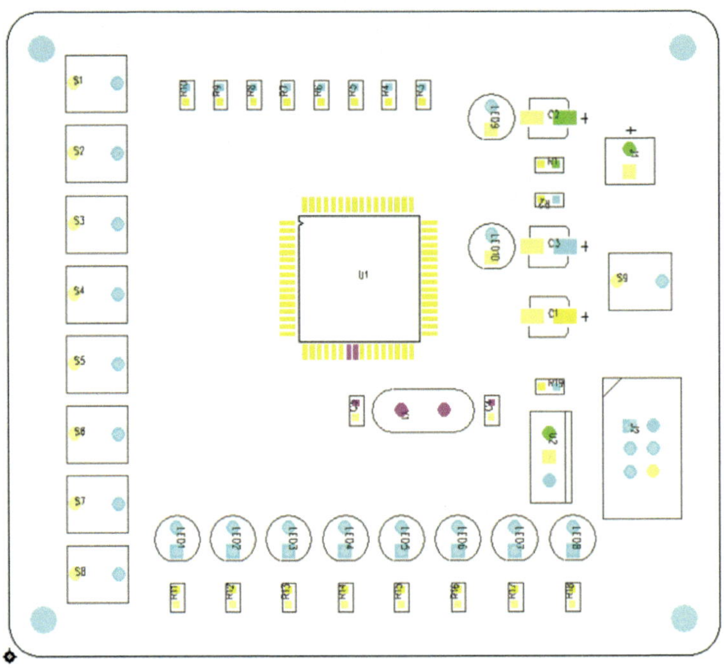

6.7.11 Via 설정하기

PCB 설계에 필요한 Via를 설정하기 위하여 다음 순서에 따라 진행한다.

01 작업화면의 메뉴 바에서 Setup〉Pad Stacks...를 선택한다.

02 다음 그림과 같이 Pad Stacks Properties 팝업 창의 Pad Stack Type에서 Via를 선택한다.

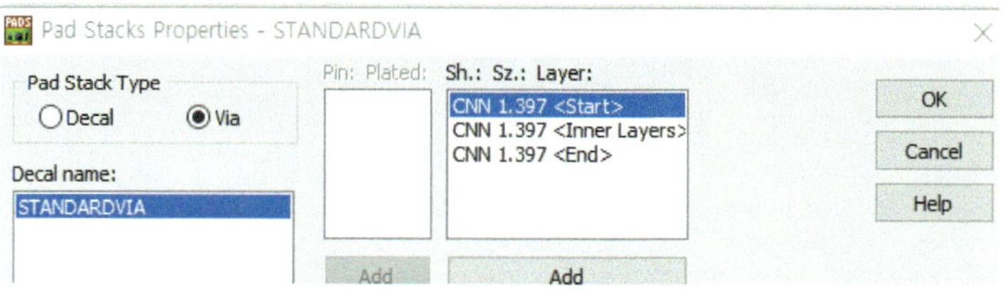

03 Standard Via 설정을 위해 Sh.: Sz.: Layer: 항목에서 CNN 1.397 <Start>를 선택하여 다음 그림과 같이 Round Pad를 설정하는데, Diameter:는 0.6, Drill size:는 0.3을 입력한다.

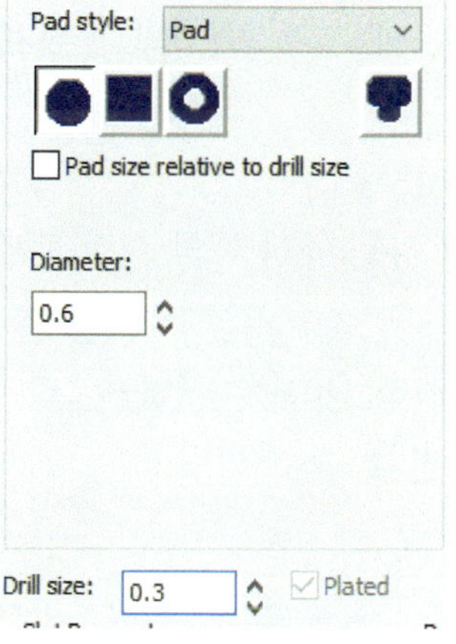

04 나머지 2개의 Layer들도 3번과 같이 설정한다.

05 Power Via 설정을 위해 Add Via를 Click한 후 Pad Stack 변화에 따른 메시지 창이 나타나면 예(Y) Button을 각각 Click한다.

06 다음 그림과 같이 Vias〉Name: 입력란에 POWERVIA를 입력한다.

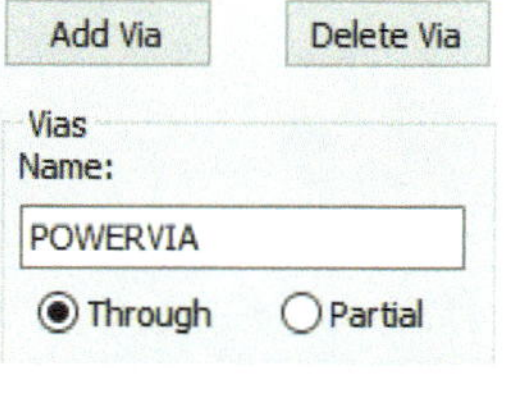

07 Sh.: Sz.: Layer: 항목에서 CNN 0.6 <Start>를 선택하여 다음 그림과 같이 Round Pad를 설정하는데, Diameter:는 0.8, Drill size:는 0.4를 입력한다.

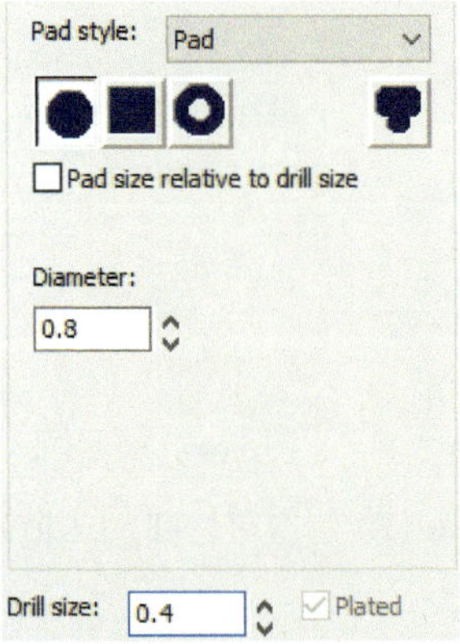

08 나머지 2개의 Layer들도 7번과 같이 설정한 후 OK Button을 Click한다.

6.7.12 설계 규칙 설정하기

부품 배치 후 배선 규칙과 Via 사용 규칙 등의 설정을 위해 다음 순서에 따라 진행한다.

01 작업화면의 메뉴 바에서 Setup〉Design Rules...를 선택, 다음 그림과 같이 Rules 팝업 창이 나타나면 Default를 Click한다.

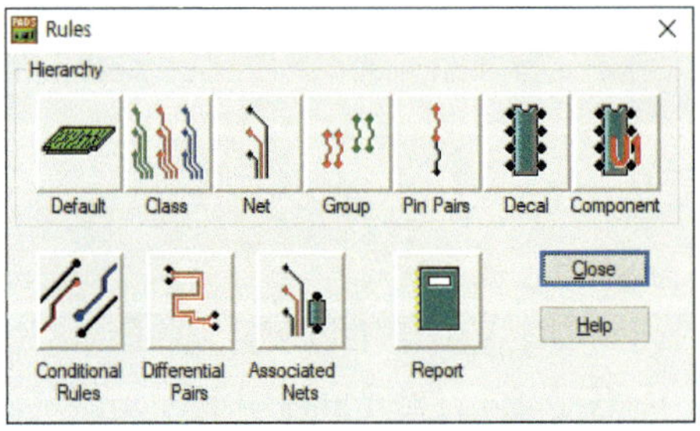

02 다음 그림과 같이 Default Rules 팝업 창이 나타나면 Clearance를 Click한다.

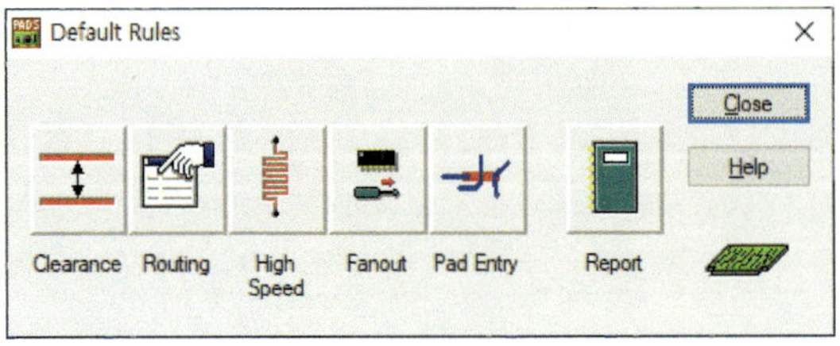

03 다음 그림과 같이 Clearance Rules 팝업 창이 나타나면 각 항목들에 대하여 필요한 Data를 입력하게 된다.

3-1 Clearance의 All을 Click하여 입력 창이 나타나면 0.254를 입력하고 OK Button을 Click한다.

3-2 Clearance의 Copper을 Click하여 입력 창이 나타나면 0.5를 입력하고 OK Button을 Click한다.

3-3 Clearance의 Board와 Copper의 교차점을 Click하여 0.1을 입력한다.

3-4 Trace width의 3개의 값은 모두 0.3으로 입력하고 OK Button을 Click한다.

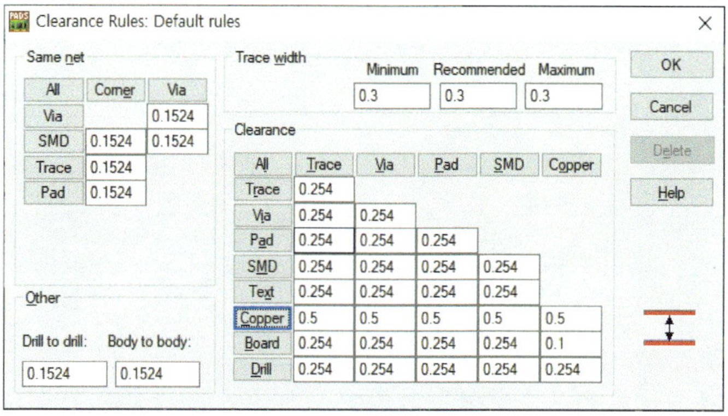

04 Default Rules 팝업 창에서 Routing을 Click한다.

05 다음 그림과 같이 Routing Rules 팝업 창의 Vias〉Selected vias: 항목에서 POWERVIA, <<Remove를 Click하여 왼쪽으로 보낸 후 OK Button을 Click한다.

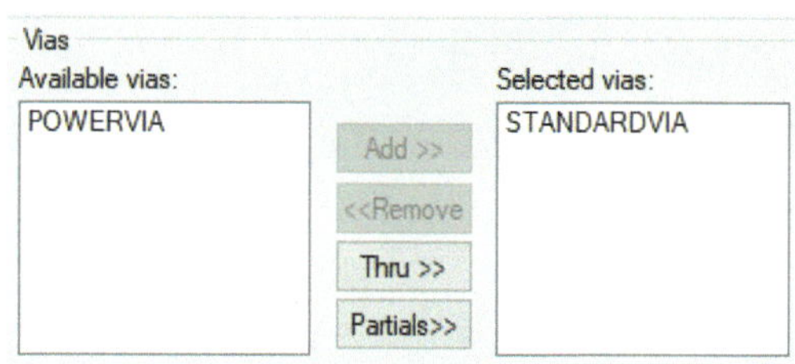

06 Default Rules 팝업 창을 닫고 Rules 팝업 창에서 Net를 Click한다.

07 다음 그림과 같이 Net Rules 팝업 창의 Nets: 항목에서 굵게 배선할 Net 5개를 선택한 후 오른쪽의 Clearance를 Click한다.

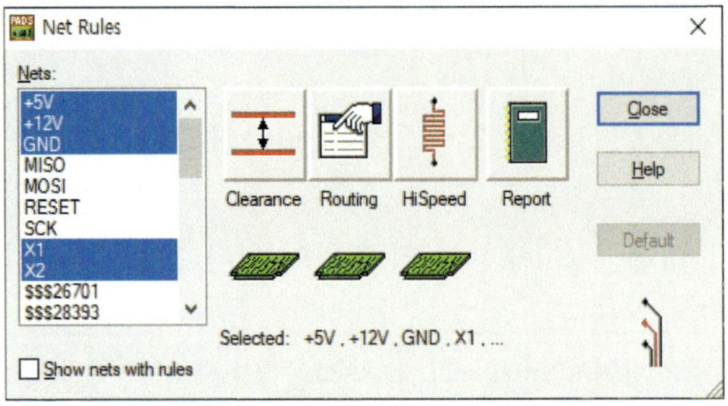

08 다음 그림과 같이 Trace width에 있는 3개의 입력란에 0.5를 입력, OK Button을 Click한다.

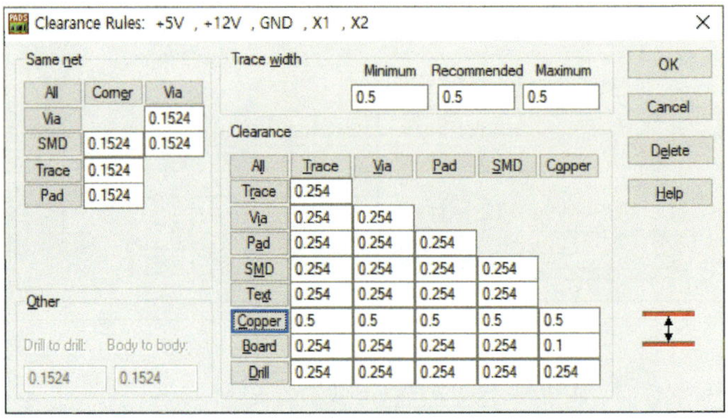

09 Net Rules 팝업 창에서 Routing을 Click하고, 다음 그림과 같이 Routing Rules 팝업 창의 Vias>Selected vias: 항목에서 STANDARDVIA, <<Remove를 Click하여 왼쪽으로 보내고 오른쪽에 있는 POWERVIA, Add>>를 Click하여, 오른쪽으로 보낸 후 OK Button을 Click한다.

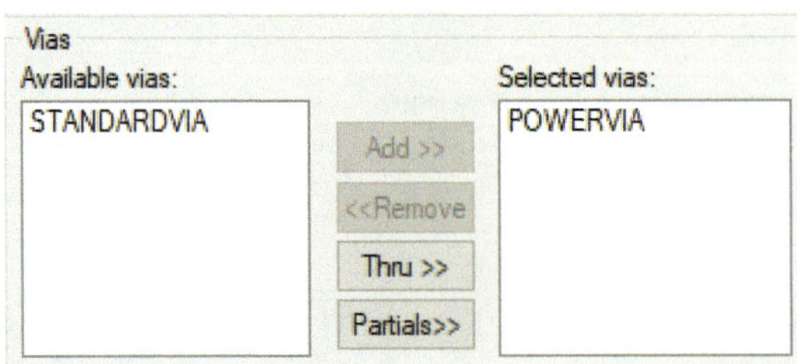

10 Net Rules 팝업 창과 Rules 팝업 창을 닫고 필요시 저장한다.

6.7.13 Routing하기

일반적으로 회로가 복잡한 배선을 할 때는 Top Layer는 Horizontal 방향으로, Bottom Layer는 Vertical 방향으로 진행하여 효율적인 배선을 할 수 있다. 특히 전원선 등 굵게 배선해야 할 것을 먼저하고 나머지 신호 선들을 배선하며 GND 신호에는 Copper Pour를 해야 하므로 배선하지 않는다는 것을 참고하여 다음 순서에 따라 진행한다.

01 작업화면에서 Design Toolbar Icon(▦)과 Add Route Icon(▦)을 차례로 Click한다.

02 작업에 적당한 Grid와 Display Grid 설정을 하고 필요시 변경하며 진행한다.

03 작업화면의 메뉴 바에서 View〉Nets...를 선택하고, GND 신호를 화면에 잘 안 보이는 색상으로 설정한다.

04 +12V와 +5V의 신호 선을 먼저 배선하고 필요시 F4(Layer Toggle)를 눌러 Via를 생성하며 다음 그림을 참조하여 배선을 진행한다.

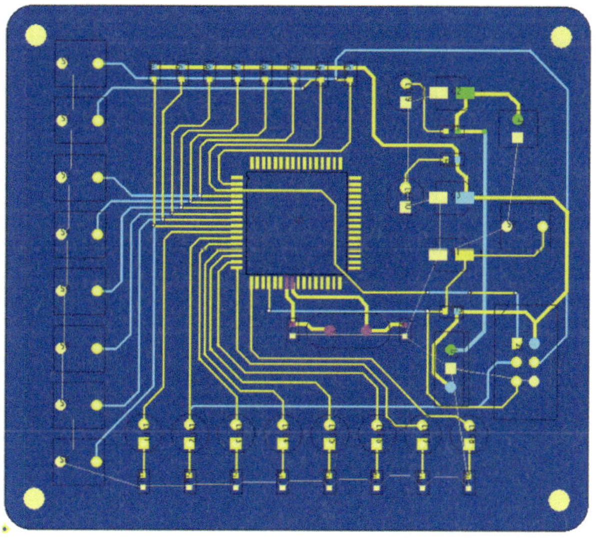

6.7.14 설계 규칙 점검하기 1

GND 신호를 제외하고 배선이 완료되면 배선 규칙 등이 제대로 적용되었는지 미리 확인하기 위하여 다음 순서에 따라 진행한다.

01 작업화면의 메뉴 바에서 Tools〉Verify Design...을 선택한다.

02 Verity Design 팝업 창이 나타나면 Check 항목에서 Clearance를 선택하고, Start Button을 Click한다.

03 다음 그림과 같은 메시지 창이 나타나면 설계 규칙에 위반되지 않게 배선이 된 것이다. 다른 메시지 창이 나타나면 **확인** Button을 Click, Error 표시가 있는 곳의 내용을 확인하여 수정한 후 다시 순서 1, 2번을 진행한다.

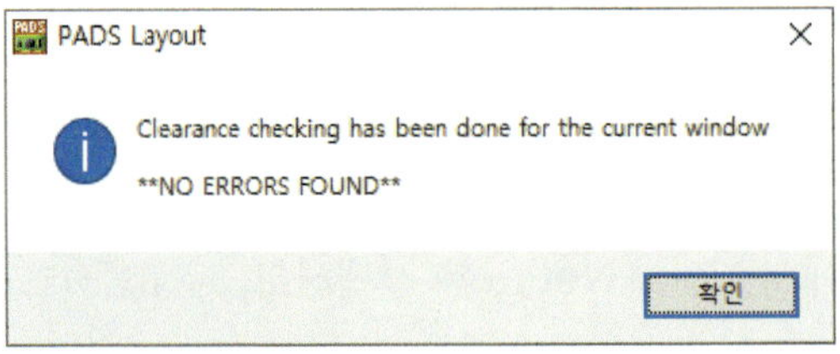

04 1번을 진행한 후 Verity Design 팝업 창이 나타나면 Check 항목에서 Connectivity를 선택, Start Button을 Click한다.

05 다음 그림과 같은 메시지 창이 나타나면 **확인** Button을 Click한다.

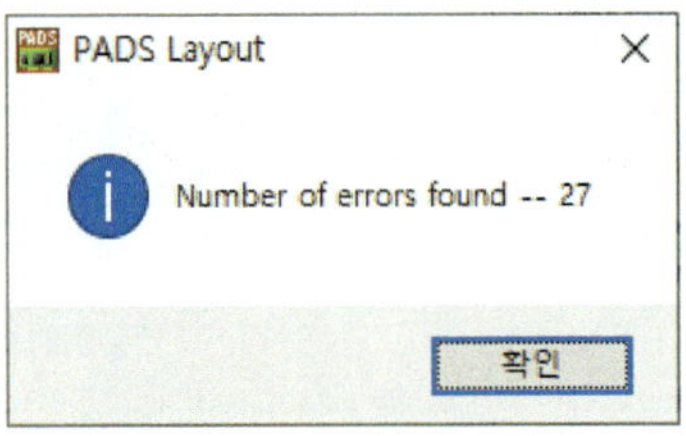

06 Verify Design 팝업 창의 Location: 아래에 다음 그림과 같이 배선하지 않은 GND 신호들의 항목이 나타나는 것을 확인할 수 있다.

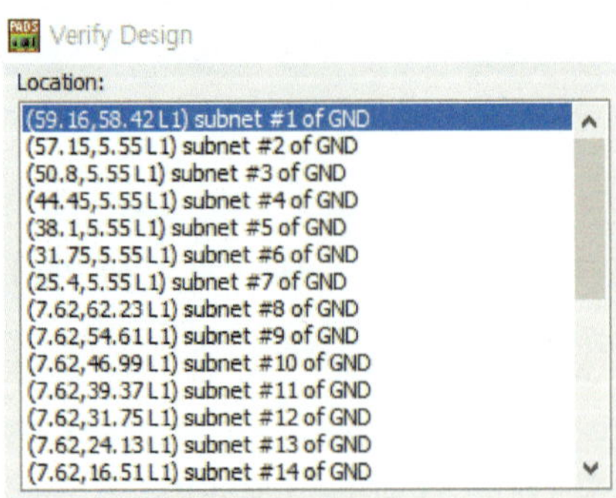

07 Verify Design 팝업 창에서 Clear Errors와 Close Button을 차례로 Click한다.

08 Home Key를 눌러 전체화면으로 한 후 저장한다.

6.7.15 Reference 위치 조정하기

Reference 위치 조정에 앞서 크기를 좀 더 크게 하기 위하여 작업화면에서 Select Icon (↖)을 선택, MRB〉Select Documentation을 선택한 후 왼쪽 위의 기구 홀에서 Click, 오른쪽 아래의 기구 홀까지 Drag하여 선택한 후 MRB〉Properties...를 선택, 팝업 창에서 Size:를 2로 입력, OK Button을 Click한 후 Esc Key를 누른다.

01 키보드로 g0.254를 입력한 후 Enter Key를 친다.

02 작업화면에서 Design Toolbar Icon()과 Move Reference Designator Icon()을 Click한다.

03 S1 등 Reference를 Click하여 다음 그림과 같이 위치를 조정한다. 필요시 Click 후 Ctrl+R(MRB〉Rotate 90)을 눌러, 정 방향으로 한 후 배치한다.

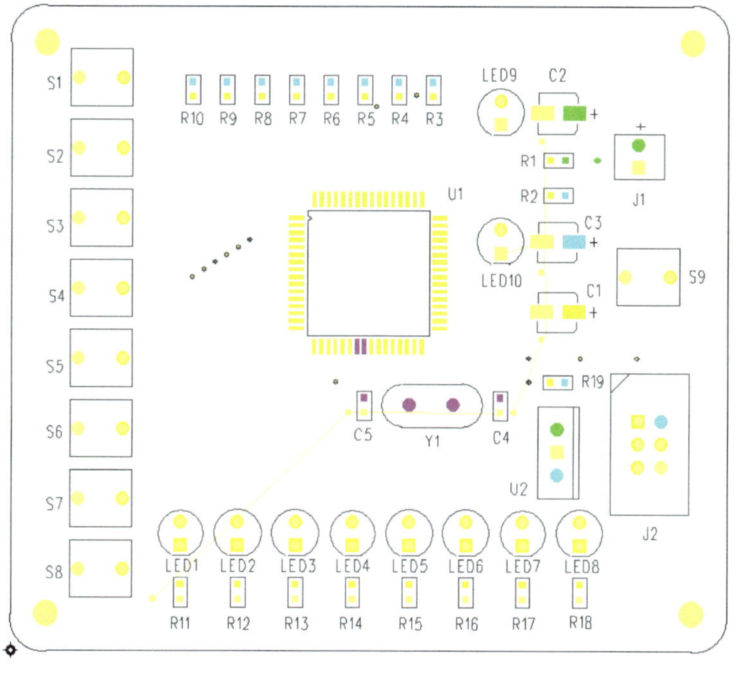

6.7.16 Text 작업하기

01 Drafting Toolbar를 Click, Text Icon(abl)을 Click한 후 Add Free Text 팝업 창이 나타나면 Text: 아래 빈 칸에 ATmega128 CONTROL BOARD를, Layer:는 Silkscreen Top으로, Size:는 2, Line width:는 0.25를 입력한 후 OK Button을 Click하고 Board 위쪽의 중앙 부분에 나타나도록 Click하여 배치한다.

02 팝업 창이 다시 나타나면 Cancel Button을 Click하고, 필요시 File〉Save As...를 하여 작업 내용에 맞는 내용으로 저장한다.

6.7.17 Copper Pour 작업하기

Bottom면의 GND 신호에 Copper Pour 작업을 수행하기 위하여 다음 순서에 따라 진행한다.

01 작업화면의 메뉴 바에서 Tools〉Options...를 선택한다.

02 Options 팝업 창이 나타나면 Thermals 항목을 Click한 후 오른쪽 부분에 있는 Routed pads thermals 항목의 Check Box를 Click하여 표시한 후 OK Button을 Click하여 창을 닫는다.

03 Drafting Toolbar를 Click한 후 Copper Pour Icon( )을 Click한다.

04 작업 창에서 MRB〉Rectangle을 선택한 후 Board Outline 전체가 포함되도록 왼쪽 상단에서 Click, Drag하여 오른쪽 하단에서 Click한다.

05 다음 그림과 같이 Add Drafting 팝업 창이 나타나면 Layer:는 Bottom, To assign a net...은 GND를 선택한 후 OK Button을 Click한다.

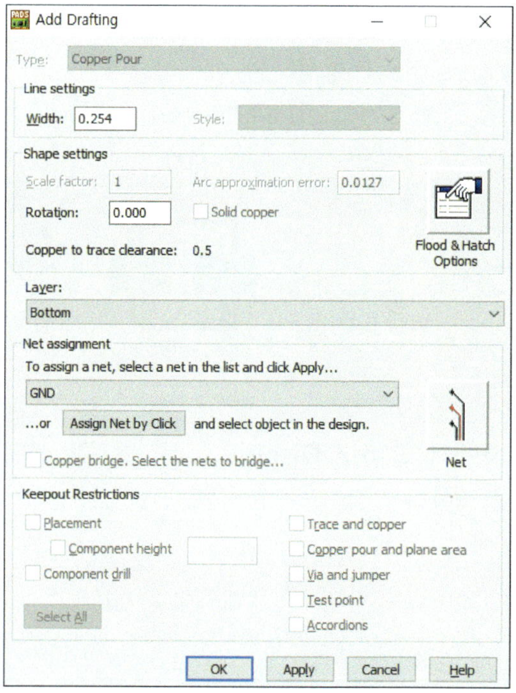

06 Flood Icon( )을 Click하면 Proceed with flood? 메시지 창이 나타나는데 그냥 예(Y) Button을 Click하여 작업을 진행한다.

Through Hole Type의 부품들은 GND 신호가 연결되었지만 SMD Type의 부품들은 다음 순서에 따라 GND 신호를 연결해 주어야한다.

01 작업화면의 메뉴 바에서 Setup〉Display Colors...를 선택하고, 위에서 생성한 Copper를 안 보이게 설정한다.

02 작업화면에서 Design Toolbar Icon( )과 Add Route Icon( )을 차례로 Click한다.

03 다음 그림과 같이 R11~R18까지 GND 신호를 배선한 후 R11의 왼쪽으로 배선을 진행한 상태에서 Ctrl+Click으로 End Via를 형성하여 마무리한다.

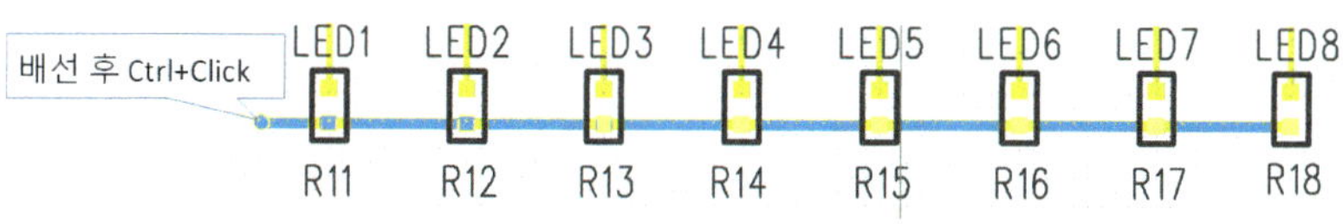

04 다음 그림과 같이 C1~C5의 각 부품에 대한 GND 신호를 배선을 약간 진행한 후 Ctrl+Click을 하여 End Via를 형성하여 마무리한다.

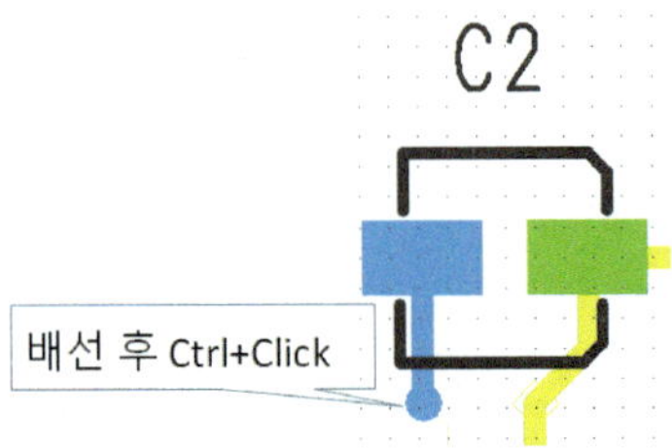

05 작업화면의 메뉴 바에서 Setup〉Display Colors...를 선택하고, 위에서 생성한 Copper를 보이게 설정한다.

06 다음 그림과 같이 Bottom면의 GND 신호에 Copper Pour 작업이 된 것을 확인한다.

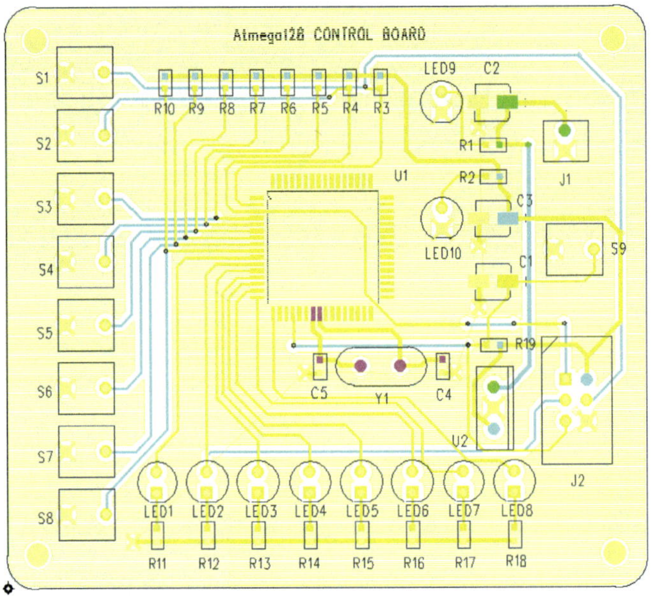

6.7.18 설계 규칙 점검하기 2

GND 신호에 Copper Pour 작업이 완료되면 최종적으로 배선 규칙 등이 제대로 적용되었는지 확인해야 하므로 다음 순서에 따라 진행한다.

01 작업화면의 메뉴 바에서 Tools〉Verify Design...을 선택한다.

02 Verity Design 팝업 창이 나타나면 Check 항목에서 Clearance를 선택하고, Start Button을 Click한다.

03 다음 그림과 같은 메시지 창이 나타나면 설계 규칙에 위반되지 않게 배선이 된 것이다.

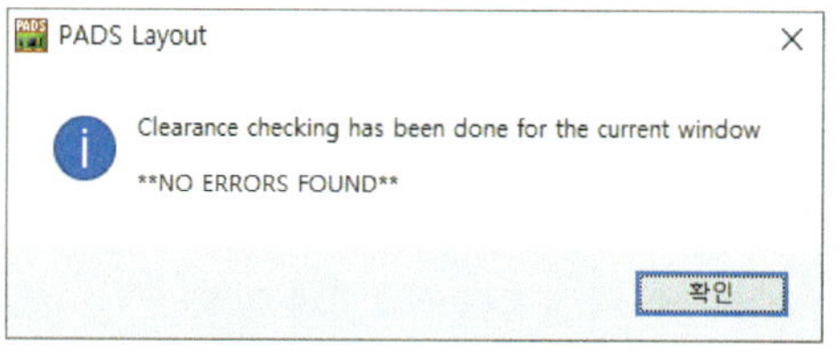

04 순서 1번을 진행한 후 Verity Design 팝업 창이 나타나면 Check 항목에서 Connectivity를 선택하고, Start Button을 Click한다.

05 다음 그림과 같은 메시지 창이 나타나고 이전에는 배선되지 않았던 GND 신호가 이상 없이 처리되었다는 것을 의미하므로 확인 Button을 Click한다.

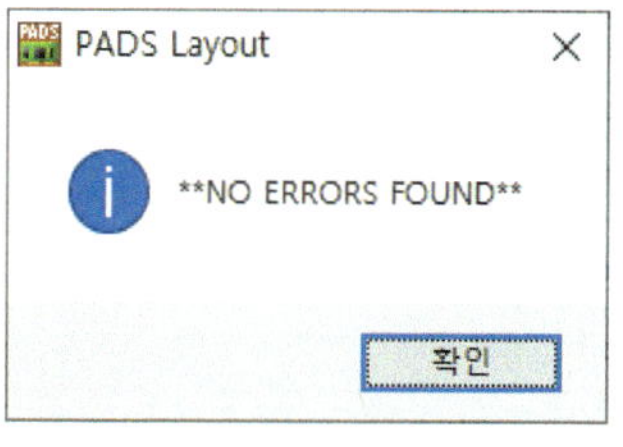

06 Verify Design 팝업 창에서 Close Button을 Click한다.

07 Home Key를 눌러 전체화면으로 한 후 저장한다.

6.8 CAM File 추출하기

PCB 설계 조건에 따른 작업이 완료되었으므로 CAM File의 추출을 위하여 다음 순서에 따라 진행한다. CAM File 추출에 따른 Output Device의 선택 시 인쇄용으로 할 경우에는 Print를 선택하고, 업체로 보내 PCB 제작을 하기 위해서는 Photo를 선택하여 진행할 수 있다. 이번 작업에서는 Print를 선택하여 작업한다.

01 작업화면의 메뉴 바에서 File>CAM...을 선택한다.

02 Define CAM Documents 팝업 창이 나타나면 팝업 창 아래 부분의 CAM Directory: 오른쪽의 콤보 상자를 열어 <create>를 선택하고, CAM Question 팝업 창의 입력란에 cam_atmega128을 입력한 후 OK Button을 Click한다.

03 Define CAM Documents 팝업 창에서 CAM Directory를 순서 2번에서 만든 것(cam_atmega128)을 확인한 후 오른쪽 위 부분에 있는 Add Button을 Click한다.

6.8.1 Silkscreen_top Data 생성하기

01 Add Document 팝업 창이 나타나면 다음 그림과 같이 Document Name: 아래 빈 칸에 top_silk를 입력하고 Document Type:은 Silkscreen을 선택한 다음, Layer Association 팝업 창이 나타나면 Top을 선택하고 OK Button을 Click한다. Customize Document 항목에서는 Options Icon을 Click하여 Justification:을 Centered로 설정한 후 OK Button을 Click한다. Add Document 팝업 창의 Output Device 항목은 Print를 선택한다.

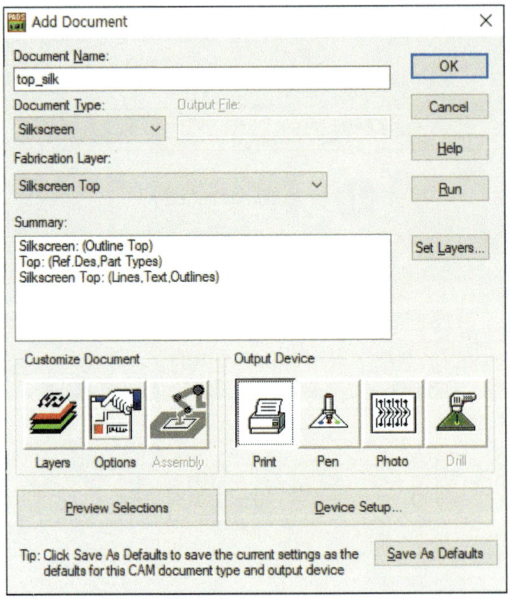

02 Customize Document 항목에서 Layers Button을 Click한다.

03 Select Items 팝업 창에서 다음 그림과 같이 Other 항목의 Board Outline을 체크, Component outlines 항목의 Top Mounted를 체크하고, Selected: 항목에서 Top과 Silkscreen Top을 각각 Click하고, Items on Primary 항목에서 2D Lines, Ref.Des., Text, Outlines를 체크한 후 Preview Button을 Click한다.

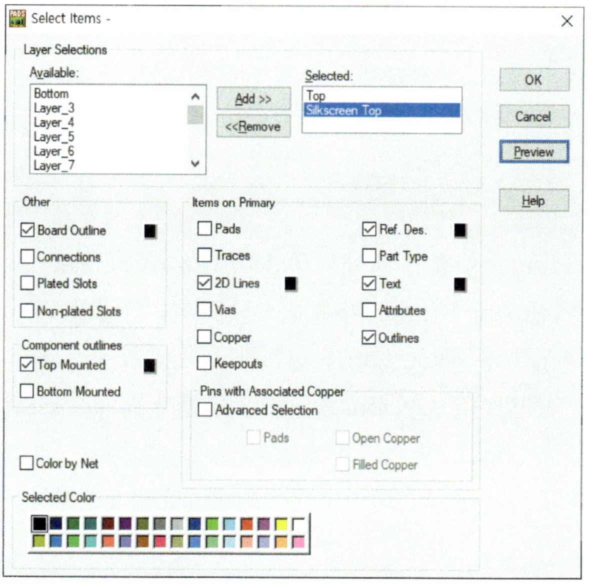

04 CAM Preview 팝업 창이 나타나고 Zoon 항목 아래 Board Button을 Click하여 다음 그림과 같이 위에서 적용한 항목들이 나타나는 것을 확인하고 필요한 Data들이 나타나지 않을 경우 보완하여 다시 작업한다.

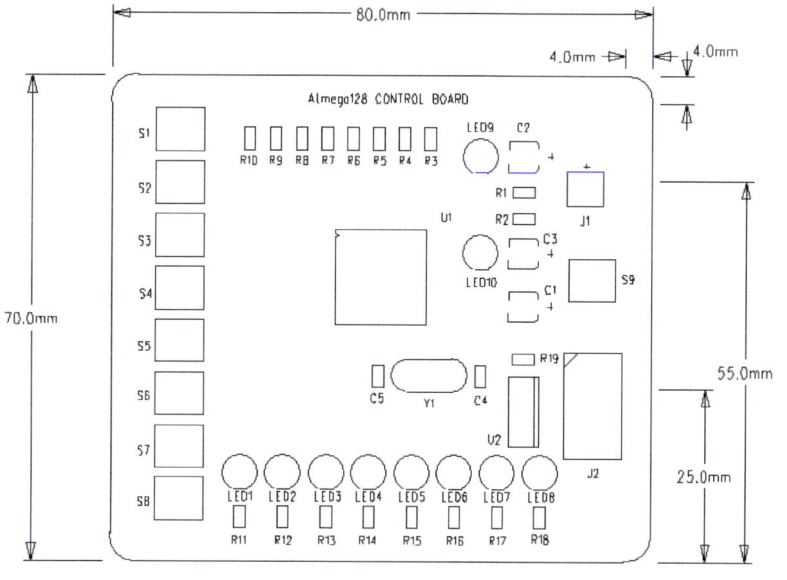

05 원하는 File을 얻었다고 판단되면 Close Button을 Click하고, Select Items 팝업 창과 Add Document 팝업 창의 OK Button을 차례로 Click하여 닫는다.

6.8.2 Silkscreen_bottom Data 생성하기

Bottom면에는 아무 부품도 배치되지 않았기 때문에 업체로 보내는 File을 생성할 때는 필요 없는 부분이지만 여기에서는 부품이 없다는 것을 확인하기 위하여 다음 순서에 따라 진행한다.

01 Define CAM Documents 팝업 창에서 Add Button을 Click. Add Document 팝업 창이 나타나면 Document Name: 아래 빈 칸에 다음 그림과 같이 btm_silk를 입력하고, Document Type:은 Silkscreen을 선택하고, Layer Association 팝업 창이 나타나면 Bottom을 선택한 후, OK Button을 Click한다. Customize Document 항목에서 Options Icon을 Click하여 Justification:을 Centered로 설정한 후 OK Button을 Click하고, Add Document 팝업 창의 Output Device 항목은 Print를 선택한다.

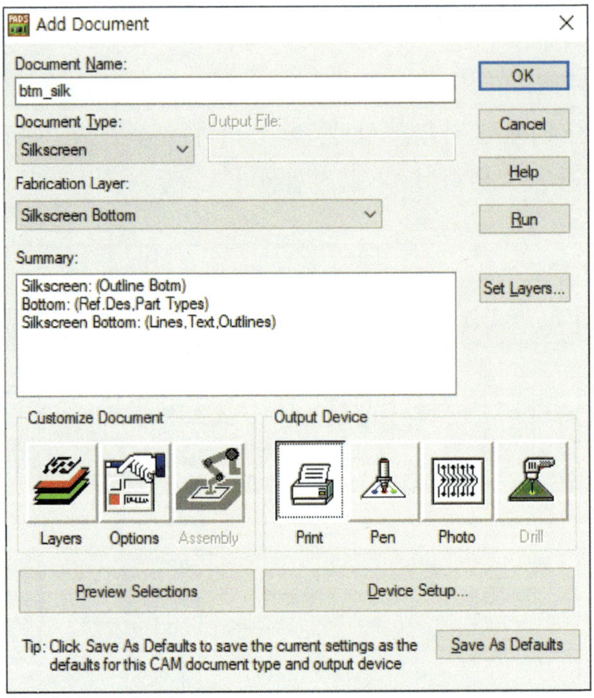

02 Customize Document 항목에서 Layers Button을 Click한다.

03 Select Items 팝업 창에서 다음 그림과 같이 Other 항목의 Board Outline을 체크, Component outlines 항목의 Bottom Mounted를 체크하고, Selected: 항목에서 Bottom과 Silkscreen Bottom을 각각 Click하고, Items on Primary 항목에서 2D Lines, Ref.Des., Text, Outlines를 체크한 후 Preview Button을 Click한다.

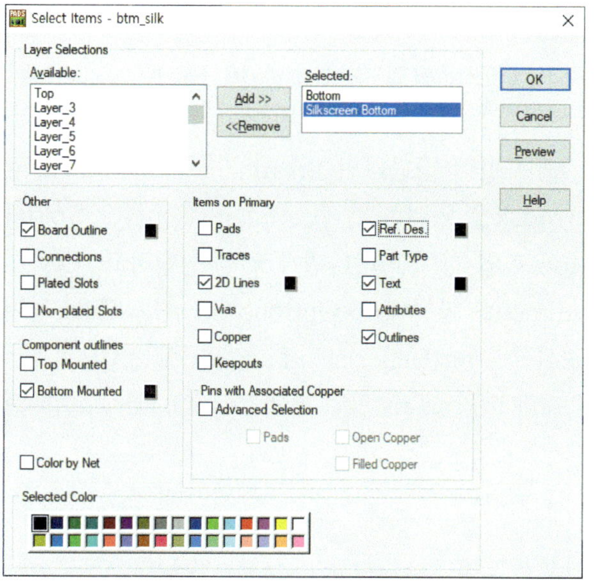

04 CAM Preview 팝업 창이 나타나고 Zoon 항목 아래 Board Button을 Click하여 다음 그림과 같이 위에서 적용한 항목들 중 필요한 것만 나타나는 것을 확인한다. 필요한 Data들이 나타나지 않을 경우 보완하여 다시 작업한다.

05 원하는 File을 얻었다고 판단되면 Close Button을 Click하고, Select Items 팝업 창과 Add Document 팝업 창의 OK Button을 차례로 Click하여 닫는다.

6.8.3 Soldermask_top Data 생성하기

01 Define CAM Documents 팝업 창에서 Add Button을 Click한다.

02 Add Document 팝업 창이 나타나면 Document Name: 아래 빈 칸에 다음 그림과 같이 top_soldermask를 입력하고, Document Type:은 Soldermask를 선택하고, Layer Association 팝업 창이 나타나면 Top을 선택하고, OK Button을 Click한다. Customize Document 항목에서 Options Icon을 Click하여 Justification:을 Centered로 설정하고 Over(Under)size Pads By:에는 0으로 입력한 후 OK Button을 Click한 다음, Add Document 팝업 창의 Output Device 항목은 Print를 선택한다.

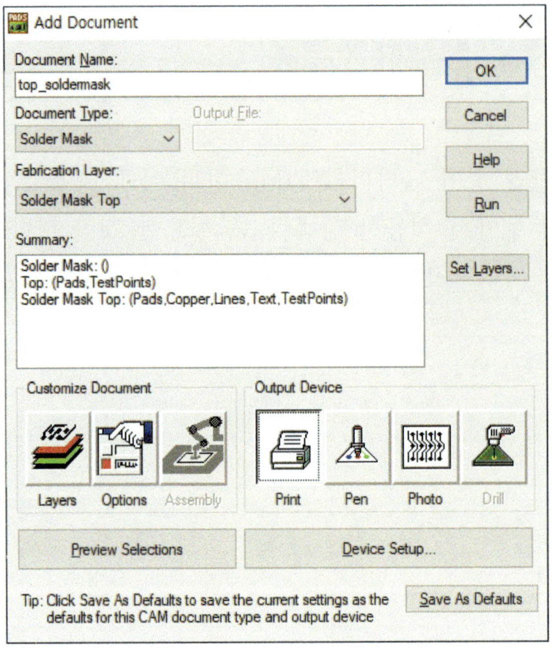

03 Customize Document 항목에서 Layers Button을 Click한다.

04 Select Items 팝업 창에서 다음 그림과 같이 Other 항목의 Board Outline을 체크하고, Selected: 항목에서 Top과 Solder Mask Top을 각각 Click하고, Items on Primary 항목에서 Pads, Vias를 체크한 후 Preview Button을 Click한다.

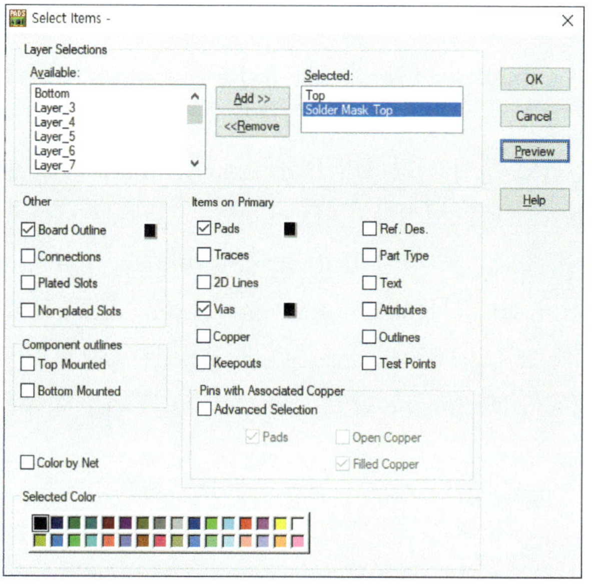

05 CAM Preview 팝업 창이 나타나고 Zoon 항목 아래 Board Button을 Click하여 다음 그림과 같이 위에서 적용한 항목들이 나타나는 것을 확인하고 필요한 Data들이 나타나지 않을 경우 보완하여 다시 작업한다.

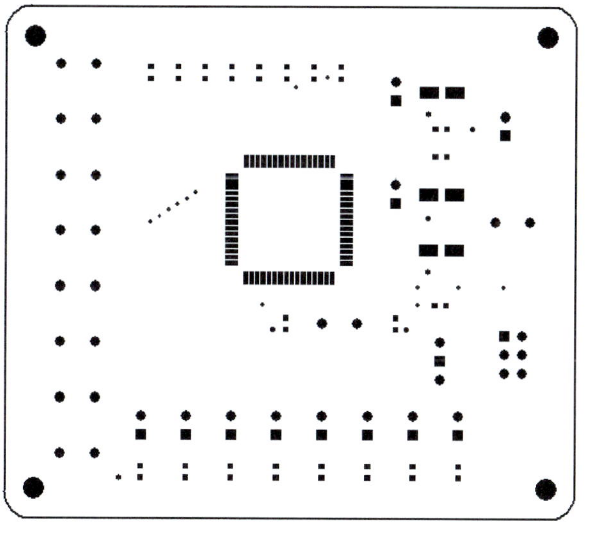

06 원하는 File을 얻었다고 판단되면 Close Button을 Click하고, Select Items 팝업 창과 Add Document 팝업 창의 OK Button을 차례로 Click하여 닫는다.

6.8.4 Soldermask_bottom Data 생성하기

01 Define CAM Documents 팝업 창에서 Add Button을 Click한다.

02 Add Document 팝업 창이 나타나면 Document Name: 아래 빈 칸에 다음 그림과 같이 btm_soldermask를 입력하고, Document Type:은 Solder Mask를, Layer Association 팝업 창이 나타나면 Bottom을 선택하고, OK Button을 Click한다. Customize Document 항목에서 Options Icon을 Click하여 Justification:을 Centered로 설정하고 Over(Under)size Pads By:에는 0으로 입력한 후 OK Button을 Click한 다음, Add Document 팝업 창의 Output Device 항목은 Print를 선택한다.

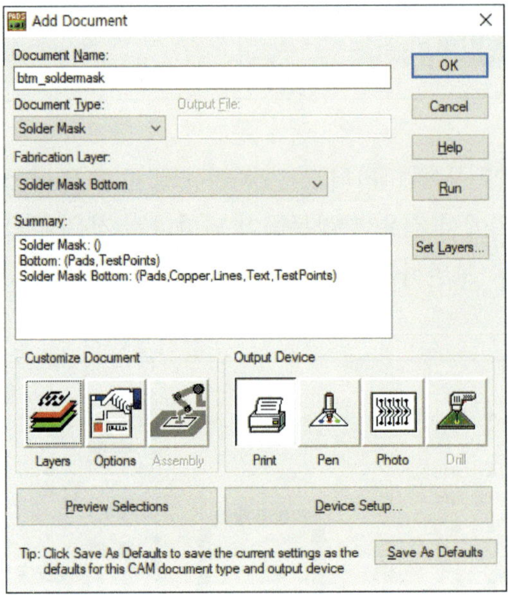

03 Customize Document 항목에서 Layers Button을 Click한다.

04 Select Items 팝업 창에서 다음 그림과 같이 Other 항목의 Board Outline을 체크하고, Selected: 항목에서 Bottom과 Solder Mask Bottom을 각각 Click하고, Items on Primary 항목에서 Pads, Vias, Copper를 체크한 후 Preview Button을 Click한다.

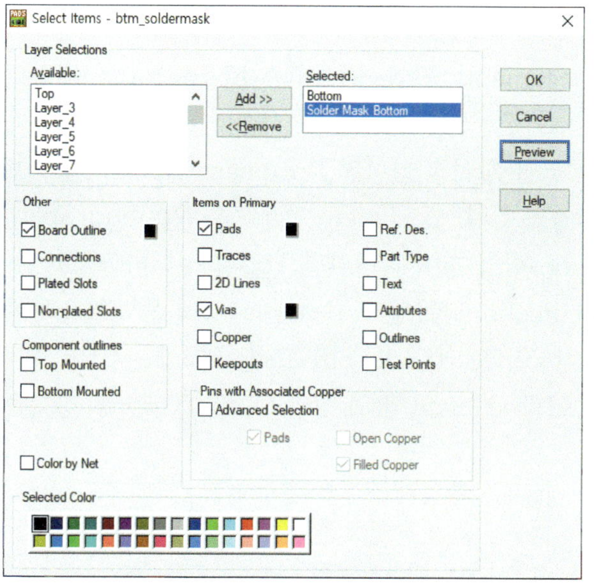

05 CAM Preview 팝업 창이 나타나고 Zoon 항목 아래 Board Button을 Click하여 다음 그림과 같이 위에서 적용한 항목들이 나타나는 것을 확인하고 필요한 Data들이 나타나지 않을 경우 보완하여 다시 작업한다.

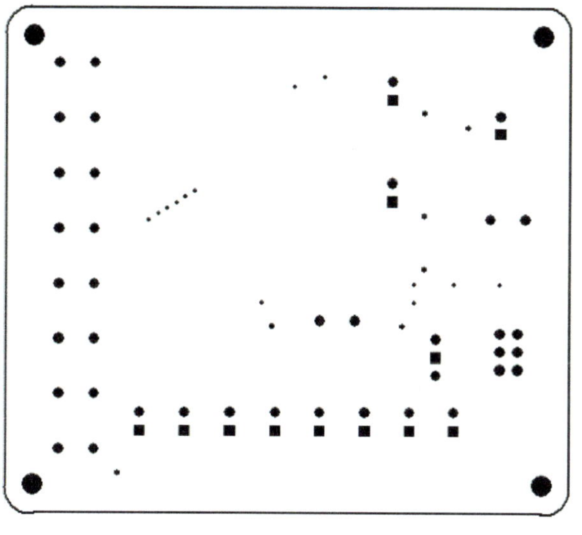

06 원하는 File을 얻었다고 판단되면 Close Button을 Click하고, Select Items 팝업 창과 Add Document 팝업 창의 OK Button을 차례로 Click하여 닫는다.

6.8.5 Routing_top Data 생성하기

01 Define CAM Documents 팝업 창에서 Add Button을 Click한다.

02 Add Document 팝업 창이 나타나면 Document Name: 아래 빈 칸에 다음 그림과 같이 top_routing을 입력, Document Type:은 Routing/Split Plane을 선택하고, Layer Association 팝업 창이 나타나면 Top을 선택하고 OK Button을 Click한다. Customize Document 항목에서 Options Icon을 Click하여 Justification:을 Centered로 설정하고 Over(Under)size Pads By:에는 0으로 입력한 후 OK Button을 Click하고, Add Document 팝업 창의 Output Device 항목은 Print를 선택한다.

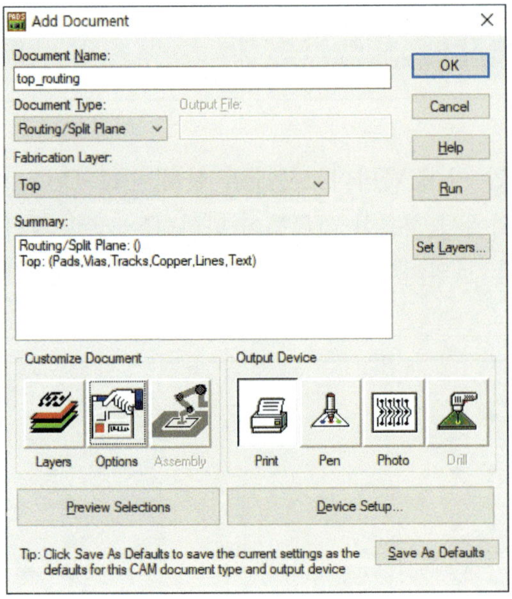

03 위의 Add Document 팝업 창의 Customize Document 항목에서 Layers Button을 Click한다.

04 Select Items 팝업 창에서 다음 그림과 같이 Other 항목의 Board Outline을 체크하고, Selected: 항목에서 Top을 Click하고 Items on Primary 항목에서 Pads, Traces, Vias를 체크한 후 Preview Button을 Click한다.

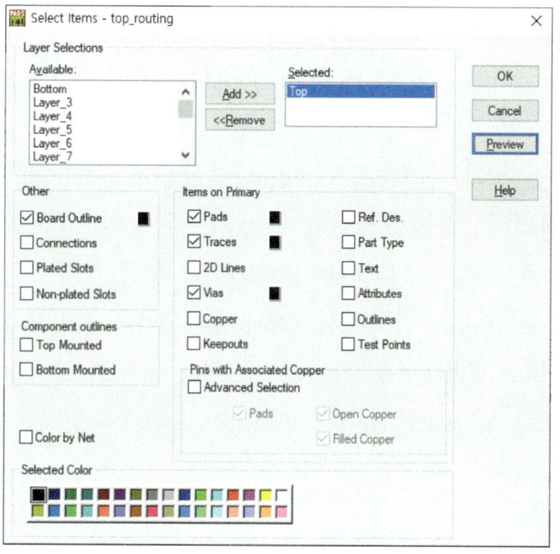

05 CAM Preview 팝업 창이 나타나고 Zoon 항목 아래 Board Button을 Click하여 다음 그림과 같이 위에서 적용한 항목들이 나타나는 것을 확인하고 필요한 Data들이 나타나지 않을 경우 보완하여 다시 작업한다.

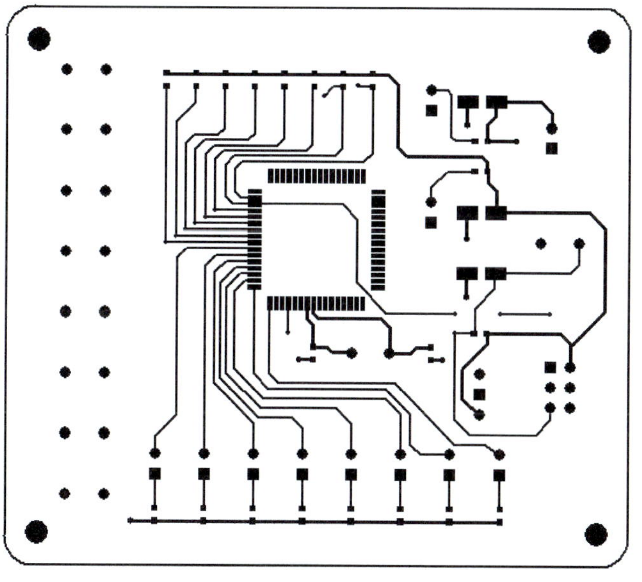

06 원하는 File을 얻었다고 판단되면 Close Button을 Click하고, Select Items 팝업 창과 Add Document 팝업 창의 OK Button을 차례로 Click하여 닫는다.

6.8.6 Routing_bottom Data 생성하기

01 Define CAM Documents 팝업 창에서 Add Button을 Click한다.

02 Add Document 팝업 창이 나타나면 Document Name: 아래 빈 칸에 다음 그림과 같이 btm_routing을 입력하고, Document Type:은 Routing/Split Plane을 선택하고, Layer Association 팝업 창이 나타나면 Bottom을 선택한 다음, OK Button을 Click한다. Customize Document 항목에서 Options Icon을 Click하여 Justification:을 Centered로 설정하고 Over(Under)size Pads By:에는 0으로 입력한 후 OK Button을 Click하고, Add Document 팝업 창의 Output Device 항목은 Print를 선택한다.

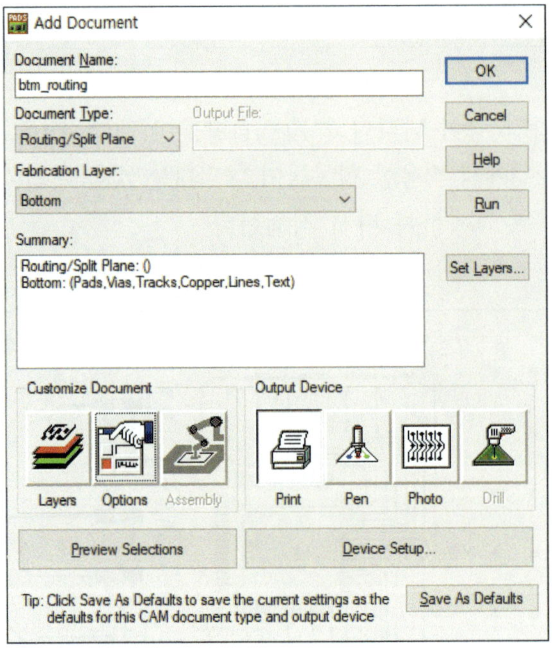

03 Customize Document 항목에서 Layers Button을 Click한다.

04 Select Items 팝업 창에서 다음 그림과 같이 Other 항목의 Board Outline을 체크하고, Selected: 항목에서 Bottom을 Click하고, Items on Primary 항목에서 Pads, Traces, Vias, Copper를 체크한 후 Preview Button을 Click한다.

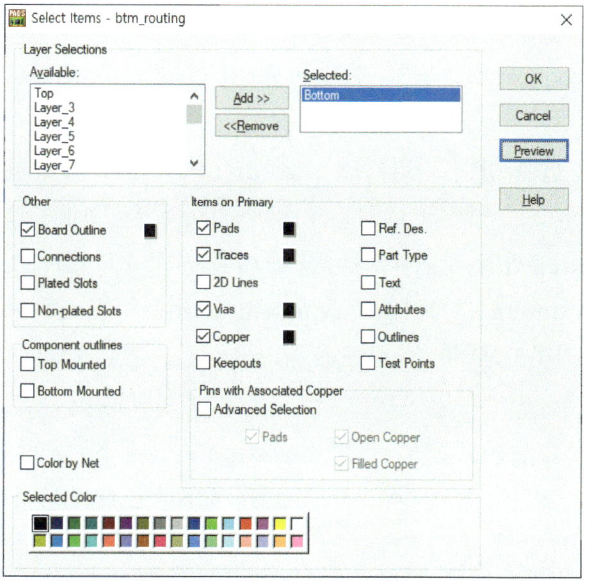

05 CAM Preview 팝업 창이 나타나고 Zoon 항목 아래 Board Button을 Click하여 다음 그림과 같이 위에서 적용한 항목들이 나타나는 것을 확인하고 필요한 Data들이 나타나지 않을 경우 보완하여 다시 작업한다.

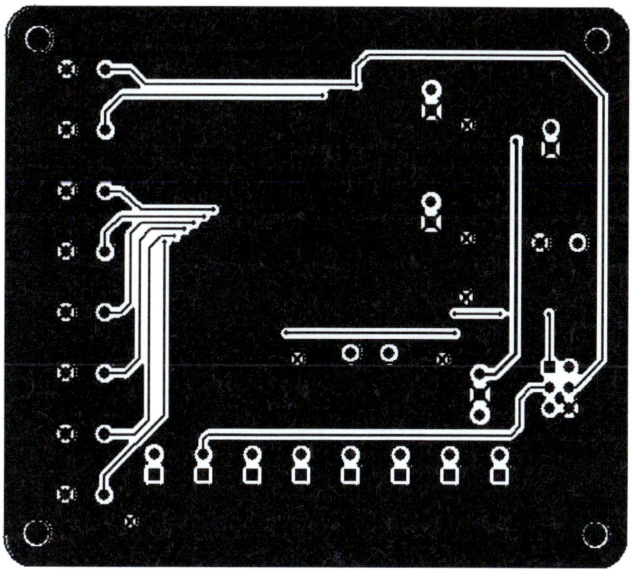

06 원하는 File을 얻었다고 판단되면 Close Button을 Click하고, Select Items 팝업 창과 Add Document 팝업 창의 OK Button을 차례로 Click하여 닫는다.

6.8.7 Drill Drawing Data 생성하기

01 Define CAM Documents 팝업 창에서 Add Button을 Click한다.

02 Add Document 팝업 창이 나타나면 Document Name: 아래 빈 칸에 다음 그림과 같이 Drill_drawing을 입력하고, Document Type:은 Drill Drawing을 선택하고, Layer Association 팝업 창이 나타나면 Top을 선택하고 OK Button을 Click한다. Customize Document 항목에서 Options Icon을 Click하여 Justification:을 Centered로 설정하고 Drill Symbols... Button을 Click한다.

2-1 Drill Drwaing Options 팝업 창의 Location: X:에 85을 입력하고 아래 부분에 있는 Regenerate Button, 예(Y) Button, OK Button을 차례로 Click한 다음, Add Document 팝업 창의 Output Device 항목은 Print를 선택한다.

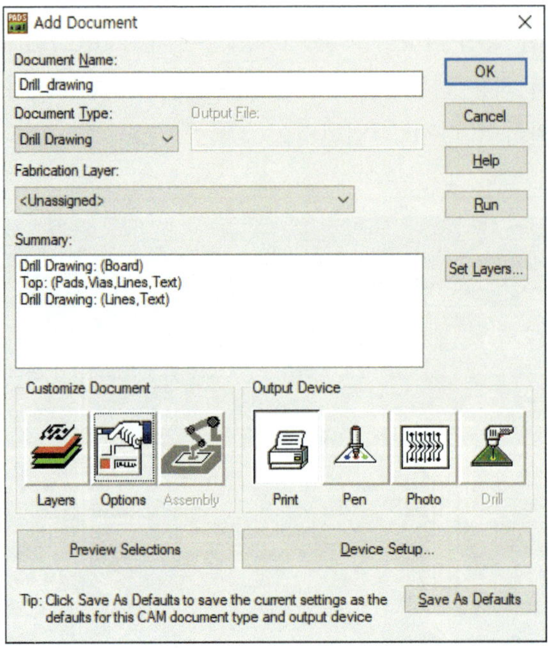

03 위의 Add Document 팝업 창의 Customize Document 항목에서 Layers Button을 Click한다.

04 Select Items 팝업 창에서 다음 그림과 같이 Other 항목의 Board Outline을 체크하고, Selected: 항목에서 Top과 Drill Drawing을 각각 Click하고, Items on Primary 항목에서 Pads, 2D Lines, Vias, Text를 체크한 후 Preview Button을 Click한다.

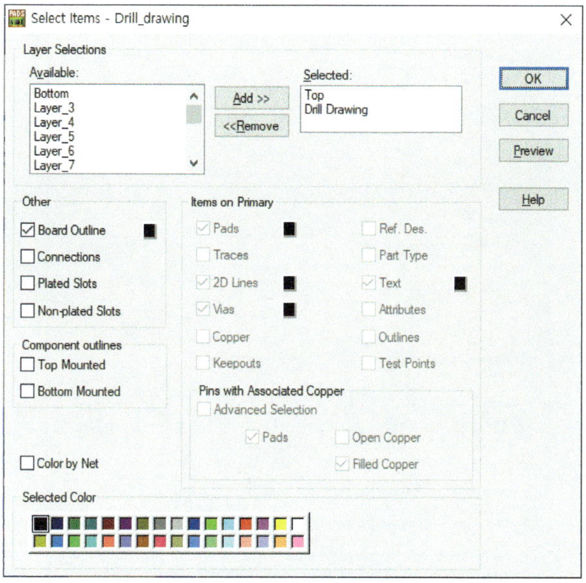

05 CAM Preview 팝업 창이 나타나고 Zoon 항목 아래 Board Button을 Click하여 다음 그림과 같이 위에서 적용한 항목들이 나타나는 것을 확인한다. 필요한 Data들이 나타나지 않을 경우 보완하여 다시 작업한다.

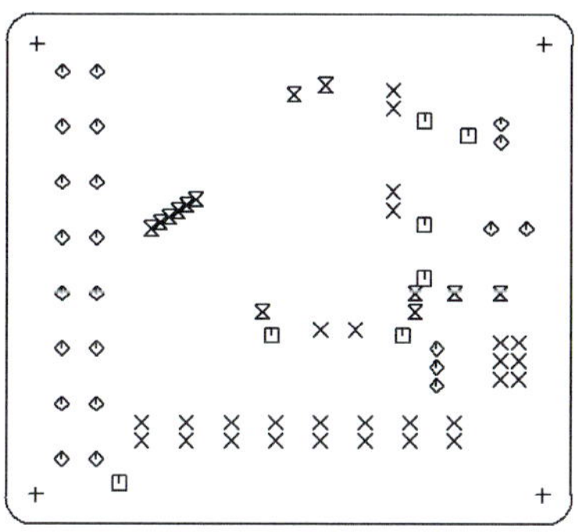

SIZE	QTY	SYM	PLATED	THR/PRTL	TOL
3	4	+	NO	THR	+/-0.0
1	28	✕	YES	THR	+/-0.0
0.4	7	⊡	YES	THR	+/-0.0
1.1	23	◈	YES	THR	+/-0.0
0.3	13	⧖	YES	THR	+/-0.0

06 원하는 File을 얻었다고 판단되면 Close Button을 Click하고, Select Items 팝업 창과 Add Document 팝업 창의 OK Button을 차례로 Click하여 닫는다.

6.8.8 NC Drill Data 생성하기

01 Define CAM Documents 팝업 창에서 Add Button을 Click한다.

02 Add Document 팝업 창이 나타나면 Document Name: 아래 빈 칸에 다음 그림과 같이 nc_drill을 입력하고, Document Type:은 NC Drill을 선택한다.

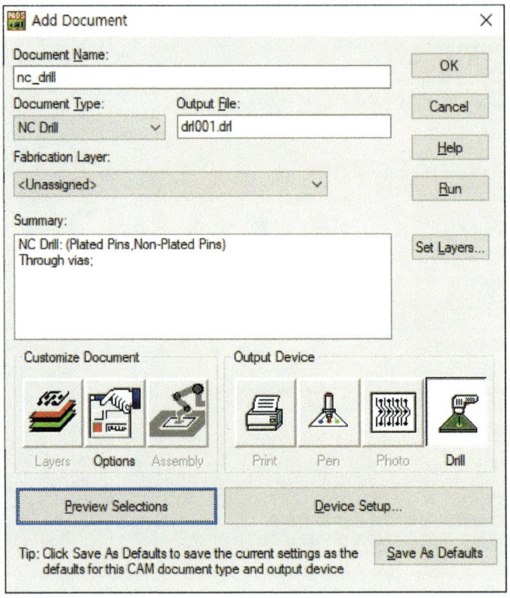

03 위의 Add Document 팝업 창의 Customize Document 항목의 아래쪽에 있는 Preview Selections Button을 Click한다.

04 CAM Preview 팝업 창이 나타나고 Zoon 항목 아래 Board Button을 Click하여 다음 그림과 같이 나타나는지 확인한다.

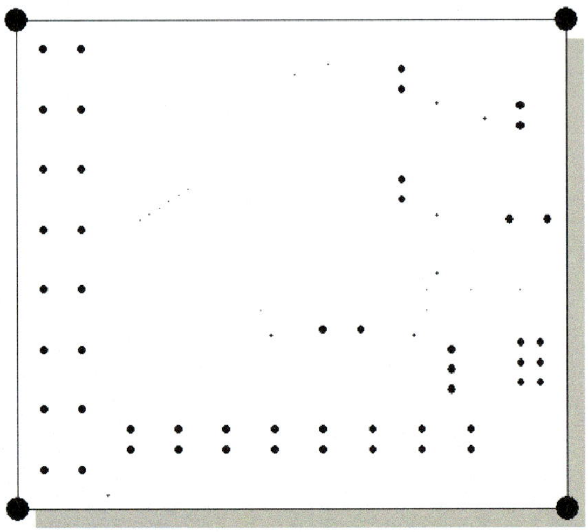

05 원하는 File을 얻었다고 판단되면 Close Button을 Click하고, Add Document 팝업 창의 OK Button을 Click하여 닫는다.

6.8.9 Pastemask(Metalmask) 생성하기

이 File은 PCB 제작에 사용되는 것이 아니고 만들어진 PCB에 SMD 부품들을 사용한 경우 이들을 조립하기 위한 것으로, 여기에서는 Top 층에만 부품이 배치하였으므로 1개의 File만 생성하게 된다. 이를 위해 다음 순서에 따라 진행한다.

01 Define CAM Documents 팝업 창에서 Add Button을 Click한다.

02 Add Document 팝업 창이 나타나면 Document Name: 아래 빈 칸에 다음 그림과 같이 top_pastemask를 입력하고, Document Type:은 Paste Mask를 선택하고, Layer Association 팝업 창이 나타나면 Top을 선택한 다음, OK Button을 Click한다. Customize Document 항목에서 Options Icon을 Click하여 Justification:을 Centered로 설정하고 Over(Under)size Pads By:에는 0으로 입력한 후 OK Button을 Click하고, Add Document 팝업 창의 Output Device 항목은 Print를 선택한다.

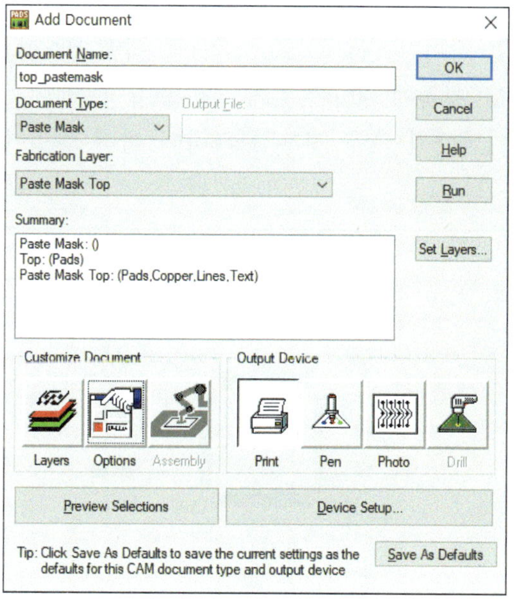

03 위의 Add Document 팝업 창의 Customize Document 항목에서 Layers Button을 Click한다.

04 Select Items 팝업 창에서 다음 그림과 같이 Other 항목의 Board Outline을 체크하고, Selected: 항목에서 Top, Paste Mask Top을 각각 Click하고, Items on Primary 항목에서 Pads를 체크한 후 Preview Button을 Click한다.

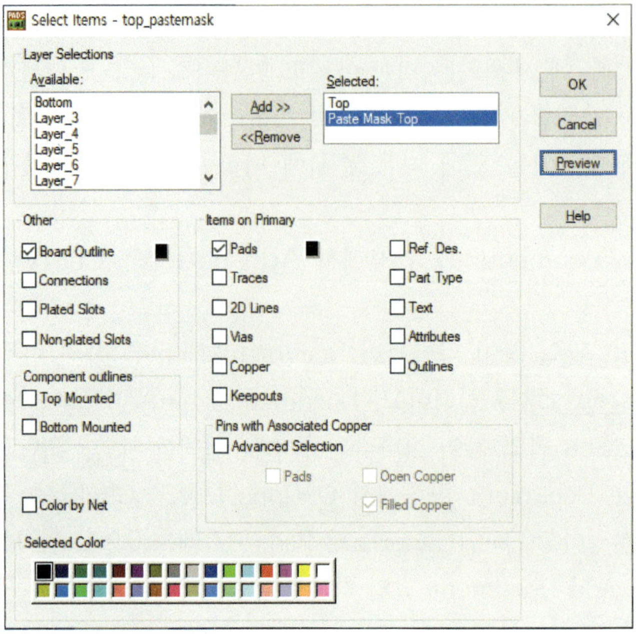

05 CAM Preview 팝업 창이 나타나고 Zoon 항목 아래 Board Button을 Click하여 다음 그림과 같이 SMD부품에 대하여 위에서 적용한 항목들이 나타나는 것을 확인하고 필요한 Data들이 나타나지 않을 경우 보완하여 다시 작업한다.

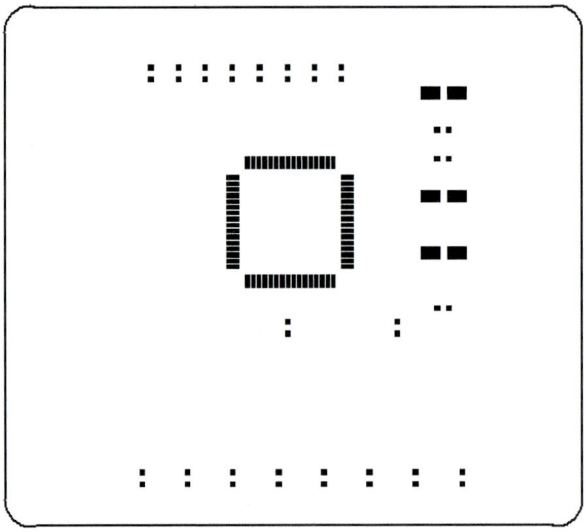

06 원하는 File을 얻었다고 판단되면 Close Button을 Click하고, Select Items 팝업 창과 Add Document 팝업 창의 OK Button을 차례로 Click하여 닫는다.

07 필요한 File들을 생성하였으니 Define CAM Documents 팝업 창에서 Save Button 을 Click한다.

6.9 CAM File 인쇄하기

PCB 설계를 마치고 CAM File을 추출할 때 일반적으로는 PCB 제작을 위하여 Output Device를 Photo로 선택하여 작업한 후 해당 File들을 업체로 보내는데, 여기에서는 Output Device를 Print로 설정하여 작업하였으므로 Printer를 이용하여 직접 인쇄를 한다. 이를 위하여 다음 순서에 따라 진행한다.

01 Define CAM Documents 팝업 창의 CAM Documents 항목에서 top_silk, btm_silk, top_soldermask, btm_soldermask, top_routing, btm_routing, Drill_drawing, top_pastemask(필요시) File들을 Ctrl+Click을 이용하여 선택한다.

02 Define CAM Documents 팝업 창의 오른쪽 아래에 있는 Preview Button을 Click한다.

03 CAM Preview 팝업 창의 Document 아래 콤보박스를 열고 각각의 파일을 선택하여 이상 유무를 다시 확인한다. 이상 발생 시에는 수정하여 작업한다.

04 CAM Preview 팝업 창을 닫는다.

05 Printer가 준비되었으면 Define CAM Documents 팝업 창에서 Run Button을 Click 하여 인쇄한다.

Chapter 7

다른 Decal 생성

이번 장에서는 전자캐드기능사 공개문제에 나와 있는 부품들 중 위에서 다루지 않은 것들에 대하여 주어진 Data Sheet를 참조하여 학습자가 직접 Decal을 생성하도록 구성하였다.

7.1 ATmega8(TQFP) Decal 생성하기

다음의 Data Sheet를 참조하여 CAE Decal, PCB Decal 그리고 Part Type을 생성하시오.

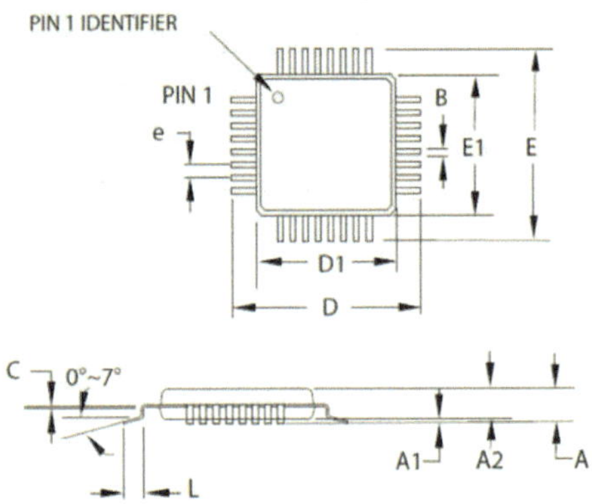

COMMON DIMENSIONS
(Unit of measure = mm)

SYMBOL	MIN	NOM	MAX	NOTE
A	–	–	1.20	
A1	0.05	–	0.15	
A2	0.95	1.00	1.05	
D	8.75	9.00	9.25	
D1	6.90	7.00	7.10	Note 2
E	8.75	9.00	9.25	
E1	6.90	7.00	7.10	Note 2
B	0.30	–	0.45	
C	0.09	–	0.20	
L	0.45	–	0.75	
e	0.80 TYP			

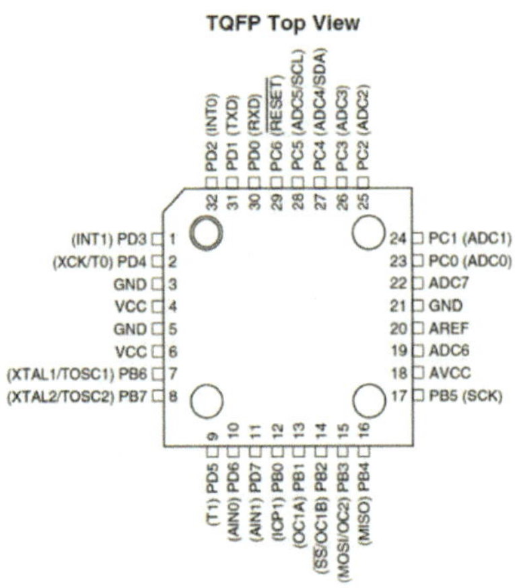

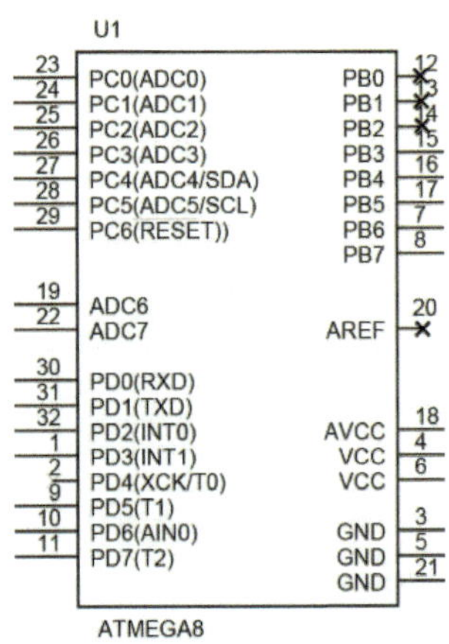

7.2 LM2902(SOIC14N) Decal 생성하기

다음의 Data Sheet를 참조하여 CAE Decal, PCB Decal 그리고 Part Type을 생성하시오.

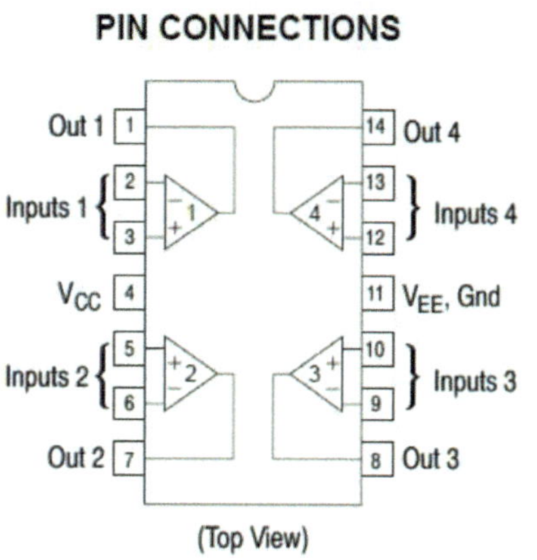

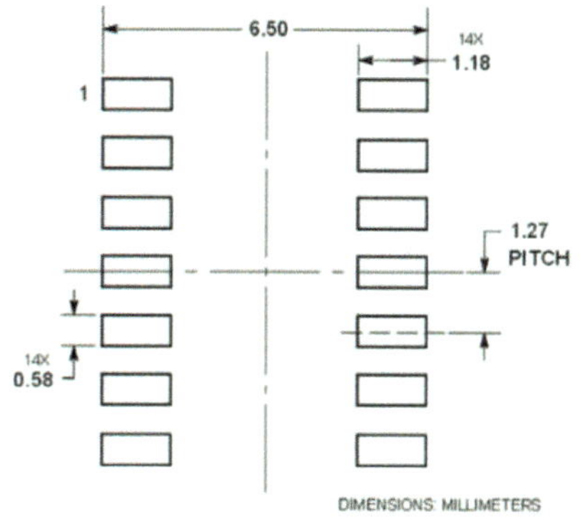

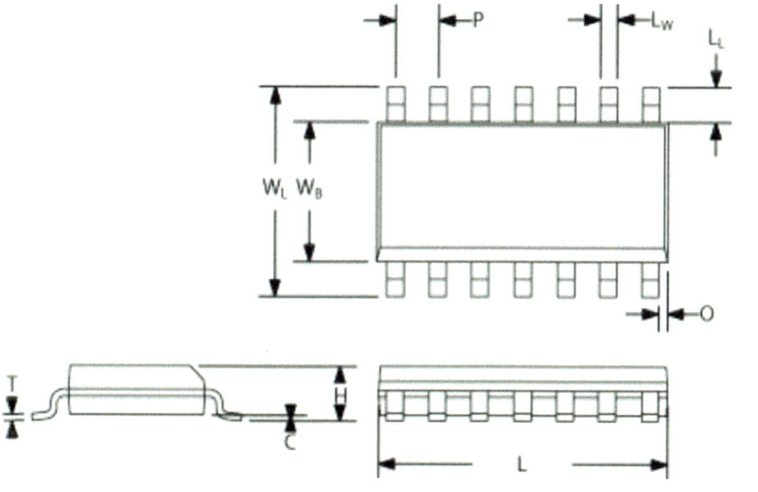

Package	W_B	W_L	H	C	L	P	L_L	T	L_W	O
SOIC-8-N	3.8 –4.0	5.8–6.2	1.35 –1.75	0.10 –0.25	4.8–5.0	1.27	0.41 (1.04)	0.19 –0.25	0.35 –0.51	0.33
SOIC- 14-N	3.8 –4.0	5.8–6.2	1.35 –1.75	0.10 –0.25	8.55 –8.75	1.27	1.05	0.19 –0.25	0.39 –0.46	0.3 –0.7
SOIC- 16-N	3.8 –4.0	5.8–6.2	1.35 –1.75	0.10 –0.25	9.8 –10.0	1.27	1.05	0.19 –0.25	0.39 –0.46	0.3 –0.7
SOIC- 16-W	7.4 –7.6	10.0 –10.65	2.35 –2.65	0.10 –0.30	10.1 –10.5	1.27	0.40 –1.27	0.20 –0.33	0.31 –0.51	0.4 –0.9

7.3 ADM101E Decal 생성하기

다음의 Data Sheet를 참조하여 CAE Decal, PCB Decal 그리고 Part Type을 생성하시오.

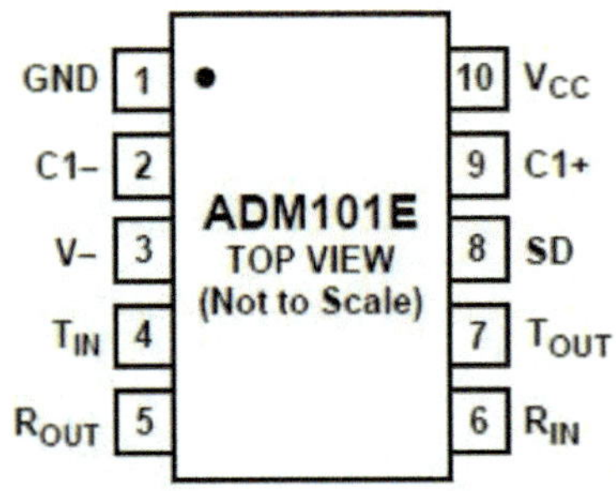

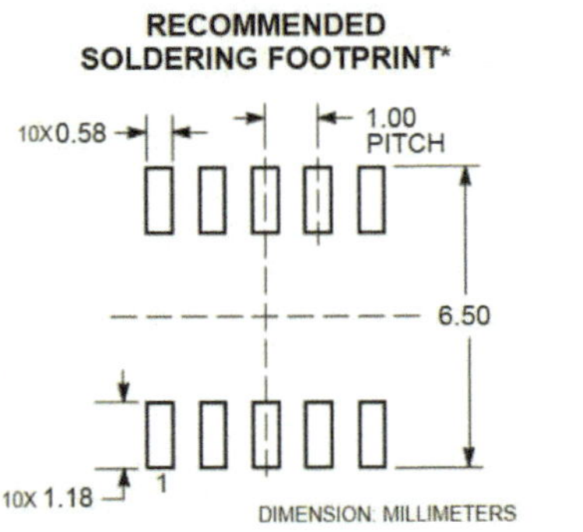

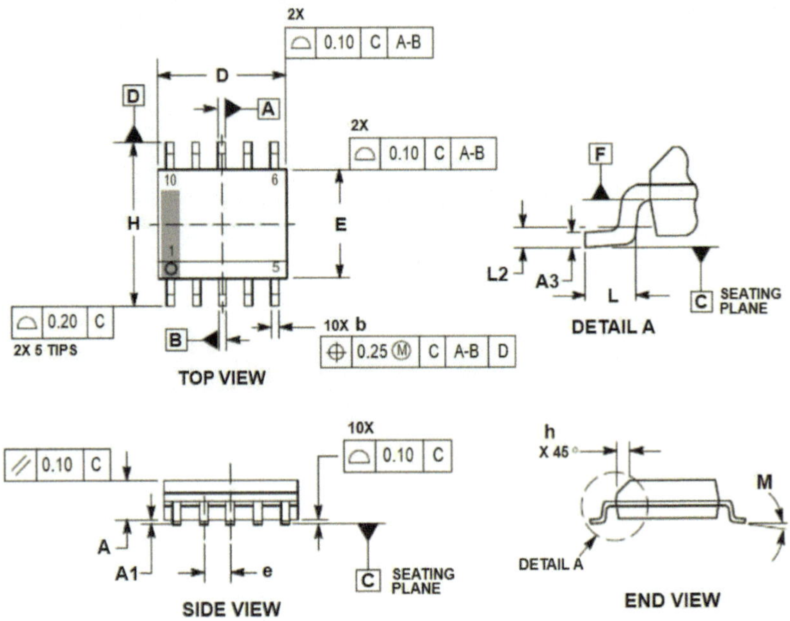

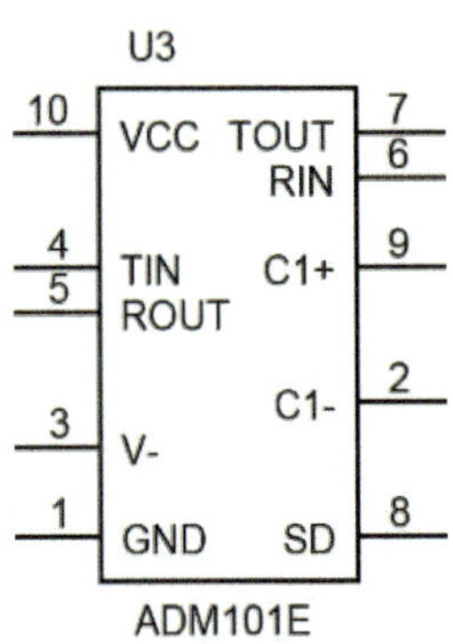

DIM	MILLIMETERS	
	MIN	MAX
A	1.25	1.75
A1	0.10	0.25
A3	0.17	0.25
b	0.31	0.51
D	4.80	5.00
E	3.80	4.00
e	1.00 BSC	
H	5.80	6.20
h	0.37 REF	
L	0.40	1.27
L2	0.25 BSC	
M	0°	8°

7.4 MIC811 Decal 생성하기

다음의 Data Sheet를 참조하여 CAE Decal, PCB Decal 그리고 Part Type을 생성하시오.

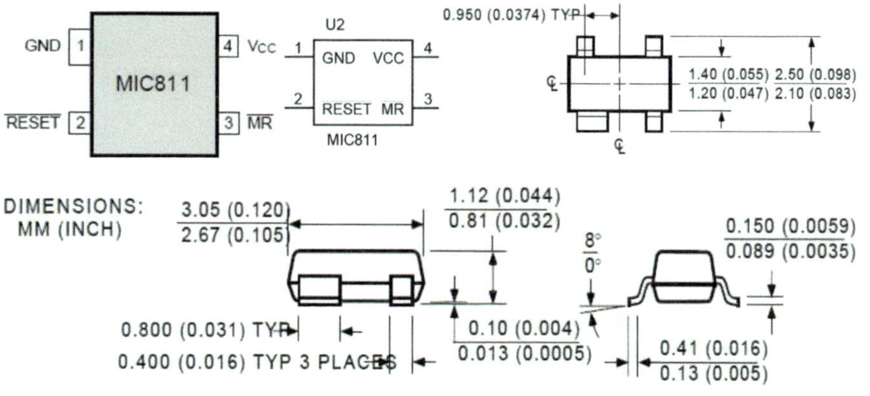

Chapter 8

Board Outline & Keepout

이번 장은 다양한 Board의 형태를 생성할 수 있는 능력을 갖출 수 있도록 구성하였다. 또한 Board 내에 특정 부품과 배선, Via 등의 사용을 금지하는 영역인 Keepout 설정 방법에 대하여 진행한다.

8.1 Board Outline 그리기

이번에 만들 Board는 다음 그림과 같다. 다음 순서에 따라 진행한다.

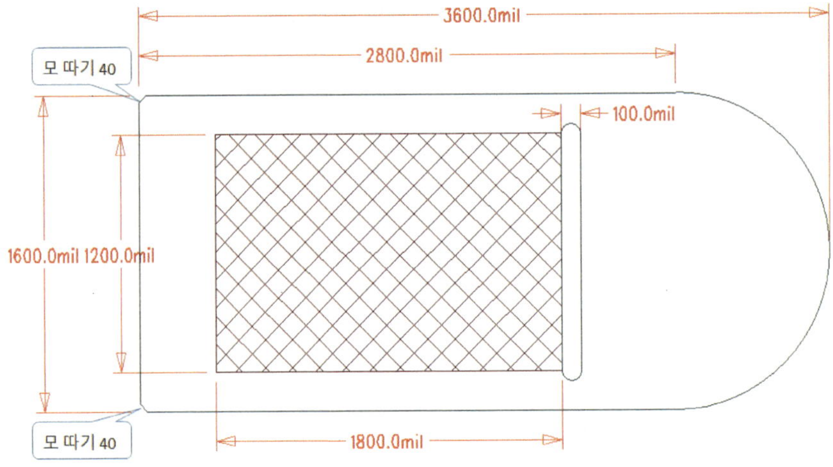

01 PADS Layout 9.5 프로그램을 실행하고 Start a new design을 Click한다.

02 Set Start-up File 팝업 창이 나타나면 System Default Start-up File 옵션이 선택되어 있는지 확인한 후 OK Button을 Click한다.

03 작업화면의 오른쪽 아래에서 단위(mils)를 확인한다.

04 작업화면에서 Drafting Toolbar Icon( )을 Click한 후 Board Outline and Cut Out Icon( )을 Click한다.

05 작업 창에서 MRB〉Rectangle을 선택한다.

06 Modeless Command를 사용하기 위해 s 0 0을 입력한 후 Enter Key와 Space Key를 차례로 누르고 다시 s 2800 1600을 입력한 후 Enter Key와 Space Key를 차례로 눌러 완성한다.

07 작업 창에서 MRB〉Select Board Outline을 선택한다.

08 오른쪽 Board Outline을 Click하고, MRB〉Pull Arc를 선택하고, 좌표(3600, 800)에서 Click하여 오른쪽 부분을 완성한다.

09 작업 창을 확대, 축소하거나 Redraw Icon을 Click하여 화면을 정리한다.

10 좌표(0, 1600)에서 Click하고, MRB〉Add Miter를 선택하고, Add miters 팝업 창의 입력란에 40을 입력하고, OK Button을 Click한다.

11 좌표(0, 0)에서 Click하고, MRB〉Add Miter를 선택하고, Add miters 팝업 창의 입력란에 40을 입력하고, OK Button을 Click한 다음, Esc Key를 누른다.

8.2 Board 내부 잘라내기

01 작업화면에서 Drafting Toolbar Icon( )을 Click한 후 Board Outline and Cut Out Icon( )을 Click한다.

02 다음 그림과 같은 메시지가 나타나면 확인 Button을 Click한다.

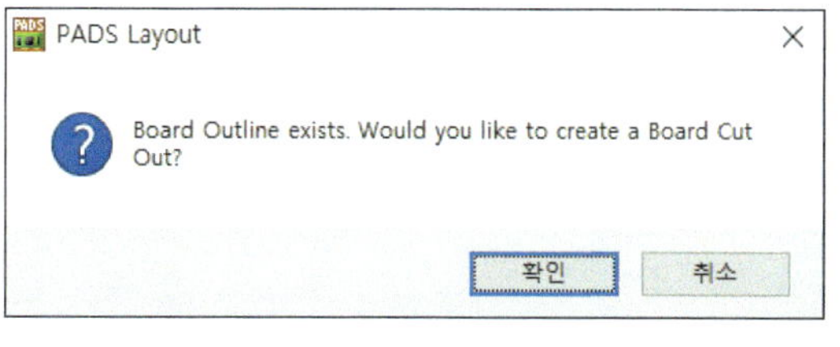

03 작업 창에서 MRB〉Rectangle을 선택한다.

04 Modeless Command를 사용하기 위해 s 2200 200을 입력한 후 Enter Key와 Space Key를 차례로 누르고 다시 s 2300 1400을 입력한 후 Enter Key와 Space Key를 차례로 눌러 완성한다.

05 키보드로 g50을 입력하고, 위에서 그린 사각형의 위 부분을 Click하여 MRB〉Pull Arc을 선택한 다음, 좌표(2250, 1450)에서 Click하여 Arc를 그린다.

06 사각형의 아래 부분을 Click하여 MRB〉Pull Arc을 선택하고, 좌표(2250, 150)에서 Click하여 Arc를 그린 후 Esc Key와 Home Key를 눌러 완성한다.

8.3 Board 내부에 Keepout 설정하기

01 작업화면에서 Drafting Toolbar Icon()을 Click한 후 Keepout Icon()을 Click 한다.

02 작업 창에서 MRB〉Rectangle을 선택한다.

03 Modeless Command를 사용하기 위해 s 400 200을 입력한 후 Enter Key와 Space Key를 차례로 누른다. 다시 s 2200 1400을 입력한 후 Enter Key와 Space Key를 차례로 눌러 완성한다.

04 Add Drafting 팝업 창이 나타나면 다음 그림과 같이 Layer: 항목의 콤보 박스를 열고 Top을 선택하고, Keepout Restrictions 항목에서 Placement와 Component height의 Check Box를 활성화시킨 후 Component height의 입력란에 150을 입력한 다음, OK Button을 Click한다.

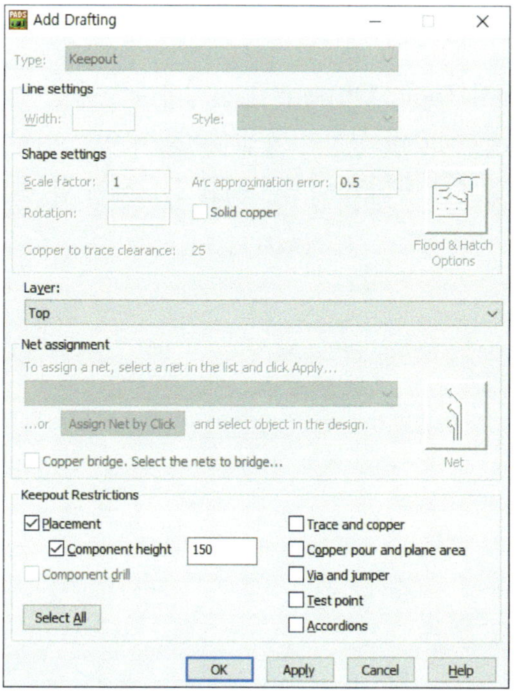

Add Drafting 팝업 창에서 설계자가 필요하다고 생각되는 다양한 Keepout Restrictions를 선택하여 적용할 수 있다.

05 다음 그림과 같이 완성된 Board를 확인한다. 필요시 저장한 후 프로그램을 종료한다.

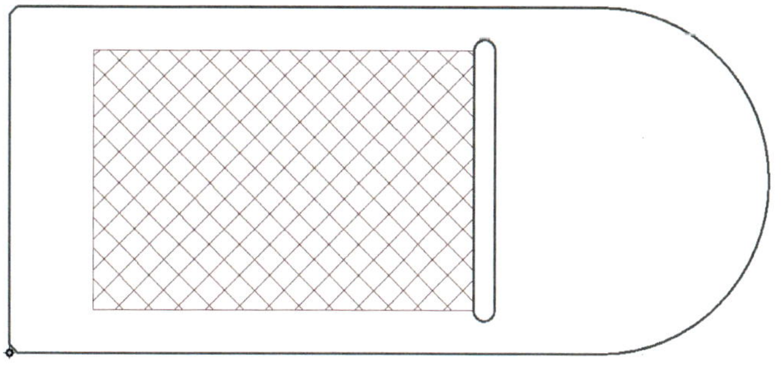

8.4 Board Design Options

작업화면의 메뉴 바에서 Tools>Options를 선택하여 다음 그림과 같이 Options 팝업 창의 Design 항목을 Click, Miters 형성의 여러 항목들이 있고 이는 Board의 모 따기(45° 나 Round)나 Routing 등에 사용되고 있으니 이를 참고하여 한 번씩 적용해 보길 권한다.

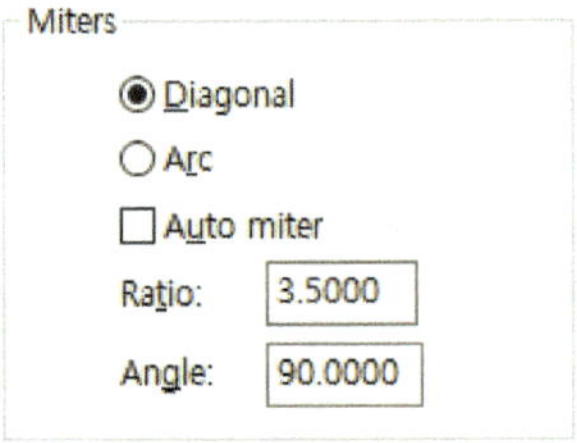

부록 Appendix

[참고] 전자캐드기능사 제출 요구사항

- 회로도, 실크면, TOP면, BOTTOM면, Solder Mask TOP면, Solder Mask BOTTOM면, Drill Draw File은 인쇄 후 출력물 제출
- 이동식 저장장치에 작업한 File을 저장한 후 제출

[Data Sheet 및 부품 정보 Site]

https://www.alldatasheet.co.kr
https://www.datasheet4u.com
https://www.datasheetlocator.com
https://www.devicemart.co.kr/main/index
https://www.ic114.com/WebSite/theme/001/default.aspx
https://www.partsworld.co.kr/
https://www.eleparts.co.kr/main/index

[IPC-2221 & 2222 and Through-hole Pad Stacks, IPC-7251 etc Site]

https://www.pcblibraries.com/forum/fabrication_forum55.html
https://www.pcblibraries.com

[전자캐드기능사 공개문제]

한국산업인력공단 Q-Net(https://www.q-net.or.kr)에 접속하여 통합검색란에 전자캐드기능사를 입력한다. 그리고 자료실의 공개문제([공개문제] 전자캐드기능사)를 확인하고 클릭하여 전자캐드기능사.pdf 자료를 다운로드한다.

나도 할 수 있다!!

PCB 설계

1판 2쇄 2026년 3월 10일

저 자 홍춘선
발행인 송광헌
발행처 복두(더)
주 소 서울특별시 영등포구 경인로82길 3-4
센터플러스 807호
(우) 07371
전 화 02-2164-2580
F A X 02-2164-2584
등 록 1993. 11. 22. 제 10-902 호

정가 : 27,000원

ISBN : 979-11-6675-460-9 93560

한국과학기술출판협회 회원사